Original Buddha
Sati Techniques

팔정도 수행체계

오리지널
붓다 수행기술

붓다빠라
Buddhapāla

SATI

Namo Tassa Bhagavato Arahato Sammasambuddhassa

저 거룩한 분
존경받아 마땅한 분
올바르게 깨치신 분께
머리숙여 귀의합니다

수행을 지도해 준

은법사 淸霞性源 대장로
명안종사 法山鏡日 대장로
수행지도사 U Vasava Mahathera

세 분의 거룩한 스승께
마음담아 공양올립니다

일러두기

이 책은 2023년도 봄학기 동국대학교 대학원 박사학위논문「八正道 修行體系 연구」를 수정해 편집한다. 이 항목(6장-4)은『Buddha 수행법』에 있는 내용인데, 수행진행 과정에서 중요한 것이므로 여기에 삽입한다. 논문을 원하는 분은 도서관에서 직접 보거나, www.sati.school/자료실에서 다운로드 받을 수 있다.

Pali어 한글번역은 전재성의『빠알리어사전』,『맛지마니까야』,『디가니까야』,『쌍윳따니까야』,『앙굿따라니까야』를 저본으로 하고 수행과 관련된 용어만 새롭게 번역한다.

경전제목은 Pali어에 기초하고, 여의치 않을 경우에는 의역을 하거나 기존에 번역된 경전이름을 사용한다.

약어표

AN. Aṅguttara Nikāya
DN. Dīgha Nikāya
SN. Saṁyutta Nikāya
MN. Majjhima Nikāya
Vin. Vinaya
Dhp. Dhammapada
Stn. Suttanipāda
T. 大正新修大藏經
PED. PALI-ENGLISH DICTIONARY

이 책의 판매 수익금은「후원회 보디트리」에 전액 기부된다. 후원회 보디트리는 수행지도자와 스님을 양성하는 인도 붓다가야 국제수행학교 INTERNATIONAL SATI SCHOOL을 지원하는 단체이다.

서문

수행은 삶의 도구이다.
수행은 삶의 오아시스이다.
수행은 마음 속으로 떠나는 여행이다.
수행은 사람을 사람답게 살 수 있게 해 주는 도구이다.
그리고 수행은 기술이다.

어떤 기술은 그것이 만들어지는 순간
해당 분야의 완성기술이 되기도 하고,
해당 분야 최고기술이 되기도 한다.
세존이 창안한 수행이 그렇다.

세존에 의해
BCE 531년 음력 4월 보름
붓다가야 보리수 아래서
불교와 수행이 창안된다.

세존에 의해 창안된 불교수행은
그것이 만들어지는 순간
수행분야의
완성기술이 되고
최고기술이 된다.

그리고 수행기술의 표준이 된다.

세존이후 그 누구도 세존 이상의
완벽한 수행기술을 만들지 못한다.
세존이 사람 가운데 최고이고
세존이 발명한 8정도 수행이 수행법 가운데 최상이다.

불교수행 위에 내려앉은
세월의 오랜 먼지를 털어내고
세존이 깨달은 장소인 보리수 옆에서
세존이 설한 오리지널 경전에 기초하고
세존이 창안한 오리지널 수행체계를
어떤 것도 섞이지 않은 순수함 그대로
수행을 완성한 눈 푸른 수행자의 안목으로
다이아몬드처럼 빛나는 깨달음의 보석을 끄집어내어
모든 존재의 자유와 진보에 공양올린다.

철없던 산승을 출가시켜 눈 밝은 수행자로 키워준
은법사 청하성원 대장로,
오랫동안 불교와 수행의 길을
지도해 준 법산경일 대장로.
수행의 문을 열어준 U Vasava Mahathera에게
머리숙여 깊은 존경과 감사를 드린다.

연꽃의 황제,
하얀 백련,

분황을 피울 수 있도록
흔들리면서도 끝까지 믿고 함께 해 준 도반들
만년의 기초를 다지고
천년 동안 메마른 인도대지에
불교와 수행이 되살아나고
눈 밝은 스님을 양성할 수 있게끔 맑은 자양분을 모아준
후원회 보디트리 후원회원과 대표법우 수진행 석정옥님
보리수회 법우들과 창립회원들
무엇보다 초기도량을 마련해 준
금강효선 대장로께 깊이 감사드린다.

오랫동안 책을 편집해 준 무량수 수진 천윤경님
자료를 찾아주고 교정을 봐 준
Buddhavana 김남주님과 무연 설정희님
논문을 쓸 수 있도록 함께 해 준 오랜 도반 정도 대장로
논문이 형태를 갖출 수 있도록 안내해 준 해광 최동순님
의학적 지식을 나누어 준 동헌 문일수님
Pali 사전을 편찬하고 니까야를 번역해
후학들에게 길을 열어준 전재성님께도 감사드린다.

이 역사적 거룩한 일에 동참한 모든 분들
아라한뜨 도과 이루시고 행복하시길
마음담아 깊이 감사드린다.

불기2567(2023)년 4월 좋은 날
Bhikkhu Buddhapāla

목차

1장
수행발견

수행은

삶의 도구이다

확연무성廓然無聖

자연에 정해진 것은 없다.

모든 것은 각자의 마음속 관념으로만 존재한다. 삶도 마찬가지이다. 삶에 정해진 것은 없다. 내가 가는 길이 나의 길이다. 각자 옳다고 생각되는 방향으로 자신의 길을 간다.

사람마다 기준이 다르기 때문에 특정한 가치관에 기초해 다른 사람을 평가하는 것은 옳지 않다. 자신이 가진 앎의 수준과 가치관 그리고 관점에 기초해 행동한다.

누구나 행복한 삶을 위해 노력한다. 어떤 사람은 즐거움이 부족해서 행복하지 못하다고 생각해 즐거움을 추구하고, 어떤 사람은 괴로움 때문에 행복하지 못하다고 판단하고 괴로움을 제거하려고 한다. 어떤 사람은 뭔가에 접촉하고 의존해 행복으로 가려하고, 어떤 사람은 접촉에서 벗어나 행복으로 가려한다.

흔히 수행자는 즐거움을 추구하지 말라고 한다. 그러나 『무쟁분별경無諍分別經』에서 세존은 다음과 같이 설한다.

"비구여, 5욕락에 의존해 일어나는 즐거움을 애욕락(愛慾樂), 부정락(不淨樂), 범부락(凡夫樂), 세속락(世俗樂)이라고 한다. 이런 즐거움은 추구되고, 수행되고, 증가돼서는 안되고, 단지 두려움의 대상이 돼야 한다...그러나 비구여, 탐욕으로부터 벗어나는 출리락(出離樂), 욕망으로부터 멀리 떠나는 원리락(遠離樂), 평화로운 마음상태인 적정락(寂靜樂), 올바른 깨달음인 정각락(正覺樂) 등은 추구되고, 수행되고, 증가되고 두려움의 대상이 돼서는 안 된다"[1]

---

1. MN. III, 233-234. "ime kho, bhikkhave, pañca kāmaguṇā. yaṃ kho, bhikkhave,

이 경에서 세존은 추잡하고 질 낮은 세속의 즐거움은 추구돼서는 안되고 두려움의 대상이 돼야 하지만, 질 높은 맑은 즐거움은 추구해도 된다고 설한다. 율장 『대품大品』에서는 해탈락解脫樂을 설하고,[2] 『열반경涅槃經』에서는 열반락涅槃樂을 설한다.[3] 세존은 이런 맑은 즐거움을 즐기고 누리는 것은 다른 사람과 다툼없는 무쟁법無諍法이라고 강조한다. 『본리경本理經』에서는 열반도 즐기면 괴로움의 뿌리가 될 수 있다고 환기시킨다.[4] 아무리 좋은 것이라도 그

---

ime pañca kāmaguṇe paṭicca uppajjati sukhasomanassaṃ, idaṃ vuccati kāma sukhaṃ mīḷhasukhaṃ puthujjanasukham anariyasukhaṃ. na āsevitabbaṃ nabhāvetabbaṃ na bahulīkātabbaṃ bhāyitabbam etassa sukhassāti vadāmi...paṭhamajjhānam...dutiyajjhānam...tatiyajjhānam...catutthajjhānam upsampajja viharati. idaṃ vuccati nekkhammasukhaṃ pavivekasukham upasamasukhaṃ sambohisukhaṃ. āsevitabbaṃ bhāvetabbaṃ bahulīkātabbaṃ na bhāyitabbam etassa sukhassāti vadāmi."

2. VP. I, 1. "tena samayena buddho bhagavā Uruvelāyaṃ viharati najjā Nerañjarāya tīre bodhirukkhamūle paṭhamābhisambuddho. atha kho bhagavā bodhirukkhamūle sattāham ekapallañkena nisīdi vimuttisukhapaṭisaṁvedī."
"어느 때 붓다 세존은 우루웰라 네란자라 강변 보리수 아래에서 최초로 정각을 증득한다. 그 때 세존은 7일 동안 보리수 아래서 한 자세로 앉아 해탈락을 누린다."

3. AN. IV, 418. 주194 참조.

4. MN. I, 6. "nibbānaṃ nibbānato abhijānāti, nibbānaṃ nibbānato abhiññāya nibbānaṃ na maññati. nibbānasmiṃ na maññati, nibbānato na maññati. nibbānam-me ti na maññati, nibbānaṃ nābhinandati : taṃ kissa hetu: nandī dukkhassa mūlan-ti iti viditvā, bhavā jāti, bhūtassa jarāmaraṇan-ti. tasmātiha bhikkhave Tathāgato sabhaso taṇhānaṃ khayā virāgā nirodhā cāgā paṭinissaggā anuttaraṃ sammāsambodhim abhisambuddho ti vadāmīti."
"여래는 열반을 열반으로 곧바로 알고, 열반을 열반으로 곧바로 알고 나서, 열반을 생각하지 않고, 열반 가운데 생각하지 않고, 열반으로부터 생각하지 않으며, '열반은 내 것이다.' 라고 생각하지 않으며, 열반을 즐기지 않는다. 그것은 무슨

대상에서 탐욕을 일으키고 갈애를 불러오고 집착하면 그것에 묶인다. 그것이 고통을 가져온다고 경계하는 것으로 볼 수 있다.

세존은 사람이 사람답게 사는 삶을 갈망한다. 세존은 자존감있는 삶을 추구하고, 삶의 주인공이 되려고 노력한다. 무엇보다 행복한 삶을 원한다. 『마건리경摩建提經』에서는 열반이 극락이라고 설하고,[5) 『다수경多受經』에서는 상수멸에 들어 아싸봐를 제거하고 난 후, 그 맑은 느낌을 최상행복이라고 표현한다. 특히 수행의 최고단계인 아라한뜨의 상수멸에 들었을 때의 열반을 최상행복이라고 주장한다.[6)]

까닭인가? '즐김(歡樂)은 괴로움의 뿌리이다.' 라고 알고, '존재(有)에서 생(生)이 생겨나고, 유정(有情)의 노사(老死)가 생겨난다.' 라고 안다. 비구여, 세상에서 여래는 '모든 갈애를 제거하고, 사라지게 하고(離欲), 소멸시키고(滅), 버려버리고(捨), 보내버림으로써(捨離), 무상정자각(無上正自覺)을 깨달았기 때문이다.' 라고 말한다."

5. MN. I, 508. 주193 참조.

6. MN. I, 400. "yo kho Ānanda evaṃ vedeyya: etaparamaṃ sattā sukhaṃ somanassaṃ paṭisaṁvedentīti, idam-assa nānujānāmi, taṃ kissa hetu: atth' Ānanda etamhā sukhā aññaṃ sukham abhikkantatarañ-ca paṇītatarañ-ca. katamañ-c' Ānanda etamhā sukhā aññaṃ sukham abhikkantatarañ-ca paṇītatarañ-ca: idh' Ānanda bhikkhu sabbaso nevasaññānāsaññāyatauaṃ samatikkamma saññavedayitanirodham upasampajja viharati. idaṃ kho Ānanda etamhā sukhā aññaṃ sukham abhikkantatarañ-ca paṇītatarañ-ca."

"아난다(Ānanda)여. 만약 어떤 사람이 '그것이 중생이 체험하는 극락이다.' 라고 말한다면 나는 그것을 인정하지 않는다. 그것은 무슨 까닭인가? 아난다여. 그 즐거움보다 훨씬 훌륭하고 뛰어난 다른 즐거움이 있기 때문이다. 아난다여. 어떠한 것이 그 즐거움보다 훨씬 더 훌륭하고 뛰어난 다른 즐거움인가? 아난다여. 세상에서 비구가 비상비비상처를 완전히 뛰어넘어 상수멸(想受滅)을 성취한다. 아난다여, 이것이 그 즐거움보다 훨씬 훌륭하고 뛰어난 다른 즐거움이다."

세존의 기본생각은 분명하다. 행복한 삶으로 가는 길에 괴로움이 방해가 된다고 보고, 즐거움을 추가하기보다 괴로움을 제거하는데 초점맞춘다. 어떤 종류의 괴로움이라도 괴로움은 일단 발생하면, 그 괴로움이 자기 삶의 중심이 된다. 괴로움은 그 특성이 탁하고 날카롭다. 그래서 부딪치면 아프다. 이런 이유로 괴로움은 삶의 질을 떨어뜨릴 뿐만 아니라 삶을 힘들게 하는 주된 요인이 된다. 그렇기 때문에 모든 에너지를 사용해 발생한 괴로움을 제거하려고 노력한다. 세존은 괴로움의 제거와 행복한 삶을 수행의 직접목표로 삼는다. 그리고 8정도 수행으로 괴로움의 제거를 추구한다. 그 결과 궁극적인 괴로움의 제거는 괴로움을 발생시킨 실재를 올바르게 통찰하는 도구인 명明, 혜慧, 정견正見 등을 성취해야 괴로움으로부터 효과적으로 벗어날 수 있다고 결론짓는다.

『대감경大感經』에서는 인식대상을 올바로 알면, 그 대상에 애착하지 않고 속박되지 않고 해탈할 수 있다. 그러나 있는 그대로 알지 못하면 그 대상에 애착하고 속박되고 괴로움이 발생한다고 설한다.[7] 『생기경生起經』에 따르면 형성된 모든 존재는 여래가 출현하거나 하지 않거나, 그 세계는 이미 정해져 있고 원리로써 확립돼 있

---

7. MN. III, 287-289. “cakkhuṃ, bhikkhave, ajānam apassaṃ yathābhūtaṃ, rūpe ajānam apassaṃ yathābhūtaṃ, cakkhusamphassam ajānam apassaṃ yathābhūtaṃ, yaṃ p’ idaṃ cakkhusamphassapaccayā uppajjati vedayitaṃ sukhaṃ vā dukkhaṃ vā adukkhamasukhaṃ vā, taṃ pi ajānam apassaṃ yathābhūtaṃ, cakkhusmiṃ sārajjati rūpesu sārajjati cakkhuviññāṇe sārajjati cakkhusamphasse sārajjati, yaṃ p’ idaṃ cakkhusamphassapaccayā uppajjati vedayitaṃ sukhaṃ vā dukkhaṃ vā adukkhamasukhaṃ vā tasmiṃ pi sārajjati. tassa sārattassa saṁyuttassa sam-

mūḷhassa assādānupassino viharato āyatiṃ pañcupādānakkhandhā upacayaṃ gacchanti : taṇhā c' assa ponobhavikā nandīrāgasahagatā tatra tatrābhinandinī, sā c' assa pavaḍḍhati. tassa kāyikā pi darathā pavaḍḍhanti, cetasikā pi darathā pavaḍḍhanti, kāyikā pi santāpā pavaḍḍhanti, cetasikā pi santāpā pavaḍḍhantiṃ kāyikā pi pariḷāhā pavaḍḍhanti, cetasikā pi pariḷāhā pavaḍḍhanti. so kāyadukkhaṃ pi cetodukkhaṃ pi paṭisaṁvedeti...

cakkhuñ ca kho, bhikkhave, jānaṃ passaṃ yathābhūtaṃ, rūpe jānaṃ passaṃ yathābhūtaṃ, cakkhuviññānaṃ jānaṃ passaṃ yathābhūtaṃ, yaṃ p' idaṃ cakkhusamphassapaccayā uppajjati vedayitaṃ sukhaṃ vā dukkhaṃ vā adukkhamasukhaṃ vā, taṃ pi jānaṃ passaṃ yathābhūtaṃ, cakkhusmiṃ na sārajjati rūpesu na sārajjati cakkhuviññāṇe na sārajjati cakkhusamphasse na sārajjati, yaṃ p' idaṃ cakkhusamphassapaccayā uppajjati vedayitaṃ sukhaṃ vā dukkhaṃ vā adukkhamasukhaṃ vā tasmiṃ pi na sārajjati. tassa asārattassa asaṁyuttassa asammūḷhassa ādīnavānupassīno viharato āyatiṃ pañcupādānakkhandhā apacayaṃ gacchanti : taṇhā c' assa ponobhavikā nandīrāgasahagatā tatrābhinandinī, sā c' assa pahīyati. tassa kāyikā pi darathā pahīyati, cetasikā pi darathā pahīyati, kāyikā pi santāpā pahīyati, cetasikā pi santāpā pahīyati, kāyikā pi pariḷāhā pahīyati, cetasikā pi pariḷāhā pahīyati. so kāyasukhaṃ pi cetosukhaṃ pi paṭisaṁvedeti.

yā yathābhūtassa diḍḍhi, sā 'ssa hoti sammādiṭṭhi : yo yathābhūtassa saṁkappo, svāssa hoti sammāsaṁkappo : yo yathābhūtassa saṁvāyāmo, svāssa hoti sammāvāyāmo : yā yathābhūtassa sati, sā 'ssa hoti sammāsati : yo yathābhūtassa samādhi, svāssa hoti sammāsamādhi. pubbe va kho pan' assa kāyakammaṃ vacīkammaṃ ājīvo suparisuddho hoti. evam assāyam ariyo aṭṭhaṅgiko maggo bhāvanāpāripūriṃ gacchati. tassa evam imam ariyam aṭṭhaṅgikaṃ maggaṃ bhāvayato cattāro pi satipaṭṭhānā bhāvanāpāripūriṃ gacchati, cattāro pi sammappadhānā bhāvanāpāripūriṃ gacchati, cattāro pi iddhipādā bhāvanāpāripūriṃ gacchati, pañca pi indriyāni bhāvanāpāripūriṃ gacchati, pañca pi balāni bhāvanāpāripūriṃ gacchati, satta pi bojjhaṅgā bhāvanāpāripūriṃ gacchati."

"비구여, 눈(眼), 색(色), 눈의 인식(眼識), 눈의 접촉(眼觸)을 있는 그대로 알지 못하고, 보지 못하고, 눈의 접촉에서 생겨나는 즐거움(樂), 괴로움(苦), 괴롭지도 즐겁지도 않은(不苦不樂) 느낌을 있는 그대로 알지 못하고, 보지 못한다. 그때 눈, 색, 눈의 인식, 눈의 접촉, 눈의 접촉에서 생겨나는 즐거움, 괴로움, 괴롭지도 즐겁지도 않은 느낌에 애착한다. 이와 같이 애착해 속박, 미혹, 유혹되는 자에게 5취온이 미래에 스스로 시설된다. 그에게 다시 태어남으로 이끌고, 환락과 탐욕을 갖추고, 여기저기 환희하는 갈애가 성장한다. 그에게 신체적, 정신적 곤란, 고뇌,

다. 그리고 그 원리가 무상無常 · 무아無我 · 고苦의 3법인三法印이라는 사실을 여래는 올바로 깨닫고 나서 설한다고 주장한다.[8] 『설분별경說分別經』에서는 존재를 잘 알거나 잘 모르거나 존재란 존재의 법칙에 따라서 작동한다. 단지 그런 존재를 접하고 생겨나는 마음 상태에 속박되면 괴로움이 발생한다고 설한다.[9] 『취경取經』에서는

고통이 증가하고, 그에게 신체적, 정신적 고통을 체험한다...

비구여, 눈, 색, 눈의 인식, 눈의 접촉, 눈의 접촉에서 생겨나는 즐거움, 괴로움, 괴롭지도 즐겁지도 않은 느낌을 있는 그대로 알고 본다. 그 때 눈, 색, 눈의 인식, 눈의 접촉, 그리고 눈의 접촉에서 생겨나는 즐겁고, 괴롭고, 괴롭지도 즐겁지도 않은 느낌에 애착하지 않는다. 이와 같이 애착, 속박, 미혹, 유혹되지 않는 자에게 5취온이 미래에 스스로 줄어든다. 그에게 다시 태어남으로 이끌고, 환락과 탐욕을 갖추고 여기저기 환희하는 갈애가 줄어든다. 그에게 육체적, 정신적 곤란, 고뇌, 고통이 버려진다. 그는 육체적, 정신적 즐거움을 체험한다...

이와 같이 있는 그대로 이해하면, 그것이 그에게 정견이다. 이와 같이 있는 그대로 생각하면, 그것이 그에게 정사이다. 이와 같이 있는 그대로 정진하면 그것이 정정진이다. 이와 같이 있는 그대로 알아차림하면, 그것이 그에게 정념이다. 이와 같이 있는 그대로 집중하면, 그것이 그에게 정정이다. 그리고 이전에 이미 그의 신업(身業), 구업(口業), 생활양식은 아주 청정해진다. 이와 같이 해서 그에게 8정도, 4념처, 4정근, 4신통, 5근, 5력, 7각지가 수행으로 완성된다."

8. AN. I, 186. "uppādā vā bhikkhave Tathāgatānam anuppādā vā Tathāgatānaṃ ṭhitā 'va sā dhātudhammaṭṭhitatā dhammaniyāmatā sabbe saṅkhāra aniccā. taṃ Tathāgato abhisambujjhati abhisameti abhisambujjhaitvā ācikkhati deseti paññāpeti vivarati vibha jati uttānīkaroti sabbe saṅkhārā aniccāti...dukkhā...anattā."
"비구여, 모든 형성된 것은 무상이다. 이것은 여래가 출현하거나 출현하지 않거나 그 세계는 원리로 정해져 있고 확립해 있다. 모든 형성된 것은 무상하다는 것을 여래는 올바로 깨닫고, 꿰뚫었으며, 올바로 깨닫고 꿰뚫고 나서 말하고(宣說), 가르치고(教示), 묘사하고(施設), 분명하고(開顯), 분별하고, 명확하게 밝힌다... 고(苦)... 무아(無我)"

9. MN. III, 227-228. "kathañ c', āvuso, anupādā paritassanā hoti? idh', āvuso, asu-

tavā puthujjano ariyānam adassāvī ariyadhammassa akovido ariyadhamme avinīto sappurisānam adassāvī sappurisadhammassa akovido sappurisadhamme avinīto rūpam attato samanupassati rūpavantaṃ vā attānam attani vā rūpaṃ rūpasmiṃ vā attānaṃ. tassa taṃ rūpaṃ vipariṇāmati aññathā hoti, tassa rūpavipariṇāmaññathābhāvā rūpavipariṇāmānuparivatti viññāṇaṃ hoti, tassa rūpaṃ vipariṇāmānuparivatti viññāṇaṃ hoti, tassa rūpavipariṇāmānuparivattajā paritassanā dhammasamuppādā cittaṃ pariyādāya tiṭṭhanti, cetaso pariyādānā uttāsavā ca hoti vighātavā ca upekhavā ca anupādāya ca paritassati...

kathañ c', āvuso, anupādā aparitassanā hoti? idh', āvuso, sutavā ariyāsāvako ariyānaṃ dassāvī ariyadhammassa kovido ariyadhamme suvinīto attato samanupassati na rūpavantaṃ vā attānam, na attani vā rūpaṃ na rūpasmiṃ vā attānaṃ. tassa taṃ rūpaṃ vipariṇāmati aññathā hoti, tassa rūpavipariṇāmaññathābhāvā na rūpavipariṇāmānuparivatti viññāṇaṃ hoti, tassa na rūpaṃ vipariṇāmānuparivattjā paritassanā dhammasamuppādā cittaṃ na pariyādāya tiṭṭhanti, cetaso apariyādānā na c' ev' uttāsavā hoti na ca vighātavā na ca upekhavā anupādāya ca na paritassati."

"벗이여, 어떻게 집착에 매임으로써 혼란이 있는가? 벗이여, 세상의 배우지 못한 범부는 성인을 인정하지 않고, 성인의 법에 무지하고, 성인의 법에 이끌리지 않고, 진인을 인정하지 않고, 진인의 법에 무지하고, 진인의 법에 이끌리지 않는다. 그는 색을 자아로 여기고, 색을 가진 것을 자아로 여기고, 자아 가운데 색이 있다고 여기고, 색 가운데 자아가 있다고 여긴다. 그러나 그에게 그 색은 변하고 달라진다. 색이 변화하고 달라지는 것과 더불어 마음도 색의 변화에 따른다. 색의 변화에 기인하는 혼란된 상태가 생겨나 마음을 사로잡는다. 마음이 사로잡히면, 두려워하고, 고뇌하고, 무관심하고, 집착에 매임으로써 혼란이 생긴다. 이와 같이 집착에 매임으로써 혼란이 생긴다.

벗이여, 어떻게 집착에 매임으로써 혼란이 생겨나지 않는가? 벗이여, 세상의 배움이 많은 성스러운 제자는 성인의 법을 알고, 성인의 법에 이끌리고, 진인을 인정하고, 진인의 법을 알고, 진인의 법에 이끌린다. 그는 색을 자아로 여기지 않고, 색을 가진 것을 자아로 여기지 않고, 자아 가운데 색이 있다고 여기지 않고, 색 가운데 자아가 있다고 여기지 않는다. 그러나 그에게 그 색은 변화하고 달라진다. 색이 변화하고 달라지는 것과 달리 마음은 색의 변화에 따르지 않는다. 색의 변화에 기인하는 혼란된 상태가 생겨나지 않아 마음을 사로잡지 않는다. 마음이 사로잡히지 않으며, 걱정하지 않고, 우려하지 않고, 근심하지 않고, 집착을 여읨으로써 혼란이 생기지 않는다."

인식대상에서 즐거움을 보는 자에게는 갈애가 늘어난다고 강조한다.[10] 『본리경本理經』에서는 실재를 올바르게 안다면, 즐거움이 괴로움의 뿌리라는 것을 알고 즐기지 않는다고 설한다.[11]

---

10. SN.II, 84-85. "upādāniyesu bhiikhave dhammesu assādānupassino viharato taṇhā pavāḍḍhati, taṇhāpaccayā upādānaṃ, upādānapaccayā bhavo bhavapaccayā jāti, jātipaccayā jarāmaraṇaṃ sokaparidevadukkhadomanassupāyāsā sambhavanti. evam etassa kevalassa dukkhakkhandhassa samudayo hoti...upādāniyesu bhiikhave dhammesu ādīnavānupassino viharato taṇhā nirujjhanti, taṇhānirodhā upādānanirodho, upādānanirodhā bhavanirodho, bhavanirodhā jātinirodho, jātinirodha jarāmaraṇaṃ sokaparidevadukkhadomanassupāyāsā nirujjhanti. evam etassa kevalassa dukkhakkhandhassa nirodho hoti."
"집착대상에서 즐거움의 맛(樂味)을 관찰하는 자에게는 갈애가 늘어나고, 갈애를 조건으로 집착이 생기고, 집착을 조건으로 존재(有)가 생기고, 유를 조건으로 태어남, 늙음, 죽음, 슬픔, 비탄, 괴로움, 근심, 고뇌가 생긴다. 이렇게 해서 모든 고취온(苦取蘊)이 생기고, 그런 연료와 땔감을 가진 큰 불꽃더미는 오랜 기간 동안 타오른다. 집착대상에서 화(禍)를 관찰하는 자에게는 갈애가 소멸하고, 갈애가 소멸하면 집착이 소멸하고 ,집착이 소멸하면 존재가 소멸하고, 존재가 소멸하면 태어남, 늙음, 죽음, 슬픔, 비탄, 괴로움, 근심, 고뇌가 소멸한다. 이렇게 해서 모든 고취온이 소멸한다. 그 최초의 연료가 다 떨어져도 다른 것이 채워지지 않은 불꽃더미는 땔감도 없고 연료도 없어 꺼져버린다."
11. MN. I, 4-5. "yo pi so bhikkhave bhikkhu arahaṃ khīṇāsavo vusitavā katakaraṇīyo ohitabhāro anuppattasadattho parikkhīṇabhavasaṁyojano sammad-aññā vimutto, so pi paṭhaviṃ paṭhavito abhijānāti, paṭhaviṃ paṭhavito abhiññāya paṭhaviṃ na maññati, paṭhaviyā na maññati, paṭhavito na maññati, paṭhavim-me ti na maññati, paṭhaviṃ nābhinandati : taṃ kissa hetu: pariññātaṁ tassā ti vadāmi."
"비구여. 아싸봐를 제거하고, 수행을 성취하고, 해야 할 일을 다해 마치고, 짐을 내려놓고, 이상을 실현하고, 존재의 결박을 완전히 끊고, 올바른 최상의 앎으로 해탈한 아라한뜨가 있다. 그도 또한 '땅을 땅으로 올바로 알고, 땅을 땅으로 올바로 알고 나서, 땅을 생각하지 않고, 땅 가운데 생각하지 않고, 땅으로부터 생각하지 않으며, 땅은 내 것이다.' 라고 생각하지 않는다. 그리고 땅에 대해 즐기지 않는다. 그것은 무슨 까닭인가? 그는 '그것을 올바로 알기 때문이다.' 라고 나는 말한다."

수행은 괴로움을 일으키는 직접적인 요인인 탐진치貪嗔痴 3독三毒과 같은 마음오염원인 아싸봐漏, āsava를 제거하는데 중점둔다. 『일체루경一切漏經』에 따르면 아싸봐의 종류에 따라 제거도구도 다르게 사용해야 한다고 설한다.[12] 마찬가지로 삶의 과정에서 직면하는 아싸봐도 그 종류에 따라 적절한 도구를 사용해 제거해야 한다. 자연환경, 사회구조, 개인의 신체나 마음 상태, 존재를 대하는 태도 등으로 인해 생기는 괴로움은 그 발생원인에 따라 유효도구를 선택하고 사용해야 올바르고 효과적으로 제거할 수 있다. 이 경에서 세존은 아싸봐는 수행으로 제거할 수 있다고 주장한다.

『정견경正見經』에서는 괴로움을 제거하는 길이 8정도라고 설한다.[13] 수행은 직면한 괴로움을 직접 해결할 수도 있지만, 대부분의 경우는 해결관점을 발견하는데 있다.

---

12. MN. I, 7. "atthi bhikkhave āsavā dassanā pahātabbā, atthi āsavā saṁvarā pahātabbā, atthi āsavā paṭisevanā pahātabbā, atthi āsavā adhivāsanā pahātabbā, atthi āsavā parivajjanā pahātabbā, atthi āsavā vinodanā pahātabbā, atthi āsavā bhāvanā pahātabbā."
"비구여. 관찰함으로써 끊어지는 아싸봐가 있고, 보호함으로써 끊어지는 아싸봐가 있고, 수용함으로써 끊어지는 아싸봐가 있고, 참음으로써 끊어지는 아싸봐가 있고, 피함으로서 끊어지는 아싸봐가 있고, 없앰으로써 끊어지는 아싸봐가 있고, 수행함으로써 끊어지는 아싸봐가 있다."

13. MN. I, 49. "katamā ca āvuso dukkhanirodhagāminī-paṭipadā: ayam-eva ariyo aṭṭhaṅgiko maggo dukkhanirodhagāminī-paṭipadā, seyyathīdaṃ: sammādiṭṭhi sammāsaṅkappo sammāvācā sammākammanto sammā-ājīvo sammāvāyāmo sammāsati sammāsamādhi."
"어떠한 것이 고의 소멸에 이르는 길입니까? 고의 소멸에 이르는 길이 성팔지도이다. 즉, 정견, 정사, 정어, 정업, 정명, 정정진, 정념, 정정이다."

수행은 기술이다. 37보리분법, 그 가운데 알아차림 기능인 싸띠念, sati와 행동하기 전에 일어나는 의도나 현상 밑에 존재하는 원인 통찰기능인 쌈빠자나知, sampajāna, 그 가운데 싸띠다루는 기술을 능숙하게 익히는 과정이 수행이다. 수행도구를 시스템화하고 수행의 유효성을 높이기 위해 세존이 창안한 수행체계가 『8정도 수행체계』이다.

수행은 그 자체로 직접적으로는 삶의 문제를 해결하고, 탐진치 3독과 같은 마음오염원을 제거하고, 마음의 관리도구로 사용된다. 동시에 수행의 활용분야에서는 보조도구 즉, 도우미 도구나 기술로 사용될 때 그 유효성이 탁월하고, 다양한 분야의 활용도가 높은 것으로 나타난다.

수행은 기본적으로 현상에 내재한 실재를 통찰하는 것 즉, 깨달음을 목적으로 한다. 동시에 수행은 마음상태를 변화대상으로 본다. 따라서 분석은 변화를 전제한 분석이지 분석자체가 목적은 아니다. 수행의 각 단계에서 인식대상이 다르게 보이는 것은 인식대상이 변한 것이 아니라, 수행진보로 알아차림하는 싸띠기능의 활성화로 인해 인식대상이 왜곡돼 보일 뿐이다. 따라서 수준의 문제이고 관심분야의 문제이다. 『소제경小諦經』에서는 다음과 같이 설한다.

"악기베사나여! 비구는 이와 같이 아싸봐를 제거하고, 청정수행을 완성하고, 해야 할 일을 다해 마치고, 짐을 내려놓고, 이상을 실현하고, 결박을 끊고, 올바른 궁극의 앎으로 해탈한 아라한뜨가 된다. 악기베싸나여! 이렇게 해탈한 비구는 무상견해, 무상도, 무상해탈의 3가지 최상경지를 성취한다. 악기베싸나여! 이와 같이 해탈한 비구는 여래를 '깨달은 세존은 깨달음을 위해, 수행을 완성한 세존은 수행을 위해, 적멸에 든 세존은 마음작용의 멈춤을 위해, 피안으로 간 세존은 피안을 위해, 완전히 열반에 든 세존은 열반을 위해 법을 설한다.' 라고 존경, 존중, 공경한다."[14)]

이 경에서 불교수행의 최고단계인 아라한뜨를 성취한 비구는 자신이 잘 하는 것으로 법을 설한다고 강조한다.

세존은 숨 쉴 힘만 있어도 자신이 창안한 법을 인류의 자유와 진보, 행복과 이익을 위해 회향하려고 노력한다. 『소상적유경小象跡喩經』에 따르면 대부분의 경우는 가르침을 필요로 하는 사람이 세존을 찾아오지만, 때로는 직접 찾아가기도 한다.[15)] 이렇듯 그 깊이를 알 수 없는 지혜와 그 끝을 알 수 없는 자비심에 더해, 매년 1,300km 이상을 맨발로 걸어다닌 공덕으로 오늘날 불교와 수행이 인도대지

---

14. MN. I, 235. "ettāvatā kho Aggivessana bhikkhu arahaṃ hoti khīṇāsavo vusitavā katakaraṇīyo ohitabhāro anuppattasadattho parikkhīṇabhavasaṁyojanosammad-aññā vimutto hoti. evaṃ vimuttacitto kho Aggivessana bhikkhu tīhi anuttariyehi samannāgato hoti: dassanānuttariyena paṭipadānuttariyena vimuttānuttariyena. evaṃ vimutto kho Aggivessana bhikkhu Tathāgatañ-ñeva sakkaroti garukaroti māneti pūjeti: buddho so Bhagavā bodhāya dhammaṃ deseti, danto so Bhagavā damathāya dhammaṃ deseti, santo so Bhagavā samathāya dhammaṃ deseti, tiṇṇo so Bhagavā taraṇāya dhammaṃ deseti, parinibbuto so Bhagavā parinibbāya dhammaṃ desetīti."

15. MN. I, 176. "te suṇanti : samaṇo khalu bho Gotamo amukaṃ nāma gāmaṃ vā nigamaṃ vā osaṭo ti; te yena samaṇo Gotamo ten' upsaṅkamanti. te samaṇo Gotamo dhammiyā kathāya sandasseti samādapeti samuttejeti sampahaṁseti." '싸마나 고따마(Gotama)가 어떤 마을이나 촌락에 올 것이다.' 라는 소문을 듣고, 그들은 싸마나 고따마가 있는 곳을 찾아간다. 싸마나 고따마는 진리에 관한 법문을 해서 그들을 가르치고, 격려하고, 고무하고, 용기를 붇돋아 준다."

에 굳건하게 뿌리 내릴 수 있는 인연을 마련한다.

『대반열반경大般涅槃經』에서 4대교범四大教範을 설한다. 어떤 사람이 이것이 세존의 가르침이라고 주장하더라도, 세존이 설한 율장律藏과 경장經藏과 대조해 보고 나서, 율장과 경장에 있는 내용이면 받아들이고 없는 내용이면 받아들여서는 안된다고 강조한다.[16)]

불교는 수행을 위해 수행자가 자발적으로 모여 형성된 수행공동체이다. 수행핵심은 괴로움을 제거하는 것이고, 맑은 즐거움, 열반의 즐거움을 추구하는 것이고, 자기 삶의 주인공되어, 사람이 사람답게 사는 것을 중시한다. 그 구체적인 도구가 8정도 수행체계

---

16. DN. II, 123-124. "cattāro 'me bhikkhave mahā-padese desesāmi, taṃ suṇātha sādhukaṃ manasi-karotha bhāsissāmīti. evaṃ bhante ti kho te bhikkhū Bhagavato paccassosuṃ. Bhagavā etad avoca: idha bhikkhave bhikkhu evaṃ vadeyya: 'sammukhā me taṃ āvuso Bhagavato sutaṃ sammukhā paṭiggahītaṃ, ayaṃ Dhammo ayaṃ Vinayo idaṃ Satthu sāsanan' ti, tassa bhikkhave bhikkhuno bhāsitaṃ n' eva abhinanditabbaṃ na paṭikkositatabbaṃ. anabhinanditvā appaṭikkositvā tāni pada-vyañjanāni sādhukaṃ uggahetvā Sutte otāretabbāni Vinaye sandassetabbāni. tāni ce Sutte otāriyamānāni Vinaye sandassiyamānāni na c' eva Sutte otaranti na Vinaye sandissanti, niṭṭham ettha gantabba ṃ: 'addhā idaṃ na c' eva tassa Bhagavato vacanaṃ, imassa ca bhikkhuno duggahītan' ti, iti h' etaṃ bhikkhave chaḍḍeyyātha. tāni ce Sutte otāriyamānāni Vinaye sandassiyamānāni Sutte c' eva otaranti Vinaye ca sandissanti, niṭṭham ettha gantabbaṃ: 'addhā idaṃ tassa Bhagavato vacanam imassa ca bhikkhuno suggahītan' ti. idha bhikkhave paṭhamaṃ mahā-padeseṃ dhāreyyātha."
"비구여, 4대교범을 설하겠다. 잘 들어라. 내가 설하겠다. 세존이시여. 그렇게 하겠습니다. 비구는 세존께 대답했다. 세존은 다음과 같이 말했다. 비구여, 나는 이것을 세존 앞에서 듣고 받았다. '이것이 법, 율, 교이다.' 라고 말하면, 비구여, 그 비구의 말에 동의하지도 말고 배척하지도 말아야 한다. 그리고 나서 그 비구의 말

이다.

세존에 의해 깨달아지고 체계화된 불교수행은 세존 당시뿐만 아니라 지리적, 인적 확산과정을 거치면서 세존의 의도와는 달리 필연적으로 변용과정을 거칠 수밖에 없다.[17] 세존은 『주나경周那經』에서 수행법의 차이로 인해 싼가僧伽, saṅgha의 분열을 다음과 같이 경계한다.

"반데(師)시여!, 세존이 깨달아 설한 4념처(四念處), 4정근(四正勤), 4신통(四神通), 5근(五根), 5력(五力), 7각지(七覺支), 성팔지도(聖八支道) 등에 대해, 아난다여! 두 비구가 이설을 하는 것을 보지 못했다. 그러나 반데시여!, 세존을 존경하는 사람도 세존이 입멸한 뒤에 싼가에서의 생활과 계율(婆羅提木叉)의

의 맥락을 잘 파악해 세존이 설한 법과 율에 비교해 보아야 한다. 그 비구의 말을 법과 율에 비교해 보아 법과 율에 일치하지 않으면, '이것은 세존의 말이 아니다. 이 비구가 잘못 이해한 것이다.' 라고 결론을 내려야 한다. 이렇게 해서 그를 물리쳐야 한다. 비구여, 비구가 '벗이여, 나는 이것을 세존 앞에서 듣고 받았다.' 이것이 법, 율, 교이다.'라고 말한다면, 비구여, 그 비구의 말에 동의하지도 말고, 배척하지도 말아야 한다. 그리고 나서 그 말과 맥락을 잘 파악해 법과 율에 비교해 보아야 한다. 그의 말을 법과 율에 비교해 보아, 법과 율에 일치하면,' 이것은 세존의 말이다. 이 비구가 잘 파악한 것이다.'라고 결론을 내려야 한다."

17. 일아(2019). 『부처님은 어디에서 누구에게 어떻게 가르치셨나』, 서울 : 불광출판사. 통계분석 연구기법을 사용해 Pāli 『경장(經藏, *Sutta Piṭaka*)』에서 세존이 설법한 장소와 대상을 자세히 분석한다.

이주형 외 7인(2009), 『동아시아 구법승과 인도의 불교 유적』, 서울 : 사회평론. 3세기부터 11세기까지 수많은 동아시아 수행자가 불교의 발상지인 인도로 구법여행을 떠나고, 인도의 수행자가 중국을 비롯해 다른 나라로 전법여행의 길을 나선다. 이 책에서는 당시 중국과 인도의 구법여행과 전법여행의 교류를 잘 정리한다.

논쟁이 있을 것이다. 그런 다툼은 많은 사람에게 불이익과 고통을 가져오고, 신과 인간의 손해, 불이익, 고통을 가져올 것이다. 아난다여! 싼가에서의 생활과 계율의 다툼이 있는 것이라면 오히려 사소한 것이다. 아난다여! 싼가에서 깨달음에 이르는 길에 다툼이 생긴다면, 그 다툼은 많은 사람에게 불행을 가져오고, 신과 인간의 손해, 불이익, 고통을 가져올 것이다."[18]

이 경에서는 수행자의 행동규범인 계율戒律 등은 문자로 된 객관적으로 확인할 수 있는 기준이 되기 때문에 설사 다툼이 생긴다고 해도 정해진 기준에 따르면 해결하기가 비교적 쉽다. 그러나 수행은 마음공간에서 이루어지고 주관경험으로 진행되기 때문에 개인경험을 객관화하기가 쉽지 않다. 따라서 누군가 경을 자의적으로 해석하거나, 수행을 지도할 때 개인의 주관경험을 지나치게 강조하면, 싼가는 분열되기 쉽다는 점을 지적한다.

『다수경多受經』에서 세존은 자신이 설한 법은 방편으로 설해진 것이기 때문에 이설이 있을 수 있다고 전제한다. 이설에 집착하고

---

18. MN. II, 245. "ye me, bhante, dhammā Bhagavatā abhiññā desitā,-seyyathīdaṃ: cattāro satipaṭṭhānā, cattāro sammappadhānā, cattāro iddhipādā, pañc' indriyāni, pañca balāni, satta bojjhaṅgā, ariyo aṭṭhaṅko maggo-nāhaṃ passāmi imesu dhammesu dve pi bhikkhū nānāvāde. ye ca kho, bhante, puggalā Bhagavantaṃ patissayamānānarūpā viharanti, te Bhagavato accayena saṁghe vivādaṃ janeyyum ajjhājīve vā adhipātimokkhe vā. so 'ssa vivādo bahujanāhitāya bahujanāsukhāya bahuno janassa anatthāya ahitāya dukkhāya devamanussānan ti. appamattako so, Ānanda, vivādo yadidam ajjhājīve vā adhipātimokkhe vā. magge vā pi, Ānanda, paṭipadāya vā saṁghe vivādo uppajjamāno uppajjeyya, so 'ssa vivādo bahujanāhitāya bahujanāsukhāya bahuno janassa anatthāya ahitāya dukkhāya devamanussānan ti."

고집하면 다툼이 일어난다. 그러나 방편인 것을 받아들이고 서로의 주장을 인정하면, 서로를 이해하고 화합해 수행할 수 있다고 설한다.[19]

『대봐차구타경大婆蹉衢多經』에서 세존은 자신이 설한 법은 보편성을 띠고 있으므로 올바르게 익히면 수행의 최종목표에 도달할 수 있다고 강조한다. 그리고 다음과 같이 설한다.

"존자 고따마여. 만약에 이런 것은 존자 고따마도 성취했고, 비구도 성취했으나 비구니는 성취하지 못했다면, 그 점 때문에 이런 청정수행(淸淨修行, brahmacariya)은 보편적인 것이 되지 못한다. 그러나 존자 고따마여. 이런 것을 존자 고따마도 성취했고, 비구도 성취했고, 비구니도 성취했으므로 이런 청정

---

19. MN. I, 398. "evaṃ pariyāyadesito kho Ānanda mayā dhamme ye añña-maññassa subhāsitaṃ sulapitaṃ na samanujānissanti na samanumaññissanti na samanumodissanti tesam-etaṃ pāṭikaṅkhaṃ: bhaṇḍanajātā kalahajātā vivādā-pannā aññamaññṃ mukhasattīhi vitudantā viharissanti. evaṃ pariyāyadesito kho Ānanda mayā dhammo. evaṃ pariyāyadesite kho Ānanda mayā dhamme ye aññamaññassa subhāsitaṃ sulapitaṃ samanujānissanti samanumaññissanti samanumodissanti tesam-etaṃ pāṭikaṅkhaṃ: samaggā sammodamānā avi-vadamānā khīrodakībhūtā aññamaññaṃ piyacakkhūhi sampassantā viharis-santi."
"아난다여. 이와 같이 나의 법은 여러가지 다른 방편설이므로 만약 사람들이 잘 설해지고, 잘 말해진 것을 서로 시인하지 않고, 인정하지 않고, 만족하지 않는다면, 그들은 분명히 다툼이 일어나고, 언쟁하고, 논쟁하고, 서로 입에 칼을 물고 찌를 지도 모른다. 아난다여. 이와 같이 나의 법은 방편설이므로, 만약 사람들이 잘 설해지고, 잘 말해진 것을 서로 시인하고, 인정하고, 만족한다면, 그들에게는 통일감, 기뻐함, 평화로움, 물과 우유와 같은 화합이 생겨나고, 서로 사랑스런 눈짓으로 바라본다."

수행은 보편적인 것이 될 수 있다."[20]

이 경에서 세존은 누구나 자신이 지도하는 대로 따라서 수행하면 수행의 최고경지인 아라한뜨阿羅漢의 경지를 성취할 수 있으므로 수행은 보편성을 가질 수 있다고 주장한다.[21]

개인의 특수성은 인정하되 특수성은 어디까지나 보편성의 범주에 포함돼야 한다. 보편성을 벗어난 특수성은 분란의 씨앗이 될 수 있으므로 세심한 주의가 필요하다.

일반적으로 세존이 체계화한 8정도八正道를 교리로 이해하고 해석하는 경향이 있다. 그러나 8정도를 최초로 설한 세존은 이를 수행체계로 설한다. 8정도는 37보리분법三十七菩提分法과 함께 불교수행의 핵심이론이다.

따라서 이 책은 다음과 같은 목적이 있다.

첫째, 수행기술의 표준과 기준을 정한다. 세존이 직접 설한 경전

---

20. MN. I, 492. "sace hi bho Gotama imaṃ dhammaṃ bhavañ-c' eva Gotamo ārādhako abhavissa bhikkhū ca ārādhakā abhaviṁsu, no ca kho bhikkhuniyo ārādhikā abhaviṁsu, evam-idaṃ brahmacariyam aparipūram abhavissa ten' aṅgena : yasmā ca kho bho Gotama imaṃ dhammaṃ bhavañ-c' eva Gotamo ārādhako bhikkhū ca ārādhakā bhikkhuniyo ca ārādhikā, evam-idaṃ brahmacariyaṃ paripūraṃ ten' aṅgena."

21. 이런 관점은 누구나 부처의 씨앗이 있다는 일체중생 실유불성(一切衆生 悉有佛性)으로 발전한 근거가 된다. 부처란 원래 존재하지 않는 것을 만들어 내는 것이 아니다. 이미 존재하지만 먼지에 덮여있는 것을 벗겨내고 드러내는 과정이다. 그것이 수행이다.

중에서 고층古層에 속하는 『*Pāli Nikāya*』의 5부五部 가운데 『맛지마니까야中部, *Majjhima Nikāya*』를 중심으로 8정도 수행체계를 살펴보고 구체화시키고자 한다. 왜냐하면 세존이 창안한 수행이 모든 불교수행의 기본이 되고 기준이 되기 때문이다.

『디가니까야長部, *Dīgha Nikāya*』, 『쌍윳따니까야相應部, *Saṁyutta Nikāya*』, 『앙굿따라니까야增支部, *Aṅguttara Nikāya*』, 『쿤다까니까야小部, *Khuddaka Nikāya*』 등에서는 수행의 이론과 기술을 단편적으로 설한다.

『맛지마니까야』에서는 8정도 수행, 4념처 수행, 싸띠수행, 위빳싸나 수행, 공수행, 근수행, 자수행, 4무량심 수행, 4대수행 그리고 좌념, 행념, 생활념 등 세존이 창안한 수행의 이론과 기술을 구체적이고 논리적으로 설하고, 수행단계도 상세히 설하기 때문이다. 더 주목되는 것은 이런 다양한 수행이 모두 8정도 수행으로 체계화된다는 점이다.

둘째, 이론수행자와 수행기술자 간의 상호 이해와 소통에 이바지하고 수행을 발전시킨다. 일반적으로 불교를 논할 때, 수행을 다루는 선禪과 이론을 주목하는 교教로 구분한다. 선은 다시 수행이론을 다루는 이론수행자와 수행을 직접 실천하는 수행기술자로 분류한다. 분석과 논리에 기초해 수행을 이해하는 이론수행자와 현장경험이 풍부한 수행기술자 사이의 소통과 협력을 통해 수행발전에 기여한다.

셋째, 신격의불교新格義佛教와 불교적 오리엔탈리즘의 극복을 위한 토대를 제공한다. 오늘날 전 지구차원에서 광범위하게 유통되고 소비되는 명상은 미국을 중심으로 'mindfulness'로 체계화되고 주류를 이룬다. 하지만 그 이론과 기술은 불교수행에 뿌리를 둔 것이 대부분이다. 수행이 유럽이나 미국 등으로 전해지고 명상으로 활용될 때, 심리학이나 정신의학 분야의 사람들이 많이 참여한다. 이들은 수행을 그들의 경험과 필요에 따라 그들의 언어와 논리로 체계화하고, 문자 등 다양한 매체를 통해 대중성의 확보능력도 뛰어나다. 본 책에서는 이것을 신격의불교라고 정의한다.[22] 이런 현상은 긍정적 측면도 있지만, 수행경험이 충분치 못한 상태에서 수행의 사용가치를 충분히 활용하지 못하고 왜곡시켜 적용하는 면도 있다.

서양시각에서 동양문화를 평가하는 오리엔탈리즘은 현재까지도 다양한 분야에서 지속된다. 불교나 수행의 분야에서도 예외는 아니다. 이 책에서는 서양관점에서 불교를 평가하거나, 수행하지 않았거나, 수행의 최고단계까지 도달해 보지 않은 사람이 수행을 평가하는 것을 불교적 오리엔탈리즘이라고 정의한다.

불교수행은 세존에 의해 붓다가야Buddhagaya 보리수 아래서 창안되고 체계화된 이래, 인도 문화권을 넘어 중국 문화권에 이르기까

22. 중국에서 불교와 수행을 처음 받아들일 때, 중국인이 이미 알고 있는 개념을 사용해 불교와 수행을 설명한다. 케첩을 고추장과 비슷한 것이라고 설명하는 것과 같다. 이것이 격의불교(格義佛敎)이다. 형식을 빌려와 뜻을 설명한다는 의미이다. 어느 정도 시간이 지나 누구나 케첩을 알게 되면, 그때부터는 굳이 고추장과 비슷한 것이라고 설명할 필요없다. 그냥 케첩이라고 하는 것이 더 정확하게 의미를 전달할 수 있다. 중국에서 경전을 번역하고 수행을 소개할 때 처음에 도교인이 많이 참여한 관계로 도교개념이 불교와 수행에 많이 스며들어 있다. 오늘날 신격의불교를 이끄는 심리학 용어가 수행이나 명상을 소개할 때 많이 사용되는 것과 같은 이치이다.

지 광범위하게 영향미치며 다차원의 문화자산을 축적하고, 해당 문화권에서 주류로 자리잡는다. 오늘날 유럽이나 미국에서도 불교나 수행이 주변부에서 주류문화로 진입하는 중이다.[23] 그러나 불교와 수행은 인도에서 시작됐고, 우리가 알고 있는 대부분의 불교유형은 인도에서 창안됐기에 인도불교가 주류이고, 그 외 지역은 불교와 수행에 관한한 주변부이다.

이제 불교와 수행의 주변부에서 이룩한 성과를 수용하고, 그 위에 신격의불교와 불교적 오리엔탈리즘을 극복할 때이다. 이에 불교전통을 계승한 수행자의 관점에서, 수행을 완성한 눈 푸른 수행자의 수준에서, 세존이 설한 근본 텍스트에 기초해, 세존이 창안하고 발전시킨 수행의 이론과 기술을 체계화함으로써 불교수행이 지속가능한 에너지를 생산할 수 있도록 수행의 이론과 기술의 토대를 제공한다.

8정도를 비롯해 초기불교를 다루는 대부분의 논문이나 저술이 주로 교리나 철학 등 이론을 다루고, 수행이나 그 기술은 잘 다루지 않는다.

이 책은 기존의 연구성과의 비판적 접근보다는 세존이 체계화시킨 수행의 이론theories과 기술techniques을 찾아내고, 재해석하며, 구체적이고, 논리적으로 체계화하는 것이 또 다른 목적이다.

---

23. CDC(Center for Disease Control and Prevention), 미국질병예방통제센터는 미국인 가운데 14.2%가 요가(Yoga) 등 명상을 하는 것으로 밝혔다. (2018년 11월 15일) https://www.cdc.gov/nchs/products/databriefs/db325.htm?mod=art-cle_inline 검색일자(2022.09.29)

2장
수행체계

8정도

불교와 수행의 모든 것

이 장에서는 8정도 수행체계를 살펴본다. 흔히 8정도로 불리는 성팔지도聖八支道, ariyam aṭṭha aṅgika magga는 불교와 수행에서 중요한 개념이다.[24] 『발타화리경跋陀和利經』 등에서는 8정도에 정지正智와 정해탈正解脫을 더해 10법十法[25]이라고 한다.[26] 여기서는 8정도 수행만 특화해 다룬다.

8정도는 불교와 수행의 처음이자 마지막이다.[27] 8정도가 설해지는 경은 『맛지마니까야』에서 〈표 2.1〉과 같이 14번 등장한다.

---

24. 이 책에서는 8정도로 표기한다.
25. 전재성(2014), 738. 『맛지마니까야』, 서울 : 한국빠알리성전협회. "dasahi dhammehi samannāgato"을 "dasa asekhā dhammā(十無學法)"를 의미하기 때문에 10가지 배움을 뛰어넘는 원리라고 번역한다. 그러나 여기서는 다른 곳에서 설해진 것을 포괄하기 위해서 10법(十法)으로 번역한다.
26. MN. I, 446-447. "idha Bhaddāli bhikkhu asekhāya sammādiṭṭhiyā samannāgato hoti...sammāsaṅkappena...sammāvācāya...sammākammantena...sammāājīvena...sammāvāyāmena...sammāsatiyā...sammāsamādhinā.. sammāñāṇena...sammāvimuttiyā..."
"밧달리(Bhaddāli)여, 세상에서 비구가 배움을 뛰어넘는 정견, 정사, 정어, 정업, 정명, 정정진, 정념, 정정, 정지, 정혜를 갖춘다."
『맛지마니까야』 8, 78, 117 등의 경에서도 10법을 설한다.
27. 월폴라 라후라(Walpola Rahula) 저, 전재성 역(2009), 91. 『붓다의 가르침과 팔정도』, 서울 : 한국빠알리성전협회. "실제로 붓다가 45년 동안 설한 모든 가르침은 이 8가지의 성스러운 길을 여러 가지 형태로 설한 것에 지나지 않는다."라고 설명한다.

〈표 2.1〉 8정도 등장 경

NO	경 명
3	법속경(法續經, *Dhammadāyādasutta*)
8	폐기경(廢棄經, *Sallekhasutta*)
9	정견경(正見經, *Sammādiṭṭhisutta*)
19	이심경(二尋經, *Dvedhāvitakkhasutta*)
33	대목우자경(大牧牛者經, *Mahāgopālakasutta*)
44	소문답경(小問答經, *Cūḷavedallasutta*)
65	발타화리경(跋陀和利經, *Baddālisutta*)
77	대전모경(大箭毛經, *Mahāsakuludāysutta*)
78	오지물주경(五支物主經, *Samaṇamaṇḍikāsutta*)
117	대사십경(大四十經, *Mahācattārīsakasutta*)
118	입출식경(入出息念經, *Ānāpānasatisutta*)
126	정미경(淨彌經, *Bhūmijasutta*)
141	진리분별경(眞理分別經, *Saccavibhaṅgasutta*)
151	탁발청정경(托鉢淸淨經, *Piṇḍpātapārisuddhasutta*)

1. 8정도 정의

『맛지마니까야』에서 설한 8정도의 정의를 살펴본다.

1) 정견 : 4성제를 통찰함

정견을 『진리분별경眞理分別經』에서 다음과 같이 정의한다.

"비구여, 정견(正見, sammā diṭṭhi)이란 무엇인가? 비구여, 고(苦)를 알고, 고집(苦集), 고멸(苦滅), 고멸인도(苦滅引道)를 안다. 비구여, 이것이 정견이다."[28]

이 경에서 고집멸도苦集滅道의 4성제四聖諦를 아는 것이 정견이라고 설한다.[29) 『대품大品』에 따르면 4성제는 세존이 미가다야鹿野園, Migadāya에서 5비구에게 수행을 지도할 때 8정도와 더불어 최초로 설한 개념이다.[30) 이 경에서는 4성제에서 괴로움을 주제로 다룬

---

28. MN. III, 251. "katamā c', āvuso, sammādiṭṭhi?-yaṃ kho, āvuso, dukkhe ñāṇaṃ dukkhasamudaye ñāṇaṃ dukkhanirodhe ñāṇaṃ dukkhanirodhagāminiyā paṭipadāya ñāṇaṃ : -ayaṃ vuccat', āvuso, sammādiṭṭhi."

29. 흔히 고집멸도로 표기하지만, 경에서는 괴로움(苦), 괴로움을 일으키는 원인들의 모임(苦集), 괴로움을 소멸시키는 원리(苦滅), 괴로움을 소멸시키는 도구(苦滅引道)로 설한다.

30. VP. I, 10 "idaṃ kho pana bhikkhave dukkhasamudayam ariyasaccaṃ, yāyaṃ taṭhā ponobbhavikā nandirāgasahagatā tatratatrābhinandinī, seyyath' īdaṃ: kāmataṇhā bhavataṇhā vibhavataṇhā. idam kho pana bhikkhave dukkhanirodhaṃ ariyasaccaṃ, yo tassā yeva taṇhāya asesavirāganirodho cāgo paṭinissaggo mutti anālayo. idaṃ kho pana bhikkhave dukkhanirodhagāminī paṭipadā ariyasaccaṃ, ayam eva ariyo aṭṭhaṅgiko maggo, seyyath' īdaṃ: sammādiṭṭhi, sammāsaṅkappo sammāvācā sammākammanto sammāvīvo sammāvāyāmo sammāsati sammāsamādhi."
"비구이여, 고성제(苦聖蹄)는 이것이다. 생고(生苦), 노고(老苦), 병고(病苦), 사고(死苦), 원증회고(怨憎會苦), 애별리고(愛別離苦), 구부득고(求不得苦), 5음성고(五陰盛苦)이다. 비구여, 고집성제(苦集聖諦)는 이것이다. 새로운 삶의 조건(再生)을 형성하고, 기쁨과 탐욕을 동반하고, 여기저기 다니면서 즐기려고 하는 갈애(欲樂渴愛,), 애욕갈애(愛渴愛), 존재갈애(有渴愛), 부갈애(富渴愛)가 바로 괴로움을 일으키는 실제진리이다. 비구여, 고멸성제(苦滅聖諦)는 이것이다. 갈애의 탐욕을 없애고(離貪渴愛), 갈애를 소멸시키고(滅渴愛), 갈애를 끊고(斷渴愛),

다. 그러나 괴로움보다는 오히려 괴로움의 소멸 즉, 괴로움으로부터의 해탈을 통해 최상행복인 열반을 성취하는 것이 핵심이다. 괴로움의 소멸은 괴로움을 일으키는 원인인 갈애를 제거해야 가능하다고 주장한다. 그 구체적인 도구가 8정도 수행체계이다. 『정견경正見經』에 따르면 괴로움을 소멸시키기 위해서는 괴로움이 무엇인지 괴로움의 이해가 선행돼야 한다고 주장한다. 그런 괴로움을 발생시키는 원인과 그것을 소멸시키는 도구도 있어야 한다고 강조한다.

『대감경大感經』에서는 존재를 "있는 그대로 보는 것如實見이 정견"이라 설하고,[31] 『대사십경大四十經』에서는 "사견邪見을 사견이라고 알고 정견을 정견이라고 아는 것이 정견이다."라고 규정한다.[32] 그리고 정견은 두 가지로 구분한다. 하나는 보시, 선악업보 등이 있다고 보는 세간의 유루공덕有漏功德의 정견이다. 다른 하나는 수행을 통해 혜慧, 혜근慧根, 혜력慧力, 택법각지擇法覺支 등을 성취하는 무루無漏 출세간出世間의 성도지聖道支의 정견이다.[33]

갈애를 버리고(捨渴愛), 갈애로부터 벗어나고(解脫渴愛), 갈애에 집착하지 않는 것(無着渴愛)이다. 비구여, 고멸인도성제(苦滅引道聖諦)는 이것이다. 이것이 성팔지도이다. 그것은 다음과 같다. 정견, 정사, 정어, 정업, 정명, 정정진, 정념, 정정이다."

31. MN. III, 289. "yā yathābhūtassa diṭṭhi, sā 'ssa hoti sammādiṭṭhi."

32. MN. III, 71. "micchādiṭṭhiṃ: micchādiṭṭhīti pajānāti, sammādiṭṭhiṃ: sammādiṭṭhīti pajānāti. sā 'ssa hoti sammādiṭṭhi."

33. MN. III, 72. "katamā ca, bhikkhave, sammādiṭṭhi? sammādiṭṭhiṃ p' ahaṃ, bhikkhave, dvayaṃ vadāmi. atthi bhikkhave, sammādiṭṭhi sāsavā puññāb-

『소문답경小問答經』에서는 정견을 혜온慧蘊로 분류하고,[34] 『사라경沙羅經』에서는 정견을 10업十業 가운데 의업意業으로 분류한다.[35]

---

hāgiyā upadhivepakkā : atthi, bhikkhave, sammādiṭṭhi ariyā anāsavā lokuttarā maggaṅgā. katamā ca, bhikkhave, sammādiṭṭhi sāsavā puññābhāgiyā upadhivepakkā? atthi dinnaṃ, atthi yiṭṭhaṃ, atthi hutaṃ, atthi sukaṭadukkhaṭānaṃ kammānaṃ phalaṃ vipāko, atthi ayaṃ loko, atthi paro loko, atthi mātā, atthi pitā, atthi sattā opapātikā, atthi loke samaṇabrāhmaṇā sammaggatā sammāpaṭipannā ye imañ ca lokaṃ parañ ca lokaṃ sayam abhiññā sacchikatvā pavedentīti : ayaṃ, bhikhave, sammādiṭṭhi sāsavā puññābhāgiyā upadhivepakkā. katamā ca, bhikkhave, sammādiṭṭhi ariyā anāsavā lokuttarā maggaṅgā? yā kho, bhikkhave, ariyacittassa anāsavacittassa ariyamaggassa samaṅgino ariyamaggaṃ bhāvayato paññā paññindriyaṃ paññābalaṃ dhammavicayasambojjhaṅgo sammādiṭṭhi maggaṅgā,-ayaṃ, bhikkhave, sammādiṭṭhi ariyā anāsavā lokuttarā maggaṅgā."

"비구여, 사견이란 무엇인가? '보시, 제사, 제물, 선악업보, 이 세상과 저 세상, 부모, 화생유정(化生有情)도 없다. 이 세상에는 올바르게 유행하고, 올바르게 수행하며, 이 세계와 저 세계를 스스로 최상의 앎을 깨닫고, 가르치는 싸마나나 브라흐마나도 없다.' 라고 안다면, 비구여, 이것이 사견이다... 비구여, 유루공덕에 집착하는 정견은 무엇인가? '보시, 제사, 제물, 선악업보, 이 세상과 저 세상, 부모, 화생유정도 있다. 이 세상에는 올바르게 유행하고, 수행하며, 이 세계와 저 세계를 스스로 최상의 앎을 깨닫고, 가르치는 싸마나나 브라흐마나도 있다.' 라고 안다면, 이것이 비구여, 정견이다. 무루 출세간의 성도지인 정견은 무엇인가? 비구여, 그것은 성심(聖心), 무루심(無漏心), 성도(聖道)를 구족하고, 수행해, 혜, 혜근, 혜력, 택법각지, 정견이 있는 도지가 생겨난다. 비구여, 이것이 무루 출세간의 성도지인 정견이다."

34. MN. Ⅰ, 301. "yā ca sammādiṭṭhi yo ca sammāsaṅkappo, ime dhammā paññākkhandhe saṅgahītā ti."
"정견과 정사가 혜온이다."

35. MN. Ⅰ, 288. "kathañca gahapatayo tividhaṃ manasā dhammacariyā visamacariyā hoti: idha gahapatayo ekacco anabhijjhālu hoti: aho vata yaṃ parasa paravittūpakaraṇaṃ taṃ mama assāti. abyāpannacitto kho pana hoti paduṭṭhamanasaṅkappo: ime sattā haññantu vā vajjhantu vā ucchijjatu vā vinas-

『대사십경大四十經』에서는 정견에 수반되는 3가지 원리를 정견, 정정진, 정념으로 규정한다.[36]

2) 정사 : 아싸봐 없는 사유

정사를 『진리분별경眞理分別經』에서 다음과 같이 정의한다.

"비구여, 정사(正思, sammā saṁkappa)란 어떠한 것인가? 비구여, 애욕, 분노, 해침 등을 벗어난 사유를 행한다. 비구여, 이것이 정사이다."[37]

---

santu vā mā vā ahesum iti vāti. sammādiṭṭhi kho pana hoti viparītadassano: natthi dinnaṃ natthi yiṭṭhaṃ natthi hutaṃ, natthi sukaṭadukkaṭānaṃ kammānaṃ phalaṃ vipāko, na-tthi ayaṃ loko natthi paro loko, natthi mātā natthi pitā natthi sattā opapātikā, natthi loke samaṇabrāhmaṇā sammaggatā sammāpaṭipannā ye imañca lokaṃ parañ ca lokaṃ sayam abhiññā sacchikatvā pavedentīti. evaṃ kho gahapatayo tividhaṃ manasā adhammacariyā-visamacariyā hoti."

"장자여, 어떤 것이 정신적인 3가지 법을 따라 정도를 실천하는 것인가? 장자여, 세상에서 어떤 사람은 탐욕스럽지 않다. 그는 다른 사람의 것이라도 나의 것이면 좋겠다고 생각하지 않는다. 다른 사람의 재산을 욕심내지 않는다. 분노의 마음을 가지지 않는다. 그는 중생은 원한, 분노, 근심없고 행복하고 스스로 수호하길 바라면서 해칠의도를 갖지 않는다. 올바른 견해를 갖는다. 그는 '보시, 제사, 공양, 이 세상도 저 세상도, 어머니도 아버지도, 홀연히 태어나는 중생, 세상에는 올바르게 유행하고 올바로 실천하며 이 세상과 저 세상을 올바로 알고 깨달아 가르치는 싸마나와 브라흐마나도 있다.' 고 생각하며 전도되지 않은 견해를 갖는다."

36. MN. III, 72. "itissime tayo dhammā sammādiṭṭhim anuparidhāvanti anuparivattanti, seyyathīdaṃ: sammādiṭṭhi sammāvāyāmo sammāsati."
"정견에 수반되고 동반되는 3가지 원리가 곧, 정견, 정정진, 정념이다."

37. MN. III, 251. "katamo c', āvuso, sammāsaṁkappo? nekkhammasaṁkappo abyāpādasaṁkappo avihiṁsāsaṁkappo : -ayaṃ vuccat', āvuso, sam-

이 경에서 탐욕, 분노, 불해不害 등의 마음오염원인 아싸봐가 존재하지 않는 사유를 정사라고 규정한다.

『대감경大感經』에서는 "있는 그대로 사유하는 것如實思이 정사"라고 설한다.38) 『대사십경大四十經』에서는 정사를 두 가지로 구분한다. 하나는 애욕, 분노, 해침 등이 없는 세간의 유루공덕의 정사이다. 다른 하나는 수행의 결과로 심사, 숙고, 사유, 전념, 마음집중現前解, 의도된 말行語 등이 생겨나는 무루 출세간의 성도지인 정사이다.39)

『소문답경小問答經』에서는 정사正思를 혜온으로 분류한다.40) 『대사십경大四十經』에서는 정사에 수반되는 3가지 원리를 정견, 정정

---

māsaṁkappo."

38. MN.III, 289. "yo yathābhūtassa saṁkappo, svāssa hoti sammāsaṁkappo"

39. MN.III, 73. "katamo ca, bhikkhave, sammāsaṁkappo sāsavā puññābhāgiyo upadhivepakko? nekkhammasaṁkappo, avyāpādasaṁkappo avihiṁsāsaṁkappo,- ayaṃ, bhikkhave, sammāsaṁkappo sāvavo puññābhāgiyo upadhivepakko. katamo ca, bhikkhave, sammāsaṁkappo ariyo anāsavo lokuttaro maggaṅgo? yo kho, bhikkhave, ariyacittassa anāsavacittassa ariyamaggassa samaṅgino ariyamaggaṃ bhāvayato takko vitakko saṁkappo appanāvyappanā cetaso abhiniropanā vācāsaṁkhāro, ayaṃ bhikkhave, sammāsaṁkappo ariyo anāsavo lokuttaro maggaṅgo."
"비구여, 사사란 무엇인가? 비구여, 애욕사유(愛欲思), 분노사유(嗔恚思), 해치려는 사유(害思)이다. 이것이 사사이다...비구여, 유루공덕에 집착하는 정사는 무엇인가? 비구여, 그것은 애욕, 분노, 해침 등을 벗어난 사유이다. 비구여, 이것이 유루공덕에 집착하는 정사이다. 무루 출세간의 성도지인 정사는 무엇인가? 비구여, 그것은 성심, 무루심, 성도를 구족하고 수행해, 심사, 숙고, 사유, 전념, 마음에 떠오르는 것, 의도된 말이다. 비구여, 이것이 무루 출세간의 성도지인 정사이다."

40. MN. I, 301. 주34 참조.

진, 정념으로 규정한다.[41]

3) 정어 : 구업을 삼가는 것

정어를 『진리분별경眞理分別經』에서 다음과 같이 정의한다.

"비구여, 정어(正語, sammā vācā)란 무엇인가? 비구여, 거짓말하지 않는 것(不妄語), 이간질하지 않는 것(不兩舌), 악담하지 않는 것(不惡口), 꾸미는 말 하지 않는 것(不綺語)이다. 비구여, 이것이 정어이다."[42]

이 경에서 정어는 삶의 현장에서 직접 대하는 사람에게 거짓말하거나 공동체의 평화를 깨뜨리고 분열시키는 원인이 되는 거짓말妄語, 이간질兩舌, 악담惡口, 꾸미는 말綺語 등의 구업口業을 삼가는 것이 정어라고 규정한다.

『대사십경大四十經』에서는 망어, 양설, 악구, 기어 등으로 말을 하면 사어邪語라고 설한다. 정어는 두 가지로 구분한다. 하나는 불망어, 불양설, 불악구, 불기어 등의 세간의 유루공덕의 정어이다. 다른 하나는 수행의 결과로 4가지 구업의 절제節制, 제어制御, 금지禁止, 삼감三鑑 등이 생겨나는 무루 출세간의 성도지의 정어이다.[43]

---

41. MN. III, 72. 주36 참조.
42. MN. III, 251. "katamā c', āvuso, sammāvācā? musāvādā veramaṇī, pisuṇāya vācāya veramaṇī, pharusāya vācāya veramaṇī, samphappalāpā veramaṇī : ayaṃ vuccat', āvuso, sammāvācā."
43. MN. III, 73-74. "katamā ca, bhikkhave, micchāvācā? musāvādo, pisuṇā vācā, pharusā vācā, samphappalāpo : -ayaṃ, bhikkhave, micchāvācā. katamā ca,

『소문답경小問答經』에서는 정어를 계온戒蘊으로 분류하고,[44] 『사라경沙羅經』에서는 정어가 10업 가운데 구업에 해당한다고 설한다.[45] 『대사십경大四十經』에서는 "정어에 수반되는 3가지 원리를

---

bhikkhave, sammāvācā? sammāvācaṃ p' ahaṃ, bhikkhave, dvayaṃ vadāmi. atthi, bhikkhave, sammāvācā sāsavā puññābhāgiyā upadhivepakkā : atthi, bhikkhave, sammāvācā ariyā anāsavā lokuttarā maggaṅgā. katamā ca, bhikkhave, sammāvācā sāsavā puññābhāgiyā upadhivepakkā? musāvādā veramaṇī, pisuṇāya vācāya veramaṇī, pharusāya vācāya veramaṇī, samphappalāpā veramaṇī,-ayaṃ, bhikkhave, sammāvācā sāsavā puññābhāgiyā upadhivepakkā. katamā ca, bhikkhave, sammāvācā ariyā anāsavā lokuttarā maggaṅgā? yā kho, bhikkhave, ariyacittassa anāsavacittassa ariyamaggassa samaṅgino ariyamaggaṃ bhāvayato catūhi pi vacīduccaritehi ārati virati paṭivirati veramaṇī, -ayaṃ bhikkhave, sammāvācā ariyā anāsavā lokuttarā maggaṅgā."
"비구여, 사어란 무엇인가? 비구여, 망어, 양설, 악구, 기어 등이 사어이다...비구여, 유루공덕에 집착하는 정어는 무엇인가? 비구여, 그것은 불망어, 불양설, 불악구, 불기어이다. 비구여, 이것이 유루공덕에 집착하는 정어이다. 무루 출세간의 성도지인 정어는 무엇인가? 비구여, 그것은 성심, 무루심, 성도를 구족하고 수행해, 4어악행(四語惡行)을 절제, 제어, 금지, 삼감 등이 생겨난다. 비구여, 이것이 무루 출세간의 성도지인 정어이다."

44. MN. Ⅰ, 301. "yo ca sammākammato yo ca sammāājāvo, ime dhammā sīlakkhandhe saṅgahītā."
"정어, 정업, 정명이 계온이다."

45. MN. Ⅰ, 288. "kathañ-ca gahapatayo catubbidhaṃ vācāya dhammacariyāsamacariyā hoti: idha gahapatayo ekacco mūsāvādaṃ pahāya musāvādā paṭivirato hoti, sabbāgato vā parisagato vā ñātimajjhagato vā pūgamajjhagato vā rājakulamajjhagato vā abhinīto sakkhipuṭṭho: evaṃ bho purisa yaṃ jānāsi taṃ vadehīti, so ajānaṃ vā āha: jānāmīti, jānaṃ vā āha: jānāmīti : apassaṃ vā āha: na passāmīti, passaṃ vā āha: passāmīti : iti attahetu vā parahetu vā āmisakiñcikkhahetu vā na sampajānamusā bhāsitā hoti. pisuṇaṃ vācaṃ pahāya pisuṇāya vācāya paṭivirato hoti, ito sutvā na amutra akkhātā imesaṃ bhedāya amutra vā sutvā na imesam akkhātā amūsaṃ bhedāya, iti bhinnānaṃ vā sand-

정견, 정정진, 정념"으로 규정한다.[46]

4) 정업 : 신업을 삼가는 것

정업을 『진리분별경眞理分別經』에서 다음과 같이 정의한다.

"벗이여, 정업(正業, sammā kamma)이란 무엇인가? 살생하지 않는 것(不

---

hātā sahitānaṃ vā anuppadātā, samaggārāmo samaggarato samagganandī samaggakaraṇiṃ vācaṃ bhāsitā hoti. pharusaṃ vācaṃ pahāya pharusāya vācāya paṭivirato hoti, yā sā vācā nelā kaṇṇasukhā pemanīyā hadayaṅgamā porī bahujanakantā bahujanamanāpā tathārūpiṃ vācaṃ bhāsitā hoti. samphappalāpaṃ pahāya samphappalāpā paṭivirato hoti, kālavādī bhūtavādī atthavādī dhammavādī vinayavādī, nidhānavatiṃ vācaṃ bhāsitā kālena sāpadesaṃ pariyantavatim atthasaṁhitaṃ. evaṃ kho gahapatayo catubbidhaṃ vācāya dhammaciriyā-samacariyā hoti."

"장자여, 어떤 것이 말로 4가지 법을 따라 정도를 실천하는 것인가? 장자여, 세상에 어떤 사람은 거짓말을 떠나고 거짓말을 삼간다. 그는 법정에 불려가거나, 모임에 나아가거나, 친지 가운데 있거나, 조합에 참여하거나, 왕족 가운데 있거나, 증인으로서 질문을 받아, '그대가 아는 것을 말하라.' 라고 하면, 그는 모르면, '나는 모른다.' 고 대답하고, 알면, '나는 안다.' 고 대답한다. 보지 못하면 '나는 보지 못한다.' 고 말하며, 보면 '나는 본다.' 고 말한다. 이와 같이 그는 자신을 위해, 타인을 위해, 뭔가 이득을 위해 고의로 거짓말을 하지 않는다. 이간질을 버리고 이간질을 삼간다. 여기서 들어서 저기에 말하고, 저기서 들어서 여기에 말하며, 화합을 파괴하지 않고, 사이를 갈라놓는 것을 돕지 않고, 화합을 좋아하고, 기뻐하고, 화합을 일으키는 말을 한다. 악구를 버리고 삼간다. 부드럽고, 듣기 좋고, 사랑스럽고, 유쾌하고, 우아하고, 많은 사람이 바라고 좋아하는 말을 한다. 꾸며대는 말을 버리고 삼간다. 때를 맞추어 말하고, 사실을 말하고, 의미를 말하고, 법을 말하고, 계를 말하고, 올바른 때에 근거가 있고, 이치에 맞고, 절제가 있고, 유익한 말을 한다. 장자여, 이것이야 말로 4법을 따라 정도를 실천하는 것이다."

46. MN. III, 72. 주36 참조.

殺生), 훔치지 않는 것(不偸盜), 사음하지 않는 것(不邪婬)이다. 벗이여, 이것이 정업이다."[47]

이 경에서 다른 존재에게 행동으로 살생殺生, 투도偸盜, 사음邪淫 등을 하지 않는 것 등의 신업身業을 삼가는 것이 정업이라고 규정한다. 신업身業은 과거 삶의 흔적이 몸과 마음에 습관형태로 잠재돼 있다가 행동으로 표출된다. 그렇기 때문에 수행할 때뿐만 아니라 일상생활에서도 수행자의 행동규범인 계를 지킴으로써 신업을 잘 다스려야 한다.

『대사십경大四十經』에서는 "살생, 투도, 사음 등의 행동하면 사업邪業"이라고 설한다.[48] 정업을 두 가지로 구분한다. 하나는 불살생, 불투도, 불사음 등의 세간의 유루공덕의 정업이다. 다른 하나는 수행결과로 3가지 신업의 절제, 제어, 금지, 삼감 등이 생겨나는 무루 출세간의 성도지의 정업이다.[49]

---

47. MN. III, 251. "katamo c', āvuso, sammākammanto?-pāṇātipātā veramaṇī, adinnadānā veramaṇī, kāmesu micchācārā veramaṇī : - ayaṃ vuccat', āvuso, sammākammanto."

48. MN. III, 74. kamato ca, bhikkhave, micchākammanto? pāṇātipāto, adinnādānaṃ, kāmesu micchācāro, -ayaṃ, bhiikhave, micchākammanto.

49. MN. III, 74-75. "katamo ca, bhikkhave, sammākammanto sāsavo puññābhāgiyo upadhivepakko? atthi, bhikkhave, pāṇātipātā veramaṇī, adinnādānā veramaṇī, kāmesu micchācārā veramaṇī : ayaṃ bhikkhave, sammākammanto sāsavo puññābhāgiyo upadhivepakko. katamo ca, bhikkhave, sammākammanto ariyo anāsavo lokuttaro maggaṅgo? yā kho, bhikkhave, ariyacittassa anāsavacittassa ariyamaggasamaṅgino bhāvayato tīhi pi kāyaduccaritehi ārati

『소문답경小問答經』에서는 정업을 계온으로 분류하고,[50] 『사라경沙羅經』에서는 정업은 10업 가운데 신업에 해당한다.[51] 『대사십경大四十經』에서는 "정업에 수반되는 3가지 원리를 정견, 정정진, 정념"으로 규정한다.[52]

---

virati paṭivirati veramaṇī : ayaṃ bhikkhave, sammākammanto ariyo anāsavo lokuttaro maggaṅgo."

"비구여, 사업이란 무엇인가? 살생, 투도, 사음 등이 사업이다...비구여, 유루공덕에 집착하는 정업은 무엇인가? 비구여, 그것은 불살생, 불투도, 불사음이다. 비구여, 이것이 유루공덕에 집착하는 정업이다. 무루 출세간의 성도지인 정업은 무엇인가? 비구여, 그것은 성심, 무루심, 성도를 구족하고 수행해, 3가지 신업을 절제하고, 제어하고, 금지하고, 삼가는 것이 생겨난다. 비구여, 이것이 무루 출세간의 성도지인 정업이다."

50. MN. I, 301. 주44 참조.

51. MN. I, 287-288. "kathañ-ca gahapatayo tividhaṃ kāyena adhammacariyā-samacariyā hoti: idha gahapatayo hoti ekacco pāṇātipātaṃ pahāya pāṇātipātā paṭivirato hoti, nihitadaṇḍo nihitasattho lajjī dayāpanno sabbapāṇabhūtahitānukampī viharati. adinnādānaṃ pahāya adinnādānā paṭivirato hoti, yantaṃ parassa paravittūpakaraṇaṃ gāmagataṃ vā araññagataṃ vā taṃ nādinnaṃ theyyasaṅkhātaṃ ādātā hoti. kāmesu micchācāraṃ pahāya kāmesu micchācārā paṭivirato hoti, yā tā māturakkhitā piturakkhitā [mātāpiturakkhitā] bhāturakkhitā bhaginirakkhitā ñātirakkhitā sassāmikā saparidaṇḍā, antamaso mālāguṇaparikkhittā pi, tathārūpāsu na cārittam āpajjitā hoti. evaṃ kho gahapatayo tividhaṃ kāyena adhammacariyā-samacariyā hoti."

"장자여, 어떠한 것이 몸으로 3가지 법을 따라 정도를 실천하는 것인가? 세상에 어떤 사람은, 살생을 떠나고 삼간다. 그는 몽둥이를 버리고, 칼을 버리고, 부끄러워하고, 자비로워서, 모든 중생을 가엾게 여긴다. 투도를 떠나고 삼간다. 그는 마을에나 숲에 있는 다른 사람의 재산을 훔치지 않는다. 사음을 떠나고 삼간다. 어머니, 아버지, 부모, 형제, 자매, 친족의 보호받고 있거나, 이미 혼인했거나, 주인이 있거나, 법의 보호를 받거나, 약혼의 표시로 화관을 쓴 여인과 음행하지 않는다. 장자여, 이것이 몸으로 3가지 법에 따라 정도를 실천하는 것이다."

52. MN III, 72. 주36 참조.

5) 정명 : 청정한 직업윤리

정명을 『진리분별경眞理分別經』에서 다음과 같이 정의한다.

"비구여, 정명(正命, sammā ājīva)이란 무엇인가? 비구여, 세상에 고귀한 제자가 사명(邪命)을 버리고 정명으로 생계를 유지한다. 비구여, 이것이 정명이다."[53]

이 경에서 정명은 삶에 필요한 에너지 획득과정에서 과학적이고 합리적인 도구를 사용해 획득해야지 비과학적이고 잘못된 방법으로 취득해서는 안된다고 설한다.

『대사십경大四十經』에서는 출가수행자는 기만, 점성술, 사기, 요술, 고리대금으로 살아가는 것이 사명이라고 규정한다.[54] 이 경에서 정명을 두 가지로 구분한다. 하나는 사명을 버리고 정명을 사는 것이 세간의 유루공덕의 정명이다. 다른 하나는 수행의 결과로 사명의 절제, 제어, 금지, 삼감 등의 무루 출세간의 성도지의 정명이다.[55] 『상경商經』에서는 재가자가 갖지 말아야 할 직업종류를 다음

---

53. MN. III, 251. "katamo c', āvuso, sammā-ājīvo?-idh', āvuso, ariyasāvako micchā-ājīvaṃ pahāya sammā-ājīvena jīvikaṃ kappeti : - ayaṃ vuccat', āvuso, sammā-ājīvo."
54. MN. III, 75. "katamo ca, bhikkhave, micchā-ājīvo. kuhanā lapanā nemittakatā nippesikatā lābhena lābhanaṃ nijigiṁsanatā,-ayaṃ, bhikkhave, micchā-ājīvo
55. MN. III, 75. "katamo ca, bhikkhave, sammā-ājīvo sāsavo puññābhāgiyo upadhivepakko? idha, bhikkhave, ariyasāvako miccā-ājīvaṃ pahāya sammā-ājīvena jīvikaṃ kappeti : ayaṃ bhikkhave, sammā-ājīvo sāsavo puññābhāgiyo upadhivepakko. katamo ca, bhikkhave, sammā-ājīvo ariyo anāsavo lokuttaro mag-

과 같이 설한다.

"비구여, 재가신자는 이와 같은 5가지를 판매하지 않아야 한다. 비구여, 무기, 사람, 고기, 술, 독극물 등을 판매하지 않아야 한다."[56]

이 경에서 세존은 정명의 삶을 위해 5가지 직업은 가져서는 안 된다고 설한다. 비과학적이고 비합리적인 점성술 등을 하지 않는 것이 출가자의 윤리라면, 살생업 등 폭력에 기초한 직업에 종사하지 않는 것은 재가자의 직업윤리로 자리잡는다.

『소문답경小問答經』에서는 정명을 계온으로 분류하고,[57] 사라경沙羅經』에서는 정명은 10업 가운데 신업에 해당한다.[58] 『대사십경大四十經』에서는 "정명에 수반되는 3가지 원리를 정견, 정정진, 정념"으로 규정한다.[59]

---

gaṅgo? yā kho, bhikkhave, ariyacittassa anāsavacittassa ariyamaggasamaṅgino ariyamaggaṃ bhāvayato micchā-ājivā ārati virati paṭivirati veramaṇī : ayaṃ bhikkhave, sammā-ājīvo ariyo anāsavo lokuttaro maggaṅgo."
"비구여, 사명이란 무엇인가? 비구여, 기만, 점성술, 사기, 요술, 고리대금으로 살아가는 것이다. 이것이 사명이다...비구여, 유루공덕에 집착하는 정명은 무엇인가? 비구여, 그것은 사명을 버리고 정명을 사는 것이다. 이것이 유루공덕에 집착하는 정명이다. 비구여, 그것은 성심, 무루심, 성도를 구족하고 수행결과로 사명을 절제, 제어, 금지, 삼감 하는 것이 생겨난다. 비구여, 이것이 무루 출세간의 성도지인 정명이다."

56. AN. III, 208. "pañc' imā bhikkhave vaṇijjā upāsakena akaraṇīyā. katamā pañca? satthavaṇijjā, sattavaṇijjā, maṁsavaṇijjā, majjavaṇijjā, visavaṇijjā."

57. MN. I, 301. 주44 참조.

58. MN. I, 287-288. 주51 참조.

59. MN. III, 72. 주36 참조.

6) 정정진 : 4정근의 성취

정정진을 『진리분별경眞理分別經』에서 다음과 같이 정의한다.

"비구여, 정정진(正精進, sammā vāyāma)이란 무엇인가? 비구여, 세상에서 비구가 아직 생겨나지 않은 악한 불선법이 생겨나지 않도록 의욕을 일으켜 정진하고, 노력하고, 시도하고 마음을 다잡아 힘쓴다(律儀勤). 이미 생겨난 악한 불선법을 제거하기 위해 의욕을 일으켜 정진하고, 노력하고, 시도하고, 마음을 다잡아 힘쓴다(斷勤). 아직 일어나지 않은 선법을 생겨나게 하려고 의욕을 일으켜 정진하고, 노력하고, 시도하고, 마음을 다잡아 힘쓴다(修勤). 이미 일어난 선법을 유지하고, 유혹되지 않고, 증가시키고, 광대하게 하며, 성취하도록 의욕을 일으켜 정진하고, 노력하고, 시도하고 마음을 다잡아 힘쓴다(守護勤). 비구여, 이것이 정정진이다."[60]

이 경에서 선법을 유지하고 불선법의 제거노력을 정정진이라고 설한다. 이것은 8정도 수행체계에서 존재를 있는 그대로 보는 기능인 정견과 알아차림 기능인 정념과 더불어 핵심도구이자 필수요소이다.[61] 『대사십경大四十經』에서는 "사명을 버리고 정명을 성취하

---

60. MN. Ⅲ, 251-252. "katamo c', āvuso, sammāvāyāmo? idh', āvuso, bhikkhu anuppannānaṃ pāpakānam akusalānaṃ dhammānam anuppādāya chandaṃ janeti vāyamati viriyam ārabhati cittaṃ paggaṇhāti padahati : uppannānaṃ pāpakānam akusalānaṃ dhammānaṃ pahānā chandaṃ janeti vāyamati viriyam ārabhati cittaṃ paggaṇhāti padahati : anuppannānaṃ kusalānaṃ dhammānam upppādāya chandaṃ janeti vāyamati viriyam ārabhati cittaṃ paggaṇhāti padahati : uppannānaṃ kusalānaṃ dhammānaṃ ṭhitiyā asammohāya bhiyyobhāvāya vepullāya bhāvanāya pāripūriyā chandaṃ janeti vāyamati viriyam ārabhati cittaṃ paggaṇhāti padahati : -ayaṃ vuccat', āvuso, sammāvāyāmo."

61. MN. Ⅲ, 72. 주36 참조.

기 위해 노력하는 것이 정정진"이라고 규정한다.[62]

『소문답경小問答經』에서는 정정진을 정온定蘊으로 분류하고,[63] 『대사십경大四十經』에서는 정정진에 수반되는 3가지 원리를 정견, 정정진, 정념으로 규정한다.[64]

7) 정념 : 4념처의 수행

정념을 『진리분별경眞理分別經』에서 다음과 같이 정의한다.

"비구여, 정념(正念, sammā sati)이란 어떠한 것인가? 비구여, 세상에서 비구가 탐욕과 근심을 제거하기 위해, 싸띠(念, sati)와 쌈빠자나(知, sampajāna)를 가지고, 몸(身)을 대상으로 몸을 관찰(隨身觀)하며 열심히 수행한다... 수수관(隨受觀)...수심관(隨心觀)...수법관(隨法觀)... 비구여, 이것이 정념이다".[65]

이 경에서 정념을 신수심법身受心法의 4념처 수행으로 규정한다. 4념처는 8정도 수행체계의 핵심으로 불교수행의 기본이 된다. 4념

---

62. MN. III, 75. "so micchā-ājīvassa pahānāya vāyamati sammā-ājīvassa upasampadāya : so 'ssa hoti sasenānigamommāvāyāmo."

63. MN. I, 301. "yo ca sammāvāyāmo yā ca sammāsati yo ca sammāsamādhi, ime dhammā samādhikkhandhe saṅgahītā."
"정정진, 정념, 정정이 정온이다."

64. MN. III, 72. 주36 참조.

65. MN. III, 252. "katamo c', āvuso, sammāsati?-idh', āvuso, bhikkhu kāye kāyānupassī viharati ātāpī sampajāno satimā, vineyya loke abhijjhādomanassaṃ : vedanāsu –pe- : citte –pe- : dhammesu dhammānupassī viharati ātāpi...abhijjhādomanassaṃ : - ayaṃ vuccat', āvuso, sammāsati."

처 수행은 다음 장에서 살펴본다. 『대사십경大四十經』에서는 "싸띠를 가지고 사념邪念을 버리고 정념을 성취하기 위해 수행하는 것이 정념"이라고 정의한다.66) 『소문답경小問答經』에서는 정념을 정온으로 분류한다.67)

8) 정정 : 4선의 성취

정정을 『진리분별경眞理分別經』에서 다음과 같이 정의한다.

"비구여, 정정(正定, sammā samādhi)이란 무엇인가? 비구여, 세상에서 비구가 애욕에서 떨어져 불선법을 떠나 사고와 숙고를 갖추고, 욕망으로부터 벗어나, 기쁨(喜)과 즐거움(樂)으로 가득 찬 초선(初禪)을 성취해 머문다. 사고와 숙고가 소멸하고, 내적인 평온함과 마음집중(心一境)을 이루고, 사고없고 숙고없는 싸마디(三昧, 定, samādhi)에서 생겨나는 기쁨과 즐거움으로 가득 찬 2선(二禪)을 성취해 머문다. 기쁨이 소멸하고, 싸띠와 쌈빠자나로 평온함(捨)에 머물고, 몸으로 즐거움을 느끼며, 평온하고 싸띠와 즐거움이 있는 3선(三禪)을 성취해 머문다. 즐거움과 괴로움, 만족과 불만도 사라지고, 불고불락(不苦不樂)한 평온함과 싸띠가 있는 청정한 4선(四禪)을 성취해 머문다. 이것이 정정이다."68)

---

66. MN. III, 75. "so sato micchā-ājīvaṃ pajahati, sato sammā-ājīvam upasampajja viharati : sā 'ssa hoti sammāsati."

67. MN. I, 301. 주63 참조.

68. MN. III, 252. "katamo c', āvuso, sammāsamādhi?-idha, āvuso, bhikkhu vivicc' eva kāmehi vivicca akusalehi dhammehi savitakkaṃ savicāraṃ vivekajaṃ pītisukhaṃ paṭhamajjhānam upasampajja viharati. vitakkavicārānaṃ vūpasamā ajjhattaṃ sampasādanaṃ cetaso ekodibhāvam avitakkam avicāraṃ samādhijaṃ pītisukhaṃ dutiyajjhānaṃ-pe- : tatiyajjhānaṃ upasampajja viharati. puna ca paraṃ bhikkhave bhikkhu pītiyā ca virāgā upekhako ca viharati sato ca sam-

이 경에서 정정은 초선, 2선, 3선, 4선이라고 규정한다. 『폐기경廢棄經』에 따르면 4선은 수행의 최종목표가 아니라 지금 여기에서 즐거움의 체험단계라고 본다.[69] 세존은 4선을 넘어서 최종적으로는 아라한뜨의 경지에 이를 때까지 수행자의 목표를 포기해서는 안 된다고 강조한다.

『대사십경大四十經』에서 정견, 정사, 정어, 정업, 정명, 정정진, 정념 등 7가지 요소로 의식대상에 마음집중하는 것이 정정에 도움되는 것이라고 설한다.[70] 『소문답경小問答經』에서는 정정을 정온으로 분류한다.[71]

---

pajāno, sukhañ-ca kāyena paṭisaṁvedeti yan-tam ariyā ācikkhanti: upekhako satimā sukhavihārī ti tatiyaṃ jhānam upasampajja viharati. puna ca paraṃ bhikkhave bhikkhu sukhassa ca pahānā dukkhassa ca pahānā pubbe va somanassadomanassānam atthagamā adukkham asukham upekhāsatipārisuddhiṃ catutthaṃ jhānam upasampajja viharati."

69. MN. I, 40-43. 주587 참조.

70. MN. III, 71. "katamo ca, bhikkhave, ariyo sammāsamādhi sa-upaniso saparikkhāro? seyyathīdaṃ: sammādiṭṭhi sammāsaṁkappo sammāvācā sammākammanto sammā-ājīvo sammāvāyāmo sammāsati. yā kho, bhikkhave, imehi sattaṅgehi cittassa ekaggatā parikkhatā, ayaṃ vuccati, bhikkhave, ariyo sammāsamādhi sa-upaniso iti pi, saparikkhāro ti pi."
"비구여, 고귀한 정정과 그것에 도움되는 것과 그것에 필요한 것이 무엇인가? 이를테면 곧 정견, 정사, 정어, 정업, 정명, 정정진, 정념이다. 이런 7가지 요소를 갖춘 마음집중이 정정과 그것에 도움되는 것이고, 필요한 것이다."

71. MN. I, 301. 주63 참조.

〈표 2.2〉 8정도 비교 경

	진리분별경	대감경	대사십경	
정견	4성제를 아는 것 (苦集滅道)	있는 그대로 봄 (如實見)	유루공덕	뭔가 있다는 견해
			무루공덕	혜, 혜근, 혜력, 택법각지의 성취
정사	애욕, 분노, 해침을 하지 않음	있는 그대로 사유함 (如實思)	유루공덕	애욕, 분노, 해침이 없음
			무루공덕	심사, 숙고, 사유, 전념, 마음집중, 의도된 말의 성취
정어	구업을 하지 않는 것 (不妄語, 不兩舌, 不惡口, 不綺語)	청정한 구업 (清淨口業)	유루공덕	망어, 양설, 악구, 기어 하지 않음
			무루공덕	구업의 절제, 제어, 금지, 삼감의 성취
정업	신업을 하지 않는 것 (不殺生, 不偸盜, 不邪婬)	청정한 신업 (清淨身業)	유루공덕	살생, 투도, 사음하지 않음
			무루공덕	신업의 절제, 제어, 금지, 삼감의 성취
정명	사명을 버리고 정명을 하는 것	청정한 직업윤리 (清淨命)	유루공덕	사명을 버리고 정명을 사는 것[72]
			무루공덕	사명의 절제, 제어, 금지, 삼감의 성취
정정진	4정근의 노력 (律儀斷, 斷勤, 修勤, 守護勤)	있는 그대로의 노력 (如實精進)	사명을 버리고 정명을 성취하기 위해 노력하는 것	
정념	4념처를 수행함 (身受心法)	있는 그대로의 싸띠 (如實念)	싸띠와 삼빠자나의 겸수 정견과 정정진과 더불어 8정도의 필수임	
정정	4선을 성취함 (初禪 二禪 三禪 四禪)	있는 그대로의 마음집중 (如實定)	정견, 정사, 정어, 정업, 정명, 정정진, 정념이 도움됨	

---

72. AN. III, 208. 『상경(商經)』에서는 재가자는 무기, 사람, 고기, 술, 독극물 등을 팔지 않음을 강조하고, MN. III, 75. 『대사십경(大四十經)』에서는 출가수행자는 기만, 점성술, 사기, 요술, 고리대금 등을 금지한다.

2. 8정도 수행의 기원

8정도 수행체계의 기원을 살펴본다. 세존이 최상의 깨달음을 증득한 후에 8정도 수행체계를 완성한 것인지, 아니면 8정도 수행체계로 최상의 깨달음을 증득한 것인지 살펴보는 것은 불교와 수행을 이해하는데 도움된다.

1) 세존이 세운 수행체계

8정도 수행체계는 세존이 창안한다. 세존이 미가다야에서 5비구에게 최초로 수행을 지도하고, 꾸씨나라Kusinārā에서 유행자 쑤밧따Subaddha에게 마지막으로 8정도를 설한다. 세존은『대품大品』에서 미가다야에서 5비구에게 8정도를 다음과 같이 설한다.

"비구여, 나는 양극단을 버렸다. 여래는 중도(中道, majjhima paṭpadā)를 분명히 깨달았다. 그것은 눈을 열어 주고(開眼), 올바른 앎을 얻고(教示), 마음을 평화롭게 하고(寂靜), 최상의 앎(勝智)을 얻게 하고, 올바른 깨달음(正覺)을 이루고, 열반(涅槃)으로 인도한다. 비구여, 무엇이 여래에 의해 분명하게 깨달아졌고, 눈을 열어 주고, 올바른 앎, 평화로운 마음, 최상의 앎, 올바른 깨달음, 열반으로 인도하는 중도인가? 그것이 성팔지도이다. 그것은 다음과 같다. 정견, 정사, 정어, 정업, 정명, 정정진, 정념, 정정이다."73)

---

73. VP. I, 10. "ete kho bhikkhave ubho ante anupagamma majjhimā paṭipadā tathāgatena abhisambuddhā cakkhukaraṇī ñāṇakaraṇī upasamāya abhiññāya sambodhāya nibbānāya saṁvattati. katamā ca sā bikkhave majjhimā paṭipadā tathāgatena abhisambuddhā cakkhukaraṇī ñāṇakaraṇī upasamāya abhiññāya

이 경에서 세존은 보리수 아래서 최상의 깨달음을 이룬 후,[74] 3개월쯤 뒤 미가다야에서 수행하던 5비구에게 열반으로 가는 새로운 길을 제시한다. 그것이 중도이다. 중도의 내용인 8정도를 설하고, 이어서 4성제四聖諦를 설한다. 일반적으로 4성제와 8정도라고 한다. 그러나 그것이 최초로 설해질 때는 '양극단-중도-8정도-4성제' 의 순서로 설해진다. 세존이 꾸씨나라에서 입멸하기 전에 설한 『대반열반경大般涅槃經』에서는 유행자 쑤밧다가 세존이 입멸하기 직전에 세존이 설한 법의 정수가 무엇인가를 묻는다. 이에 세존은 8정도가 있으면 나의 법이고, 8정도가 없으면 나의 법이 아니라고 주장한다.[75] 이렇듯 8정도는 세존이 설한 법의 핵심인 것을 알 수

---

sambodhāya nibbānāya saṁvattati. ayam eva ariyo aṭṭhaṅgiko maggo, seyyath' idaṃ: sammādiṭṭhi sammāsaṁkappo sammāvācā sammākammanto sammāājīvo sammāvāyāmo sammāsati sammāsamādhi."

74. VP. I, 1. 주2 참조.

75. DN. II, 151. "yasmiṃ kho Subbadda dhamma-vinaye Ariyo Aṭṭhaṅgiko Maggo na upalabbhati, samaṇo pi tattha na upalabbhati, dutiyo pi tattha samaṇo na upalabbhati, tatiyo pi tattha samaṇo na upalabbhati, catuttho pi tattha samaṇo na upalabbhati. yasmiñ ca kho Subbadda dhamma-vineye Ariyo Aṭṭhaṅgiko Maggo upalabbhati, samaṇo pi tattha upalabbhati, dutiyo pi tattha samaṇo upalabbhati, tatiyo pi tattha samaṇo upalabbhati, catuttho pi tattha samaṇo upalabbhati. imasmiṃ kho Subbadda dhamma-vinaye Ariyo Aṭṭhaṅgiko Maggo upalabbhati, idh' eva Subhadda samaṇo, idha dutiyo samaṇo, idha tatiyo samaṇo, idha catuttho samaṇo. Suññā parappavādā samaṇehi aññe, ime ca Subhadda bhikkhū sammā vihayyuṃ, asuñño loko arahantehi assa."
"쑤밧다여, 이 법과 율에 성팔지도가 없다면 거기에는 싸마나가 없고, 두 번째, 세 번째, 네 번째 싸마나도 없다. 쑤밧다여, 이 법과 율에 성팔지도가 있다면 거기에는 싸마나가 있고, 두 번째, 세 번째, 네 번째 싸마나도 있다. 쑤밧다여, 이 법과 율에 성팔지도가 있다. 쑤밧다여, 그러므로 여기에는 싸마나가 있고, 두 번

있다. 『생경生經』에서는 세존이 이 세상에 출현하지 않았다면 8정도는 생겨나지 않았을 것이라고 다음과 같이 설한다.

"비구여, 이와 같은 성팔지도는 수행되는 것이고, 많이 익혀지는 것으로, 여래, 아라한뜨, 정자각의 출현없이는 생겨나지 않는다. 8가지란 무엇인가? 그것은 정견, 정사, 정어, 정업, 정명, 정정진, 정념, 정정이다."[76]

이 경에서 8정도는 수행덕목이고, 세존에 의해 그 길이 처음 열린 것이라고 주장한다. 『산수목건련경算數目犍連經』에서 세존은 일어나지 않은 길을 일어나게 했고, 생겨나지 않은 길을 생겨나게 했고, 선포되지 않은 길을 선포하게 했다. 지금의 제자들은 세존이 열어 둔 길을 따라 나중에 성취한 것이라고 설한다.[77] 『대품大品』에

째, 세 번째, 네 번째 싸마나도 있다. 다른 여러 가지 이론에는 싸마나가 결여돼 있다. 쑤밧다여, 비구가 올바로 지낸다면 세상에는 아라한뜨가 결여되지 않을 것이다."

76. SN. V, 14. "Aṭṭhime bhikkhave dhammā bhāvitā bahulīkatā anuppannā uppajjanti nāññatra tathāgatassa pātubhāvā arahato sammāsambuddhassa. katame aṭṭha. seyyathīdaṃ sammādiṭṭhi sammāsaṅkappo sammāvācā sammākammanto sammāājīvo sammāvāyāmo sammāsati sammāsamādhi."

77. MN. III, 8. "na 'tthi kho, brāhmaṇa, ekabhikkhu pi tehi dhammehi sabbena sabbaṃ sabbathā sabbaṃ samanāgato, yehi dhammehi samannāgato so Bhagavā ahosi arahaṃ sammāsambuddho. so hi brāhmaṇa, Bhagavā anuppannassa maggassa uppādetā asañjātassa maggassa sañjānetā, anakkhātassa maggassa akkhātā, maggaññū maggavidū maggakovido. maggānugā ca pana etarahi sāvakā viharanti pacchā samannāgatā ti."
"브라흐마나여, 각각의 관점에서나 모든 경우에서나 세상에서 세존, 아라한뜨, 정자각께서 성취한 모든 특징을 갖춘 단 한 명의 비구도 없다. 왜냐하면 브라흐마나여, 세존께서는 일어나지 않는 길을 일어나게 했고, 생겨나지 않은 길을 생겨

서는 세존이 미가다야로 5비구를 찾아가는 길에서 만난 우빠까 Upaka에게 자신은 스승없이 최상의 깨달음을 증득했다고 주장한다.[78]

이상을 살펴보면 8정도는 세존에 의해 창안된 독창적인 불교의 수행기술이다. 5비구를 비롯한 세존의 제자는 세존이 창안하고 완성한 그 기술에 따라 수행하는 사람이라는 것을 알 수 있다.

2) 정념과 정정 : 전승된 수행법

불교는 세존으로부터 시작된 수행운동이다. 『생경生經』에서는 8정도는 세존이 처음으로 길을 열었다고 주장한다.[79] 그러나 8정도

나게 했고, 시설되지 않은 길을 시설하게 했다. 그 분은 길을 아는 님(知道)이고, 길을 발견한 님(覺道)이고, 길에 통달한 님(通道)이다. 그리고 제자들은 그 길을 따라 나중에 그 길을 성취한다."

78. VP. Ⅰ, 8. "evaṃ vutte Bhagavā Upakam ājīvikaṃ gāthāhi ajjhabhāsi: sabbābhibhū sabbavidū 'ham asmi sabbesu dhammesu anupalitto. sabbañjaho taṇhakkhaye vimutto, sayam abhiññāya kam uddiseyyaṃ. na me ācariyo atthi, sadiso ma na vijjati, sadevakasmiṃ lokasmiṃ n' atthi me paṭipuggalo. ahaṃ hi arahā loke, ahaṃ satthā anuttaro, eko 'mhi sammāsambuddho, sītibhūto 'smi nibbuto. dhammacakkaṃ pavattetuṃ gacchāmi Kāsinaṃ puraṃ, andhabhūtasmi lokasmim āhañhi amatadudrabhin ti."
"나는 일체승자(一切勝者)이고, 일체지자(一切智者)이다. 일체법에 오염되지 않았고, 일체를 버렸고, 갈애를 다한 해탈을 성취했다. 스스로 최상의 앎을 성취했으니, 누구를 스승(戒師)으로 삼겠는가? 나에게는 스승이 없다(無師), 신을 포함해 세상에서 나와 동등한 사람도 없고(無等), 나와 비교할 사람도 없다(無比) 나는 진실로 세상의 보물(世寶)이고, 내가 무상사(無上師)이고, 나는 정자각이고, 청량한 열반을 증득했다. 나는 법륜(法輪)을 굴리기 위해 까씨(Kāsi)로 간다. 어두운 세계에 감로의 북을 울리기 위해."

79. SN. Ⅴ, 14. 주76 참조.

수행의 핵심기술인 정념과 정정은 세존이 보리수 아래서 최상의 깨달음을 증득하기 이전에 이미 존재했다는 것을 여러 경전에서 설한다. 『법구경法句經』에서는 정념과 정정이 옛날부터 전해져 온 것이라고 다음과 같이 설한다.

"비구여, 4법구(四法句)가 있다. 그것은 근원적인 것으로 알려진 것으로, 옛날부터 전해져온 것으로 알려진 것이고, 오랜 세월 전승돼 온 것으로 알려진 것이다. 옛날에도 순수하게 전해졌고, 지금도 순수하게 전해지고 있고, 미래에도 순수하게 전해질 것이다. 그리고 양식있는 싸마나나 브라흐마나에게 허물이 되지 않을 것이다. 그것은 무탐(無貪), 무진(無嗔), 정념, 정정이다. 무탐에 머물고, 마음에 분노를 없게 하고, 정념으로 대상에 집중하고, 정정으로 싸띠집중을 한다."[80]

이 경에서 8정도의 핵심인 정념과 정정은 기존에 전해져 온 수행법이라는 것을 알 수 있다. 『인경因經』에서도 세존이 출가하기 전 보살이었을 때에 싸띠를 가지고 4신족四神足을 수행했다고 설한다.[81] 『성구경聖求經』에서는 출가수행할 때 가르침을 받았던 아라라

---

80. AN. II, 29. "cattār' imāni bhikkhave dhammapadāni aggaññāni rattaññāni vaṁsaññāni porāṇāni asaṅkiṇṇāni asaṅkiṇṇapubbāni na saṅkīyanti na saṅkīyissanti appaṭikuṭṭhāni samaṇehi vā brāhmaṇehi vā viññūhi. katamāni cattāri? anabhijjhā...avyāpādo...sammāsati...sammāsamādhi...anabhijjhālū vihareyya avyāpannena cetassā. sato ekaggacittassa ajjhattaṃ susamāhāto ti."
81. SN. V, 263. "pubbeva me bhikkhave sambodhāya anabhisambuddhassa bodhisattasseva sato etad ahosi, ko nu kho hetu ko paccayo iddhipādabhāvanāyā ti."
"내가 아직 올바른 깨달음을 성취하지 못한 보살(菩提薩埵)이었을 때, '어떤 원인과 조건으로 싸띠를 가지고 4신족을 수행하는가?' 라고 생각했다."

까라마Āḷāra Kālāma나 웃다까 라마뿟따Uddhaka Rāmaputta도 싸띠를 가지고 있고, 나도 싸띠가 있다고 설하는 것을 볼 수 있다.[82] 이렇듯 세존에 의해 체계화된 8정도 수행의 핵심인 정념과 정정이 세존 이전에 이미 존재했고, 많은 수행자가 정념과 정정에 기초해 수행했음을 알 수 있다.[83]

---

82. MN. I, 164. "kittāvatā no āvuso Kālāma imaṃ dhammaṃ sayam abhiññā sacchikatvā upasampajja pavedesīti. evaṃ vutte bhikkhave Āḷāro Kālāmo ākiñcaññāyatanaṃ pavedesi. tassa mayhaṃ bhikkhave etad-ahosi: na kho Āḷārass' eva Kālāmassa atthi saddhā, mayhaṃ p' atthi saddhā : na kho Āḷārass' eva Kālāmassa atthi viriyaṃ, mayhaṃ p' atthi viriyaṃ : na kho Āḷārass' eva Kālāmassa atthi sati, mayhaṃ p' atthi sati : na kho Āḷārass' eva Kālāmassa atthi samādhi, mayhaṃ p' atthi samādhi : na kho Āḷārass' eva Kālāmassa atthi paññā, mayhaṃ p' atthi paññā : yan-nūnāhaṃ yaṃ dhammam Āḷāro Kālāmo: sayam abhiññā sacchikatvā upasampajja viharāmīti pavedeti tassa dhammassa sacchikiriyāya padaheyyan-ti. so kho ahaṃ bhikkhave nacirass' eva khippameva taṃ dhammaṃ sayam abhiññā sacchikatvā upasampajja vihāsiṃ."
"존자 아라라 까라마여. 그대는 어떻게 '나는 스스로 최상의 앎을 깨달아 성취했다.' 라고 주장하는가? 비구여. 이와 같이 말하자. 아라라 까라마는 '무소유처' 를 알려주었다. 비구여. 그러자 나에게 이와 같은 생각이 떠올랐다. 아라라 까라마에게만 믿음, 정진, 싸띠, 싸마디, 혜가 있는 것이 아니라 나에게도 믿음, 정진, 싸띠, 싸마디, 혜가 있다. 자 이제 아라라 까라마가 스스로 최상의 앎을 깨달아 성취한 그 법을 스스로 성취하기 위해 노력해보면 어떨까? 그 뒤에 비구여. 나는 머지않아 곧 그 법을 빠르게 스스로 최상의 앎을 깨달아 성취했다."
83. 김호성(1995), 14.「禪觀의 大乘的 연구」, 동국대학교 대학원 박사학위 논문. "우파니샤드에 나타난 禪觀의 源流는 有派와 無派의 전통에 相應하는 두 갈래 길을 보여주면서, 점차 大河를 형성해 갔던 것으로 논자는 본다. 첫째, 有派의 전통을 형성한 것은『바가바드기타』를 거쳐『요가수트라』로 이어지는데, 이는 결국『요가수트라』의 요가(Yoga)로 완성된다. 둘째, 無派 즉, 불교의 傳統을 형성한 길은 우파니샤드에서 출발하여 원시불교로 이어지는 흐름인데, 이는 다시 大乘佛敎를 거쳐서 禪佛敎의 禪觀을 이루게 된다."고 하며 우파니샤드(Upaniṣad)에서 불

3) 깨달음 수행기술

세존이 보리수 아래서 깨달음을 증득할 때 사용한 수행기술이 무엇인지 살펴본다. 세존은 깨달음을 얻기 직전에 한 수행을 『대제경大諦經』에서는 다음과 같이 설한다.

"악기베사나여. 나는 치아를 치아에 붙이고, 혀를 입천장에 대고, 마음으로 마음을 항복시키고 제압해 없애버린다. 그때 나에게 겨드랑이에서 땀이 흘렀다, 악기베사나여. 나에게 물러설 줄 모르는 정진이 있고, 끊임없는 싸띠가 확립돼 있다. 그런데 나는 고통스러운 노력으로 지쳐있었기 때문에 나의 몸은 격렬하고 불안정했다. 그렇지만 나에게 일어난 그런 고통스러운 느낌이 나를 사로잡지는 못했다."[84)]

이 경에서 세존은 최상의 깨달음을 성취하기 전에 싸띠수행을 했다고 설한다. 『성구경聖求經』에 따르면 아라라 까라마에게서 무소유처無所有處 수행을 배우고,[85)] 웃다까 라마뿟따에게서 비상비비상처非想非非想處 수행을 배운다.[86)] 이 둘은 수정修定으로 알려

교수행의 근원을 찾는다. 이런 문화전통이 세존에 의해 8정도 수행체계로 새롭게 창안된 것이다.

84. MN. I, 242-243. "evam-eva kho me Aggivessana dantehi danta–m-ādhāya jivhāya tālum āhacca cetasā cittam abhiniggaṇhato abhinippīḷayato abhisantāpayato kacchehi sedā muccanti. āraddhaṃ kho pana me Aggivessana viriyaṃ hoti asallīnaṃ, upaṭṭitā sati asammuṭṭhā, sāraddho ca pana me kāyo hoti appaṭippassaddho ten' eva dukkhappadhānena padhānābhitunnassa sato. evarūpā pikho me Aggivessana uppannā dukkhā vedanā cittaṃ na pariyādāya tiṭṭhati."

85. MN. I, 164. 주82 참조.

86. MN. I, 165-166. "kittāvatā no āvuso Rāmo imaṃ dhammaṃ sayam abhiññā sacchikatvā upasampajja pavedesīti. evaṃ vutte bhikkhave Uddhako Rāma-

진 싸마타止, samatha 수행기술이다.[87] 그런데 이 두 스승이 가르쳐 준 수행법을 세존은 그들도 믿음, 정진, 싸띠, 싸마디, 혜가 있고 나에게도 믿음, 정진, 싸띠, 싸마디, 혜가 있다고 주장한다.[88] 그리고 그 단계에 머물러서는 탐욕을 싫어해 멀리 떠남厭離, 욕망을 벗어남離欲, 탐욕의 소멸止滅, 마음의 평화로움寂定, 최상의 앎勝智, 올바른 깨달음正覺, 열반涅槃으로 이끌지 못한다고 결론짓는다. 그리고 그 수행법을 포기하고 새로운 수행법을 찾

putto nevasaññānāsaññāyatanaṃ pavedesi. tassa mayhaṃ bhikkhave etad-ahosi. na kho Rāmass' eva ahosi saddhā, mayhaṃ p' atthi saddhā : na kho Rāmass' eva ahosi viriyaṃ, mayhaṃ p' atthi viriyaṃ : na kho Rāmass' eva ahosi sati, mayhaṃ p' atthi sati : na kho Rāmass' eva ahosi samādhi, mayhaṃ p' atthi samādhi : na kho Rāmass' eva ahosi paññā, mayhaṃ p' atthi paññā : yannūnāhaṃ yaṃ dhammaṃ Rāmo: sayam abhiññā sacchikatvā upasampajja viharāmīti pavedesi tassa dhammassa sacchikiriyāya padaheyyan-ti. so kho ahaṃ bhikkhave nacirass' eva khippam-eva taṃ dhammaṃ sayam abhiññā sacchikatvā upasampajja vihāsiṃ."

"존자, 웃다까 라마뿟따여, 그대는 어떻게 '나는 스스로 알고 깨달아 성취했다.' 고 주장합니까? 비구여, 이와 같이 말하자 웃다까 라마뿟따는 '비상비비상처' 를 알려주었다. 비구여, 그러자 나에게 이와 같은 생각이 떠올랐다. 웃다까 라마뿟다에게만 믿음, 정진, 싸띠, 싸마디, 혜가 있는 것이 아니라 나에게도 믿음, 정진, 싸띠, 싸마디, 혜가 있다. 자, 이제 웃다까 라마뿟따가 스스로 알고 깨달아 성취한 그 법을 스스로 성취하기 위해 노력해 보면 어떨까? 그 뒤에 비구여, 나는 머지않아 곧 그 법을 스스로 알고 깨달아 성취했다."

87. 싸마타 수행은 이미지 기술을 사용하고 싸띠수행은 알아차림 기술을 사용한다. 이미지 기술은 밀착요법에 초점두고, 알아차림 기술은 타격요법을 중시한다. 일반적으로 밀착하는 것보다 타격하는 것이 에너지 효율성이 높다. 따라서 수행의 효과적인 면에서 밀착기술인 싸마타 수행보다 타격기술인 싸띠수행이 효과가 더 높다.

88. MN. I, 164. 주82 참조.

아 떠난다.[89]

그 주된 이유는 삶을 속박하고 고통스럽게 하는 주범인 아싸봐는, 싸마타 수행으로는 마음공간 아래로 가라앉힐 수 있지만, 완전히 제거하지 못한다고 보았기 때문이다. 세존은 마음깊은 곳으로 가라앉힌 아싸봐는 방심하거나 싸마디가 약화되면 다시 마음표면으로 떠올라 삶을 속박하고 불편하게 한다고 생각한다. 그러므로 아싸봐를 일으키는 원인을 찾아 그 원인을 제거하는 것만이 올바른 해결책이라고 보았다. 따라서 아싸봐를 완전히 제거할 새로운 수행법을 찾아 그곳을 떠난다. 마가다Magadha국을 차례로 유행해 마침내 우루붸라Uruvela 근처 쎄나니가마Senānigama, 오늘날 붓다가야 보리수가 있는 곳에 도착한다.[90]

『대제경大諦經』에 따르면 이때 이전에 그 누구도 실행해 보지 못

89. MN. Ⅰ, 166-167. 주90 참조.

90. MN. Ⅰ, 166-167. "iti kho bhikkhave Uddako Rāmaputto sabrhmacārī me samāno ācariyaṭṭhāne ca maṃ ṭhapesi uḷārāya ca maṃ pūjāya pūjesi. tassa mayhaṃ bhikkhave etad-ahosi: nāyaṃ dhammo nibbidāya na virāgāya na nirodhāya na upasamāya na abhiññāya na sambodhāya na nibbāya saṁvattati, yāvad-eva nevasaññānāsaññāyatanūpapattiyā ti. so kho ahaṃ bhikkhave taṃ dhammam analaṅkaritvā tasmā dhammā nibbijjāpakkamiṃ. so kho ahaṃ bhikkhave kiṁkusalagavesī anuttaraṃ santivarapadaṃ pariyesamāno Magadhesu anupubbena cārikaṃ caramāno yena Uruvelā senānigamo tad-avasariṃ. tatth' addasaṃ ramaṇīyaṃ bhūmibhāgaṃ pāsādikañ-ca vanasaṇḍaṃ, nadiñ-ca sandantiṃ setakaṃ sūpatitthaṃ ramaṇīyaṃ, samantā ca gocaragāmaṃ."
"비구여, 이와 같이 웃다가 라마뿟따는 나의 스승으로서 오히려 제자인 나에게 최상의 존경을 표했다. 그러나 '비상비비상처'에 머무는 한, 그의 법은 '탐욕을 떠남, 욕망을 벗어남, 탐욕의 소멸, 마음의 평화로움, 최상의 앎, 올바른 깨달음, 열반으로 이끌지 못한다.' 라는 생각이 떠올랐다. 비구여, 그래서 나는 그 법을 존

한 고행을 실천한다. 그러나 세존은 이런 고행으로는 최상의 깨달음에 이를 수 없다고 판단한다. 그래서 이제까지 해오던 고행을 중단하고 최상의 깨달음을 실천할 수 있는 다른 길을 찾는다.[91] 이때 '출가하기 전 어린 시절 부왕의 논경제에 참석했을 때, 장미사과 나무 아래서 수행해 초선에 들어 행복함을 경험한 적이 있는데, 그때 한 수행법이 깨달음에 이르는 길이 아닐까?' 하는 생각이 문득 떠오른다. 그리고 고행을 포기한다. 세존은 약해진 몸을 음식으로 회복하고 다시 수행에 집중한다.[92] 그리고 마침내 아라한뜨의 경

중하지 않고, 그 법을 싫어해 그곳을 떠났다. 그래서 나는 무엇보다도 착하고 건전한 것을 구하고, 위없는 최상의 평화를 구하러 마가다국을 차례로 유행하면서 마침내 우루웰라 근처의 쎄나니가마에 도착했다. 거기서 나는 고요한 우거진 숲이 있고, 아름다운 둑에 싸여 맑게 흐르는 강물이 있고, 주변에 탁발할 수 있는 마음에 드는 지역을 발견했다."

91. MN. I, 246. "tassa mayham Aggivessana etad-ahosi: ye kho keci atītam-addhānaṃ samaṇā vā brāhmaṇā vā opakkamikā dukkhā tippā kaṭukā vedanā vedayiṁsu, etāvaparamaṃ na-y-ito bhiyyo : ye pi hi keci anāgatam-addhānaṃ samaṇā vā brāhmaṇā vā opakkamikā dukkhā tippā kaṭukā vedanā vedayiṁsu, etāvaparamaṃ nay-ito bhiyyo : ye pi hi keci etarahi samaṇā vā brāhmaṇā vā opakkamikā dukkhā tippā kaṭukā vedanā vedayiṁsu, etāvaparamaṃ nay-ito bhiyyo. na kho panāham imāya kaṭukāya dukkharakārikāya adhigacchāmi uttariṃ manussadhammā alamariyañāṇadassanavisesaṃ, siyā nu kho añño maggo bodhāyāti."
"과거세...미래세...현세의 어떠한 싸마나나 브라흐마나가 아무리 공격적이고 격렬하고 고통스런 느낌을 경험한다고 해도 이와 같은 것이 가장 극심한 것이고, 그 이상의 것은 없다. 나는 이런 고행의 실천으로도 인간을 뛰어넘는 법, 고귀한 님이 갖추어야 할 탁월한 지견을 성취하지 못했다. 깨달음에 이르는 다른 길이 있지 않을까?"

92. MN. I, 246-247. "tassa mayham Aggivessana etad-ahosi: kin-nu kho ahaṃ tassa sukhassa bhāyāmi yan-taṃ sukham aññatr' eva kāmehi aññatra akusalehi dhammehīti. tassa mayham Aggivessana etad-ahosi: na kho ahaṃ tassa

지를 증득하고 최상의 깨달음을 성취한다.

세존이 보리수 아래서 8정도 수행체계의 핵심인 싸띠수행으로 삶을 고통 속으로 몰아넣는 원인을 깨닫는다. 그리고 마음을 속박하고 삶을 고통스럽게 하는 주범인 마음오염원인 아싸봐를 제거할 수 있었다. 그리고 심해탈과 혜해탈을 증득할 수 있는 새로운 수행기술을 체계화한다. 그것이 바로 8정도 수행체계이다.

---

sukhassa bhāyāmi yan-taṃ sukham aññatr' eva kāmehi aññatra akusalehi dhammehiti. tassa mayham Aggivessana etad-ahosi: na kho taṃ sukaraṃ sukham adhigantum evam adhimattakasimānaṃ pattakāyena. yan-nūnāham oḷārikam āhāram āhāreyyam odnakummāsan-ti. so kho aham Aggivessana oḷārikam āhāram āhāresim odanakummāsaṃ. tena kho pana mam Aggivessana samayena pañca bhikkhū paccupaṭṭhitā honti: yan-no samaṇo Gotamo dhammam adhigamissati tan-no ārocessatīti. yato kho aham Aggivessana oḷārikam āhāram āhāresim odanakummāsaṃ, atha me te pañca bhikkhū nibbijjāpakkamiṁsu: bāhuliko samaṇo Gotamo padhānavibbhanto āvatto bāhullāyāti. so kho aham Aggivessana oḷārikam āhāretvā balaṃ gahetvā vivicc' eva kāmehi vivicca akusalehi dhammehi savitakkaṃ savicāraṃ vivekajaṃ pītisukhaṃ paṭhamaṃ jhānam upasampajja vihāsiṃ."

"악기베사나(Aggivessana)여, 그런 나에게 이와 같은 생각이 떠올랐다. 나는 애욕이나 악하고 불선법과는 관계없는 즐거움에 대해 두려워할 필요없다. 악기베사나여, 그런 나에게 이와 같은 생각이 떠올랐다. 극도로 야윈 몸으로 즐거움을 성취하기는 쉽지않다. 단단한 음식이나 끓인 쌀죽을 먹으면 어떨까? 그래서 나는 단단한 음식이나 끓인 쌀죽을 먹었다. 그 때 악기베사나여, 나는 '5비구가 나를 기다리며 우리의 싸마나 고따마가 보다 높은 경지에 도달하면 우리에게 알리러 올 것이다.' 고 생각할 것이다. 그러나 내가 단단한 음식이나 끓인 쌀죽을 먹었다면, 5비구는 이와 같이 '싸마나 고따마는 사치스럽게 살며, 자신의 정진을 포기하고 윤택한 삶으로 돌아갔다.' 라고 생각하며 '나를 싫어해 떠날 것이다.' 라고 생각했다. 이제 나는 단단한 음식이나 끓인 쌀죽을 먹어 힘을 얻어 애욕을 여의고 악하고 불선법을 떠나서, 사유와 숙고를 갖추고, 멀리 여윔에서 생겨나는 기쁨과 즐거움으로 가득한 초선을 성취했다."

『하경何經』에서 세존은 8정도뿐만 아니라 37보리분법도 자신이 스스로 깨달아 성취한 것이라고 주장한다.[93] 『대감경大感經』에서는 8정도뿐만 아니라 37보리분법도 수행으로 완성하라고 강조한다.[94] 『정견경正見經』에서는 12연기十二緣起의 각 항목을 완성시키는 도구가 8정도라고 설한다.[95] 연기緣起의 각 항목이나 8정도도 수행으로 완성하라고 강조한다.

이것은 기존의 수행법을 계승하고 체계화해 8정도, 4성제, 37보리분법, 연기, 3법인 등과 같이 자신의 고유개념으로 만들고, 수행체계를 세우고, 세상을 바라보는 새로운 관점에 기초해 수행의 최고

---

93. MN. II, 238-239. "tasmātiha, bhikkhave, ye vo maya dhammā abhiññā desitā, seyyathīdaṃ: cattāro satipaṭṭhānā, cattāro sammappadhānā, cattāro iddhipādā, pañc' indriyāni, pañca balāni, sattabojjhaṅgā, ariyo aṭṭhaṅgiko maggo,-tattha sabbeh' eva samaggehi sammodamānehi avivadamānehi sikkhitabbaṃ."
"비구여, 그렇다면 내가 직접 깨달아 성취한 법 즉, 4념처, 4정근, 4신통, 5근, 5력, 7각지, 성팔지도를 모두가 화합하고, 즐거우며, 다툼없이 배워야 한다."

94. MN. III, 289. "tassa evam imam ariyam aṭṭhaṅgikaṃ maggaṃ bhāvayato cattāro pi satipaṭṭhānā bhāvanāpāripūriṃ gacchanti, cattāro pi sammappadhānā bhāvanāpāripūriṃ gacchanti, cattāro pi iddhipādā bhāvanāpāripūriṃ gacchanti, pañca pi indriyāni bhāvanāpāripūriṃ gacchanti, pañca pi balāni bhā vanāpāripūriṃ gacchanti, satti pi bojjhaṅga bhāvanāpāripūriṃ gacchanti."
"이와 같이 해서 성팔지도, 4념처, 4정근, 4신통, 5근, 5력, 7각 등이 수행으로 완성된다."

95. MN. I, 49. "katamā ca āvuso dukkhanirodhagāminī-paṭipadā: ayam-eva ariyo aṭṭhaṅgiko maggo dukkhanirodhagāminī-paṭipadā, seyyathīdaṃ: sammādiṭṭhi sammāsaṅkappo sammāvācā sammākammanto sammā-ājīvo sammāvāyāmo sammāsati sammāsamādhi."
"어떠한 것이 고의 소멸에 이르는 길입니까? 고의 소멸에 이르는 길이 성팔지도이다. 즉, 정견, 정사, 정어, 정업, 정명, 정정진, 정념, 정정이다."

경지를 증득하고, 최상의 깨달음을 이루었다는 자신감의 표현이다.

3. 8정도 수행의 완성 : 정견성취

8정도 수행체계는 수행덕목이자 깨달음의 내용이다. 『대감경大感經』에서 8정도는 수행으로 완성해야 한다고 주장한다.[96] 『폐기경廢棄經』에서는 다른 사람이 8사도八邪道를 지니더라도 우리는 8정도를 가질 것이라고 실천해야 하고, 다른 사람이 8사도를 지니더라도 우리는 8정도를 지닐 것이라고 마음을 일으켜야 하고, 8사도를 지닌 사람은 8사도를 피함으로써 8정도를 갖게 되고, 8사도를 지닌 사람은 8정도를 지니는 것이 그를 상층존재로 이끈다고 설한다.[97] 『대사십경大四十經』에서는 8정도를 비난하는 것이 8사도를 가진 싸마나나 브라흐마나를 공경하고 칭찬하는 것이라고 설하며, 정견의 중요성을 강조한다.[98] 『선우경善友經』에서는 좋은 도반을 사귀기 때문에 8정도를 수행할 수 있고, 8정도를 수행해 탐욕을 싫어해 멀리 떠남, 욕망에서 벗어남, 탐욕의 그침에 기초해, 열반으로 회향할 수 있다고 설한다.[99]

---

96. MN. III, 289. 주94 참조.
97. MN. I, 40-46.
98. MN. III, 77-78. "sammādiṭṭhiñ ce bhavaṃ garahati, ye ca micchādidiṭṭhī samaṇbrāahmaṇā te bhoto pujjā te bhoto pāsaṁsā"
"그가 정견을 비난하면 그는 사견을 갖고 있는 싸마나나 브라흐마나를 공경하고 칭찬하는 것이 된다."

『대문답경大問答經』에서는 정견을 획득하기 위한 두 가지 조건을 제시한다. "첫째는 다른 사람의 목소리를 듣는다. 둘째는 이치에 맞는 정신활동이라고 설한다."[100] 정견을 갖기 위해 다른 사람으로부터 그가 가진 지혜를 배워야 한다. 동시에 다른 사람의 가르침을 듣고 스스로 성찰해 관계와 상황을 있는 그대로 통찰할 수 있는 안

---

99. SN. I, 87-88. "upaḍḍham idaṃ bhante brahmacariyassa yad idaṃ kalyāṇa-mittatā kalyāṇa-sahāyatā kalyāṇa-sampavaṅkatā ti. evaṃ vuttāhaṃ mahārāja Ānandaṃ bhikkhum etad avoca. mā h-evam Ānanda mā h-evam Ānanda, sakalam eva h-idam Ānanda brahmacariyaṃ yad idaṃ kalyāṇa-mittatā kalyāṇa-sahāyatā kalyāṇa-sampavaṅkatā, kalyāṇa-mittassa etam Ānanda bhikkhunno pāṭikaṅkhaṃ kalyāṇa-mittassa kalyāṇa-sahāyassa kalyāṇa-sampavaṅkassa ariyam aṭṭhaṅgikaṃ maggaṃ bhāvessati ariyam aṭṭhaṅgikaṃ maggaṃ bahulī-karissati. kathañ ca Ānanda bhkkhu kalyāṇa-mitto kalyāṇa-sahāyo kalyāṇa-sampavaṅko ariyam aṭṭhaṅgikaṃ maggaṃ bahulī-karissati. idha Ānanda bhikkhu sammā-diṭṭhiṃ bhāveti viveka-nissitaṃ viāga-nissitaṃ nirodha-nissitaṃ vossaggapariṇamiṃ, sammā-saṅkappaṃ bhāveti sammā-vācaaṃ bhāveti, sammā-kammataṃ bhāveti, sammā-ājīvaṃ bhāveti sammā-vāyāmaṃ bhāveti sammā-satiṃ bhāveti, sammā-samādhiṃ bhāveti viveka-nissitaṃ viāga-nissitaṃ nirodha-nissitaṃ vossaggapariṇamiṃ."
"세존이시여, 이런 좋은 벗(善友), 좋은 동료(善僚), 좋은 도반(善伴)을 사귀는 것은 청정수행의 절반에 해당한다. 대왕이여, 이와 같이 말하자, 나는 비구 아난다에게 이와 같이 말했다. 아난다여, 그렇지 않다. 이런 좋은 벗, 좋은 동료, 좋은 도반이 있는 비구는 이와 같이 생각한다. 좋은 벗, 좋은 동료, 좋은 도반과 사귀는 비구는 성팔지도를 수행할 것이고, 성팔지도를 익힐 것이다. 그런데 아난다여, 비구가 좋은 벗, 좋은 동료, 좋은 도반을 사귀면 어떻게 성팔지도를 수행하고 어떻게 성팔지도를 익히는가? 아난다여, 비구는 탐욕을 싫어해 멀리 떠남, 탐욕을 벗어남, 탐욕의 그침에 기초해 열반으로 회향하는 정견, 정사, 정어, 정업, 정명, 정정진, 정념, 정정을 수행한다."

100. MN. I, 294. "dve kho āvuso paccayā sammādiṭṭhiyā uppādāya: parato ca ghoso yoniso ca manasikāro."

목인 정견이 열려야 된다고 본다.

4. 8정도와 3학

8정도 수행체계와 3학의 관계를 살펴본다.

1) 8정도와 3학

3학은 불교와 수행을 배우고 익히는 덕목이다. 『소문답경小問答經』에서는 8정도를 계정혜戒定慧의 3학三學으로 다음과 같이 분류한다.

"담마디나(Dhammadinna)여. 성팔지도는 3온(三蘊)에 포함됩니까? 아니면 3온이 성팔지도에 포함됩니까? 벗, 위싸카(Visākha)여. 성팔지도가 3온에 포함되지 3온이 성팔지도에 포함되지 않는다. 벗, 위싸카여. 정어, 정업, 정명은 계온(戒蘊), 정정진, 정념, 정정은 정온(定蘊), 정견과 정사는 혜온(慧蘊)에 포함된다."[101)]

---

101. MN. I, 301. "ariyena nu kho ayye aṭṭhaṅgikena maggena tayo khandhā saṅgahītā, udāhu tīhi khandhehi ariyo aṭṭhaṅgiko maggo saṅgahīto ti. -na kho āvuso Visākha ariyena aṭṭhaṅgikena maggena tayo khandhā saṅgahītā, tīhi ca kho āvuso Visākha khandhehi ariyo aṭṭhaṅgiko maggo saṅgahīto. yā c' āvuso Visākha sammāvācā yo ca sammākammanto yo ca sammāājīvo, ime dhammā sīlakkhandhe saṅgahītā : yo ca sammāvāyāmo yā ca sammāsati yo ca sammā samādhi, ime dhammā samādhikkhandhe saṅgahītā : yā ca sammādiṭṭhi yo ca sammāsaṅkappo, ime dhammā paññākkhandhe saṅgahītā ti."

이 경에서는 흔히 3학으로 일컬어지는 계정혜를 3온으로 분류한다.[102] 정어, 정업, 정명은 계온, 정정진, 정념, 정정은 정온, 정견과 정사는 혜온으로 분류한다. 『대반열반경大般涅槃經』에서 세존은 대중에게 계정혜의 3학으로 수행하라고 강조한다.[103] 『대사십경大四十經』에서는 8정도의 각 항목이 순차적으로 실현된다고 다음과 같이 설한다.

"정견에서 정사가 생겨나고, 정사에서 정어가 생겨나고, 정어에서 정업이 생겨나고, 정업에서 정명이 생겨나고, 정명에서 정정진이 생겨나고, 정정진에서 정념이 생겨나고, 정념에서 정정이 생겨나고, 정정에서 정혜가 생겨나고, 정혜에서 정해탈이 생겨난다. 비구여, 이와 같이 8정도를 갖춘 학인의 길과 10분(十分)을 갖춘 아라한뜨의 길이 있다."[104]

---

102. 계정혜 3학뿐만 아니라 『구니사경(瞿尼師經)』에서는 염정혜(念定慧), 『무예경(無穢經)』에서는 염지정혜(念知定慧), 『성구경(聖求經)』에서는 신정념정혜(信精念定慧)의 형태로 설하기도 한다.

103. DN. II, 81. "tatra sudaṃ Bhagavā Rājagahe viharato Gijjhakūṭe pabbate etad eva bahulaṃ bhikkhūnaṃ dhammiṃ kathaṃ karoti: iti sīlam iti samādhi iti paññā, sīlaparibhāvito samādhi mahapphalo hoti mahānisaṁso, samādhi-paribhāvitā paññā mahapphalā hoti mahānisaṁsā, paññā-paribhāvitaṃ cittaṃ sammad eva āsavehi vimuccati, seyyathīdaṃ kāmāsavā bhavāsavā diṭṭhāsavā avijjāsavā ti."
"이것이 계, 정, 혜이다. 계를 철저히 수행해 생긴 싸마디는 큰 결실과 이익이 있다. 싸마디를 철저히 수행해 생긴 혜는 큰 결실과 이익이 있다. 혜를 철저히 수행해 생긴 마음은 올바르게 아싸봐로부터 해탈할 수 있다. 아싸봐는 애욕아싸봐(愛漏), 존재아싸봐(有漏), 무명아싸봐(無明漏)가 있다."

104. MN. III, 75-76. "tatra, bhikkhave, sammādiṭṭhi pubbaṅgā hoti. kathañ ca, bhikkhave, sammādiṭṭhi pubbaṅgamā hoti? sammādiṭṭhissa, bhikkhave, sammāsaṁkappo pahoti : sammāsaṁkappassa sammāvācā pahoti : sammāvācassa sammākammanto pahoti : sammākammantassa sammā-ājīvo pahoti :

이 경에서는 선행하는 8정도의 각 항목이 성취돼야 다음 항목으로 나아간다고 설한다. 『대반열반경大般涅槃經』에서도 계정혜의 각 항목이 순차적으로 성취되는 것으로 설한다.105) 그러나 『대사십경大四十經』에서는 8정도의 각 항목은 "정견, 정정진, 정념이 선행한다."고 규정한다.106) 따라서 8정도는 반드시 각 항목이 순서대로 행해지는 것은 아니며, 각 항목은 상호의존해 있고, 상호연결돼 있다.107)

2) 8정도와 수행완성

8정도는 깨달음의 내용이기도 하지만 수행으로 완성하라는 것이 세존의 가르침이다. 『대감경大感經』에서는 8정도를 수행하라고 다음과 같이 설한다.

"우다인(Udāyi)이여, 나는 나의 제자에게 성팔지도를 수행할 수 있도록 그 길을 설했다. 우다인이여, 세상에서 비구는 정견, 정사, 정어, 정업, 정명, 정

---

sammā-ājāvassa sammāvāyāmo pahoti : sammāvāyāmassa sammāsati pahoti : sammāsatissa sammāsamādhi pahoti : sammāsamādhissa sammāñāṇaṃ pahoti : sammāñāṇassa sammāvimutti pahoty. iti kho, bhikkhave, aṭṭhaṅgasamannāgato sekho paṭipado dasaṅgasamannāgato arahā hoti."

105. DN. II, 81. 주103 참조.

106. MN. III, 72. 주36 참조.

107. 사다티샤(H. Saddhatissa) 저, 曺勇吉 편역(1995), 95. 『根本佛敎倫理』, 서울 : 불광출판사. "8정도는 일련의 연속적인 단계로 설명될 수 없으며, 계정혜의 순서에 따라 계에 속하는 정어, 정업, 정명을 먼저 행한다 할지라도 이들은 정견 없이는 거의 불가능할 것이다. 따라서 8정도의 하나하나는 서로 상섭의 관계에 있으며, 8정도를 통해 '지계'가 그 자체 목적이 아니라고 하는 붓다의 가르침에 있다. 8정도는 설명할 수 없을 정도로 서로 상호협조하고 있으며, 이로써 마지

정진, 정념, 정정을 수행한다. 그렇게 해서 나의 많은 제자는 최상의 앎[108]의 완성에 도달한다."[109]

이 경에서 최상의 앎의 완성을 위해 8정도로 수행하라고 설한다. 그리고 8정도를 수행해 청정수행을 완성하라고 강조한다. 『비구경比丘經』에서는 다음과 같이 설한다.

"세존이시여, 청정수행이라고 하는데, 청정수행이란 무엇이고, 청정수행의 완성이란 무엇입니까? 비구여, 이와 같이 성팔지도가 청정수행이다. 정견, 정사, 정어, 정업, 정명, 정정진, 정념, 정정이다. 비구여, 탐,진,치가 제거되면 청정수행의 완성이다."[110]

막 고통으로부터 해탈에까지 이르는 '도'가 되는 것이다."라고 해서 8정도의 순차설을 연결설과 상호 의존성을 주장한다.

108. 전재성(2005), 159. 『빠알리어사전』, 서울 : 한국빠알리성전협회. "곧바른 앎, 곧바로 아는 지혜, 특별한 지혜, 수승한 지혜, 신통(神通), 초범지(超凡智), 경험에 의해 알다." 등으로 번역한다. 여기서는 '최상의 앎'으로 번역한다.

109. MN. II, 11-12. "puna ca paraṃ, Udāyi, akkhāta mayā sāvakānaṃ paṭipadā, yathā paṭipannā me sāvakā ariyam aṭṭhaṅgikaṃ maggaṃ bhāventi. idh' Udāyi, bhikkhu sammādiṭṭhiṃ bhāveti, sammāsaṁkappaṃ bhāveti, sammāvācaṃ bhāveti, sammākammantaṃ bhāveti, sammāājīvaṃ bhāveti, sammāvāyāmaṃ bhāveti, sammāsatiṃ bhāveti, sammāsamādhiṃ bhāveti. tatra ca pana me sāvakā bahū abhiññāvosānapāramippattā viharanti."

110. SN. V, 7-8. "brahmacariyaṃ brahmacariyati bhante vuccati, katamaṃ nu kho bhante brahmacariyanti katamaṃ brahmacariyapariyosānan ti. ayam eva kho bhikkhu ariyo aṭṭhaṅgiko maggo brahmacariyaṃ, seyyathīdaṃ, sammādiṭṭhi, pa-pe, sammāsamādhi. yo kho bhikkhu rāgakkhayo dosakkhayo mohakkhayo, idaṃ brahmacariyapariyosānan ti."

이 경에서 세존은 8정도가 청정수행이고, 청정수행의 완성이란 아싸봐를 제거하는 것이라고 정의한다. 모든 아싸봐의 제거는 아라한뜨의 경지를 증득했을 때 가능하다. 따라서 8정도 수행체계로 아라한뜨의 경지를 완성할 수 있다고 설한 것이다.

『대감경大感經』에서는 8정도뿐만 아니라 37보리분법도 수행으로 완성하면, 청정수행을 완성하고 아싸봐를 제거할 수 있다고 주장한다.[111] 『정견경正見經』에서는 12연기의 각 항목을 완성시키는 것이 8정도라고 설한다.[112]

이상을 살펴보면 8정도, 3학, 12연기, 37보리분법 등은 분리돼 존재하는 것이 아니라 수행덕목으로 서로 연결돼 있다. 그러므로 이들은 수행관점에서 함께 이해해야 올바르게 이해할 수 있다.

이 장의 8정도 수행체계 정의를 정리하면 다음과 같다.

8정도 수행체계는 세존에 의해 체계화된 수행법이다. 세존 이전에도 8정도 수행체계의 덕목인 정념의 싸띠수행이나 정정의 싸마타수행을 사용해 수행하고 있었음을 알 수 있다.

8정도 수행체계는 계정혜의 3학으로 범주를 나눈다. 계는 근수행, 정은 4념처의 싸띠수행으로 구분한다. 혜는 별도의 수행법이라기보다 수행결과 실재를 통찰하는 안목이다. 8정도는 수행덕목이고, 12연기의 각 항목은 8정도로 완성되며, 8정도로 최상의 앎을

111. MN. Ⅲ, 289. 주94 참조.
112. MN. Ⅰ, 49. 주95 참조.

증득한다. 정견, 정정진, 정념을 가지고 8정도 수행체계를 완성할 수 있다고 설한다.

3장

수행목적

수행은

삶의 주인공 되는 것

이 장에서는 8정도의 수행목적을 살펴본다. 수행목적을 올바르게 이해하고 정의하는 것은 수행의미가 더욱 분명해지기 때문이다.

1. 수행정의

『맛지마니까야』에서 설한 수행정의를 살펴본다. 먼저『맛지마니까야』에서 수행의미로 사용된 대표적 용어는 다음과 같다.

'bhāvānā' 는『일체루경一切漏經』에서 사용된 이래 수행의미로 쓰이는 용어이다.[113] 'bhāvanā' 는 여성명사로, '이다, 있다, 되다, 산출하다' 의 어근 '√bhū' 에서 파생된 것으로 '수행, 수습, 명상' 등의 의미이다.[114]

'paṭisallāṇa'도『폐기경廢棄經』에서 사용된 이래 수행으로 사용

113. MN. I, 11. "katame ca bhikkhave āsavā bhāvanā pahātabbā: idha bhikkhave bhikkhu paṭisaṅkhā yoniso satisambojjhaṅgaṃ bhaveti vivekanissitaṃ virāganissitaṃ nirodhanissitaṃ vossaggapariṇāmiṃ...dhammavicayasambojjhgaṃ...viriyasambojjhaṅgaṃ...pītisambojjhaṅgaṃ...passaddhisambojjhaṅgaṃ...samādhisambojjhaṅgaṃ...upekkhāsam- bojjhaṅgaṃ."
"비구여, 수행에 의해 끊어져야 하는 아싸봐란 무엇인가? 비구여, 세상에서 비구는 성찰에 의해 이치에 맞게 멀리 여읨, 사라짐, 소멸에 의존하고 보내버림으로써 열반으로 회향하는 염각지(念覺支)를 수행한다... 택법각지(擇法覺支)... 정진각지(精進覺支)... 희각지(喜覺支)... 경안각지(輕安覺支)... 정각지(定覺支)... 사각지(捨覺支)를 수행한다."

114. 전재성(2005), 526.
水野弘元(1981), 211.『パーリ語辭典』, 東京 : 春秋社.

되는 용어이다.[115] 'paṭisallāṇa'는 중성명사로, '~을 향해서, ~에 반대하여'의 접두어 'paṭi'와 '하나의, 함께, 올바른, 완전한' 등의 전치사 'saṁ'과 '붙다, 의지하다, 정착하다, 숨다'의 어근 '√lī'에서 파생된 것으로 '수행을 위한 은둔, 독좌獨坐, 홀로 수행함, 선사禪思, 독좌정관獨坐靜觀' 등의 의미이다.[116]

그 이외에도 자주 사용된 수행을 가리키는 용어로는 'samādhi定, 三昧',[117] 'jhāna禪那',[118] 'vihāra寺, 住',[119] 'anuyutta修行',[120] 'tapa苦行',[121] 'brahamcariya淸淨修行, 梵行',[122] 'viriya精進',[123] 'upaṭṭhita

---

"修習, 修, 修行"으로 번역한다.

PED(1986), 503. "producing, dwelling on something, putting one's thoughts to, application, developing by means of thought or meditation, cultivation by mind, culture"

115. MN. Ⅰ, 40. "atha kho āyasmā Mahācundo sāyanhasamayaṃ paṭisallāṇā vuṭṭhito yena Bhagavā ten' upasaṅkami upasaṅkamitvā Bhagavantam abhivādetvā ekamantaṃ nisīdi."

"그때 마하쭌다(Mahācunda) 존자가 아침 일찍 홀로 수행하다 일어나 세존이 계신 곳으로 찾아왔다. 가까이 다가와 세존께 인사드리고 한쪽으로 물러나 앉았다. 한 쪽으로 물러나 앉아서 마하쭌자 존자는 세존께 이와 같이 말했다."

116. 전재성(2005), 510.

水野弘元(1981), "宴坐, 宴黙, 獨坐, 獨想, 禪思"

PED(1986), "retirement for the purpose of meditation, solitude, privacy, seclusion"

117. VP. Ⅰ, 1.
118. MN. Ⅰ, 243.
119. MN. Ⅲ, 294.
120. MN. Ⅰ, 119.
121. MN. Ⅰ, 388.
122. MN. Ⅰ, 163.
123. MN. Ⅰ, 242.

訓練',[124] 'paṭipanna實踐[125] 'anupassanā隨觀',[126] 'yoga瑜伽, 結縛',[127] 'sati念과 sampajāna知',[128] 'samatha止와 vipassanā觀[129] 등도 있다.

이들 용어는 세존이 창안한 것이라기보다 기존의 수행자가 사용하던 용어의 의미나 쓰임새를 세존이 체계화시킨 8정도 수행체계와 연계지어 새롭게 해석하고 사용하면서 어떤 용어는 불교수행의 고유개념으로 자리잡은 것으로 보인다.

수행은 기술이 중요하다. 마음오염원인 아싸봐는 화학반응인 사유, 성찰, 혜로도 제거할 수 있다. 그러나 기억정보와 단단히 결합해 있는 아싸봐를 물리적인 힘을 사용해 해체하고 제거하기 위해서는 구체적인 기술이 필요하다. 이런 이유로 여기서는 수행법보다 수행기술이란 용어를 사용한다.[130]

일반적으로 수행은 불편한 마음상태나 만족하지 못한 삶의 현실

---

124. MN. I, 471.
125. MN. I, 410.
126. MN. I, 56.
127. MN. I, 472.
128. MN. I, 56.
129. MN. III, 297.
130. 여기서 수행기술로 번역하는 'satinepakka' 의 'nepakka' 를 전재성은 '기교, 분별, 슬기' 로 번역한다. 『염처경(念處經)』에서는 'ñāyassa adhigamāya' 의 'ñāya' 를 전재성은 '방도' 로 번역한다. 『앵무경(鸚鵡經)』에서는 마음을 수행하기 위한 마음도구란 의미로 쓰인 'parikkhāra' 를 전재성은 마음닦는 '도구' 로 번역한다. 이런 것을 고려해 볼 때 수행법보다 '수행기술' 이란 용어가 더 적합할 것이다.

을 평안한 마음상태나 행복한 삶의 현실로 변화시키는 전 과정을 말한다. 자연계의 모든 존재는 평형상태로 돌아가려는 속성이 있다. 외부로부터 에너지를 받으면 평형상태가 깨어지고 불안정해진다. 그러나 에너지가 감소하면서 점차 평형상태로 돌아간다.

우리의 삶이나 마음상태도 마찬가지이다. 평화로운 마음상태나 삶의 현실이 아싸봐로 인해 새로운 에너지가 가해지면 평화로웠던 마음상태는 깨어지고 삶의 현실은 불만족스럽게 된다. 이때 수행을 통해 마음공간에 가해진 아싸봐를 제거하면 마음상태는 다시 평화로워지고, 만족한 삶의 현실을 누린다.

수행은 크게 두 가지로 정의한다. 하나는 물리적 힘을 사용해 마음공간에 존재하는 아싸봐를 제거하고, 속박, 집착, 갈애, 괴로움, 무명 등의 상태를 벗어나, 청정한 마음상태인 심해탈을 성취하는 것이다. 그리고 인지오류를 극복한 올바른 앎의 상태인 명, 혜, 정견을 증득하고 심리적 행복감, 최상행복인 열반상태로 전환시키는 인위적 활동이다. 다른 하나는 수행의 최고단계인 아라한뜨의 경지를 증득하고, 올바른 깨달음을 성취하는 전 과정이다. 여기서는 전자를 광의수행이라 하고, 후자를 본질수행이라고 한다. 이상을 요약하면 〈표 3.1〉과 같다.

〈표 3.1〉 수행정의

본질수행	광의수행
수행의 최고단계인 아라한뜨의 경지를 증득하고, 올바른 깨달음을 성취하는 전 과정.	물리적인 힘을 사용해 마음공간에 존재하는 아싸봐를 제거하고, 속박, 집착, 갈애, 괴로움, 무명 등의 심리상태를 벗어나, 청정한 마음상태인 심해탈을 성취하는 것. 그리고 인지오류를 극복한 올바른 앎의 상태인 명, 혜, 정견을 증득하고, 최상행복인 열반상태로 전환시키는 인위활동.

2. 정각성취 : 청정수행의 완성

세존의 출가수행 목적을 살펴본다. 이것은 세존이 출가수행하고, 수행을 완성한 후 제자에게 수행지도의 이유를 이해하는데 도움된다. 『성구경聖求經』에서는 미가다야에서 5비구에게 최초로 수행지도할 때, 출가수행의 목적이 청정수행의 완성이라고 다음과 같이 설한다.

"비구여. 여래를 부를 때, 벗이라고 부르지 마라. 비구여. 여래는 아라한뜨이고 정자각이다. 비구여. 귀를 기울여라. 나는 감로를 성취했다. 내가 법을 설할 것이다. 내가 설하는 대로 그대로 따라서 수행하면 머지않아 선남자가 집을 떠나 출가한 그 목적인 최상의 청정수행의 완성을 지금 여기에서 스스로 알고 깨달아 성취하게 될 것이다."131)

131. MN. I, 171-172. "mā bhikkhave Tathāgataṃ nāmena ca āvusovādena ca

『대품大品』에 따르면 세존은 보리수 아래서 중도를 깨달았는데, 그 중도내용이 8정도라고 설한다.[132] 미가다야에서 5비구에게 수행을 지도할 때 8정도와 4성제를 체계화시켜 설하며, 4성제의 내용이 괴로움苦의 제거라고 정형화한다. 그리고 괴로움의 제거는 괴로움을 발생시킨 원인을 있는 그대로 통찰하는 것이라고 결론짓는다. 괴로움의 원인을 통찰하기 위해서는 먼저 마음공간에 존재하는 아싸봐를 수행으로 제거하고 맑고 투명해지면, 괴로움의 실재를 있는 그대로 통찰할 수 있다.[133]

어떤 종류의 괴로움이든 일단 발생하면, 그 괴로움이 자기 삶의 중심이 된다. 모든 에너지를 사용해 괴로운 상태를 평화로운 상태로 변화시켜야 괴로움없는 삶을 살 수 있고, 삶은 다음 단계로 나아간다. 세존은 괴롭고 불만족스러운 삶의 현실을 타파하기 위해 출가수행하고, 보리수 아래서 최상의 깨달음을 증득하고 청정수행을 완성한다.

『대제경大諦經』에서 설하는 것처럼 세속에서는 수행하기 어려우므로 출가하면 거룩한 수행을 할 수 있고, 자신이 추구하는 청정수

---

samudācarittha. arahaṃ bhikkhave Tathāgato sammāsambuddho. odahatha bhikkhave sotaṃ, amatam-adhigataṃ, aham-anusāsāmi, ahaṃ dhammaṃ desemi, yathānusiṭṭhaṃ thatā paṭipajjamānā nacirass' eva yass' atthāya kulaputtā samma-d-eva agārasmā anagāriyaṃ pabbajanti tad-anuttaraṃ brahmacariyapariyosānaṃ diṭṭhe va dhamme sayam abhiññā sacchikatvā upasampajja viharissathāti."

132. VP. I, 10. 주73 참조.

133. VP. I, 10. 주30 참조.

행을 완성할 수 있다고 믿고 출가한다.[134]

『앵무경鸚鵡經』에서는 재가자이거나 출가자이거나 올바르게 수행하면 칭찬한다고 강조한다.[135] 이렇듯 수행이란 재가에서 하거나 출가해 하거나 원칙적으로는 차이가 있을 수 없다. 그런데도 세존은 출가수행을 권한다. 전문가에게는 장소나 상황이 문제가 될 수 없다. 그러나 처음 수행하는 사람에게는 환경이나 형식이 수행에 미치는 영향력을 무시할 수 없으므로 출가수행을 선호한다. 『재가경在家經』에서 세존은 재가행복보다 출가행복이 더 탁월하다고 주장한다.[136]

---

134. MN. I, 240. "idha me Aggivessana pubbe va sambodhā anabhisambuddhassa bodhisattass' eva sato etad-ahosi: sambādho gharāvāso rajāpatho, abbhokāso pabbajjā, na-y-idaṃ sukaram agāram ajjhāvasatā ekantaparipuṇṇam ekantaparisuddhaṃ saṅkhalikhitaṃ brahmacariyaṃ carituṃ, yan-nūnāhaṃ kesamassum ohāretvā kāsāyāni vatthāni acchādetvā agārasmā anagāriyaṃ pabbajeyyan-ti."
"악기베싸나여, 나는 아직 완전한 깨달음을 이루기 전에 이와 같이 생각했다. 집에서 사는 것은 번잡하고 티끌로 가득차 있지만 출가는 자유로운 공간과 같다. 집에서 사는 자는 지극히 원만하고 오로지 청정한 소라껍질처럼 잘 연마된 청정수행을 하기가 어렵다. 자, 나는 머리깎고, 가사입고 집없는 곳으로 출가해 수행자가 되는 것이 어떨까?"

135. MN. II, 197. "gihissa vā 'haṃ, māṇava, pabbajitassa vā sammāpaṭipattiṃ vaṇṇemi. gihī vā hi, māṇava, pabbajito vā sammāpaṭipanno sammāpaṭipattādhikaraṇahetu ārādhako hoti ñāyaṃ dhammaṃ kusalan ti."
"브라흐마나 청년이여, 나는 재가자이건 출가자이건 올바른 수행의 길에 들어서면, 그들을 칭찬한다. 브라흐마나 청년이여, 재가자이건 출가자이건 올바른 수행의 길에 들어서면, 그 올바른 수행의 길을 원인으로 바른 길, 선한 것을 성취할 수 있다."

136. AN. I, 80. "dve 'māni bhikkhave sukhāni. katamāni dve? gihī-sukhañ ca pab-

『성구경聖求經』에서 지적하듯이 세존은 출가수행하면서 이전에 그 누구도 경험하지 못한 극심한 고행을 실천한다. 그와 같은 고행에서도 자신이 찾는 청정수행의 완성에 도달하지 못한다는 것을 알게 된다. 그리고는 자신이 하고 있던 무소유처와 비상비비상처를 추구하는 싸마타 수행과137) 『대제경大諦經』에 따르면 육체에 고통을 가함으로써 정신적 청정을 추구하는 고행을 포기하고 새로운 수행의 길을 모색한다.138)

『대제경大諦經』에서 세존은 네란자라나 강변 보리수 옆으로 와서 자신이 처음 출가할 때의 출가목표를 되돌아본다. 그리고 출가하기 전에 경험한 초선에서의 행복감을 회상하며 처음부터 다시 수행을 시작한다.139) 그리고는 마침내 보리수 아래서 최상의 깨달음

---

bajjā-sukhañ ca. imāni kho bhikkhave dve sukhāni. etadaggaṃ bhikkhave imesaṃ dvinnaṃ sukhānaṃ yadidaṃ pabbajjāsukhan ti."

"비구여, 두 가지 즐거움이 있다. 재가즐거움과 출가즐거움이다. 이 두 가지 즐거움 가운데서, 비구여. 출가즐거움이 더 탁월하다."

137. MN. I, 166-167. 주90 참조.

138. MN. I, 246. 주91 참조.

139. MN. I, 246. "Aggivessana etad-ahosi: abhijānāmi kho panāhaṃ pitu Sakkassa kammante sītāya jambucchāyāya nisinno vivicc' eva kāmehi vivicca akusalehi dhammehi savitakkaṃ savicāraṃ vivekajaṃ pītisukhaṃ paṭhamaṃ jhānam upasampajja viharitā, siyā nu kho eso maggo bodhāyāti. tassa mayham Aggivessana satānusāri viññāṇam ahosi: eso va maggo bodhāyāti."

"악기베사나여. 나에게 이와 같은 생각이 떠올랐다. 나의 아버지 싸끼야 족의 왕이 농경제 행사 중에 나는 장미사과나무의 서늘한 그늘에 앉아 애욕을 여의고, 악하고 불건전한 상태를 떠나, 사유와 숙고를 갖추고, 욕망을 멀리 여읨에서 생겨나는 기쁨과 즐거움으로 가득한 초선을 성취했다. 이것이 깨달음에 이르는 길

을 증득하고, 수행의 최고단계인 아라한뜨의 경지를 성취하고 청정수행을 완성한다.140)

출가수행자에게 현실의 수행목표는 최고단계인 아라한뜨의 경지를 성취하는 것이다. 세존은 이런 목표를 출가수행자는 결코 포기해서는 안된다고 강조한다. 『염처경念處經』에서는 최소 7일 동안만이라도 싸띠수행을 하면 아라한뜨의 경지에 도달할 수 있다고 선언한다.141)

이 아닐까? 악기베사나여. 그런 나에게 이 길은 깨달음의 길이라는 싸띠에 따른 의식이 생겨났다."

140. MN. I, 249. "tassa me evaṃ jānato evaṃ passato kāmāsavā pi cittaṃ vimuccittha, bhavāsavā pi cittaṃ vimuccittha, avijjāsavā pi cittaṃ vimuccittha, vimuttasmiṃ vimuttam-iti ñāṇm ahosi : khīṇā jāti, vusitaṃ brahmacariyaṃ, kataṃ karaṇīyaṃ nāparam itthattāyāti abhhaññāṃ."
"내가 이와 같이 알고 보자, 애욕아싸봐, 존재아싸봐, 무명아싸봐에서 심해탈됐다. 해탈됐을 때, 나에게 해탈됐다는 앎이 생겨났다. 나는 태어남은 부수어졌고, 청정수행은 완성됐다. 해야 할 일은 다해 마치고, 더 이상 윤회하지 않는다고 분명히 알았다."

141. MN. I, 62-63. "yo hi koci bhikkhave ime cattāro satipaṭṭhāne evaṃ bhāveyya satta vassāni...sattāhaṃ. tassa dvinnaṃ phalānam aññataraṃ phalaṃ pāṭikaṅkhaṃ: diṭṭhe va dhamme añña, sati vā upādisese anāgāmitā. tiṭṭhantu bhikkhave satta vassāni,"
"비구여, 누구든지 이 4념처를 7일 동안 수행하면, 지금 여기에서의 궁극적인 앎이나 집착의 흔적이 남아있다면, 아나가미(阿那含)의 경지라는 두 가지 열매 가운데 하나의 열매가 기대된다."

3. 자신의 삶을 스스로 결정함

수행목표 가운데 하나인 자신의 삶을 스스로 결정함으로써 자존감이 고취되는 것을 살펴본다.

세존은 다른 존재의 힘에 속박되거나 휘둘리기를 거부하고, 자신의 노력과 힘으로 홀로서기 하고, 직면한 문제를 해결하는 것이 삶의 질을 향상시키고 자존감도 높이는 것이라고 본다. 자신의 삶은 스스로 선택하고 행동하며 책임지는 것을 선호한다.

『대목우자경大牧牛者經』에서는 마음을 잘 정복하되 마음에 정복되지 않기를 바란다고 다음과 같이 설한다.

"벗이여. 목갈라나(Moggallāna)여. 세상에서 마음을 잘 정복하되, 마음에 정복되지 않는다. 어떠한 경지이든 아침 일찍 그것을 수행해 성취하고자 원하면, 아침 일찍 그것을 수행해 성취한다. 대낮에 그것을 수행해 성취하고자 원하면, 대낮에 그것을 수행해 성취한다. 저녁에 그것을 수행해 성취하고자 원하면, 저녁에 그것을 수행하는 비구가 있다."[142]

---

142. MN. I, 214-215. "idh' āvuso Moggallāna bhikkhu cittaṃ vasaṃ vatteti, no ca bhiikhu cittassa vasena vattati : so yāya vihārasamāpattiyā ākaṅkhati pubbanhasamayaṃ viharituṃ tāya vihārasamāpattiyā pubbanhasamayaṃ viharati, yāya vihārasamāpattiyā ākaṅkhati majjhantikaṃ samayaṃ viharituṃ tāya vihārasamāpattiyā majjhantikaṃ samayaṃ viharati, yāya vihārasamāpattiyā ākaṅkhati sāyanhasamayaṃ viharituṃ tāya vihārasamāpattiyā sāyanhasamayaṃ viharati."

이 경에서 세존은 자기마음상태에 지배당하지 말고, 그런 마음 상태를 잘 알아차림해 스스로 극복하는 것이 올바른 삶의 태도란 관점을 견지한다. 그리고 갈애나 집착, 또는 탐욕이나 불쾌 등 다양한 아싸봐가 마음공간에 떠오를 때도 같은 입장을 취한다.

『소파애경小破愛經』에서는 갈애를 부숨으로써 해탈할 수 있다고 설하고,[143] 『대목우자경大牧牛者經』에서는 집착으로부터의 해탈을 강조한다.[144] 『무예경無穢經』에서는 탐욕이 마음을 덮치지 못하게 해야 한다고 주장한다.[145] 『원경願經』에서는 불쾌의 정복자가 되지 불쾌가 나를 정복하지 못하게 하겠다고 설한다.[146] 대분별경大分別

---

143. MN. I, 252. "eittāvatā kho devānam-inda bhikkhu saṅkhittena taṇhāsaṅkhayavimutto hoti accantaniṭṭho accantayogakkhemī accantabrahmacāri accantapariyosāno seṭṭho devamanussānan-ti."
"제석천이여. 간략하게 말해 이렇게 하면 비구는 갈애를 파괴함으로써 해탈하고, 궁극적으로 목표에 이르며, 안온하고, 청정수행을 하고, 그 완성을 얻어, 신과 인간 가운데 최상인 자가 된다."

144. MN. I, 219. "idha Sāriputta bhikkhu pacchābhattaṃ piṇḍapātapaṭikkanto nisīdati pallaṅkam ābhujitvā ujuṃ kāyaṃ paṇidhāya parimukhaṃ satim upaṭṭhapetvā: nā tāvāham imaṃ pallaṅkaṃ bhindissāmiyāva me nānupādāya āsavehi cittaṃ vimuccissatīti."
"싸리뿟따(Sāriputta)여. 공양을 마친 뒤, 탁발에서 돌아와 평좌를 하고 몸을 곧게 세우고 얼굴 앞(코끝)으로 싸띠를 두고, '아싸봐에 집착하지 않고 심해탈할 때까지 이 평좌를 풀지 않을 것이다."

145. MN. I, 26. "subhanimittaṃ manasikarissati, tassa subhanimittassa manasikārā rāgo cittam anuddhaṁsessati."
"그는 아름다운 상에 정신활동을 기울임으로써 탐욕이 마음을 덮치지 못하게 만든다."

146. MN. I, 33. "ākaṅkheyya ce bhikkhave bhikkhu: aratiratisaho assa na ca mam arati saheyya, uppannam aratim abhibhuyya vihareyyan-ti, sīlesv-ev' assa

經』에서는 생각파도가 덮치지 못하게 하리라고 설하고,147) 『소목핵경小木核經』에서는 괴로움에 정복된 것을 극복하고, 괴로움을 종식시켜야겠다고 강조한다.148)

이들 경에서 관통하는 공통관점은 어떤 대상이라도 그런 대상에 굴복당하지 않고, 스스로 극복할 수 있는 강한 의지를 보여준다는 점이다.

『법구경法句經』의 오도송悟道頌에서 세존은 깨닫기 전에는 자신의 삶을 통제하는 주재자를 찾아 출가 수행한다. 그러나 깨달음을 증득한 후에는 스스로가 자기 삶의 주인공이란 사실을 통찰한다. 그리고 보리수 아래서 깨달음을 성취하고, 실재를 통찰하면서 비로소 신이나 윤회에서 벗어나 자기 삶의 주인공으로 홀로설 수 있게 된다.149)

---

paripūrakārī ajjhattaṃ cetosamatham-anuyutto anirākatajjhāno vipassanāya samannāgato brūhetā suññāgārānaṃ."
"만약 비구가 나는 불쾌에 대한 정복자가 되지 불쾌가 나를 정복하지 않기를 바라며, 불쾌가 일어날 때마다 그것을 정복하기를 바란다고 한다면, 그는 계행을 완성하고, 안으로 마음멈춤에 열중하고, 선정을 경시하지 않으며, 위빳싸나를 갖추고, 공한처에서 수행해야 한다."

147. MN. III, 246. "maññassave kho pana nappavattamāne muni santo ti vuccati."
"생각파도가 그를 덮치지 못하면, 그는 적정성자라고 불린다."

148. MN. I, 202. "idha pana brāhmaṇa ekacco puggalo saddhā agārasmā anagāriyaṃ pabbajito hoti: otiṇṇo 'mhi jātiyā jarāmaraṇena sokehi paridevehi dukkhehi domanassehi upāyāsehi, dukkhotiṇṇo dukkhapareto, app-eva nāma imassa kevalassa dukkhakkhandhassa antakiriyā paññāyethāti."
"브라흐마나여. 여기 한 사람이 믿음으로써 집을 떠나 집없는 곳으로 출가한다. 그는 '나는 태어남(生), 늙음(老), 죽음(死), 슬픔(愁), 비탄(悲), 괴로움(苦), 근심(憂), 고뇌(惱)에 빠졌다. 괴로움에 빠져서 괴로움에 정복됐다. 나는 이 모든 괴로움(苦蘊)의 종식을 분명히 알아야겠다.' 고 생각한다."

4. 두 가지 해탈

수행목표 가운데 하나인 해탈을 살펴본다. '解脫' 로 번역되는 Pāli어 'vimutti' 는 여성명사로 분리의 접두어 'vi' 와 '놓다, 풀다' 의 어근 '√umc' 가 결합해 '벗어남, 자유, 해탈' 등의 의미이다.150)

속박에서 벗어남을 의미하는 해탈은 세존이 창안한 수행의 핵심 덕목 가운데 하나이다. 세존은 마음이 대상에 속박되면 고통지수가 증가하고, 벗어나 해탈하면 행복지수가 높아진다고 본다. 따라서 수행방향은 인식대상의 속박에서 벗어나는 것이다.

해탈은 물리해탈과 심리해탈이 있다. 심리해탈은 다시 두 가지로 나뉜다. 하나는 앎으로부터의 해탈이고, 다른 하나는 삶의 경험을 간직한 기억들 즉, 아싸봐의 속박에서 벗어나 해탈하는 것이다. 앎의 해탈을 혜해탈, 아싸봐로부터의 해탈을 심해탈이라고 한다. 심해탈은 마음공간에 존재하는 아싸봐의 제거과정이고, 혜해탈은 마음오염원인 아싸봐가 소멸한 상태를 아는 것 즉,깨달음과 연관된 것으로 인지오류를 극복하고 인지교정이 이루어진 상태를 말한다.

---

149. Dhp. 43-44. 주621 참조.

150. 전재성(2005), 495.
水野弘元(1981), 262. "解脫", 'vimokkha' 혹은 'vimokha'라고도 한다.
PED(1986), 632. "release, deliverance, emanci, pation"

〈표 3.2〉 두 종류의 해탈

물리해탈	신체적 · 물리적 해탈	
심리해탈	인지적(앎으로부터) 해탈	혜해탈
	심리적(아싸봐로부터) 해탈	심해탈

『장경藏經』에서는 감각대상인 6경六境에 감각기관인 6근六根이 묶여있는 것이 아니고, 이 둘은 조건으로 생겨난 아싸봐에 마음이 묶여있다고 설한다.[151] 더 정확히 표현하자면 욕망이 알아차림 기능인 싸띠를 결박한 것이다. 『혁박경革縛經』에서는 개가 막대기나 기둥에 묶여 따라 돌듯, 범부는 5온에 묶여 따라 돈다. 그러나 성인은 5온五蘊에서 벗어나 자유롭다고 설한다.[152] 이것은 5온이 마

151. SN. IV, 162-164. 주305 참조.

152. SN. III, 150. "seyyathāpi bhikkhave sā gaddulabaddho daḷhe khīle vā thambhe vā upanibaddho tam eva khīlaṃ vā thambhaṃ vā anuparidhāvati anuparivattati, evam eva kho bhikkhave assutavā puthujjano ariyānam adassāvī... sap-
purisadhamme avinīto rūpam attato samanupassati...vedanāṃ... saññaṃ... saṅkhāre...viññāṇam attato samanupassati, viññāṇavantaṃ vā attānam attani vā viññaṇaṃ viññāṇasmiṃ vā attānaṃ. so rūpaññeva anuparidhāvati anuparivattati, vedanaññeva...saññaññeva saṅkhāre yeva viññāṇaññeva anuparidhāvati anuparivattati. so rūpam anuparidhāvam anuparivattaṃ, vedanam...saññam...saṅkhāre...viññāṇam anuparidhāvam anuparivattaṃ na parimuccati rūpamhā, na parimuccati vedanāya, na parimuccati saññāya, na parimuccati saṅkhārehi, na parimuccati viññāṇamhā, na parimuccati jātiyā

음을 묶고있는 것이 아니라, 마음공간에 존재하는 탐욕이 5온을 묶고있는 것이라고 본 것이다. 『설분별경說分別經』에서는 범부는 현상을 보고 현상을 쫓으면서 속박되지만, 성인은 현상에 내재한 실재를 통찰하기 때문에 현상에서 벗어나 해탈할 수 있다고 주장한다.[153]

---

jarāmaraṇena sokehi paridevehi dukkhehi domanassehi upāyāsehi na parimuccati dukkhasmā ti vadāmi. sutavā ca kho bhikkhave ariyasāvako ariyānaṃ dassāvī...sappurisadhamme suvinīto na rūpam attato samanupassati, na vedanāṃ...na saññaṃ...na saṅkhāre...na viññāṇam attato samanupassati, na viññāṇavantaṃ vā attānaṃ na attani vā viññaṇaṃ na viññāṇasmiṃ vā attānaṃ. so rūpam anuparidhāvati anuparivattati parimuccati rūpamhā parimuccati vedanāya parimuccati saññāya parimuccati saṅkhārehi parimuccati viññāṇamhā, arimuccati jātiyā jarāmaraṇena sokehi paridevehi dukkhehi domanassehi upāyāsehi parimuccati dukkhasmā ti vadāmīti."

"비구여, 예를 들면 가죽 끈에 묶인 개가 견고한 막대기나 기둥에 단단히 묶여, 그 막대기나 기둥에 감겨 따라 돌 듯, 이 세상에 배우지 못한 범부는...색(色), 수(受), 상(想), 행(行), 식(識)을 자아로 여기거나, 이것을 가진 것을 자아로 여기거나, 자아 가운데 5온이 있다고 여기거나, 5온 가운데 자아가 있다고 여긴다...그는 5온에 감겨 따라 돌므로 5온에서 벗어나지 못하고 태어남, 늙음, 죽음, 슬픔, 비탄, 괴로움, 근심, 고뇌에서 해탈하지 못한다...그는 색, 수, 상, 행, 식에 감겨 따라 돌지 않는다. 그는 '색에 감겨 따라 돌지 않으므로 색, 수, 상, 행, 식에서 벗어나서 태어남, 늙음, 죽음, 슬픔, 비탄, 괴로움, 근심, 고뇌에서 해탈한다.' 고 나는 말한다."

153. MN. III, 225-226. kathañ c', āvuso, bahiddhā viññāṇaṃ vikkhittaṃ visaṭan ti vuccati? idh', āvuso, bhikkhuno cakkhunā rūpaṃ disvā rūpanimittānusārī viññāṇaṃ hoti rūpanimittassādagathitaṃ rūpanimittassādavinibaddhaṃ rūpanimittassādasaṁyojanasaṁyuttaṃ, bahiddhā viññāṇaṃ vikkhittaṃ visaṭan ti vuccati...kathañ c', āvuso, bahiddhā viññāṇaṃ avikkhittaṃ avisaṭan ti vuccati? idh', āvuso, bhikkhuno cakkhunā rūpaṃ disvā na rūpanimittānusārī viññāṇaṃ hoti na rūpanimittassādagathitaṃ na rūpanimittassādasaṁyojanasaṁyuttaṃ,

1) 혜해탈 : 4성제를 분명히 아는 것

'慧' 로 번역되는 Pāli어 'paññā' 는 여성명사로 '이전에, 앞에, 완전히' 의 접두어 'pa' 와[154] '알다, 추측하다, 시인하다' 의 어근 '√jñā' 와[155] 결합해 '통찰, 인식, 혜慧, 반야般若, 지혜智慧' 등의 의미이다.[156] 『대문답경大問答經』에서는 혜를 다음과 같이 설한다.

"마하꼿티따(Mahākoṭṭhita), 벗이여, 혜(慧, paññā)가 있다고 하는데 어떻게 혜가 있다고 하는가? 싸리뿟따, 벗이여, 분명히 안다고 하므로, 혜가 있다고 하는 것이다. 무엇을 분명히 아는가? 이것은 '고(苦), 고집(苦集), 고멸(苦滅), 고멸인도(苦滅引道)' 라고 분명히 아는 것이다."[157]

---

bahiddhā viññāṇaṃ avikkhittaṃ avisaṭan ti vuccati.
"벗이여, 어떻게 의식(識)이 외부로 산란하고 흩어지는 것이라고 말하는가? 세상에 어떤 비구가 내부로 눈(眼)으로 색(色)을 볼 때, 식이 색의 상(相)을 쫓는다면, 그는 색의 상에 대한 유혹에 의식이 묶이는(執着) 것이고, 색의 상의 유혹에 결박되고, 색의 상에 대한 유혹에 속박되고 결박된다. 그렇게 되면 그의 의식은 밖으로 산란하거나 흩어진다...벗이여, 어떻게 의식이 밖으로 산란하지 않고 흩어지지 않는가? 세상에 어떤 비구가, 색을 볼 때에 의식이 색의 상을 쫓지 않는다면, 그는 색의 상에 대한 유혹에 묶이지 않고, 색의 상의 유혹에 속박되지 않고, 결박되지 않는다. 그러면 그의 의식은 외부로 산란하지 않고 흩어지지 않는다."

154. 전재성(2005), 443.

155. 전재성(2005), 1036.

156. 전재성(2005), 452.
水野弘元(1981), 157. "般若, 慧, 智慧"
PED(1986), 390. "intelligence, comprising all the higher faculties of cognition,reason, wisdom, insight, knowledge, recognition"

157. MN. I, 292. "pajānāti pajānātīti kho āvuso, tasmā paññavā ti vuccati, kiñ-ca pajānāti: idaṃ dukkhan-ti pajānāti, ayaṃ dukkhasamudayo ti pajānāti, ayaṃ dukkhanirodho ti pajānāti, ayaṃ dukkhaniridhagāminī paṭipadā ti pajānāti."

이 경에서 고집멸도의 4성제를 분명히 아는 것이 혜라고 정의한다. 『진리분별경眞理分別經』에서도 4성제를 명확히 아는 것이 정견이라고 설한다.[158] 이런 의미에서 정견은 혜와 같은 의미이다. 『분별경分別經』에서는 고집멸도를 모르는 것이 무명이라고 정의한다.[159] 이렇듯 명은 고집멸도를 아는 것으로 볼 수 있다. 따라서 명, 정견, 혜는 의미가 같은 개념임을 알 수 있다.

『대라후라경大羅候羅經』에서는 혜는 5온이 무아無我라는 것을 있는 그대로 통찰하는 안목이라고 정의한다.[160] 『대상적유경大象跡喩

---

158. MN. III, 251. "katamā c', āvuso, sammādiṭṭhi?-yaṃ kho, āvuso, dukkhe ñāṇaṃ dukkhasamudaye ñāṇaṃ dukkhanirodhe ñāṇaṃ dukkhanirodhagāminiyā paṭipadāya ñāṇaṃ : -ayaṃ vuccat', āvuso, sammādiṭṭhi."
"벗이여, 정견이란 무엇인가? 벗이여, 고, 고집, 고멸, 고멸인도를 잘 알면, 비구여, 이것을 정견이라고 한다."

159. SN. II, 4. "katamā ca bhikkhave avijjā. yaṃ kho bhikkhave dukkhe aññāṇaṃ dukkhasamudaye aññāṇaṃ dukkhanirodhe aññāṇaṃ dukkhanirodhagāminiya paṭipadāya aññāṇaṃ. ayaṃ vuccati bhikkhave avijjā."
"비구여, 무엇이 무명인가? 비구여, 고, 고집, 고멸, 고멸인도를 잘 알지 못하는 것이 무명이다."

160. MN. I, 421. "atha kho Bhagavā apaloketvā āyasmantaṃ Rāhulam āmantesi: yaṃ kiñci Rāhula rūpam atītānāgatapaccuppannaṃ, ajjhattaṃ vā bahiddhā vā, oḷārikaṃ vā sukhumaṃ vā, hīnaṃ vā paṇītaṃ vā, yaṃ dūre santike vā, sabbaṃ rūpaṃ: n' etaṃ mama, n' eso 'ham-asmi, na meso attā ti evam-etaṃ yathābhūtaṃ sammappaññāya daṭṭhabbanti. -rūpam-eva nu kho Bhagavā, rūpam-eva nu kho Sugatāti. -rūpam-pi Rāhula, vedanā pi Rāhula, saññā pi Rāhula, saṅkhārā pi Rāhula, viññāṇam pi Rāhula."
"라후라(Rāhula)여. 어떠한 색이든 과거이건 미래이건 현재이건, 내적이건 외적이건, 거친 것이건 미세한 것이건, 열등한 것이건 수승한 것이건, 먼 것이건 가까이 있는 것이건, '이것은 나의 것이 아니고, 이것은 내가 아니고, 이것은 나의 자아가 아니다.' 라고 이와 같이 정혜로써 있는 그대로 관찰해야 한다. 세존이시

經』에서는 정혜正慧로 지수화풍地水火風의 4대四大가 무아라는 것을 있는 그대로 통찰해야 4대로 향하는 마음을 소멸할 수 있다고 강조한다.[161] 이것은 혜가 4성제를 분명히 알고, 5온이나 4대가 무아란 사실을 통찰하는 도구라는 것을 의미한다. 『성경聖經』에서는 혜해탈을 다음과 같이 설한다.

여. 오직 색만을 언급하는 것입니까? 선서(善逝)이시여. 오직 색만을 언급하는 것입니까? 라후라여. 수, 상, 행, 식도 마찬가지이다."

161. MN. I, 185. "katamañ-c' āvuso dukkham ariyasaccaṃ: jāti pi dukkhaā, jarā pi dukkhā, maraṇam-pi dukkhaṃ, sokaparidevadukkhadomanassupāyāsā pi dukkhā, yam-p' icchaṃ na labhati tam-pi dukkhaṃ saṅkhittena pañc' upādānakkhandhā dukkhā. katame c' āvuso pañc' upādānakkhandhā: seyyathīdaṃ rūpupādānakkhadho vedanupādānakkhadho saññupādānakkhadho saṅkhārupādānakkhadho viññāṇupādānakkhadho. katamo c' āvuso rūpupādānakkhadho: cattāri ca mahābhūtāni catunnañ-ca mahābhūtānam upādāya rūpaṃ. katame c' āvuso cattāro mahābhūtā: paṭhavīdhātu āpodhātu tejodhātu vāyodhātu. katamā c' āvuso paṭhavīdhātu: paṭhavīdhātu siyā ajjhattikā siyā bāhirā...taṃ. n' etaṃ mama, n' eso 'ham-asmi, na meso attā ti evam-etaṃ yathābhūtaṃ sammappaññāya daṭṭhabbaṃ. evam etaṃ yathābhūtaṃ sammapaññāya disvā paṭhavīdhātuyā nibbindati. paṭhavīdhātuyā cittaṃ virājeti."
"벗이여. 고성제(苦聖諦)란 어떤 것인가? 태어남, 늙음, 죽음, 슬픔, 비탄, 괴로움, 근심, 고뇌가 괴로움이다. 간략히 말하면 5취온(五取蘊)이다. 5취온이란 어떠한 것인가? 색취온, 수취온, 상취온, 행취온, 식취온이다. 벗이여. 색취온은 어떠한 것인가? 4대와 4대로 만들어진 색이다. 벗이여. 4대란 무엇인가? 지대, 수대, 화대, 풍대이다. 벗이여. 지대는 어떠한 것인가? 지대에는 몸 안의 것과 몸 밖의 것이 있다...그런 것을 이것은 '나의 것이 아니고, 이것은 내가 아니고, 이것은 나의 자아가 아니다.' 라고 이와 같이 있는 그대로 정혜로 보아야 한다. 이와 같이 있는 그대로 정혜로 보아 지대에 매혹되지 않고, 지대로 향한 마음을 제거한다."

"비구여, 어떻게 비구가 혜해탈을 잘 이루는가? 비구여, '세상에 비구가 나에게 탐(貪)이 제거되고, 근절되고, 종려나무 그루터기처럼 되고, 존재하지 않게 되어, 미래에 다시 생겨나지 않는다.' 라고 분명히 안다. 진(嗔)... 치(痴)... 비구여, 이와 같이 비구가 혜해탈을 잘 이룬다."[162]

이 경에서 탐진치와 같은 마음오염원인 아싸봐가 제거된 줄을 아는 것이 혜해탈이라고 정의한다. 『엽사경獵師經』에서는 혜가 아싸봐의 제거도구라고 정의한다.[163] 『소상적유경小象跡喻經』에서는 5장애五障碍, 五蓋가 마음공간을 오염시키고 혜를 약화시킨다고 보기 때문에 싸띠와 쌈빠자나로 아싸봐를 제거해야 한다고 강조한

---

162. AN. V, 31-32. "kathañ ca bhikkhave bhikkhu suvimuttacitto hoti? idha bhikkhave bhikkhuno rāgā cittaṃ vimuttaṃ hoti, dosā cittaṃ vimuttaṃ hoti, mohā cittaṃ vimuttaṃ hoti. evaṃ kho bhikkhave bhikkhu suvimuttapañño hoti. kathañ ca bhikkhave bhikkhu suvimuttapañño hoti? idha bhikkhave bhikkhuno rāgo me pahīno ucchinnamūlo tālāvatthukato anabhāvaṃ kato āyatim anuppādadhammo ti pajānāti, doso me pahīno ucchinnamūlo tālāvatthukato anabhāvaṃ kato āyatim anuppādadhammo ti pajānāti, moho me pahīno ucchinnamūlo tālāvatthukato anabhāvaṃ kato āyatim anuppādadhammo ti pajānāti. evaṃ kho bhikkhave bhikkhu suvimuttapañño hoti."

163. MN. I, 159-160. "kathañ-ca bhikkhave agati Mārassa ca Māraparisāya ca: idha bhikkhave bhikkhu vivicc' eva kāmehi vivicca akusalehi dhammehi savitakkaṃ savicāraṃ vivekajaṃ pītisukhaṃ paṭhamaṃ jhānam upasampajja viharati."
"비구여. 다시 그 비구가 자신이 원하는 대로 비상비비상처를 뛰어넘어 상수멸을 성취한다. 그는 혜로써 보아 아싸봐를 부순다. 비구여. 그 비구를 두고 악마를 눈 멀게 만들었으니, 악마의 눈을 뽑아 악마가 볼 수 없게 만드는 자라고 한다."

다.[164] 『학덕경學德經』에서는 "혜가 최상이고, 해탈을 핵심으로 하고, 싸띠를 도구삼아 청정수행을 한다.' 고 주장한다.[165]

---

164. MN. I, 181. "so iminā ca ariyena sīlakkhandhena samannāgato iminā ca ariyena indriyasaṁvarena samannāgato iminā ca ariyena satisampajaññena samannāgato vivitaṃ senāsanaṃ bhajati, araññaṃ rukkhamūlaṃ pabbataṃ kandaraṃ giriguhaṃ susānaṃ vanapattham abbhokāsaṃ palālapuñjaṃ. so pacchābhattaṃ piṇḍapātapaṭikkanto nisīdati pallaṅkam ābhujitvā, ujuṃ kāyaṃ paṇidhāya, parimukkhaṃ satim upaṭṭhapetvā. so abhijjhaṃ loke pahāya vigatābhijjhena cetasā viharati, abhijjhāya cittaṃ parisodheti : byāpāda padosaṃ pahāya abyāpannacitto viharati, sabbapāṇabhūtahitānukampī byāpādapa dosā cittaṃ parisodheti : thīnamiddhaṃ pahāya vigatathīnamiddho viharati, ālokasaññī sato sampajāno thīnamiddhā cittaṃ parisodheti : uddhaccakukkuccaṃ pahāya anuddhato viharati, ajjhattaṃ vūpasantacitto uddhaccakukkuccā cittaṃ parisodheti : vicikicchaṃ pahāya tiṇṇavicikiccho viharati, akathaṁkathī kusalesu dhammesu vicikicchāya cittaṃ parisodheti. so ime pañca nīvaraṇe pahāya cetaso upakkilese paññāya dubbalīkaraṇe vivicca."
"그는 이 고귀한 계, 감각의 수호(根律儀), 싸띠, 쌈빠자나를 갖추고, 한적한 숲, 나무 아래, 산, 계곡의 동굴, 묘지, 숲속, 노지, 짚더미가 있는 외딴 곳의 처소를 좋아한다. 그는 탁발에서 돌아온 뒤에, 평좌로 앉아서 몸을 곧게 세우고, 얼굴 앞에 싸띠를 둔다. 그리고 세상에서 탐욕(貪)을 제거하고, 탐욕을 버린 마음으로 지내며, 탐욕으로부터 마음을 정화한다. 성냄과 분노(嗔)를 제거하고, 성냄과 분노를 버린 마음으로 지내며, 모든 존재(有情)를 가엾게 여기며, 분노로부터 마음을 정화한다. 혼침(昏沈)과 해태(懈怠)를 제거하고, 혼침과 해태를 버린 마음으로 지내며, 빛에 대한 지각을 일으키고 싸띠와 쌈빠자나로 혼침과 해태로부터 마음을 정화한다. 도거(掉擧)와 악작(惡作)을 제거하고 도거와 악작을 버린 마음으로 지내며, 안으로 마음을 멈추고 도거와 악작으로부터 마음을 정화한다. 의심(疑心)을 제거하고 의심을 버린 마음으로 지내며, 선법에 의혹을 품지 않고, 의심으로부터 마음을 정화한다. 그리고 이들 5장애, 즉 혜를 허약하게 만드는 마음오염을 버린다."

165. AN. II, 243. "sikkhānisaṁsam idaṃ bhikkhave brahmacariyaṃ vussati, paññuttaraṃ, vimuttisāraṃ, satādhipateyyaṃ."

『생기경生起經』에 따르면 형성된 모든 존재란 여래가 출현하거나 하지 않거나, 그 세계는 이미 정해져 있고 원리로써 확립돼 있다. 그 원리가 무상 · 무아 · 고의 3법인이라는 사실을 여래는 올바로 깨닫고, 꿰뚫고, 그것을 설한다고 주장한다.[166] 『설분별경說分別經』에서는 존재를 잘 알거나 잘 모르거나 존재란 존재법칙에 따라서 작동한다. 단지 그런 존재를 접하고 생겨나는 마음상태에 속박되면 혼란과 근심이 발생하지만, 속박되지 않고 해탈되면 혼란과 근심이 발생하지 않는다고 설한다.[167] 『대감경大感經』에서는 인식대상을 올바로 알면, 그 대상에 애착하지 않고 속박되지 않고 해탈할 수 있다. 그러나 있는 그대로 알지 못하면 그 대상에 애착하고 속박되고 괴로움이 발생한다고 설한다.[168] 더 나아가 『취경取經』에서는 인식대상에서 즐거움을 보는 자는 갈애가 늘어난다고 설한다.[169] 『본리경本理經』에서는 실재를 올바르게 안다면, 그 존재에

---

166. AN. I, 186. "uppādā vā bhikkhave Tathāgatānam anuppādā vā Tathāgatānaṃ ṭhitā 'va sā dhātudhammaṭṭhitatā dhammaniyāmatā sabbe saṅkhāra aniccā. taṃ Tathāgato abhisambujjhati abhisameti abhisambujjhaitvā ācikkhati deseti paññāpeti vivarati vibha jati uttānīkaroti sabbe saṅkhārā aniccāti...dukkhā...anattā."
"비구여, 모든 형성된 것은 무상이다. 이것은 여래가 출현하거나 출현하지 않거나 그 세계는 정해져 있으며, 원리로써 정해져 있고, 확립돼 있다. 모든 형성된 것은 무상하다는 것을 여래는 올바로 깨닫고, 꿰뚫었으며, 올바로 깨닫고 꿰뚫고 나서 말하고, 가르치고, 묘사하고, 분명하고, 분별하고, 명확하게 밝힌다...고...무아."

167. MN. III, 227-228. 주9 참조.

168. MN. III, 287-289. 주7 참조.

169. SN. II, 84-85. 주10 참조.

서 즐거움이 괴로움의 뿌리라는 것을 알고 즐기지 않는다고 주장한다.[170]

이런 관점은 존재의 이해수준에 따라 존재의 태도나 삶의 질이 달라짐을 의미한다. 그것은 존재에 속박당하고 괴로움을 증가시킬지, 아니면 벗어나고 해탈해서 행복한 상태를 확장할 것인지를 결정하는 출발점이 된다. 세존은 앎의 수준이 정확하고 높아야 고통에서 벗어날 수 있다고 본다. 괴로움의 탈출은 명, 혜, 정견 즉, 존재에 내재한 규칙성에 기초해야 한다는 것이 핵심이다. 『정견경正見經』에서는 선근과 불선근의 분명한 앎이야말로 모든 괴로움에서 벗어나 정법을 성취할 수 있는 도구라고 본다.[171] 세존은 우리가 살아가면서 존재에 대한 인지오류를 일으키면 잘못된 판단과 행동으로 이어지고, 삶이 혼란과 고통 속으로 휘말려 들어간다고 주장한다. 그러므로 먼저 존재나 상황의 인지교정을 통해 인식대상의 정견을 가짐으로써 직면한 상황을 올바르게 대응하고 괴로움의 상태에서 벗어나 행복한 삶을 살 수 있다고 주장한다. 이런 이유로 세존은 정견의 방해요인으로 아싸봐를 제거하는 수행을 강조한다.

『대감경大感經』에서는 올바른 앎으로 아싸봐를 제거하고 마음공간을 맑혀서 아싸봐의 속박에서 벗어나 해탈해야 한다고 설한다.[172] 『교상미경憍賞彌經』에서는 성스러운 견해가 괴로움의 소멸로

170. MN. Ⅰ, 4-5. 주11 참조.

171. MN. Ⅰ, 47. 주534 참조.

172. MN. Ⅲ, 289-290. "tass' ime dve dhammā yuganandhā vattanti, samatho ca

이끄는 도구라고 강조한다.[173] 『법속경法續經』에서는 중도와 8정도

---

vipassanā ca. so ye dhammā abhiññā pariññeyyā, te dhamme abhiññā parijānāti : ye dhammā abhiññā pahātebbā, te dhamme abhiññā pajahati : ye dhammā abhiññā bhāvetabbā, te dhamme abhiññā bhāveti : ye dhammā abhiññā sacchikātabbā, te dhamme abhiññā sacchikaroti. katame ca, bhikkhave, dhammā abhiññā pariññeyya? pañcupādānakkhandhā ti 'ssa vacaṇīyaṃ, seyyathīdaṃ: rūpūpādānakkhandho vedanūpādānakkhandho saññūpādānakkhandho saṁkhārūpādānakkhandho viññāṇūpādānakkhandho : ime dhammā abhiññā pariññeyyā. katame ca, bhikkhave, dhammā abhiññā pahātabbā? avijjā cābhavataṇhā ca, ime dhammā abhiññā pahātabbā. katame ca, bhikkhave, dhammā abhiññā bhāvetabbā? samatho ca vipassanā ca, ime dhammā abhiññā bhāvetabbā. katame ca, bhikkhave, dhammā abhiññā sacchikātabbā? vijjā ca vimutti ca, ime dhammā abhiññā sacchikātabbā."

"그에게는 두 가지 법 즉, 싸마타(止)와 위빳싸나(觀)가 함께 수반한다. 그는 최상의 앎으로 정확히 알아야 할 것은 최상의 앎으로 정확히 안다. 그는 최상의 앎으로 제거해야 할 것은 최상의 앎으로 버린다. 그는 최상의 앎으로 수행해야 할 것은 최상의 앎으로 수행한다. 그는 최상의 앎으로 실현해야 할 것은 최상의 앎으로 실현한다. 비구여, 최상의 앎으로 정확히 알아야 할 것이란 어떠한 것인가? 5취온을 말한다. 곧 색취온, 수취온, 상취온, 행취온, 식취온이 있다. 이것은 정확히 알아야 할 것이다. 비구여, 최상의 앎으로 제거해야 할 것이란 어떠한 것인가? 무명과 갈애를 제거해야 할 것이다. 비구여, 최상의 앎으로 수행해야 할 것이란 어떠한 것인가? 싸마타와 위빳싸나를 수행해야 한다. 비구여, 최상의 앎으로 실현해야 할 것이란 어떠한 것인가? 명과 해탈을 실현해야 할 것이다."

173. MN. I, 323. "kathañ-ca bhikkave yā 'yaṃ diṭṭhi ariyā niyyānikā niyyāti takkarassa sammādukkhakkhayāya: idha bhikkhave bhikkhu araññagato vā rukkhamūlagato vā suññāgāragato vā iti paṭisañcikkhati: atthi nu kho me taṃ pariyuṭṭhānam ajjhattam appahīnaṃ yenāhaṃ pariyuṭṭhānena pariyuṭṭhitacitto yathābhūtaṃ na jāneyyaṃ na passeyyan-ti. sace bhikkhave bhikkhu kāmarāgapariyuṭṭhito hoti pariyuṭṭhitacitto va hoti. sace bhikkhave bhikkhu byāpādapariyuṭṭhito hoti pariyuṭṭhitacitto va hoti. sace bhikkhave bhikkhu thīnamiddhapariyuṭṭhito hoti pariyuṭṭhitacitto va hoti. sace bhikkhave bhikkhu uddhaccakukkuccapariyuṭṭhito hoti pariyuṭṭhitacitto va hoti. sace bhikkhave bhikkhu vicikicchāpariyuṭṭhito hoti pariyuṭṭhitacitto va hoti. sace bhikkhave

수행으로 올바른 깨달음正覺에 이를 수 있다고 주장한다.174)

8정도 수행체계로 무명과 같은 인지오류를 제거하면 비로소 명

---

bhikkhu idhalokacintāya pasuto hoti pariyuṭṭhitacitto va hoti. sace bhikkhave bhikkhu paralokacintāya pasuto hoti pariyuṭṭhitacitto va hoti. sace bhikkhave bhikkhu bhaṇḍanajāto kalabajāto vivādāpanno mukhasattīhi vitudanto viharati pariyuṭṭhitacitto va hoti. so evaṃ pajānāti: na-tthi kho me taṃ pariyuṭṭhānam ajjhattam appahīnaṃ yenāhaṃ pariyuṭṭhānena pariyuṭṭhitacitto yathabhūtaṃ na jāneyyaṃ na passeyyaṃ, suppaṇihitaṃ me mānasaṃ saccānaṃ bodhāyāti. idham-assa paṭhamaṃ ñāṇam adhigataṃ hoti ariyaṃ lokuttaram asādhāraṇaṃ puthujjanehi."

"비구여. 올바로 괴로움의 제거와 괴로움으로부터 벗어남으로 이끄는 원리인 성스러운 견해가 있다. 어떻게 그것을 실천해, 올바르게 괴로움의 소멸로 이끄는가? 비구여. 여기 비구가 숲 속 나무 밑 공한처로 가서 '나에게 그 결박으로 나의 마음이 결박돼 있는 그대로 알 수 없고, 볼 수 없는, 내적으로 아직 제거되지 않은 그런 결박이 있는가?' 라고 이와 같이 성찰한다. 만약 비구가 탐욕, 분노, 혼침과 해태, 도거와 악작, 의심, 이 세상의 사유에 탐익, 저 세상의 사유에 탐닉, 다투고, 싸우고, 언쟁하고, 서로 입에 칼을 물고 찌르면, 마음이 결박돼 있는 것과 같다. 그는 이와 같이 성찰해 '나에게 그 결박으로 나의 마음이 결박돼 있는 그대로 알 수 없고 볼 수 없는 안으로 아직 버려지지 않은 그런 결박은 없다. 나의 마음은 진리를 깨닫기 위해 잘 준비돼 있다.' 고 안다. 이것은 성스럽고 세상을 뛰어넘고 배우지 못한 범부와는 함께 할 수 없는 것으로 그가 성취한 첫 번째 앎이다."

174. MN. I, 15. "tatr' āvuso lobho ca pāpako doso ca pāpako, lobhassa ca pahānāya dosassa ca pahānāya atthi majjhimā paṭipadā cakkhukaraṇī ñāṇakaraṇī upasamāya abhiññāya sambodhāya nibbānāya saṁvattati. katamā ca sā āvuso majjhimā paṭipadā cakkhukaraṇī ñāṇakaraṇī upasamāya abhiññāya sambodhāya nibbānāya saṁvattati: ayam-eva ariyo aṭṭhaṅgiko maggo, seyyathīdaṃ: sammādiṭṭhi sammāsaṅkappo sammāvācā sammākammanto sammāājivo sammāvāyāmo sammāsati sammāsamādhi. ayaṃ kho sā āvuso majjhimā paṭipadā cakkhukaraṇī ñāṇakaraṇī upasamāya abhiññāya sambodhāya nibbānāya saṁvattati."

"벗이여, 세상에서 탐욕도 악이고, 분노도 악이다. 탐욕을 버리고 분노를 제거하기 위해 중도가 있다. 그것은 눈을 생기게 하고, 앎을 생기게 하고, 고요함, 최

과 같은 인지교정이 이루어진다. 명의 획득이 수행의 궁극목표이다. 그 출발점은 무명제거에서 시작한다.[175] 이것은 아싸봐를 제거해 심해탈을 이루고, 무명을 제거하고 명의 상태인 혜해탈을 유도하는 것이 수행의 지향점이다.

이상을 살펴보면 수행핵심은 실재를 통찰하는 명, 혜, 정견의 수준을 높이는 과정이다. 존재를 이해하는 혜의 수준이 낮을 때는 존재에 대한 욕망과 탐욕을 일으키고 존재를 대하는 태도가 거칠어 고통스러워진다. 그러나 명, 혜, 정견의 수준을 높이면 존재의 실재를 통찰할 수 있고, 존재의 탐욕과 욕망을 내려놓고 존재를 대하는 태도도 성숙한다. 이와 같이 존재의 이해수준을 높이는 것이 수행이다. 자신이 잘못 인식한 앎을 교정해 올바르게 깨달음을 성

상의 앎, 올바른 깨달음, 열반으로 이끄는 것이다. 벗이여. 눈을 생기게 하고, 앎을 생기게 하고, 고요함, 최상의 앎, 올바른 깨달음, 열반으로 이끄는 중도에는 어떠한 것이 있는가? 그것은 고귀한 성팔지도이다. 곧 정견, 정사, 정어, 정업, 정명, 정정진, 정염, 정정이다. 벗이여. 이것이 눈을 생기게 하고, 앎을 생기게 하고, 고요함, 최상의 앎, 올바른 깨달음, 열반으로 이끄는 중도이다."

175. MN. I, 67. "yato ca kho bhikkhave bhikkhuno avijjā pahīnā hoti vijjā uppannā, so avijjāvirāgā vijjuppādā n' eva kāmupādānaṃ upādiyati, na diṭṭhupādānaṃ upādiyati, na sīlabbatupādānaṃ upādiyati, na attavādupādānaṃ upādiyati : anupādiyaṃ na paritassati, aparitassaṃ paccattaṃ yeva parinibbāyati : khīnā jāti, vusitaṃ brahmacariyaṃ, kataṃ karaṇīyaṃ nāparaṃ itthattāyāti pajānātīti."
"비구여, 비구에게 무명이 제거되고 명이 나타남으로써, 무명이 사라지고 명이 생겨나면, 그는 결코 애욕, 견해, 계금취, 자아에 집착하지 않는다. 집착하지 않기 때문에 혼란되지 않고, 혼란되지 않기 때문에 스스로 완전한 열반에 들어 그는 '태어남은 부서지고, 청정수행은 완성되고, 해야 할 일은 다해 마치고, 더 이상 윤회하는 일이 없다.' 고 분명히 안다."

취하는 것이 수행핵심이다.

수행을 통해 성숙된 명, 혜, 정견은 고집멸도의 4성제를 통찰할 수 있다. 그리고 이들 개념은 괴로움을 일으키고 최상행복을 감소시키는 주범인 아싸봐의 제거도구로써, 불교와 수행의 핵심적인 개념임을 알 수 있다.

2) 심해탈 : 아싸봐를 제거하는 것

'心' 으로 번역되는 'citta' 혹은 'ceto' 는 중성명사로, '지각知覺하다, 주목하다, 기도하다, 알다, 빛나다' 의 어근 '√cit' 에서 온 개념으로, '마음, 생각, 심心' 의 의미이다.[176]

'漏' 로 번역되는 Pāli어 'āsava' 는 남성명사로, '어디를 향해' 의 접두어 'ā' 와 '흐르다' 의 어근 '√sru'[177]의 합성어로 '흘러나오는 것, 새는 것, 넘치는 것, 고통, 악행, 악한 영향, 비참, 루漏, 유루流漏' 등의 의미이다.[178] 아싸봐로 음사되는데 '마음오염원心穢, citekilesa' 과 비슷한 의미이다.

---

176. 전재성(2005), 361.
水野弘元(1981), 105. "心"
PED(1986), 266. "the heart(psychologically)"

177. 전재성(2005), 1043.

178. 전재성(2005), 224.
水野弘元(1981), 55. "漏, 流漏, 煩惱"
PED(1986), 114-115. "spirit, the intoxicating extract or secretion of a tree or flower, discharge from a sore, in psychology, t.t. for certain specified ideas which intoxicate the mind(bemuddle it, befoozle it, so that it cannot rise to higher things), sensuality, rebirth(lust of life), speculation and ignorance"

루漏는 '새어 나오다'의 의미이다. 이것은 기억정보와 결합한 아싸봐가 마음공간에서 기억정보와 결합이 해체될 때 에너지 형태로 떨어져 나온다. 이때 열기나 통증 형태로 인식되기도 하지만, 신경망을 따라 뭔가 액체가 흐르는 것처럼 느껴지기도 한다. 이것을 '새어 나오다, 흐르다'의 의미인 '루漏'로 번역한다. 마음공간에 아싸봐가 흐른다고 해서 유루流漏라고 한다. 아라한뜨의 경지阿羅漢果 미만의 상수멸想受滅에 들었을 때 나타난다. 아싸봐가 마음공간에서 완전히 제거되고, 유루없는 상태를 무루無漏라고 한다. 아라한뜨의 경지에 들때 나타난다. 『성경聖經』에서는 심해탈을 다음과 같이 정의한다.

> "비구여, 어떻게 비구가 심해탈(心解脫, citta vimutti)을 잘 이루는가? 비구여, 세상에 비구가 탐, 진, 치로부터 심해탈을 한다. 비구여, 이와 같이 비구가 심해탈을 잘 이룬다."179)

이 경에서 세존은 마음공간에 존재하는 아싸봐를 제거하는 것이 심해탈이라고 정의한다. 『포외경怖畏經』에서도 심해탈은 마음공간에 존재하는 아싸봐에서 벗어나는 것이라고 설한다.180) 『의유경衣喻經』에서는 욕심내는 것, 부정한 탐욕, 악의, 화, 원한, 저주, 격분,

---

179. AN. V, 31. "kathañ ca bhikkhave bhikkhu suvimuttacitto hoti? idha bhikkhave bhikkhuno rāgā cittaṃ vimuttaṃ hoti, dosā cittaṃ vimuttaṃ hoti, mohā cittaṃ vimuttaṃ hoti.

180. MN. I, 23. "tassa me evaṃ jānato evaṃ passato kāmāsavā pi cittaṃ vimuc-

질투, 인색, 속임, 기만, 고집, 선입견, 자만, 교만, 방일 등이 아싸봐라고 정의한다.181) 『누경漏經』에서는 아싸봐를 다음과 같이 설한다.

"벗이여, 아싸봐란 무엇인가? 벗이여, 이와 같은 3가지 아싸봐가 있다. 욕망아싸봐, 존재아싸봐, 무명아싸봐가 그것이다... 벗이여, 아싸봐를 버리기 위한 성팔지도가 있다. 그것은 정견, 정사, 정어, 정업, 정명, 정정진, 정념, 정정이다."182)

이 경에서 알 수 있듯이 아싸봐는 욕망아싸봐, 존재아싸봐, 무명

---

cittha, bhavāsavā pi cittaṃ vimuccittha, avijjāsavā pi cittaṃ vimuccittha, vimuttasmiṃ vimuttam-iti ñāṇam ahosi : khīṇā jāti, vusitaṃ brahmacariyaṃ, kataṃ karaṇīyaṃ nāparam itthattāyāti abbhaññāsiṃ. ayaṃ kho me brāhmaṇa rattiyā pacchime yame tatiyā vijjā adhigatā, avijjā vihatā vijjā uppannā, tamo vihato āloko uppanno, yathā tam appamattassa ātāpino pahitattassa viharato."
"내가 이와 같이 알고 보자, 욕망아싸봐, 존재아싸봐, 무명아싸봐에서 심해탈이 됐다. 해탈됐을 때, 해탈됐다는 앎이 일어났다. 나는 태어남은 부수어졌고, 청정수행은 이루어졌고, 해야 할 일은 다해 마치고, 더 이상 윤회하지 않는다고 분명히 알았다. 바라문이여, 이것이 내가 후야에 도달한 세 번째 앎이다. 참으로 방일하지 않고 열심히 정진하고, 스스로 노력하는 자에게 그것이 나타나듯, 무명이 사라지자 명이 생겨났고, 어둠이 사라지자 빛이 생겨났다."

181. MN. I, 36-37. "katame ca bhikkhave cittassa upakkilesā: abhijjhāvisamalobho cittassa upakkileso, byāpādo...kodho...upanāho...makkho...paḷāso...issā...macchariyaṃ...māyā...sāṭheyyaṃ...thambho...sārambho...māno...atimāno...mado...pamādo cittassa upakkileso."
"비구여, 마음오염(心穢)이란 어떠한 것인가? 탐애, 진애...악의...적의...공포...저주...시기...질투...환술...속임,..고집...격분...아만...자만...교만...방일이다."

182. SN. IV, 256. "tayo me āvuso āsavā kāmāsavo bhavāsavo avijjāsavo, ime kho āvuso tayo āsavāti...ayam eva kho āvuso ariyo aṭṭhṅgiko maggo etesam āsavanānaṃ pahānāya, seyyathīdaṃ sammādiṭṭhi, sammāsaṅkappo sammāvācā

아싸봐와 같이 3가지 범주로 구분한다. 그리고 8정도 수행체계로 그것을 제거할 수 있다고 설한다.[183)]

『일체루경一切漏經』에서는 여러 종류의 아싸봐를 설한다. 아싸봐의 내용이나 성격에 따라 유효도구를 사용해 아싸봐를 제거해야 한다고 주장한다.[184)] 『소상적유경小象跡喩經』에서 싸띠와 쌈빠자나를 가지고 5장애 등의 아싸봐를 제거하고, 고집멸도와 누집멸도漏集滅道를 잘 알고, 욕망아싸봐, 존재아싸봐, 무명아싸봐를 제거하고 심해탈을 성취하고, 해야 할 수행이 더 남아있지 않은 아라한뜨의 경지를 성취할 수 있다고 강조한다.[185)] 『본리경本理經』에서는 아싸봐를 제거하고 아라한뜨가 되는 것이 수행의 중요목적 가운데 하나

---

sammākammanto sammāvīvo sammāvāyāmo sammāsati sammāsamādhi."

183. 김재성(2010), 232. 「초기불교의 번뇌」, 『인도철학』 제29집, 인도철학회. 초기불교에서 나타나는 번뇌를 나타내는 용어가 다양하게 쓰이지만 비슷한 개념이 서로 중첩돼 쓰인다고 분석한다. "초기경전에서 번뇌를 의미하는 대표적인 용어로는 다음과 같은 것들이 있다. āsava(번뇌, 루), akusala(불선, 좋지 않음), kilesa(오염원, 번뇌), upakkilesa(오염원, 부수번뇌), mala(더러움), anusaya(잠재성향, 번뇌), nīvaraṇa(덮개), saṃyojana(족쇄), māra(-senā)(마, 마군), bandhana(속박), ogha(폭류), micchatta(삿됨) 하지만 이런 용어에 포섭되는 번뇌들은 서로 중복되는 것들이 많다."

184. MN. I, 7. "atthi bhikkhave āsavā dassanā pahātabbā, atthi āsavā saṁvarā pahātabbā, atthi āsavā paṭisevanā pahātabbā, atthi āsavā adhivāsanā pahātabbā, atthi āsavā parivajjanā pahātabbā, atthi āsavā vinodanā pahātabbā, atthi āsavā bhāvanā pahātabbā."
"비구여. 관찰함, 보호함, 수용함, 참음, 피함, 없앰, 수행함으로써 끊어지는 아싸봐가 있다."

185. MN. I, 183. "so evaṃ samāhite citte parisuddhe pariyodāte anaṅgaṇe vigatūpakkilese mudubhūte kammaniye ṭhite ānejjappatte āsavānaṃ khayañāṇāya cittam abhininnāmeti. so: idaṃ dukkhan-ti yathābhūtaṃ pajānāti, ayaṃ dukkhasamudayo ti yathābhūtaṃ pajānāti, ayaṃ dukkhanirodho ti yathābhū-

라고 설한다.[186] 『비구경比丘經』에서는 마음공간을 오염시키는 아싸봐는 8정도 수행체계로 제거할 수 있다고 주장한다.[187]

이와 같이 세존은 마음공간에 존재하는 아싸봐가 존재의 인지오류를 범하는 주된 요인이라고 본다. 세존은 마음공간에 존재하며 마음공간을 오염시키거나 덮어버려 실재를 있는 그대로 파악할 수 없게 하고, 존재의 인지오류를 범하게 하고, 존재를 자의적으로 해석하는 원인이 되고, 삶을 고통 속으로 몰아넣는 직접원인이 되는 아싸봐의 제거가 수행목표 가운데 하나로 설정한다.

---

taṃ pajānāti, ayaṃ dukkhanirodhagāminī paṭipadā ti yathābhūtaṃ pajānāti : ime āsava ti yathābhūtaṃ pajānāti, ayam āsavasamudayo ti yathābhūtaṃ pajānāti, ayam āsavanirodho ti yathābhūtaṃ pajānāti, ayam āsavanirodhagāminī paṭipadā ti yathābhūtaṃ pajānāti, idam-pi vuccati brāhmaṇa Tathāgatapadam iti pi, Tathāgatanisevitam iti pi, Tathāgatārañjitam iti pi. na tv-eva tāva ariyasāvako niṭṭhaṃ gato hoti, api ca kho niṭṭhaṃ gacchati: Sammāsambuddho Bhagavā, svākkhāto Bhagavatā dhammo, supaṭipanno saṅgho ti."

"이와 같이 마음이 집중돼, 청정, 무염(無染), 무구(無垢), 유연, 유능, 견고, 부동하게 되자, 그는 마음을 아싸봐의 제거의 앎(智)으로 향한다. 그는 '이것이 " 고, '고집, 고멸, 고멸인도이다.' 라고 있는 그대로 알고, '이것이 누(漏), 누집(漏集), 누멸(漏滅), 누멸인도(漏滅引道)' 이다 " 라고 있는 그대로 안다. 이것이 여래의 자취, 흔적, 표시이다. 고귀한 제자는 이전에는 미처 이런 결론에 도달하지 못했으나, 이제 세존은 정자각이고, 법은 세존에 의해 잘 설해졌고, 싼가는 잘 실천한다는 결론에 도달할 수 있다."

186. MN. I, 4. "yo pi so bhikkhave bhikkhu arahaṃ khīṇāsavo vusitavā katakaraṇīyo ohitabhāro anuppattasadattho parikkhīṇabhavasaṁyojano samma-d-aññā vimutto."

"비구여. 아싸봐를 제거하고, 청정수행을 성취하고, 해야 할 일을 다해 마치고, 짐을 내려놓고, 최고선을 실현하고, 존재의 결박을 끊고, 올바른 최상의 앎으로 해탈한 아라한뜨가 있다."

187. SN. V, 7-8. 주110 참조.

5. 열반 : 최상의 행복

수행목표 가운데 하나인 열반을 살펴본다. '涅槃'으로 음사되는 'nibbāna'는 중성명사로, '아님, 없음, 밖으로'의 접두어 'ni'와[188] '불다'의 어근 '√vā'의 합성어로 '꺼짐, 열반, 해탈, 소멸, 지멸止滅, 적멸寂滅, 적정寂靜, 평화, 지복, 신체적인 행복, 건강' 등의 의미가 있고, 일반적으로 '불이 꺼진 상태'를 의미한다. 더 나아가 마음공간에 존재하는 아싸봐의 불길이 꺼진 상태를 나타낸다.[189]

자연계의 모든 현상은 안정감, 고요함, 평화로운 상태로 되돌아가려는 성질이 있다. 『환희경歡喜經』에서는 우리가 접촉하는 모든 대상은 조건에 따라 끊임없이 생멸한다. 그런 대상을 인식하는 주체가 흔들리지 않고 고요한 마음상태를 유지하는 것이 최상행복이라고 설한다.[190]

수행이란 아싸봐로 인해 불안정해지고 흔들리는 삶을 수행으로 아싸봐를 제거해 삶을 안정되고 고요하고 평화로운 열반상태로 만드는 과정이다. 『성구경聖求經』에서 세존은 오염에 묶이지 않는 최

---

188. 전재성(2005), 423.
189. 전재성(2005), 431.
水野弘元(1981), 143. "涅槃, 寂滅"
PED(1986), 362-365. "to blow"
190. SN. Ⅰ, 6. "aniccā sabba saṅkhārā, uppādavayadhammino, uppajjitvā nirujjhanti, tesaṃ vupasamo sukho-ti."

상의 안온한 열반을 얻기 위해 출가수행하는 것이라고 다음과 같이 설한다.

"나에게 스스로 태어남..늙음..병듦..죽음..근심..오염에 묶여있지만, 오염에 묶여있는 것의 위험을 알고, 오염에 묶여 있지 않은 최상의 고요함인 열반을 구하는 것이 어떨까? 라는 생각이 떠올랐다."[191]

이 경에서 세존이 출가수행하게 된 중요목적 가운데 하나가 최상의 고요함인 열반을 증득하는 것임을 알 수 있다. 『칠거경七車經』에서도 제자가 세존을 따라 하는 수행목적이 집착없이 완전한 열반을 성취하기 위함이라고 주장한다.[192]

일반적으로 열반의 본질적인 의미는 상수멸을 증득하고 기억정보와 결합해 있는 아싸봐가 해체되고 난 후, 무거운 짐을 내려놓은 것처럼 가벼운 청량한 느낌을 최상행복 즉, 극락極樂이라고 표현한다. 『마건리경摩建提經』에서는 열반이 극락이라고 다음과 같이

"모든 존재는 무상하다. 그것은 생멸법이다. 생멸이 모두 멈추면, 그것이 최상의 즐거움이다."

191. MN. I, 163. "yan-nūnāham attanā jātidhammo samāno jātidhamme ādīnavaṃ viditvā ajātaṃ anuttaraṃ yogakkhemaṃ nibbānaṃ pariyeseyyam...jarādhammo...byādhidhammo...maraṇadhammo...sokadhammo...attanā saṅkilesadhammo samāno saṅkilesadhamme ādīnavaṃ viditvā asaṅkiliṭṭhaṃ anuttaraṃ yogakkhemaṃ nibbānaṃ pariyeseyyan-ti."

192. MN. I, 147-148. "kimatthañ-carah' āvuso Bhagavati brahmacariyaṃ vussatīti.-anupādā parinibbānatthaṃ kho āvuso Bhagavati brahmacariyaṃ vussatīti."
"벗이여. 무엇을 위해 세존을 따라 청정수행을 합니까? 벗이여, 집착없이(無依) 완전한 열반을 성취하기 위해 세존을 따라 청정수행을 한다."

설한다.

무병이 최상의 이익이고, 열반이 극락이다. 8지도(八支道)는 감로의 안온에 이르는 길이다.[193]

이 경에서 열반이 극락이고, 8정도 수행체계로 열반에 이를 수 있다고 강조한다. 『열반경涅槃經』에서는 다음과 같이 설한다.

"벗이여, 비상비비상처를 뛰어넘어 상수멸에 든다. 혜로 보아 그에게 모든 아싸봐가 부서진다. 벗이여, 그런 이유로 열반은 즐거움으로 자각된다."[194]

이 경에서 상수멸에 들어 아싸봐를 부수고 그것에게서 벗어난 상태 즉, 아싸봐를 제거하고 난 후 그 맑고 가벼운 느낌을 최상행복인 열반이라고 표현한다. 특히 수행의 최고단계인 아라한뜨의 상수멸에 들었을 때의 열반을 최상행복이라고 한다. 그리고 『다수경多受經』에서는 탁월한 즐거움을 다음과 같이 설한다.

---

193. MN. I, 508. "ārogyaparamā lābhā, nibbānaṃ paramaṃ sukhaṃ, aṭṭhaṅgiko ca maggānaṃ khemam amagatāminan-ti."

194. AN. IV, 418. "puna ca param āvuso bhikkhū sabbaso nevasaññānāsaññāyatanaṃ samatikkamma saññāvadayitanirodham upasampajja viharati, paññāya c'assa disvā āsavā parikkhīṇā honti. iminā pi kho etam āvuso pariyāyena veditabbaṃ yathāsukhaṃ nibbānaṃ."

"아난다여. 만약 어떤 사람이 '그것이 중생이 경험하는 극락이다.' 라고 말한다면 나는 그것을 인정하지 않는다. 그것은 무슨 까닭인가? 아난다여. 그 즐거움보다 훨씬 훌륭하고 뛰어난 다른 즐거움이 있기 때문이다. 아난다여. 어떠한 것이 그 즐거움보다 훨씬 더 훌륭하고 뛰어난 다른 즐거움인가? 아난다여. 세상에서 비구가 비상비비상처를 완전히 뛰어넘어 상수멸을 성취한다. 아난다여, 이것이 그 즐거움보다 훨씬 훌륭하고 뛰어난 다른 즐거움이다."[195]

이 경에서 상수멸에 들어 기억정보와 결합해 있는 아싸봐를 제거하고 난 후, 큰 짐을 내려놓고 느끼는 열반행복이 훨씬 뛰어난 행복이라고 주장한다. 『애욕경愛慾經』에서 세존은 애욕행복보다 애욕을 여읜 행복이 더 탁월하고,[196] 『신경身經』에서는 육체행복보다 정신행복이 더 탁월하다고 강조한다.[197]

---

195. MN. I, 400. "yo kho Ānanda evaṃ vedeyya: etaparamaṃ sattā sukhaṃ somanassaṃ paṭisaṁvedentīti, idam-assa nānujānāmi, taṃ kissa hetu: atth' Ānanda etamhā sukhā aññaṃ sukham abhikkantatarañ-ca paṇītatarañ-ca. katamañ-c' Ānanda etamhā sukhā aññaṃ sukham abhikkantatarañ-ca paṇītatarañ-ca: idh' Ānanda bhikkhu sabbaso nevasaññānāsaññāyatauaṃ samatikkamma saññavedayitanirodham upasampajja viharati. idaṃ kho Ānanda etamhā sukhā aññaṃ sukham abhikkantatarañ-ca paṇītatarañ-ca."

196. AN. I, 80. "dve 'māni bhikkhave sukhāni. katamāni dve? kāmasukhañ ca nekkhammasukhañ ca. imāni kho bhikkhave dve sukhāni. etadaggaṃ bhikkhave imesaṃ dvinnaṃ sukhānaṃ yadidaṃ nekkhammasukhan ti."
"비구여, 이 세상에는 두 가지 즐거움이 있다. 두 가지란 무엇인가? 애욕의 즐거움과 그것을 여읜 즐거움이다. 이 두 가지 즐거움 가운데 여읨의 즐거움이 더 탁월하다."

197. AN. I, 81. "dve 'māni bhikkhave sukhāni. katamāni dve? kāyikañ ca sukhaṃ cetasikañ ca sukhaṃ. imāni kho bhikkhave dve sukhāni. etadaggaṃ bhikkhave imesaṃ dvinnaṃ sukhānaṃ yadidaṃ cetasikaṃ sukhan ti."

수행단계가 점차 높아짐에 따라 행복감도 상승하며 수행의 최고 단계인 아라한뜨의 경지를 성취하면 최상행복을 경험할 수 있다. 일반적으로 수행자는 즐거움을 추구해서는 안된다고 알고 있다. 그러나 『무쟁분별경無諍分別經』에서 세존은 세속적이고 추잡한 즐거움을 추구해서는 안되지만, 질 높은 맑은 즐거움은 추구해도 된다고 주장한다. 세존은 이런 맑은 즐거움을 즐기고 누리는 것을 다른 사람과 다툼없는 무쟁법無諍法이라고 강조한다.[198] 그렇지만 『본리경本理經』에서는 열반도 즐기게 되면 괴로움의 뿌리가 될 수 있다고 환기시킨다.[199] 아무리 좋은 것이라도 그 대상에서 탐욕을 일으키고, 갈애를 불러오고, 집착하면, 그것에 묶이는데, 그것이 괴로움을 가져온다고 경계한다.

『대봐차구다경大婆蹉衢多經』에서는 모든 강물이 바다로 나아가듯, 수행의 최종목표는 열반으로 나아가는 것이라고 주장한다.[200] 『악마경惡魔經』에서는 "청정수행은 열반을 토대로 하고 열

"비구여, 이 세상에 두 가지 즐거움이 있다. 두 가지란 무엇인가? 육체의 즐거움과 정신의 즐거움이다. 이 두 가지 즐거움 가운데 정신의 즐거움이 더 탁월하다."

198. MN. III, 233-234. 주1 참조.

199. MN. I, 4-5. 주11 참조.

200. MN. I, 493. "seyyathā pi bho Gotama Gaṅgā nadī samuddaninnā samuddapoṇā samuddapabbhārā samuddam āhacca tiṭṭhati. evam-evāyaṃ bhoto Gotamassa parisā sagahaṭṭhapabbajitā nibbānaninnā nibbānapoṇā nibbānabbhārā nibbānam āhacca tiṭṭhati."
"존자 고따마여, 마치 강가(恒河, Gaṅga) 강의 물이 바다로 향하고, 바다로 기울고, 바다로 흐르고, 바다에 도달하듯, 존자 고따마는 재가나 출가의 대중은 열반으로 향하고, 열반으로 기울고, 열반으로 흐르고, 열반에 도달한다."

반을 피안으로 하고, 열반을 궁극으로 하는 것"이라고 강조한다.[201] 『소문답경小問答經』에서도 수행목적을 열반이라고 설하고,[202] 『염처경念處經』에서는 4념처 수행이 열반의 증득도구라고 주장한다.[203] 이렇듯 열반은 세존의 수행목적 가운데 중요개념으로 자리잡는다.

『중죄경重罪經』에서는 갈애를 부수고 열반으로 가는 것은 누구나 처음 가는 길이라 하고,[204] 『산수목건련경算數目揵連經』에서는 열반에 이르는 길은 세존이 안내해 주지만, 어떤 사람은 도달하고 어떤 사람은 도달하지 못하기도 한다. 그리고 세존은 자신을 단지 안내

---

201. SN. III, 189. "nibbānogadhaṃ hi Rādha brahmacariyaṃ vussati nibbānaparāyanaṃ nibbānapariyosānan ti."

202. MN. I, 304. "nibbānogadhaṃ hi āvuso Visākha brahmacariyaṃ nibbānaparāyanaṃ nibbānapariyosānaṃ."
"벗, 위싸카(Visākha)여, 참으로 청정수행은 열반으로 드는 것이고, 열반을 목표로 하는 것이며, 열반을 궁극으로 하는 것이다."

203. MN. I, 55-56. "ekāyano ayaṃ bhikkhave maggo sattānaṃ visuddhiyā sokapariddavānaṃ. samatikamāya dukkhadomanassānam atthagamāya ñāyassa adhigamāya nibbānassa sacchikiriyāya, yadidaṃ cattāro satipaṭṭhāna."
"비구여, 중생을 청정하게 하고, 슬픔과 비탄을 뛰어넘고, 고통과 근심을 소멸하고, 올바른 도구를 얻고, 열반을 실현시키는 하나의 길이 있다. 그것이 4념처 수행이다."

204. AN. IV, 118. "idha bhikkhave bhikkhu yā sā disā agatapubbā iminā dīghena addhunā yadidaṃ sabbasaṅkhārasamatho sabbū padhipaṭinissaggo taṇhakkhayo virāgo nirodho nibbānaṃ taṃ khippaṃ yeva gantā hoti. evaṃ kho bhikkhave gantā hoti."
"이 긴 여정에서 전에 가 본적이 없는 방향 즉, 일체형성(一切行)의 그침, 일체 집착의 완전한 소멸, 갈애와 탐욕의 소멸, 열반의 방향으로 빠르게 간다."

자일 뿐이라고 강조한다.[205]

6. 괴로움의 원인제거

수행목표 가운데 하나인 괴로움苦을 살펴본다. '苦' 로 번역되는 Pāli어 'dukkha' 는 중성명사로, '나쁜, 힘든' 의 접두어 'du' 와[206] '끌어당기는 자' , '좋지 않은 곳으로 끌어당김' 의 어근 '√kha=ākāsa' 에서 파생된 '고통, 괴로움, 아픔, 고뇌, 불만, 불행' 등의 의미이다.[207]

괴로움의 제거 또는 괴로움으로부터의 해탈은 세존이 출가수행한 중요목적 가운데 하나이다. 『대품大品』에서 세존은 4성제에서 괴로움의 소멸을 설하고, 괴로움으로부터 해탈, 괴로움의 완전한

---

205. MN. III, 6. "evam eva kho, brāhmaṇa, tiṭṭhat' eva nibbānaṃ tiṭṭhati nibbānagāmimaggo tiṭṭhām' ahaṃ samādapetā. atha ca pana mama sāvakā mayā evam ovadiyamānā evam anusāsiyamānā appekacce accantaniṭṭhaṃ nibbānam ārādhenti ekacce n' ārādhenti. ettha kvāhaṃ, brāhmaṇa, karomi? maggakkhāyī, brāhmaṇa, Tathāgato ti."
"브라흐마나여, 열반이 있고, 열반에 이르는 길이 있고, 내가 안내자로서 있는데, 나의 제자가 나에게서 이와 같이 훈계받고, 설명받지만, 어떠한 이들은 궁극목표인 열반을 성취하고, 어떤 이들은 성취하지 못한다. 그것을 내가 어떻게 하겠는가? 여래는 다만 길을 안내하는 자일뿐이다."

206. 전재성(2005), 404.

207. 전재성(2005), 404.
水野弘元(1981), 127-128. "苦, 苦痛, 苦惱"
PED(1986), 324-326. "unpleasant, painful, causing misery"

종식, 괴로움의 완전한 앎을 성취하는 것, 괴로움의 소멸로 인도하는 도구로써 8정도 수행체계를 제시한다.[208] 따라서 괴로움의 소멸은 수행의 출발점이자 종착점이다. 육체적, 심리적, 사회적 어떤 종류의 괴로움이라도 괴로움은 일단 발생하고 나면, 그 괴로움이 삶의 중심이 된다. 이것이 괴로움의 특성이다. 『나라가파녕경那羅伽波寧經』에서는 출가수행자는 괴로움의 종식을 위해 출가수행한 것이라고 다음과 같이 설한다.

"아누룻다(Anuruddha)여, 그대들이 집을 떠나 출가한 것은 왕의 명령 때문도 아니고, 도둑에게 쫓겨서도 아니고, 부채, 공포, 빈궁 때문도 아니다. 그대들은 이와 같이 나는 태어남, 늙음, 죽음, 슬픔, 비탄, 괴로움, 근심, 고뇌에 빠졌다. 나는 괴로움에 빠졌고, 괴로움에 사로잡혔다. '나는 이런 모든 고취온을 종식하는 것을 알아야겠다.' 고 생각하고 집을 버리고 출가한 것이 아닌가? 세존이시여. 그렇습니다."[209]

이 경에서 세존은 젊은이가 출가수행하는 것은 왕의 명령도 아니고, 도둑에 쫓겨서도 아니고, 부채 때문도 아니고, 빈궁 때문도

---

208. VP. I, 10. 주73 참조.

209. MN. I, 463. "te kho pana tumhe Anuruddhā n' eva rājābhinītā agārasmā anagāriyaṃ pabbajitā, na corābhinītā agārasmā anagāriyaṃ pabbajitā, na iṇaṭṭā..nabhayaṭṭā..na ājīvikāpakatā agārasmā anagāriyaṃ pabbajitā : api ca kho 'mhi otiṇṇo jātiyā jarāya maraṇena sokehi paridevehi dukkhehi domanassehi upāyāsehi, dukkhotiṇṇo dukkhapareto, app-eva nāma imassa kevalassa dukkhakkhandhassa antakiriyā paññāyethāti, nanu tumhe Anuruddhā evaṃ saddhā agārasmā anagāriyaṃ pabbajitā ti. -evam-bhante."

아니고, 오로지 괴로움을 제거하기 위함이라고 강조한다. 괴로움의 제거를 위해 출가수행하는 것이지만, 더 본질적인 것은 괴로움이 아니라 즐거움일 것이다. 세존은 더 질 높고 맑은 즐거움을 누리기 위해 즐거움으로 가는 길을 방해하는 요소인 괴로움을 제거하는 것이 필수적이라고 본 것이다.

『대품大品』에서는 괴로움의 종류를 4고四苦와 8고八苦로 구분해 설한다.[210] 미가다야에서 5비구 가운데 안냐 꼰다냐(Añña Koṇḍañña)가 유학有學의 상수멸을 성취하고 나서, 세존을 스승으로 모시고 출가하겠다고 간청한다. 그러자 세존은 이를 받아들이며 수행이 올바르게 설해져 있으므로 괴로움을 소멸하고자 하는 사람은 여기로 와서 수행하라고 권한다.[211] 그리고 괴로움을 일으키는 원인으로 갈애를 지목한다. 세존은 괴로움을 일으키는 원인인 갈애의 제거하도구로써 8정도 수행체계를 제시한다.[212] 『사유경蛇喻經』에서 세존은 자신의 가르침이 괴로움의 제거가 목표라고 주장한다.[213]

---

210. VP. I, 10. 주30 참조.

211. VP. I, 12. "labheyyāhaṃ bhante bhagavato santike pabbajjaṃ, labheyyam upasampadan ti. ehi bhikkhū' ti bhagavā avoca, svākkhāto dhammo, cara brahmacariyaṃ sammā dukkhassa antakiriyāyā 'ti. sā 'va tassa āyasmato upasampadā ahosi."
"반떼(師)시여, 세존이시여, 저는 세존을 스승으로 모시고 출가해 구족계(具足戒)를 받고 싶습니다. 세존이 말했다. '오라 비구여(善來比丘)', 법은 이미 잘 설해 놓았다. 올바르게 괴로움을 소멸시키고자 한다면 청정수행을 하라."

212. VP. I, 10. 주30 참조.

213. MN. I, 140. "evaṁvādiṃ kho maṃ bhikkhave evamakkhāyim eke

『소문답경小問答經』에서는 즐거움에 대응하는 것이 괴로움이라고 설하는 것처럼 괴로움과 즐거움은 같은 현상의 다른 표현이다. 어떤 현상에 초점두느냐에 따라 해석이 달라지고 대응하는 방식도 달라진다. 세존은 최상의 즐거움을 경험하는 것이 수행목적이지만, 그 출발점은 괴로움을 제거하는데서부터 시작해야 한다고 주장한다.214)

---

samaṇabrāhmaṇā asatā tucchā musā abhūtena abbhācikkhanti: venayiko samaṇo Gotamo, sati sattassa ucchedaṃ vināsaṃ vibhavaṃ paññāpetīti. yathā vāhaṃ bhikkhave na, yathā cāhaṃ na vadāmi, thatā maṃ te bhonto samaṇabrāhmaṇā asatā tucchā musā abhūtena abbhācikkhanti: venayiko samaṇo Gotamo, sati sattassa ucchedaṃ vināsaṃ vibhavaṃ paññāpetīti. pubbe cāhaṃ bhikkhave etarahi ca dukkhañ-c' eva paññāpemi dukkhassa ca nirodhaṃ."

"비구여. 이와 같이 설하고, 말하는 나를 두고 싸마나나 브라흐마나는 진실이 없고, 공허하고, 허망하게, 거짓으로 비방해 '싸마나 고따마는 허무주의자이다. 살아있는 중생에게 허무, 단멸, 소멸을 가르친다.' 라고 말한다. 그러나 싸마나나 브라흐마나는 진실없이 공허하고 허망하게 거짓으로 비방해 싸마나 고따마는 허무주의자이다. 살아있는 중생에게 허무, 단멸, 소멸을 가르친다.' 라고 말하는데, 나는 그와 같이 설하고 말하는 자가 아니다. 나는 예나 지금이나 괴로움과 괴로움의 소멸을 가르친다."

214. MN. I, 304. "sukhāya pan' ayye vedanāya kiṃ paṭibhāgo ti. -sukhāya kho āvuso Visākha vedanāya dukkhā vedanā paṭibhāgo ti. dukkhāya pan' ayye vedanāya kiṃ paṭibhāgo ti. -dukkhāya kho āvuso Visākha vedanāya sukhā vedanā paṭibhāgo ti. adukkhamasukhāya pan' ayye vedanāya kiṃ paṭibhāgo ti. -adukkhamasukhāya kho āvuso Visākha vedanāya avijjā paṭibhāgo ti."

"위싸카 : 존귀한 여인이여. 즐거운 느낌에 대응하는 것은 무엇인가? 담마디나 : 벗이여. 위싸카여. 즐거운 느낌에 대응하는 것은 괴로운 느낌이다. 위싸카 : 존귀한 여인이여. 괴로운 느낌에 대응하는 것은 무엇인가? 담마디나: 벗이여. 위싸카여. 괴로운 느낌에 대응하는 것은 즐거운 느낌이다. 위싸카 : 존귀한 여인이여. 괴롭지도 않고 즐겁지도 않은 느낌에 대응하는 것은 무엇인가? 담마디나 : 벗이

대부분의 사람은 직면하는 현실에서 느끼는 현실적인 괴로움이 자신의 삶을 힘들게 한다는 것을 안다. 더 정확하게는 괴로움뿐만 아니라 괴로움을 대하는 태도도 삶의 질을 결정하는 중요요소임을 안다. 이런 이유로 괴로움에서 벗어나 해탈하기 위해 수행자는 괴로움을 일으키는 원인뿐만 아니라, 괴로움을 대하는 자신의 태도를 성숙시키기 위해 출가수행을 선호한다.

괴로움을 일으키는 원인은 다양하다. 괴로움을 발생시키는 근본원인을 제거함으로써 괴로움의 상태에서 벗어날 수 있다는 것이 세존의 기본관점이다. 『정견경正見經』에서는 현상의 실재를 통찰하지 못하고 인지오류를 일으키는 무명이 괴로움 발생의 근본원인이라고 본다. 그리고 무명은 아싸봐로 인해 생겨나는 것이라고 설한다.[215)]

이와 같이 괴로움은 괴로움 자체로 존재하기 보다 존재를 대하는 태도에서 괴로움이 발생하는 경향이 더 많다. 『본리경本理經』에서는 즐김이 괴로움의 뿌리라고 설하고,[216)] 『대파애경大破愛經』에서는 접촉 다음에 일어나는 느낌을 기뻐하고 환영하고 탐닉하면,

---

여. 위싸카여. 괴롭지도 즐겁지도 않은 느낌에 대응하는 것은 무명이다."

215. MN. Ⅰ, 54. "yaṃ kho āvuso dukkhe aññāṇaṃ dukkhasamudaye aññāṇaṃ dukkhanirodhe aññāṇaṃ dukkhanirodhagāminī-paṭipadā aññāṇaṃ, ayaṃ vuccat' āvuso avijjā. āsavasamudayā avijjāsamudayo, āsavanirodhā avijjānirodho, ayam-eva ariyo aṭṭhaṅgiko maggo avijjānirodhagāminī-paṭipadā."
"벗이여. 어떠한 것이 무명인가? 벗이여. 고, 고집, 고멸, 고멸인도에 무지한 것이다. 이것이 무명이다. 아싸봐가 생겨나므로 무명이 생겨나고, 아싸봐가 소멸함으로 무명이 소멸한다. 무명소멸에 이르는 길이 성팔지도이다."

216. MN. Ⅰ, 4-5. 주11 참조.

환락이 생기고 거기에 집착하게 된다고 강조한다.[217] 『애생경愛生經』에서는 사랑하는 사람으로부터 슬픔과 괴로움이 일어난다고 설

---

217. MN. I, 266-270. "so cakkhunā rūpaṃ disvā piyarūpe rūpe sārajjati, appiyarūpe rūpe byāpajjati, anupaṭṭhitakāyasati ca viharati appamāṇacetaso, tañ-ca cetovimuttaiṃ paññāvimuttṃ yathābhūtaṃ na-ppajānāti yatth' assa te pāpakā akusalā dhammā aparisesā nirujjhanti. so evam anurodhavirodhaṃ samāpanno yaṃ kañci vedanaṃ vedeti. sukhaṃ vā dukkhaṃ vā adukkhamasukhaṃ vā. so taṃ vedanam abhinandati abhivadati ajjhosāya tiṭṭhati. tassa taṃ vedanam abhinandato abhivadato ajjhosāya tiṭṭhato uppajjati nandī, yā vedanāsu nandī tad-upādānaṃ, tass' upādānapaccayā bhavo, bhavapaccayā jāti, jātipaccayā jarāmaraṇaṃ sokaparidevadukkhadomanassupāyāsā sambhavanti, evam-etassa kevalassa dukkhakkhandhassa samudayo hoti...so cakkhunā rūpaṃ disvā piyarūpe rūpe na sārajjati, appiyarūpe rūpe na byāpajjati, upaṭṭhitakāyasati ca viharati parittacetaso, tañ-ca cetovimuttiṃ paññāvimuttiṃ yathābhūtaṃ pajānāti yatth' assa te pāpakā akusalā dhammā aparisesā nirujjhanti. so evam anurodhavirodhavippahīno yaṃ kañci vedanaṃ vedeti, sukhaṃ vā dukkhṃ vā adukkhamasukhaṃ vā. so taṃ vedanaṃ nābhinandati nābhivadati nājjhosāya tiṭṭhati. tassa taṃ vedanam anabhinandato anabhivadato anajjhosāya tiṭṭhato yā vedanāsu nandī sā nirujjhati, tassa nandīnirodhā upādānanirodho, upādānanirodhā bhavanirodho, bhavanirodhā jātinirodho, jātinirodhā jarāmaraṇaṃ sokaparidevadukkhadomanassupāyāsā nirujjhanti, evam-etassa kevalassa dukkhakkhandhassa nirodho hoti."
"그는 눈으로 색을 보고, 사랑스런 색에는 애착하고, 사랑스럽지 않은 색에는 혐오한다. 그는 몸의 싸띠를 확립하지 못하고, 소심한 마음을 갖지 못한다. 그래서 그는 악하고 불선법이 남김없이 제거되는 심해탈과 혜해탈을 있는 그대로 알지 못한다. 그는 호감과 반감에 따라 그가 경험하는 어떠한 느낌이든지 즐거움, 괴로움, 괴롭지도 않고 즐겁지도 않은 느낌이거나, 그 느낌을 기뻐하고, 환영하고, 탐닉한다. 그 느낌을 기뻐하고, 환영하고, 탐닉하는 자에게 환락이 생긴다. 그 느낌의 환락이 집착이다. 그 집착을 조건으로 존재가 생겨나고, 존재를 조건으로 태어남이 생겨난다. 태어남을 조건으로 늙음, 죽음, 슬픔, 비탄, 괴로움, 근심, 고뇌가 생겨난다. 이와 같이 모든 고취온이 함께 생긴다.
그는 눈으로 색을 보고, 사랑스런 색에는 애착하지 않고, 사랑스럽지 않은 색

한다.[218] 이와 같이 존재도 중요하지만 존재를 대하는 태도도 중요하다. 존재를 접한 후 존재를 구분하고 차별하며 마음에 드는 것은 가까이하고 혐오하는 것은 멀리한다. 존재의 환락과 집착 그리고 갈애는 필연적으로 그런 존재에 속박되고, 그 결과로써 괴로움이 발생한다.

세존은 존재에 내재한 실재를 있는 그대로 알지 못하는 무명에 기초한 인지오류로 인해, 존재의 잘못된 해석을 하고 행동함으로써 괴로움이 발생한다고 본다. 따라서 괴로움을 제거하는 확실하고 유효한 도구는 괴로움을 일으키는 근본원인인 무명을 제거하는 것이다.

에는 혐오하지 않는다. 그는 몸의 싸띠를 확립하고 한량없는 마음을 갖는다. 그래서 그는 악하고 불선법이 남김없이 제거되는 심해탈과 혜해탈을 있는 그대로 잘 안다. 그는 호감과 반감에 따라 그가 경험하는 어떠한 느낌이든지, 즐거움, 괴로움, 괴롭지도 않고 즐겁지도 않은 느낌이거나, 그 느낌을 기뻐하고, 환영하고, 탐닉하지 않는다. 그 느낌을 기뻐하지 않고, 환영하지 않고, 탐닉하지 않는 자에게 환락이 소멸한다. 그 환락이 소멸함으로써 집착이 소멸한다. 집착이 소멸함으로써 존재가 소멸하고 존재가 소멸함으로써 태어남이 소멸한다. 태어남이 소멸함으로써 늙음, 죽음, 슬픔, 비통, 괴로움, 근심, 고뇌가 소멸한다. 이와 같이 모든 고취온이 함께 소멸한다."

218. MN. II, 106. "evam etaṃ, gahapati : piyajātikā hi, gahapati, sokaparidevadukkhadomanassupāyāsā piyappabhavikā ti."
"장자여, 그것은 이와 같다. 슬픔, 비탄, 괴로움, 근심, 고뇌는 사랑하는 사람으로부터 일어나고, 슬픔, 비탄, 괴로움, 근심, 고뇌는 사랑하는 사람으로부터 생긴다."

이 장의 수행목적을 정리하면 다음과 같다.

세존은 자신이 출가수행하는 목적이 삶을 압박하는 갈애, 탐욕, 분노 등의 마음상태를 극복하고, 자신의 삶을 스스로의 힘으로 결정하고, 자기 삶의 주인공이 되기 위함이었음을 알 수 있다.

세존은 자신이 직면한 불만족스럽고 괴로운 삶의 현실을 극복하고 해탈하기 위해, 그 고통의 원인을 찾아 출가수행한다. 그리고 보리수 아래서 실재를 올바르게 이해하지 못함으로 인해 존재에 욕망을 일으키고, 존재에서 즐거움을 추구하며, 존재에 속박되고, 결국 고통 속으로 빠져든다고 깨달았다. 따라서 마음공간에 존재하는 아싸봐를 제거하고 마음공간을 밝히는 심해탈을 이루고, 5온과 4성제의 실재를 통찰하는 혜해탈을 이룬다. 따라서 세존은 모든 괴로움의 소멸이란 바로 실재를 있는 그대로 통찰하는 안목인 명, 혜, 정견을 증득해야 가능하다고 본다.

기억정보와 결합한 아싸봐를 제거하고 마음상태가 평화로운 상태인 열반을 증득하고, 고통스런 삶을 극복하고 행복한 삶을 살 수 있게 해 주는 구체적인 도구가 바로 8정도 수행체계이다.

4장
수행이론

앎이 힘이다
원리를 올바르게 이해하면
창의력이 나온다

이 장에서는 수행이 이루어지는 마음의 작동원리를 『맛지마니까야』에 기초해 살펴본다.

모든 존재는 자연법칙의 지배를 받는다. 몸에서 나온 마음도 자연의 일부이기 때문에, 자연계의 제 법칙으로부터 자유롭지 못하다. 따라서 마음공간에서 이루어지는 마음의 물리특성이나 화학반응을 이해하는 것은 마음관리에 중요하다.

수행은 마음공간에서 이루어진다. 따라서 수행의 진행과정만 설명하는 것만으로는 충분하지 않다. 수행원리를 올바르게 이해해야 효율적으로 수행목적을 달성할 수 있다. 수행원리를 정확히 이해하기 위해서는 수행이 이루어지는 마음작용을 논리적이고 체계적으로 이해할 필요가 있다.

수행과정을 설명하는 것은 물리차원으로 가능하지만, 수행원리를 설명하기 위해서는 반드시 화학차원으로 이해수준이 확장돼야 한다. 세존이 체계화시킨 8정도 수행체계에 기초한 4념처 수행은 마음의 화학차원에서 시작한다.

마음차원에서 이루어지는 화학반응을 이해하기 위해서는 마음구성인자의 화학반응을 이해해야 한다. 그래야 마음현상의 화학반응과 물리특성을 이해할 수 있고, 마음관리를 공학차원으로 발전시킬 수 있다. 그래야 수행을 삶에 유용하게 활용할 수 있다.

세존이 창안한 8정도 수행체계의 4념처 수행은 마음공간에서 마음구성인자 사이에 이루어지는 화학반응에서 시작해 물리특성으로 확장된다. 그리고 공학차원으로 전개되면서 다차원으로 활용된다. 그 중심에 제 7감으로 정의된 알아차림 기능인 싸띠가 있다.

1. 5근과 의근

사람의 감각기관을 살펴본다. 사람의 감각기관은 그 특성에 따라서 5범주 즉, 5감五感으로 구분하거나 또는, 6범주 즉, 6감六感으로 확장해 이해할 수 있다. 이에 따라 몸과 마음의 이해수준이 달라진다.

1) 의근 : 6감 기능

사람은 몸과 마음으로 구성돼 있다. 물질차원인 몸을 설명하는 데는 5감으로 충분하다. 그러나 물질에 기초하지만 비물질의 특성이 있는 마음현상은 5감으로 설명하기에는 충분치 않다. 따라서 복잡미묘한 마음현상을 설명하기 위해서는 감각기관을 6범주인 6감으로 이해해야 더 세밀하고 올바르게 설명할 수 있다.

『대문답경大問答經』에서는 5감은 체온을 가진 살아있는 몸을 기반으로 한다고 설한다.[219] 『육육경六六經』에서는 사람의 감각기관을 다음과 같이 6감으로 구분한다.

---

219. MN. I, 295. "pañc' imāni āvuso indriyāni, seyyathīdaṃ cakkhundriyaṃ sotindriyaṃ ghānindriyaṃ jivhindriyaṃ kāyindriyaṃ. imāni kho āvuso pañc' indriyāni āyuṃ paṭicca tiṭṭhantīti. āyu pan' āvuso kiṃ paṭicca tiṭṭhantīti. āyu usmaṃ paṭicca tiṭṭhatīti."
"벗이여, 5근 즉, 안근, 이근, 비근, 설근, 신근이 있다. 벗이여, 이런 5근은 생명력을 조건으로 존재한다. 벗이여, 이런 생명력은 무엇을 조건으로 합니까? 벗이여, 이런 생명력은 체열을 조건으로 한다."

"안처(眼處), 이처(耳處), 비처(鼻處), 설처(舌處), 신처(身處), 의처(意處)가 있다. 6내처(六內處)를 알아야 한다고 말한 것은 바로 이것을 두고 한 말이다... 색처(色處), 성처(聲處), 향처(香處), 미처(味處), 촉처(觸處), 법처(法處)가 있다. 6외처(六外處)를 알아야 한다고 말한 것은 바로 이것을 두고 한 말이다."220)

이 경에서는 사람의 감각기관을 6내처와 6외처의 6감으로 설정한다. 『대문답경大問答經』에서는 감각기관은 각각의 고유영역을 갖고 있으며, 5근五根과 마음意의 기능을 다음과 같이 설한다.

"벗이여. 5근(五根) 즉, 안근(眼根), 이근(耳根), 비근(鼻根), 설근(舌根), 신근(身根)은 각각의 대상과 각각의 활동영역을 갖고 있어, 서로 다른 대상이나 영역을 경험하지 않는다. 그러나 의(意)가 그 의지처이고, 의가 그것의 대상과 활동영역을 경험한다."221)

이 경에서 5근은 각각의 고유영역이 있다. 그리고 6감인 의意는 5근을 통해 입력된 정보를 수렴하고 가공하는 고유기능을 한다고 설한다. 이런 기능을 담당하는 의를 세존은 기본적으로 사람의 몸

---

220. MN. III, 280-281. "cakkhāyatanaṃ sotāyatanaṃ ghānāyatanaṃ jivāyatanaṃ kāyāyatanaṃ manāyatanaṃ. cha ajjhattikāni āyatanāni veditabbānīti iti yan taṃ vuttam idam etaṃ paṭicca vuttaṃ...rūpāyatanaṃ saddāyatanaṃ gandhāyatanaṃ rasāyatanaṃ phoṭṭhabbāyatanaṃ dhammāyatanaṃ. cha bāhirāni āyatanāni veditabbānīti iti yan taṃ vuttam idam etaṃ paṭicca vuttaṃ."

221. MN. I, 295. "seyyathīdaṃ cakkhundriyaṃ sotindriyaṃ ghānindriyaṃ jivhindriyaṃ kāyindriyaṃ. imessaṃ kho āvuso pañcannam indriyānaṃ nānāvisayānaṃ nānāgocarānaṃ na aññamaññassa gocaravisayaṃ paccanubhotānaṃ mano paṭisaraṇaṃ, mano ca nesaṃ gocaravisayaṃ paccanubhotīti."

에서 의식기능을 담당하는 6번째 감각기관 즉, 6감이라고 정의한다. 여기서는 의식기능을 감각기관의 의미로 사용할 때는 의意 혹은, 의식意識, 그 외는 마음心으로 표기한다.

〈표 4.1〉 감각영역

감각영역 6감	감각대상 6경(6외처)	감각기관 6근(6내처)
시각영역	색(色)	안(眼)
청각영역	성(聲)	이(耳)
후각영역	향(香)	비(鼻)
미각영역	미(味)	설(舌)
촉각영역	촉(觸)	신(身)
의식영역	법(法)	의(意)

〈표 4.1〉에서 볼 수 있듯이 각각의 감각기관은 그 기관이 담당하는 고유의 대상과 영역이 있다. 세존에 의해 새롭게 설정된 6번째 감각기관인 의意는 법法을 담당한다. 최근 신경과학이나 인지과학 분야에서도 5감에 더해, 세존이 제시한 6감을 주목하는 것으로 확장된다.[222)]

222. 문일수(2020b), 31-34. "현대 인지심리학적으로 보면 의근은 뇌에서 일어나는 수많은 신경앙상블들의 활성 가운데 특정한 앙상블을 선택(selection)하여 주의(attention)로 불러들인 것이다. 의근이 선택한 대상에 주의를 기울이면 의식이 생성된다. 마음이 생성된 것이다. 따라서 의근은 뇌의 '특정 뇌활성 탐지 기능'이라 할 수 있다. '특정 뇌활성'은 무엇인가 돌출된 활성이기 때문에 의근은 '돌

감각기관이 하나 더 늘어나는 것은 단순히 숫자 한 개가 증가하는 것을 의미하지 않는다. 세존이 감각기관을 5감에서 6감으로 확장해 이해를 시도한 것은 획기적인 일이다. 몸을 이해하는데는 감각기관이 5개라도 충분하지만 마음현상을 설명하기에는 충분하지 않다. 그런데 세존이 등장하면서 감각기관을 5개에서 6개로 확장하자, 비로소 마음현상을 이해하고 이를 다루는 분야인 수행영역에획기적인 발전이 있었다.

세존이 6감을 발견하고, 그 중요성을 간파한다. 그리고 출가수행하는 제자에게는 반복해 감각대상인 6경六境, 감각기관인 6근六根, 마음정보인 6식六識을 설한다. 『맛지마니까야』에 등장하는 6감을 설한 경은 〈표 4.2〉와 같다.

출사건(salience) 탐지 기능' 이다. 선택의 대상은 의근(意根)의 대상인 법경(法境)이며, 이는 뇌활성이다. 전오식(前五識)이 받아들여 생성된 뇌활성도 법경이 되어 의근의 포섭 대상이 된다."라고 의근을 정의하고 그 기능을 설명한다. 또한 『의근과 의식』에서 "뇌 속에서 시작하는 것을 내인성(內因性, endogenous) 법경, 전오식과 같이 뇌 밖에서 시작하는 법경을 외인성(外因性, exogenous) 법경이라고 할 수 있다."고 주장하고, 법을 내인성 법경과 외인성 법경으로 구분하며 6감을 설명한다.

릭 핸슨(Rick Hanson) · 리처드 멘디우스(Richard Mendius) 저, 장현갑 · 장주영 옮김(2000), 74-75. 『붓다브레인』, 서울 : 불광출판사. "우리가 외부에 실재한다고 보고 있는 것의 대부분이 실은 우리 뇌 속에서 컴퓨터 그래픽으로 그려낸 영화 장면처럼 처리된 정보이다. 후두엽으로 보내진 정보 중 극히 일부만이 직접 외부로부터 받아들여진 시각정보이다. 나머지는 뇌 내부의 기억 저장고와 인지-처리 모듈에서 오는 정보이다(Raichle 2006) 우리의 뇌는 세계를 시뮬레이션 한다. 우리가 살아가는 세계는 실재와 매우 유사한 가상현실인 셈이다."라고 이해한다.

〈표 4.2〉 6감이 등장하는 경

NO	경 명
2	『본리경(本理經, *Mūlapariyāyasutta*)』
10	『염처경(念處經, *Satipaṭṭhaānasutta*)』
18	『밀환경(蜜丸經, *Madhupiṇḍikasutta*)』
27	『소상적유경(小象跡喻經, *Cūḷahatthipadopamasutta*)』
28	『대상적유경(大象跡喻經, *Mahāhatthipadopamasutta*)』
33	『대목우자경(大牧牛者經, *Mahāgopālakasutta*)』
38	『대파애경(大破愛經, *Mahātaṇhāsaṅkhayasutta*)』
39	『대마읍경(大馬邑經, *Mahāssapurasutta*)』
51	『굴경(窟經, *Kandarakasutta*)』
53	『학인경(學人經, *Sekhasutta*)』
60	『근본정경(根本定經, *Apaṇṇakasutta*)』
66	『가루조타이경(迦樓鳥陀夷經, *Laṭukikopamasutta*)』
76	『임경(林經, *Sandakasutta*)』
79	『소전모경(小箭毛經, *Cūḷasakuludāyisutta*)』
94	『고따무카경(*Ghoṭamukhasutta*)』
101	『천연경(天淵經, *Devadahasutta*)』
102	『오삼경(五三經, *Pañcattayasutta*)』
107	『산수목건련경(算數目犍連經, *Gaṇakamoggallānasutta*)』
112	『육청경(六淸經, *Chabbisodhanasutta*)』
125	『조어지경(調御地經, *Dantabhūmisutta*)』
137	『육감분별경(六感分別經, *Saḷāyatanavibhaṅgasutta*)』
138	『설분별경(說分別經, *Uddesavibhaṅgasutta*)』
140	『대분별경(大分別經, *Dhātuvibhaṅgasutta*)』
143	『급고독언경(給孤獨言經, *Anāthapiṇḍikovādasutta*)』
144	『거약경(車匿經, *Channovādasutta*)』
145	『부루나언경(富樓那言經, *Puṇṇovādasutta*)』

146	『난다언경(難陀言經, *Nandakovādasutta*)』
148	『육육경(六六經, *Chachakasutta*)』
150	『나가라빈데야경(*Nagaravindeyyasutta*)』
151	『탁발청정경(托鉢淸淨經, *Piṅḍpātapārisuddhasutta*)』
152	『근수경(根修經, *Indriyabhāvanāsutta*)』

〈표 4.2〉에서 알 수 있듯이 6감은 『맛지마니까야』 152경 가운데 31경에서 등장할 정도로 빈도수가 많다. 세존은 8정도 수행체계를 세울 때, 신이나 윤회 등의 가치관을 배제하고 객관적이고 과학적 관점에 기초해 수행의 이론과 기술을 체계화시키고, 사람의 감각기관을 5감에서 6감 차원으로 확장한다. 따라서 마음의 활동과정을 구체적이고 객관적으로 이해할 수 있다. 그러나 당시 재가신도에게는 잘 설하지 않고, 출가수행자에게만 전수시킨 것으로 사료된다. 『급고독언경給孤獨言經』에서 아난다삔띠까Anāthapiṇḍika가 입멸할 무렵 아난다를 청해 법문을 듣는다. 이때 아난다가 6감을 말하자, 자신은 세존을 뵈온 이래 6감의 법문은 처음 듣는 내용이라고 반문한다. 그러자 아난다는 이 6감은 재가신자에게는 잘 설하지 않고, 출가한 비구에게만 설하는 것이라고 말한다.[223)]

---

223. MN. III, 261. "nāhaṃ, bhante, Ānanda, olīyāmi, na saṁsīdāmi. api me dīgharattaṃ satthā payirupāsito, manobhāvanīyo ca bhikkhū, na ca me evarūpī dhammī kathā sutapubbā ti. na kho, gahapati, gihīnam odātavasanānam evarūpi dhammī kathā paṭibhāti. pabbajitānaṃ kho, gahapati, evarūpī dhammī kathā paṭibhātīti."

이렇듯 세존에 의한 6감의 발견은 수행분야 최고단계인 아라한뜨의 경지를 성취할 수 있는 새로운 길을 열었다. 그리고 마음분야에서도 세밀하고 정확하며 풍부하게 이해하고 설명할 수 있는 토대를 마련할 수 있었다.

2) 마음발현

몸과 마음의 대한 세존관점을 살펴본다.[224) 『대전모경大箭毛經』에서는 몸에서 마음이 나왔다는 것을 다음과 같이 설한다.

"나의 제자는 이 몸(身)으로부터, 색(色)을 갖추고, 의(意)가 만들어지고, 4지(四肢)를 갖추고, 온전한 감관(感官)을 지닌 몸을 만든다. 우다인이여, 예를 들어 어떤 사람이 문사초(文邪草)에서 갈대를 뽑아 '이것이 문사초이고, 이것

"존자, 아난다여, 저는 낙담하지 않는다. 존자 아난다여, 저는 낙심하지 않는다. 저는 오랜 세월 스승과 마음수행하는 비구를 모셨다. 그런데 아직 이와 같은 법문을 들은 적이 없다. 장자여, 그러나 백의의 재가자에게 이런 법문을 설하지 않는다. 장자여, 출가자에게 이런 법문을 설한다."

224. 조용현(1996), 5. 『정신은 어떻게 출현하는가?』, 서울 : 서광사. "정신을 하나의 주어진 '실체'가 아니라 생성되고 발전되어 가는, 그리고 지금도 발전돼 가고 있는 하나의 '사건' 또는 사상(事象)으로 본다."

에드워드 윌슨(E. S. Wilson) 저, 최재천 · 장대익 옮김(2021), 203-204. 『통섭』, 서울 : 사이언스북스. 사람이 가진 의식기능은 생명체의 진화과정에서 필요 때문에 자연스럽게 발생한 기능으로 이해한 것과 같은 입장을 취한다.

릭 핸슨 · 리처드 멘디우스 저, 장현갑 · 장주영 옮김(2000), 28. "마음은 뇌의 작용에 의한다"라고 주장한다.

문일수(2020a), 62-67. 사람의 마음현상도 신경회로가 활성화되면서 창발현상을 통해 발생하는 것으로 추정한다.

이 갈대이다. 문사초와 갈대는 다른 것이다. 그러나 문사초에서 갈대가 뽑혀진 것이다.' 라고 생각하는 것과 같다."[225]

이 경에서 세존은 갈대에서 갈대꽃이 나온 것처럼, 몸에서 마음이 나왔다는 관점을 가진다. 몸과 마음은 서로 분리해 생각할 수 없다. 이 둘은 서로 다른 기능을 가진 현상이다. 『대문답경大問答經』에서도 접촉 다음에 일어나는 느낌과 그 느낌을 대상으로 전개되는 지각 등이 분리된 것이 아니라 일련의 흐름으로 결합된 상태라고 주장한다.[226] 이와 같이 세존은 마음현상은 일련의 흐름, 혹은 파동(입자) 아니면 다른 현상으로 한 상태가 다른 상태와 분리돼 존재하지 않는다고 보았다. 『다계경多界經』에서 세존은 이런 상태를 연기라고 정의한다.[227]

---

225. MN. II, 17. "me sāvakā imamhā kāyā aññaṁkāyam abhinimminanti rūpiṃ manomayaṃ sabbaṅgapaccaṅgim abhinindriyaṃ. seyyathāpi, Udāyi, puriso muñjamhā isīkaṃ pabbāheyya, tassa evañ c' assa: ayaṃ muñjo ayam isīkā, añño muñjo aññā isīkā, muñjamhā tveva isīkā pabbāḷhā ti."

226. MN. I, 293. 주237 참조.

227. MN. III, 63-64. "idh', Ānanda, bhikkhu evaṃ jānāti. imasmiṃ sati, idaṃ hoti : imass' uppādā idam uppajjati : imasmim asati, idaṃ na hoti : imassa nirodhā idaṃ nirujjhati : -yadidam avijjāpaccayā saṁkhārā, saṁkhārapaccayā viññāṇaṃ, viññāṇapaccayā nāmarūpaṃ, nāmarūpapaccayā saḷāyatanaṃ, saḷāyatanapaccayā phasso, phassapaccayā vedanā, vedanāpaccayā taṇhā, taṇhāpaccayā upādānaṃ, upādānapaccayā bhavo, bhavapaccayā jāti, jātipaccayā jarāmaraṇaṃ sokaparidevadukkhadomanassupāyāsā saṁbhavanti. evam etassa kevalassa dukkhakkhandhassa samudayo hoti. -avijjāya tveva asesavirāganirodhā saṁkhāranirodho, saṁkhāranirodhā viññāṇanirodho,

『대상적유경大象跡喩經』에서는 여러 요소가 모여 새로운 요소가 된다고 설한다.[228] 『대분별경大分別經』에서는 두 장작이 접촉하고

viññāṇanirodhā nāmarūpanirodho, nāmarūpanirodhā saḷāyatananirodho, saḷāyatananirodhā phassanirodho, phassanirodhā vedanānirodho, vedanānirodhā taṇhānirodho, taṇhānirodhā upādānanirodho, upādānanirodhā bhavanirodho, bhavanirodhā jātinirodho, jātinirodhā jarāmaraṇaṃ sokaparidevadukkhadomanassupāyāsā nirujjhanti. evam etassa kevalassa dukkhakkhandhassa nirodho hoti. ettāvatā kho, Ānanda, paṭiccasamuppādakusalo bhikkhūti alaṃ vacanāyāti."

"아난다여, 비구가 이것이 있을 때 저것이 있고, 이것이 생겨남으로써 저것이 생겨난다. 이것이 없을 때 저것이 없고, 이것이 소멸함으로써 저것이 소멸한다. 무명(無明)을 조건으로 행(行)이 생겨나고, 행을 조건으로 식(識)이 생겨나고, 식을 조건으로 명색(名色)이 생겨나고, 명색을 조건으로 6입(六入)이 생겨나고, 6입을 조건으로 촉(觸)이 생겨나고, 촉을 조건으로 수(受)가 생겨나고, 수를 조건으로 애(愛)가 생겨나고, 애를 조건으로 취(取)가 생겨나고, 취를 조건으로 유(有)가 생겨나고, 유를 조건으로 생(生)이 생겨나고, 생을 조건으로 노사우비고뇌수(老死憂悲苦惱愁)가 생겨난다. 이와 같이 해서 모든 괴로움의 다발이 생겨난다. 그러나 무명이 남김없이 사라져 소멸하면 행이 소멸하고, 행이 소멸하면 식이 소멸하고, 식이 소멸하면 명색이 소멸하고, 명색이 소멸하면 6입이 소멸하고, 6입이 소멸하면 촉이 소멸하고, 촉이 소멸하면 수가 소멸하고, 수가 소멸하면 애가 소멸하고, 애가 소멸하면 취가 소멸하고, 취가 소멸하면 유가 소멸하고, 유가 소멸하면 노사우비고뇌수가 소멸한다. 이와 같이 해서 모든 괴로움의 다발이 소멸한다. 아난다여. 이 조건발생의 법칙 즉, 연기를 알고 또한 보면, 아난다여, 그 비구는 조건발생의 법칙 즉, 연기에 능숙한 자라고 불린다."

228. MN. I, 190-191. "seyyathā pi āvuso kaṭṭhañ-ca paṭicca valliñ-ca paṭicca tiṇañ-ca paṭicca mattikañ-ca paṭicca ākāso parivārito agāran-t' eva saṅkhaṃ gacchati, evam-eva kho āvuso aṭṭhiṃ ca paṭicca nahāruñ-ca paṭicca maṁsañ-ca paṭicca cammañ-ca paṭicca ākāso parivārito rūpan-t' eva saṅkhaṃ gacchati...yo paṭiccasamuppādaṃ passati so dhammaṃ passati, yo dhammaṃ passati so paṭiccasamuppādaṃ passatīti. paṭiccasamuppannā kho pan' ime yadidaṃ pañc' upādānakkhandhā.

"벗이여. 마치 나무, 덩굴, 건초, 찰흙을 조건으로 공간에 둘러 싸여 집이라고

마찰하면 열이 발생한다고 본다.[229] 이것은 화학반응에서처럼 개별요소가 조건이 맞으면 결합해 각각의 요소에 없는 새로운 현상이 발생한다고 설명하는 것과 비슷하다. 이때 만들어진 새로운 현상은 개별요소의 합이 아니라 차원과 기능이 다른 새로운 존재로 등장한다. 이런 관점은 자연계의 모든 존재는 서로 관계 속에서 영향미치며 변화하고 발전한다는 진화론의 입장과 유사한 관점이다. 『밀환경蜜丸經』에서는 사람의 마음현상이 발생하고 전개되는 과정을 다음과 같이 설한다.

"눈(眼)과 색(色)을 조건으로 눈의 인식(眼識)이 생겨나고, 이 3가지를 대상으로 촉(觸)이 생겨나고, 접촉한 것을 느끼고(受), 느낀 것을 인식(想)하고, 인식한 것을 사유(尋)하고, 사유한 것을 망상한다. 그리고 망상한 것을 토대로 과거 현재 미래에 걸쳐 눈에 인식되는 색에서 망상에 오염된 인지와 사유가 일어난다...귀(耳)..코(鼻)..혀(舌)..몸(身)..의(意)"[230]

불리어 지는 것처럼 뼈, 근육, 살, 피부를 조건으로 공간에 둘러싸여 몸으로 불리어진다...연기를 보는 자는 법을 보고, 법을 보는 자는 연기를 본다. 그리고 5취온은 연기적으로 이루어져 있다."

229. MN. III, 242-243. "seyyathāpi, bhikkhu, dvinnaṃ kaṭṭhānaṃ samphassasamodhānā usmā jāyati tejo abhinibbattati, tesaṃ yeva dvinnaṃ kaṭṭhānaṃ nānābhāvā vinikkhepā yā tajjā usmā sā nirujjhati sā vūpasammati."
"이를테면 비구여, 두 장작을 접촉시켜 마찰하면 열이 생겨나고, 불꽃이 생겨난다. 그러나 두 장작을 나누어 분리하면, 거기에서 생겨난 열이 식고 사라지는 것과 같다."

230. MN. I, 111-112. "cakkhuñ-c' āvuso paṭicca rūpe ca upajjati cakkhuviññāṇaṃ, tiṇṇaṃ saṅgati phasso, phassapaccayā vedanā, yaṃ vedeti taṃ sañjānāti, yaṃ sañjānāti taṁ vitakketi, yaṃ vitakketi taṃ papañceti, yaṃ papañceti tatonidānaṃ purisaṃ papañcasaññāsaṅkhā samudācaranti atītānāgatapaccuppannesu cakkhuviññeyyesu rūpesu...sotañ...ghānañ...jivhañ...kāyañ...manañ..."

이 경에서 6경과 6근이 접촉하면 다양한 느낌작용과 사유과정이 전개된다고 설한다. 『대연대변경大緣大便經』에서는 접촉 다음에 일어나는 느낌을 대상으로 다양한 사유과정과 행동유형이 발생한다고 주장한다.231) 『대상적유경大象跡喻經』에서는 인식영역이 나타나는 과정을 다음과 같이 설한다.

"벗이여. 내부에 눈이 완전하더라도 외부에 색이 시야에 들어오지 않고, 그것에 집중하지 않으면, 그것과 같은 의식은 나타나지 않는다. 벗이여. 내부에 눈이 완전하고 외부에 색이 시야에 들어오더라도 그것에 집중하지 않으면, 그것과 같은 의식은 나타나지 않는다. 벗이여. 내부에 눈이 완전하고 외부에서 색이 시야에 들어오고 그것에 집중하면, 비로소 그것과 같은 의식영역이 나타난다."232)

231. DN. II, 58-59. "iti kho Ānanda vedanaṃ paṭicca taṇhā, taṇhāṃ paṭicca pariyesanā, pariyesanaṃ paṭicca lābho, lābhaṃ paṭicca vinicchayo, vinicchayaṃ paṭicca chanda-rāgo, chanda-rāgaṃ paṭicca ajjhosānaṃ, ajjhosānaṃ paṭicca pariggaho, pariggahaṃ paṭicca macchariyaṃ, macchariyaṃ paṭicca ārakkho, ārakkhādhikaraṇaṃ paṭicca daṇḍādāna-satthā-dāna-kalaha-viggaha-vivāda-tuvaṁtuva-pesuñña-musāvādā-aneka pāpakā akusalā dhammā sambhavanti." "아난다여, 이와 같이 이 느낌을 조건으로 갈애가 생겨나고, 갈애를 조건으로 추구가 생겨나고, 추구를 조건으로 획득이 생겨나고, 획득을 조건으로 결정이 생겨나고, 결정을 조건으로 욕망과 탐욕이 생겨나고, 욕망과 탐욕을 조건으로 탐닉이 생겨나고, 탐닉을 조건으로 편취가 생겨나고, 편취를 조건으로 이기심이 생겨나고, 이기심을 조건으로 보호가 생겨나고, 보호로 인해 몽둥이나 칼을 잡고 분쟁, 다툼, 논쟁, 이간질, 험담, 망어 등 많은 악하고 불선법이 생겨난다."

232. MN. I, 190. "ajjhattikañ-ce āvuso cakkhum aparibhinnaṃ hoti bāhirā ca rūpā na āpātham āgacchanti no ca tajjo samannāhāro hoti, n' eva tāva tajjassa viññāṇabhāgassa pātubhāvo hoti. ajjhattikañ-ce āvuso cakkhum aparibhinnaṃ hoti bāhirā ca rūpā āpātham āgacchanti no ca tajjo samannāhāro hoti, n' eva

이 경에서는 6경과 6근이 정상이고, 그것이 접촉하고, 그 접촉 정보가 마음공간으로 들어와 마음정보인 6식형태로 심상心像을 맺는다고 설한다. 그러나 6식에 주의를 기울여야만 비로소 그것에 일치하는 인식영역이 나타난다고 주장한다.[233] 인식영역에 맺힌 심상을 대상으로 특정느낌이 일어나고, 그 느낌을 대상으로 다양한 사유과정이 일어난다. 그러나 인지과정이 먼저인지 느낌과정이 먼저인지는 현재로서는 결정할 수 없다.

이때 그 맺어진 심상을 알아차림하고 주목하고 집중해야 비로소 마음공간에 심상이 존재하게 된 줄을 자각한다. 『염처경念處經』에서는 자신이 주의집중하는 것만큼만 알아차림이 이루어진다고 설한다.[234] 『이심경二尋經』에서는 자주 사유한 것은 마음 속 훈습(잠

---

tāva tajjassa viññāṇabhāgassa pātubhāvo hoti. yato ca kho āvuso ajjhattikañ-c' eva cakkhum aparibhinnaṃ hoti bāhirā ca rūpā āpātham āgacchanti tajjo ca samannāhāro hoti, evaṃ tajjassa viññāṇabhāgassa pātubhāvo hoti."

233. 릭 핸슨 · 리처드 멘디우스 저, 장현갑 · 장주영 옮김(2000), 128. "흔히 정신활동은 언어적 사고와 동일시되지만, 뇌는 대개 비언어적인 활동 즉, 정신적 그림을 그리는 것 등에 더 치중하고 있다. 심상화는 뇌의 우반구를 활성화시키며 스트레스의 원인이 되는 내면의 수다를 멈추게 한다."

234. MN. I, 60. "iti ajjhattaṃ vā dhammesu dhammānupassī viharati, bahiddhā vā dhammesu dhammānupassī viharati, ajjhattabahiddhā vā dhammesu dhammānupassī viharati : samudayadhammānupassī vā dhammesu viharati, vayadhammānupassī vā dhammesu viharati, samudayavayadhammānupassī vā dhammesu viharati. atthi dhammā ti vā pan' assa sati paccupaṭṭhitā hoti yāvad-eva ñāṇamattāya patissatimattāya, anissito ca vaharati na ca kiñci loke upādiyati. evaṃ kho bhikkhave bhikkhu dhammesu dhammānupassī viharati pañcasu nīvaraṇesu."
"이와 같은 방식으로 그는 법을 안으로, 밖으로, 안팎으로 관찰한다. 또는 법의 생성, 소멸, 생성과 소멸의 현상을 관찰한다. 그에게 순수한 앎과 주의깊음이

재의식)이 된다고 주장한다.[235] 이것은 알아차림하는 것만큼 마음의 지향작용이 일어나는 것과 비슷하다. 존재하더라도 주목하지 않으면 의미없고, 자주 사유하고 집중하고 행동하는 것은 습관이 된다. 이것은 공수행과 연관지어 마음상태를 관리하는데 핵심관점이다.

『대감경大感經』에서는 접촉대상을 있는 그대로 알지 못하면 접촉대상에 인지오류를 일으키고, 그 대상에 애착하고 속박되면 갈애가 성장하고 고통이 증가한다. 그러나 있는 그대로 알고 보면 접촉대상에 애착하지 않고 그 대상에서 생겨나는 다양한 느낌에 속박되지 않아서 갈애가 제거되고 괴로움이 소멸한다.[236] 이런 특성을 가진 마음현상을 『대문답경大問答經』에서는 다음과 같이 설한다.

"벗이여. 느낌(受), 인식(想), 식별(識), 이것은 결합한 상태이지 분리된 상태가 아니다. 한 상태를 다른 상태와 분리해 이것들 사이의 차이를 알게 하는 것이 가능하지 않다. 느낌을 대상으로 인식하고, 인식한 것을 대상으로 구

있는 정도만큼 '법이 있다.'는 싸띠가 이루어진다. 그는 세상의 어느 것에도 의존하지 않고 세상의 어느 것에도 집착하지 않는다. 비구여, 이와 같이 4성제 안에서 법을 관찰한다."

235. MN. I, 115. "yañ-ñad-eva bhikkhave bhikkhu bahulam-anuvitakketi anuvicāreti thatā thatā nati hoti cetaso. kāmavitakkaṃ ce bhikkhave bhikkhu bahulam-anuvitakketi anuvicāreti, pahāsi nekkhammavitakkaṃ, kāmavitakkaṃ bahulam-akāsi, tassa taṃ kāmavitakkāya cittaṃ namati."
"비구여, 자주 사유하고 숙고한 것은 무엇이든지 점차 마음경향이 된다. 그가 자주 애욕을 사유하고 숙고하면, 그는 애욕을 여읜 사유를 버리고, 애욕에 매인 사유를 계발시켜서, 그의 마음은 애욕에 매인 사유로 향한다."

236. MN. III, 287-289. 주7 참조.

분, 분별, 판단한다. 그러므로 이것은 결합상태이지 분리상태가 아니다. 한 상태를 다른 상태와 분리해 이것들 사이의 차이를 알게 하는 것이 가능하지 않다."[237]

세존이 이 경에서 설하듯이, 6경과 6근이 접촉하고 난 다음에 일어나는 특정느낌受과, 그 느낌을 대상으로 인지하고 분별하는 과정은 각각 분리해 존재하는 것이 아니라 연결된 하나의 흐름으로 이해해야 한다고 주장한다.[238] 『장경藏經』에서는 이런 마음현상의 특수성으로 인해, 그와 같은 마음현상을 관리할 수 있는 수행의 필요성을 제기한다.[239]

---

237. MN. I, 293. "yā c' āvuso vedanā yā ca saññā yañ-ca viññāṇam ime dhammā saṁsaṭṭhā no visaṁsaṭṭhā. labbhā no ca labbhā imesaṃ dhammānaṃ vinibbhujitvā, vinibbhujitvā nānākaraṇaṃ paññāpetuṃ. yaṃ h' āvuso vedeti taṃ sañjānāti, yaṃ sañjānāti taṃ vijānāti, tasmā ime dhammā saṁsaṭṭhā no visaṁsaṭṭhā, na ca labbhā imesaṃ dhammānaṃ vinibbhujitvā vinibbhujitvā nānākaraṇaṃ paññāpetun-ti."

238. 문일수(2020b), 92. "하나의 반응이 시작되면 이 반응은 연결된 신경망에 전달돼 이어지는 앙상블활성이 일어나고, 이런 과정은 파도처럼 계속 이어진다. 동시다발적으로 시작했으니 각각의 시작점에서부터 그 파도도 역시 동시다발적으로 이어져 나간다. 밖에서 시작된 전오식뿐 아니라 뇌 자체에서 시작된 생각의 앙상블도 마찬가지로 파도를 일으키며 이어진다."라고 주장한다.
문일수(2020b), 62-67. 이것은 오케스트라 연주처럼 개별악기의 하나하나 음절들이 모여서 웅장한 화음을 이루는 것처럼, 개별자극에 대한 신경활성화와 같은 창발현상을 일으키는 것으로 파악한다.
릭 핸슨 · 리처드 멘디우스 저, 장현갑·장주영 옮김(2000), 28. "마음은 뇌의 작용에 의한다"라고 주장한다.

239. SN. IV, 162-164. 주305 참조.

3) 마음공간

마음은 신경회로의 작용으로 생성된 생체의 전기작용을 기반으로 하고 거기에 더해 다양한 매개체가 결합되면서 발생하는 의식의 사이버 공간이다. 마음작용은 뇌를 정점으로 하는 신경망의 작동으로 생기는 특수현상으로, 일종의 사이버 공간과 비슷한 기능을 한다. 마음현상을 공간으로 설정하는 것은 수행이 이루어지는 현장이 마음공간이고, 그 공간에서 아싸봐를 제거하고, 그 공간을 청정하게 할 수 있기 때문이다.[240]

---

240. 릭 핸슨 · 리처드 멘디우스 저, 장현갑·장주영 옮김(2000), 74-75. "우리의 뇌는 세계를 시뮬레이션 한다. 우리가 살아가는 세계는 실재와 매우 유사한 가상현실인 셈이다."라고 하며, 이 책 174 "마음현상을 공간으로 이해하고 있는 것"을 알 수 있다.

에드워드 윌슨 저, 최재천·장대익 옮김(2021), 204-205. "의식은 그런 암호화 네트워크가 병렬 처리되는 과정이다. 1초에 40번의 뇌파주기로 동기화된 신경세포들의 격발을 통해 많은 의식이 연결되어 있다. 이런 과정 때문에 다중 감각 인상의 내부 지도 그리기가 동시적으로 이뤄진다. 몇몇 인상은 신경계 밖의 계속된 자극 때문에 주어진 것으로 실재를 표상하지만 다른 것들은 피질의 기억 은행에서 회상되는 것들이다. 이 모든 것이 합해져서 시나리오를 창조하는데, 이 시나리오는 실제로 시간에 따라 이리저리 흘러 다닌다. 그 시나리오들은 가상현실이다. 그것들은 외부 세계의 일부와 거의 일치할 수도 있지만, 완전히 분리될 수도 있다. 그 시나리오들은 과거를 재창조하고 앞으로 하게 될 생각과 행동을 위한 선택 가능한 대안들을 구축한다. 또한, 조밀하고 세밀하게 분화된 뇌 회로의 패턴을 구성한다. 외부로부터의 입력에 완전히 개방되면 그 시나리오들은 감각 기관의 감시를 받는 몸의 활동들까지 포함한 환경의 모든 부분에 잘 대응한다."고 하며, 마음현상이 가상현실을 구성하며 외부의 자극에 대한 수동성뿐만 아니라 마음 자체의 능동성도 주목한다.

윤지영 · 노상규(2009), 78. 「인터넷의 진화와 공간개념의 변화」, 『經營論集』 第43券, 統合號 : 서울대학교 경영연구소. "공간을 물리적 공간에서 온라인 공간으로까지 확장한다."

공간이해는 물리공간뿐만 아니라 사회적, 심리적, 그리고 사이버 공간에 이르기까지 과학발달과 더불어 인간경험이 다양해짐에 따라, 공간정의의 발전과 그에 따른 사회관계도 변화발전한다.

『탁발청정경托鉢淸淨經』에서는 공수행으로 기억정보와 결합해 있는 아싸봐를 제거해야 한다고 설한다.[241] 이렇듯 세존은 공空이라는 가상의 마음공간 설정을 통해 설명한다. 『심지경尋止經』에서는 아싸봐와 같은 불선법이 일어나면 즉시, 다른 특정한 상을 떠올리면 그 아싸봐가 마음공간에서 비워진다고 설한다.[242] 마음공간에

황순일(2003), 222-223. 「테라바다(Theravada)의 공간 개념과 열반」, 『인도철학』 제12집 2호, 인도철학회. "물리적 측면에서는 정신적 공간이 존재하지 않지만, 개념적으로 설정이 가능할 수 있다."고 본다.

241. MN. III, 294. "tasmātiha, Sāriputta, bhikkhu sace ākaṅkheyya: suññatāvihārena etarahi bahulaṃ vihareyya ti, tena, Sāriputta, bhikkhunā iti paṭisañcikkhitabbaṃ: yena cāhaṃ maggena gāmaṃ piṇḍāya pāvisiṃ, yasmiñ ca padese piṇḍāya paṭikkamiṃ, atthi nu kho me tattha cakkhuviññeyyesu rūpesu chando vā rāgo vā doso vā moho vā paṭighaṃ vā pi cetaso ti? sace, Sāriputta, bhikkhu paccavekkhamāno evaṃ jānāti: yena cāhaṃ maggena gāmaṃ piṇḍāya pāvisiṃ, yasmiñ ca padese piṇḍāya acariṃ, yena ca maggena gāmato piṇḍāy paṭikkamiṃ, atthi me tattha cakkhuviññeyyesu rūpesu chando vā rāgo vā doso vā moho vā paṭighaṃ vā pi cetaso ti."
"싸리뿟따여, 비구가, 지금 공수행을 하고 싶다고 원한다면, 그는 이와 같이 내가 마을로 탁발하러 들어가는 길이거나, 어떤 장소에서 탁발하거나, 마을에서 탁발하고 돌아오는 길이거나, 그 곳에 눈에 인식되는 색에 대해 마음에 욕망, 탐욕, 미움, 미혹, 혐오가 있는가? 라고 성찰해야 한다. 만약 그 비구가 성찰해 마을로 탁발하러 들어가는 길이거나, 어떤 장소에서 탁발하거나, 마을에서 탁발하고 돌아오는 길이거나, 그 곳에 눈에 의해 인식되는 색에 대해 마음에 욕망, 탐욕, 미움, 미혹, 혐오가 있다고 한다면, 그 때 그 비구는 악하고 불선법의 상태를 버리기 위해 노력해야 한다."

242. MN.I, 119. "idha bhikkhave bhikkhuno yaṃ nimittam āgamma yaṃ nimittaṃ manasikaroto uppajjanti pāpakā akusalā vitakkā chandūpassaṁhitā pi dosū-

욕망이나 분노와 같은 불선법의 아싸봐가 등장하면 즉시, 선법이나 자비심과 같은 건전한 주제에 마음을 집중시킨다. 그러면 그 집중대상이 마음공간을 채우면 마음상태가 평화롭게 안정된다고 본 것이다. 즉, 마음공간에 특정현상이 등장하면, 다른 주제로 바꿈으로써 마음상태를 효과적으로 관리할 수 있다고 주장한다.

『포외경怖畏經』에서는 마음 즉, 알아차림 기능인 싸띠를 특정대상으로 보냄으로써 탐욕이 마음을 덮치지 못하게 해야 한다고 표현한다.243) 이것은 마음현상을 공간으로 보고 아싸봐가 그 공간을

---

passaṁhitā pi mohūpassaṁhitā pi, tena bhikkhave bhikkhunā tamhā nimittā aññaṃ nimittaṃ manasikātabbaṃ kusalūpasaṁhitaṃ : tassa tamhā nimittā aññaṃ nimittaṃ manasikaroto kusalūpasaṁhitaṃ ye pāpakā akusalā vitakkā chandūpasaṁhitā pi dosūpasaṁhitā pi mohūpasaṁhitā pi te pahīyanti te abbhatthaṃ gacchanti, tesaṃ pahānā ajjhattam-eva cittaṃ santiṭṭhati sannisīdati ekodihoti samādhiyati."

"비구여. 어떤 상에 마음을 일으켜 자기 안에 탐, 진, 치와 관련된 악하고 불선법의 사유가 일어나면, 그는 그 상과 다른 선한 어떤 상과 관련된 마음을 일으켜야 한다. 그러면 탐, 진, 치와 관련된 불선법의 사유가 제거되고 사라진다. 그것이 제거되고 사라지면 안으로 마음이 정립되고, 안정되고, 통일되고, 집중된다."

243. MN. I, 17. "evam-etaṃ brāhmaṇa, evam-etaṃ brāhmaṇa: durabhisambhavāni hi brāhmaṇa araññe-vanapatthāni pantāni senāsanāni, dukkaraṃ pavivekaṃ, dhurabhiramam ekatte, haranti maññe mano vanāni samādhim alabhamānassa bhikkhuno ti. mayham-pi kho brāhmaṇa pubbe va sambodhā anabhisambuddhassa bodhisattass' eva sato etad-ahosi:durabhisambhavāni hi kho araññe-vanapatthāni pantānisenāsaāni, dukkaraṃ pavivekaṃ, durabhiramam ekatte, haranti maññe mano vanāni samādhim alabhamānassa bhikkhuno ti."

"브라흐마나여, 숲속 우거진 숲의 수행처는 견디기 어렵고, 멀리 여읨을 실천하기 어렵고, 멀리 여읨을 즐기기 어렵다. 생각하건대 숲은 집중하지 않으면 비구 마음을 빼앗아 간다. 브라흐마나여, 내가 아직 깨닫지 못한 보살이었을 때, 싸

덮는다는 의미이다. 『소상적유경小象跡喩經』에서는 마음공간에 존재하는 5가지 마음오염원인 5장애가 마음공간을 덮거나, 싸띠를 가려서 혜를 허약하게 만든다고 설한다.[244] 이렇듯 여러 경에서 마음현상을 하나의 공간개념으로 이해하고 있음을 알 수 있다.

물리공간에서 존재가 접촉하면서 사회공간이 형성되고, 사회공간에서 다른 존재와의 관계 속에서 마음공간이 만들어지고 접촉정보가 입력된다. 새롭게 입력되는 마음정보는 이미 마음공간에 존재하는 과거경험의 흔적이 기억정보와 결합해 새로운 마음상태를 형성하고 발전하면서 마음공간에서 활동한다.

이상을 살펴보면 세존은 마음현상을 하나의 공간으로 이해하고 있음을 알 수 있다. 존재한다는 것은 시간과 공간이 필요하다. 공간이 없으면 어떤 것도 존재할 수 없기 때문이다. 마음공간에 아싸봐가 채워지거나 비워진다는 것은 어떤 형태로든 공간을 상정해야 가능하다. 그 마음공간 속에서 기억정보와 결합해 있는 아싸봐가 이미지의 형태로 등장하는 심상을 대상으로 싸띠가 작동하면서 수행이 이루어진다.

4) 마음구성인자

모든 존재에는 그 존재를 구성하는 인자가 있다. 개별인자가 조

띠를 확립하고 한적한 숲의 숲속 외딴 처소는 견디기 어렵고, 멀리 여읨을 실천하기 어렵고, 멀리 여읨을 즐기기 어렵다. 생각하건대 '숲은 집중하지 않으면 비구마음을 빼앗아간다.' 라고 생각했다."

244. MN. I, 181. 주164 참조.

건에 따라 결합하면 개별인자에는 존재하지 않는 새로운 현상이 발생한다. 이때 만들어진 현상은 개별요소의 합이 아니라 차원과 기능이 다른 새로운 존재가 등장한다.[245]

뇌를 구성하는 인자와 뇌 활동으로 생긴 마음현상을 구성하는 인자는 반드시 일치하지 않는다. 마음공간에서 화학반응이 이루어지면 화학반응에 참여한 개별인자에 없는 새로운 현상이 생성된다. 그렇기 때문에 이 둘은 구분해 사고하고 접근할 필요가 있다. 물론 뇌와 뇌의 작동으로 생겨난 마음현상은 긴밀하게 연결돼 있고 연동돼 작동하지만 분명히 다른 현상이다. 『대전모경大箭毛經』에서 갈대와 문사초의 비유로 설명하듯이,[246] 연결돼 작동한다는 것을 충분히 이해하고, 동시에 각 위상에 따라 구분해 사고하고 이해해야 한다. 따라서 이 책에서는 우리가 마음현상을 보다 효과적으로 다루기 위해 마음현상에 내재한 법칙성과 드러난 특성이 무엇인지를 이해하고 더 나아가 마음현상의 구성인자가 무엇이며, 마음현상의

---

245. 문일수(2020a), 62-67. "사람의 마음현상이란 신경회로가 활성화되면서 창발현상을 통해 발생하는 것"으로 주장한다.

문일수(2020b), 79. "마음의 단위는 곧 정보(기억)의 단위이다. 기억은 뇌신경망이기 때문에 마음의 단위는 하나의 정보를 대변하는 뇌신경회로망이다. 이는 신경세포들이 모여 연결된 신경앙상블(neural ensemble, 세포회합 cell assembly)이다. 하나의 앙상블을 이루는 신경세포의 수가 얼마나 되는지는 정보에 따라 다를 것이다."라고 해서, 마음을 작게 분해해보면 가장 작은 단위가 기억의 단위라고 하면서 그것은 뇌신경망과 연결돼 있다고 주장한다. 이것은 마음현상을 일으키는 기제인 뇌의 기본단위가 개별 신경세포가 연결된 신경회로란 의미이다.

246. MN. II, 17. 주225 참조.

구조모형을 만들 수 있는지에 대한 올바른 지식도 필요하다. 그 지식에 기초해 마음현상을 화학차원이나 물리차원에서 이해할 수 있고, 마음관리를 공학차원으로 발전시킬 수 있다.

마음현상을 일으키는 기제는 뇌를 정점으로 하는 신경망이다. 감각대상인 6경과 감각기관인 6근이 접촉하는 순간 마음공간이 형성되면서 감각대상의 심상이 마음공간에 맺힌다. 동시에 알아차림 기능인 싸띠가 생성되고, 그 순간 마음공간에 이미 입력돼 있던 기억정보가 등장하고 개입한다. 6경과 6근이 접촉하는 순간 형성되고 전개되는 마음현상의 첫 지점이 마음현상의 최소단위이다. 이렇게 형성되는 마음구성인자 가운데 중요인자 4개의 기능을 살펴본다.

구성인자의 결합은 해당 구성인자에는 없는 새로운 현상이 생성된다. 이때 구성인자의 결합으로 생성된 현상은 구성인자와는 성질과 위상이 다른 현상이다. 존재위상이 달라지면 그 존재를 생성시킨 존재수준이 아니라, 새롭게 발생한 존재수준에서 해당 존재를 이해해야 한다. 물론 그 존재를 다루는 도구나 수단도 달라져야 한다. 그렇지 않고 현상을 발생시킨 존재수준에서 새롭게 등장한 존재를 이해하려는 것은 환원오류를 범하게 된다. 가령 뇌작동으로 생긴 의식현상은 뇌와는 차원이 다른 현상이다. 그럼에도 불구하고 의식현상을 생성시키는 기제인 뇌 차원에서 의식을 이해하려는 것은 충분치 않다. 가령 수력발전으로 전기를 생성시키지만, 생성된 전기는 물과는 위상이 다른 존재이다. 그럼에도 불구하고 전기를 생성시키는 물 수준에서 전기를 이해하려는 것은 곤란하다.

〈표 4.3〉 마음구성인자 247)

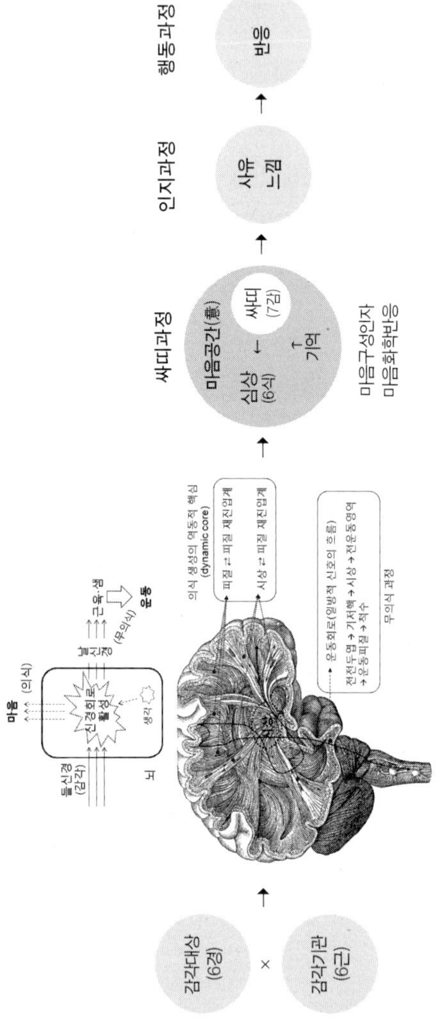

247. 문일수(2020a), 68. “신경회로와 마음 · 운동의 관계”의 도표를 마음구성인자들과 결합했다.

(1) 의(意, mano)

의意는 마음구성인자 가운데 하나이다. 의는 전오근前五根을 통해 외부에서 입력되는 외인성外因性, exogenous 법경과 마음내부에 이미 입력돼 있다가 활성화된 심상을 감지하는 내인성內因性, endogenous 법경이 있다.

의는 마음거울 기능을 한다. 여기서 마음거울의 설정은 기억정보와 결합해 있는 아싸봐를 분리해체하는 수행의 중요한 이론토대가 된다.[248]

---

248. 문일수(2022), 법보신문 제1648호(2022년 9월 14일), 11면. 문일수는 의를 '마음거울' 이란 개념을 차용한다. "뇌에는 바깥세상을 비추는 거울이 있다. 인식대상인 전오경(前五境, 色 · 聲 · 香 · 味 · 觸)의 실체를 뇌로 가져올 방법은 없다. 대신 그들에 대한 이미지(image)가 뇌에 맺힌다. 그 이미지는 마음을 만드는 재료가 되기에, 뇌를 마음거울(mind mirror)이라고 한다. 뇌는 마음거울에 맺힌 상을 해석하여 대상을 안다. 그것이 마음이 된다...뇌는 '감각에 대한 전기적 상' 을 맺는다. 전기라는 실체가 맺은 상이기에 뇌에 맺힌 상은 실상(實像)이다. 전오경을 감지하는 감각기관인 전오근[안(眼,눈) · 이(耳,귀) · 비(鼻,코) · 설(舌,혀) · 신(身,몸)]은 전기를 만들어 뇌로 보낸다. 전오근은 전오경을 활동전위(action potential, 0.1V)라는 약한 전기로 바꾸는 변환기(transducer)이다...감각기관(前五根)이 보내준 전기신호를 사용하여 대뇌피질에 있는 마음거울은 전오경을 재구성한다. 그 재구성된 실체가 마음거울에 맺힌 상이다...평면거울과 달리 마음거울은 11차원으로 연결된 입체거울이다. 그 복잡한 신경망에 전기가 흐르면서 외부대상의 실체를 재구성해낸다."

문일수는 위 논문에서 마음거울에 관하여 계속 다음과 같이 서술한다. "시각, 즉 '형태 마음거울' 에서의 재구성과정은 꽤 알려져 있다. 망막에 맺힌 상은 전기[활동전위]로 변환되어 시상을 거쳐 1차 시각피질로 전달된다. 거기에서 2차, 3차, 4차...,시각분석을 거치면서 해마(hippocampus)로 분석이 계속된다. 해마는 측두엽(temporal lobe)에 있다. 따라서 '시각 마음거울' 은 망막→시상→1차→2차→3차→4차시각피질→해마를 관통하는 커다란 입체거울이다. 그만큼 시각 마음거울은 삶에 중요하기 때문이다. 시야가 망막에 상으로 맺히면

'意' 로 번역되는 Pāli어 'mano' 혹은 'manas' 는 중성명사로, '생각하다, 추측하다, 고려하다' 의 어근 '√man' 에서 파생된 것으로,[249] '정신, 생각, 관념, 사유, 의식, 의意' 등의 의미이다.[250]

의와 비슷한 의미를 가진 것이 심心이다. '心' 은 Pāli어 'citta' 혹은 'ceto' 는 여성명사로, '주시하다, 인식하다, 전심하다' 의 어근

망막에서는 점을 분석한다. 아무리 복잡한 시야라도 결국 점들의 모임이다... 점점 더 높은 차원으로 가면서 면, 입체 등 복잡한 형상이 차례로 재구성된다. 사람형상 같으면 손, 얼굴 등이 재구성된다. 해마의 어떤 신경세포는 손 혹은 얼굴은 인식한다는 뜻이다. 더 높은 차원으로 가면 시야 전체가 재구성된다. 해마의 어떤 신경세포는 시야의 특정한 지점을 인식한다. 이 신경세포는 시야의 많은 정보를 취합하여 내가 지금 어디에 있는지를 안다는 것이다. 내가 어디에 있음을 알려면 주변의 다양한 형상이 인지돼야 할 뿐 아니라, 상호 간의 위치 관계도 파악돼야 한다. 동서남북 사위가 결정되고, 격자가 설정되어 내가 어느 위치에 있다는 것이 분석돼야 한다. 이와 같이 해마에는 시야의 격자를 그리는 격자세포(grid cell)와 장소를 아는 장소세포(place cell)가 있다. 이런 세포가 있기에 나의 위치가 파악되고 항해(네비게이션)가 가능하다. 격자세포와 장소세포를 발견한 연구자들이 2014년 노벨생리의학상을 수상하였다. 마음거울에 상이 맺히는 속도는 느리다. 활동전위는 초당 100m의 속도로 느리기 때문이다. 상이 맺히는 시간은 느리지만 마음거울은 평면 유리거울이 할 수 없는 다양한 기능을 제공한다. 신호처리 과정에 흐르는 전기를 끌어 다른 목적에 사용할 수 있다...감각대상이 마음거울에 맺힌 상은 감각 뇌활성이며, 이는 법이라는 감각대상[法境]이 된다. 법경을 감지하는 감각기관을 붓다는 의근[意根, mano]이라고 설정하였다. 의근은 고따마 싯다르타를 깨달은 자 붓다[Buddha, 부처]로 만든 위대한 발견이다. 의근에 포섭되면 의식(마음)이 되고, 의근을 잘 관리하면 괴로운 마음에서 벗어날 수 있기 때문이다. 붓다는 의근을 발견하고 그 관리 방법까지 창안하였다."

249. 전재성(2005), 1039.

250. 전재성(2005), 1538.
水野弘元(1981), 218. "意, 心"
PED(1986), 520-522. "mind, thought"

'√ci' 에서 파생된 것으로,[251] '마음, 생각, 심心' 의 의미이다.[252]

심에는 두 가지 의미가 있다. 하나는 『거유경鋸喩經』에서 의와 비슷한 개념으로 사용한다.[253] 다른 하나는 『염처경念處經』에서 신수심법身受心法의 4념처에서의 심으로 한 순간의 마음상태를 8가지 범주, 16가지로 구분해 표현한다.[254] 의가 마음기능에 초점둔 것이라

---

251. 전재성(2005), 1035.

252. 전재성(2005), 361.
水野弘元(1981), 105-106. "心"
PED(1986), 266-268. "heart"

253. MN. I, 124. "Ārādhayiṁsu vata me bhikkhave bhikkhū ekaṃ samayaṃ cittaṃ."
"비구여, 참으로 나의 마음을 기쁘게 한 적이 있다."

254. MN. I, 59. "kathañ-ca bhikkhave bhikkhu citte cittānupassī viharati: idha bhikkhave bhikkhu ① sarāgaṃ vā cittaṃ sarāgaṃ cittan-ti pajānāti, vītarāgaṃ vā cittaṃ vītarāgaṃ cittan-ti pajānāti, ② sadosaṃ vā cittaṃ sadosaṃ cittan-ti pajānāti, vītadosaṃ vā cittaṃ vītadosaṃ cittan-ti pajānāti, ③ samohaṃ vā cittaṃ samohaṃ cittan-ti pajānāti, vītamohaṃ vā cittaṃ vītamohaṃ cittan-ti pajānāti, ④ saṅkhittaṃ vā cittaṃ saṅkhittaṃ cittan-ti pajānāti, vīkkhittaṃ vā cittaṃ vīkkhittaṃ cittan-ti pajānāti, ⑤ mahaggataṃ vā cittaṃ mahaggataṃ cittan-ti pajānāti, amahaggataṃ vā cittaṃ amahaggataṃ cittan-ti pajānāti, ⑥ sauttaraṃ vā cittaṃ sauttaraṃ cittan-ti pajānāti, anuttaraṃ vā cittaṃ anuttaraṃ cittan-ti pajānāti, ⑦ samāhitaṃ vā cittaṃ samāhitaṃ cittan-ti pajānāti, asamāhitaṃ vā cittaṃ asamāhitaṃ cittan-ti pajānāti, ⑧ vimuttaṃ vā cittaṃ vimuttaṃ cittan-ti pajānāti, avimuttaṃ vā cittaṃ avimuttaṃ cittan-ti pajānāti."
"비구여. 비구가 심을 관찰하는 것은 어떠한 것인가? 비구여. 비구가 ① 탐욕으로 가득 찬 마음을 탐욕으로 가득 찬 마음이라고 분명히 알고, 탐욕에서 벗어난 마음을 탐욕에서 벗어난 마음이라고 분명히 안다. ② 성냄으로 가득 찬 마음을 성냄으로 가득 찬 마음이라고 분명히 알고, 성냄에서 벗어난 마음을 성냄에서 벗어난 마음이라고 분명히 안다. ③ 어리석음으로 가득 찬 마음을 어리석음으로 가득 찬 마음이라고 분명히 알고, 어리석음에서 벗어난 마음을 어리석음에서 벗

면, 심은 접촉 다음에 일어나는 '한 순간의 마음상태'를 주목한 것이다.

일반적으로 의식意識이라고 통칭하지만, 의와 식은 하나의 개념이라기보다는 밀접한 연관을 가진 두 개의 개념이다. 대부분은 함께 사용하는 경향이 많지만, 의와 법 그리고 식과 심 등은 서로 밀접한 연관을 가지며 일련의 흐름 위에서 각기 다른 특성과 기능을 지닌 현상이다. 『대전모경大箭毛經』에서 세존은 갈대와 문사초의 비유를 들면서 전개과정에 기초해 달라진 기능에 따라 이름을 다르게 붙인다.[255)]

이 책에서는 특별한 경우를 제외하고는 감각기관의 의미로 쓸 때는 의意, 법경이 마음공간에 심상으로 맺힌 것은 식識이라고 하며, 일반적으로 의식기능 전체를 나타낼 때는 마음心이라고 한다.

(2) 법(法, dhamma)

법法은 마음구성인자 가운데 하나이다. 법경은 의근대상이 된다.

어난 마음이라고 분명히 안다. ④ 주의깊은 마음을 주의깊은 마음이라고 분명히 알고, 산만한 마음을 산만한 마음이라고 분명히 안다. ⑤ 계발된 마음을 계발된 마음이라고 분명히 알고, 계발되지 않은 마음을 계발되지 않은 마음이라고 분명히 안다. ⑥ 고귀한 마음을 고귀한 마음이라고 분명히 알고, 고귀하지 못한 마음을 고귀하지 못한 마음이라고 분명히 안다. ⑦ 싸마디에 든 마음을 싸마디에 든 마음이라고 분명히 알고, 싸마디에 들지 않은 마음을 싸마디에 들지 않은 마음이라고 분명히 안다. ⑧ 해탈된 마음을 해탈된 마음이라고 분명히 알고, 해탈되지 않은 마음을 해탈되지 않은 마음이라고 분명히 아는 것이다.

번호는 임의로 붙임.

255. MN. II, 17. 주225 참조.

마음공간에서 시작하는 것을 내인성 법경, 마음 밖에서 시작하는 법경을 외인성 법경이라고 한다. 법경이 마음공간에 입력되고 인지될 때는 심상형태로 상을 맺는다. 그렇게 맺힌 심상을 싸띠가 인지하고 알아차림한다.

'法'으로 번역되는 Pāli어 'dhamma'는 남성명사나 중성명사로,[256] '들다, 지탱하다, 유지하다, 참다'의 어근 '√dhṛ'에서 파생된 것으로, '법, 진리, 이론, 이치, 도道, 가르침, 교훈, 조직적인 가르침, 상태, 성질, 사물, 것, 현상, 형상세계, 원인, 조건, 정신의 대상, 관념, 개념, 생각, 분석적 지식, 철학, 정신적 태도, 마음가짐, 자연, 우주적 질서, 도덕, 당위, 해야 하는 것, 선한 행위' 등의 의미이다.[257]

의근과 법경은 거울과 거울에 맺힌 상과 같다.[258] 거울이 있고 거울 앞에 물체를 두면 거울표면에 상이 맺힌다. 이때 거울과 거울 표면에 맺힌 상은 하나가 아니라 두 개의 존재가 하나처럼 보인다. 이것은 서로 밀접히 연관된 형상이기는 해도 분명 다른 존재이다.

---

256. 전재성(2005), 1037.

257. 전재성(2005), 412.
水野弘元(1981), 132-133. "法, 教法, 眞理, 正義"
PED(1986), 335-339. "sense-object, moral philosophy, wisdom, truth as propounded by Gotama Buddha in his discourse & conversation"

258. 뇌가 전기를 사용해 가상공간을 형성하고 외부의 대상을 마음거울에 상을 맺게 하는 것과, 전파망원경이 전파를 활용해 모니터에 상을 맺게 하는 기술의 구조가 비슷하다. wikipedia, https://ko.wikipedia.org/wiki/전파망원경 (검색일자, 2022년 10월 4일)

(3) 식(識, viññāṇa)

식識은 법法의 다른 형태이다. 여기서는 식은 법과 다른 형태이기 때문에 특화해 다룬다.

'識' 으로 번역되는 Pāli어 'viññāṇa' 는 중성명사로, '알다, 추측하다, 시인하다' 의 어근 '√jñā' 에서 파생된 것으로,[259] '알음알이, 식별, 인식, 의식, 식識, 생기, 원기, 분별하다' 등의 의미이다.[260]

식은 두 가지 의미로 해석한다. 하나는 전통적으로 해석하는 '식별하다' 의 의미이고, 다른 하나는 감각기관 별로 인지대상을 감각기관 별로 식별해 의 즉, 마음공간에 심상으로 맺힌 것이다. 그렇게 감각기관 별로 식별해 맺은 심상을 싸띠가 알아차림한다.

먼저 식별기능을 살펴본다. 『대문답경大問答經』에서는 다음과 같이 설한다.

"마하꼿티따여!, 벗이여. 식(識, viññāṇa)이라고 하는데, 무엇을 식이라고 하는가? 싸리뿟따: 벗이여. 식별해 알기 때문에 식이라고 한다. 무엇을 식별해 아는가? 즐거움, 괴로움, 괴롭지도 즐겁지도 않은 것을 식별해 안다."[261]

---

259. 전재성(2005), 1036.
260. 전재성(2005), 592.
水野弘元(1981), 255. "識"
PED(1986), 618-619. "a mental quality as a constituent of individuality, the bears of (individual) life, life-force(as extending also over rebirths), principle of conscious life, general consciousness(as function of mind and matter), re-generative force, animation, mind as transmigrant"
261. MN. I, 292. "viññāṇaṃ viññāṇan-ti āvuso vuccati. kittāvatā nu kho āvuso viññāṇan-ti vuccati.- vijñnāti vijñnātīti kho āvuso, tasmā viññāṇan-ti vuccati,

이 경에서는 식의 기능이 인식대상을 다른 것과 구분하는 식별기능이라고 정의한다. 이 정의에 따르면 식의 기능은 '인식하다' 정도의 의미이다. 『희경犧經』에서도 5온의 식을 분별기능으로 정의한다.[262] 이렇듯 12연기, 5온 등의 식은 마음공간에 입력된 마음정보를 구분하는 식별기능을 한다. 이렇게 식의 기능을 해석하면 싸띠와 유사기능을 하는 것을 알 수 있다.

다음으로는 식을 마음공간(마음거울)에 맺힌 상 즉, 심상기능을 살펴본다. 의근대상인 감각대상 즉, 법경을 감각기관 별로 식별해서 마음공간에 심상을 맺는 기능이다. 마음공간에 입력된 마음정보의 식별과정을 『육육경六六經』에서는 다음과 같이 설한다.

"6식(六識)을 알아야 한다는 것은 무엇을 두고 한 말인가? 눈(眼)과 색(色)을 조건으로 눈의 인식(眼識)이 생겨난다. 귀(耳)와 소리(聲)를 조건으로 귀의 인식(耳識)이 생겨난다. 코(鼻)와 향(香)을 조건으로 코의 인식(鼻識)이 생겨난다. 혀(舌)와 맛(味)을 조건으로 혀의 인식(舌識)이 생겨난다. 몸(身)과 접(觸)을 조건으로 몸의 인식(身識)이 생겨난다. 의(意)와 법(法)을 조건으로 의의 인식

---

kiñ-ca vijānāti: sukhan-ti pi vijānāti, dukkhan-ti pi vijānāti, adukkhama-sukhan-ti pi vijānāti."

262. SN. III, 87. "kiñca bhikkhave viññāṇaṃ vadetha. vijānātīti kho bhikkhave tasmā viññāṇan ti. kiñca vijānāti, ambilaṃ pi vijānāti, tittakaṃ pi vijānāti, kaṭukaāṃ pi vijānāti madhukaṃ pi vijānāti, khārikaṃ pi vijānāti, akhārikaṃ pi vijānāti, loṇakaṃ pi vijānāti, aloṇakaṃ pi vijānāti, vijānātīti kho bhikkhave tasmā viññāṇan ti vuccati."
"비구여, 왜 식(識)이라고 하는가? 분별하기 때문에 식이라고 한다. 무엇을 분별하는가? 신맛, 쓴맛, 떫은맛, 떫지 않은 맛, 짠맛, 싱거운 맛도 분별한다. 비구여, 분별하기 때문에 식이라고 한다.

(意識)이 생겨난다."[263]

이 경에서 6경이 6근과 접촉하고 그 데이터가 접촉한 감각기관 별로 처리되고, 마음공간에 입력될 때는 감각기관 별로 식별해 마음공간에 심상을 맺는다. 이것이 6식이다. 이 6식이 단순이 감각기관 별로 대상의 식별기능인지 아니면, 각 감각기관 별로 구분해 마음공간에 상을 맺은 기능인지는 분명치 않다. 『백호바라문경白毫婆羅門經』에서는 의가 싸띠에 의존한다고 주장한다.[264] 『긴숙가경緊叔迦經』에서는 싸띠가 6문六門을 통해 출입하는 것을 통제하는 문지기라고 다음과 같이 설한다.

"비구여, 6문(六門)이라고 하는 것은 6내처(六內處)를 말한다. 비구여, 문지기는 싸띠를 말한다."[265]

『백호바라문경白毫婆羅門經』에서 의가 싸띠에 의존하고, 『긴숙가경緊叔迦經』에서 6문을 지키는 문지기라고 하는 것을 볼 때, 식이 단순한 식별기능을 넘어서, 감각기관이 접촉된 감각대상을 감각기관

263. MN. III, 281. "cha viññāṇakāyā veditabbā ti iti kho pan' etaṃ vuttaṃ. kiñ c' etaṃ paṭicca vuttaṃ? cakkhuñ ca paṭicca rūpe ca uppajjati cakkhuviññāṇaṃ : sotañ ca paṭicca sudde ca uppajjati sotaviññāṇaṃ : ghānañ ca paṭicca gandhe ca uppajjati ghānaviññāṇaṃ : jivhañ ca paṭicca rase ca uppajjati jivhāviññāṇaṃ : kāyañ ca paṭicca phoṭṭhabbe ca uppajjati sotaviññāṇaṃ : manañ ca paṭicca dhamme ca uppajjati manoviññāṇaṃ."

264. SN. V, 218. 주276 참조.

265. SN. IV, 194-195. "chadvārā ti kho bhikkhu channetam ajjhattikānam āyatanānam adhivacanaṃ. dovāriko ti kho bhikkhu satiyā etam adhivacanaṃ."

별로 식별해 '마음공간에 맺힌 심상'으로 이해할 수 있다. 이것은 수행과 연관지어 볼 때, 더 타당한 해석으로 보인다.

시각대상인 색色이 시각기관인 눈眼과 접촉해 마음공간에 입력될 때는 시각정보인 안식眼識의 형태로 식별해 마음공간에 심상眼識을 맺는다. 즉, 감각기관이 접촉한 감각대상이 직접 마음공간으로 입력된 것이 아니라, 접촉된 감각대상이 감각기관에서 이미지 형태인 법경으로 처리돼 마음공간에 심상형태로 상을 맺는다. 동시에 싸띠가 작동하면서 대상을 알아차림한다. 그 순간 마음공간에 이미 저장돼 있던 과거경험의 흔적인 기억정보가 개입한다. 그리고 새롭게 마음공간으로 입력된 심상과 결합하면서 기억정보의 질량(무게)이 증감돼 마음공간에 저장된다.

이때 『대상적유경大象跡喩經』에서 설하는 것처럼,[266] 감각기관인 의근이 감각대상인 법경을 인식하고 주목할 때만 비로소 마음공간에 심상識을 맺는다.

---

266. MN. I, 190. 주232 참조.

〈표 4.4〉 6식 : 마음정보

감각대상 (6경)	감각기관 (6근)	마음정보(6식)		
		법경	식별기능	심상기능
색(色)	안(眼)	안식(眼識)	눈이 인지함	눈으로 마음공간에 맺힌 심상
성(聲)	이(耳)	이식(耳識)	귀가 인지함	귀로 마음공간에 맺힌 심상
향(香)	비(鼻)	비식(鼻識)	코가 인지함	코로 마음공간에 맺힌 심상
미(味)	설(舌)	설식(舌識)	혀가 인지함	혀로 마음공간에 맺힌 심상
촉(觸)	신(身)	신식(身識)	몸이 인지함	몸으로 마음공간에 맺힌 심상
법(法)	의(意)	의식(意識)	의식이 인지함	의식으로 마음공간에 맺힌 심상

『무성경無聲經』에서는 심의식心意識을 나열해 설하고,[267] 일반적으로 심의식心意識이 비슷한 개념이라고 주장한다. 그러나 〈표 4.4〉에서는 조금씩 다른 기능이 있다는 것을 알 수 있다.

의가 감각기관이고, 법은 의의 대상 즉, 감각대상이고, 식은 감각기관과 감각대상이 접촉하고 그것의 인식기능이거나, 마음공간에 감각기관 별로 인식된 법경 즉, 심상 즉, 마음정보이다. 법이 의의 대상으로서 감각대상에 초점둔 것이라면, 식은 그 법을 인식하고 식별하거나, 식별대상을 마음공간에 심상형태로 상을 맺은 것에 중점둔 것이다. 싸띠는 마음공간에 법경 즉, 심상이 맺혔다는 것

267. SN. II, 95. "yaṃ ca kho bhikkhave vuccati cittam iti pi mano iti pi viññāṇam iti pi."
"비구여, 이것이 심(心)이다. 이것이 의(意)이다. 이것이 식(識)이다."

을 알아차림하는 기능이다. 심은 접촉 다음에 일어나는 느낌을 대상으로 발생하는데, 이는 한 순간의 마음상태이다.

(4) 싸띠(念, sati)

싸띠念는 마음구성인자 가운데 하나이다. 마음공간에 입력되고 심상을 맺은 법경 즉, 식을 의근이 인식한 순간을 알아차림하는 기능이다.

'念' 으로 번역되는 Pāli어 'sati' 는 여성명사로, '기억하다, 생각하다, 전승하다, 가르치다' 등의 어근 '√smṛ' 에서 파생된 것으로[268] 여성명사로 쓰이며, '기억, 새김, 챙김, 주시, 주의를 기울임, 인식, 염念, 억념憶念, 있으므로, 존재하는 때에' 등의 의미이다.[269] 'sati' 에 '존재하다', '있다' ,[270] '기억하다' 의 의미도 있고, 수의守意로 번역되기도 한다.[271] '싸띠' 로 음사하고, '念' 으로 번역한다.[272] 이 책에서는 수행과 연계해 알아차림의 의미만 특화해 다룬다. 싸띠는 다음 장에서 살펴본다.

---

268. 전재성(2005), 1043.
269. 전재성(2005), 634.
    水野弘元(1981), 286. "念, 憶念, 記憶, 正念"
    PED(1986), 672. "memory, recognition, consciousness, intentness of mind, wakefulness of mind, mindfulness, alertness, lucidity of mind, self-possession, conscience, self-consciousness"
270. MN. I, 246. "imasmiṃ sati idaṃ hoti."
271. T15, 163c. "時佛坐行安般守意 九十日."
272. 백도수(2001), 27. 백도수는 '사띠' 혹은 '싸띠'
    전재성(2014), 620. 전재성은 '싸띠'

(5) 기억(記憶, anussati)

기억記憶은 마음구성인자 가운데 하나이다. 마음공간에 저장된 과거경험을 기억이라고 한다. 이 기억이 활성화돼 마음공간에 입력될 때는 내인성 법경이 된다.

'記憶' 으로 번역되는 Pāli어 'anussati'는 여성명사로, '~에 따라서' 의 어미를 가진 접두어 'anu'와[273] '알아차림' 의 'sati' 가 결합해 '기억' 의 의미로도 쓰인다.[274]

이상으로 4가지 마음구성의 중요인자를 살펴보았다. 여기서는 알아차림한 후 전개되는 사유과정이나 정서과정 등의 마음흐름 은 마음구성인자로 다루지 않는다. 왜냐하면 그것은 마음구성인자의 화학반응이라기보다 오히려 화학반응을 거친 후 나타나는 마음현상의 물리특성이거나 마음기능으로 이해하기 때문이다.

마음구성인자를 설정하는 것은 마음활동의 최소단위를 가정함으로써 마음활동을 물리차원뿐만 아니라 화학차원으로 확장해 이해할 수 있고, 마음현상을 수치화할 수 있는 근거를 제공할 수 있다. 더 나아가 마음공학 차원으로 발전시킬 수 있는 중요사항이다. 이것은 수행이나 마음과학을 과학화할 수 있는 근거를 제공

273. 전재성(2005), 117.
274. 전재성(2005), 846.
水野弘元(1981), 22. "隨念, 念"
PED(1986), 45. "rememberance, recollection, thinking of, mindfulness"
기억으로 쓰이는 용어는 'abhijāna, adhāraṇa, anusaraṇa, anussaraṇa, anussati, dhāraṇa, pariyatti, paṭissati, sati, satitā' 등 다양하다.

한다.

2. 싸띠와 7감

세존이 사람의 감각기관을 5감차원에서 6감차원으로 확장하고, 외부대상을 포착하고 통합하는 의근을 발견한 것은 획기적인 일이다. 그러나 이것만으로 마음현상을 이해하기에는 충분하지 않다.

1) 싸띠 : 7감 기능

세존에 의해 체계화된 알아차림 기능인 싸띠는 6감인 의근에 기초한 특수기능이다. 싸띠는 수행과 연관지어 중요기능을 한다. 따라서 이 책에서는 6감과 분리해 7번째 감각기관인 7감七感으로 설정한다.

의근에는 중요기능이 하나 더 있다. 바로 알아차림하는 싸띠기능이다. 감각기관인 6감의 대상이자 감각대상인 6경이 의근에 입력되고 법경인 심상이 맺힌다. 그 심상을 알아차림하는 기능이 싸띠이다. 『법구경法句經』에 따르면,[275] 이 기능은 기존의 수행자 사이에서 전해져 오던 수행기술이다. 세존이 그 기술을 8정도 수행체계와 4념처 수행으로 체계적으로 발전시켜 수행의 최고단계까지

275. AN. II, 29. 주80 참조.

도달할 수 있었고, 아라한뜨의 경지를 증득할 수 있었다.

알아차림 기능인 싸띠를 살펴본다. 『백호바라문경白毫婆羅門經』에서는 의가 싸띠에 의존한다고 다음과 같이 설한다.

"존자 고따마여, 의(意, mano)는 무엇에 의지합니까? 브라흐마나여, 의는 싸띠(念, sati)에 의지한다."[276]

이 경에서 감각기관인 6감의 의근과 싸띠를 구별해 설정한다. 싸띠는 분명 6감인 의근에서 발전한 기능이다. 그러나 의근과는 다른 기능을 한다.

의근이 마음공간에 입력된 법경을 해당 감각기관 별로 식별하고, 그렇게 식별대상을 마음공간으로 보내 이미지 형태의 심상을 맺는다. 그렇게 맺어진 심상을 싸띠가 알아차림한다. 마음거울과 그 거울에 맺힌 심상, 그것을 알아차림하는 싸띠를 각각 구분한다.

『긴숙가경緊叔迦經』에서는 싸띠기능이 6문으로 출입하는 것을 통제하는 문지기라고 설한다.[277] 6근을 통해 6경이 입력되고 마음공간에 심상이 맺히는 것을 알아차림하는데, 이 기능을 싸띠라고 규정한다. 『안다까빈다경』에서는 싸띠가 6가지 감관의 문을 지키는

276. SN. V, 218. "manassa pana bho Gotama kiṃ paṭisaraṇanti. manassa kho brahmaṇa sati paṭisaraṇanti."

277. SN. IV, 194-195. 주265 참조.

문지기이자 마음의 보호자라고 주장하고,[278] 『학덕경學德經』에서는 싸띠를 지배자로 삼아 수행한다고 설한다.[279]

〈표 4.5〉 7감 : 알아차림

감각대상 (6경)	감각기관 (6근)	마음정보 (6식)	알아차림 기능 (7감)
색(色)	안(眼)	안식(眼識)	심상 ← 싸띠(7감)
성(聲)	이(耳)	이식(耳識)	
향(香)	비(鼻)	비식(鼻識)	
미(味)	설(舌)	설식(舌識)	
촉(觸)	신(身)	신식(身識)	
법(法)	의(意)	의식(意識)	

『바라문경婆羅門經』에서는 싸띠를 경계하는 마부라고 설하고,[280]

278. AN. III, 138. "etha tumhe āvuso indriyesu guttadvārā viharatha ārakkhasatino nipakkasatino sārakkhitamānasā satārakkhena cetasā samannāgatā ti. iti indriyasaṁvare samādapetabbā nivesetabbā patiṭṭhāpetabbā."
"벗이여, 오라. 그대는 감관의 문을 수호하고, 싸띠가 경계하고, 성취하고, 마음을 잘 보호한다. 싸띠를 마음보호자로 삼고, 마음수호자로 갖추어야 한다. 감관을 잘 지키도록 격려하고, 길들이고, 지지해야 한다."

279. AN. II, 243. "sikkhānisaṁsam idaṃ bhikkhave brahmacariyaṃ vussati, paññuttaraṃ vimuttisāraṃ, satādhipateyyaṃ."
"비구여, 배움을 공덕으로 삼고, 혜를 최상으로 삼고, 해탈을 핵심으로 삼고, 싸띠를 지배자로 삼고 청정수행을 한다."

280. SN. V, 6. "yassa saddhā ca paññā ca, dhammā yuttā sadā dhuraṃ, hirī īsā mano yottaṃ, sati ārakkasārathi, ratho sīlaparikkhāro, jhānakkho cakkaviriyo,

『경경耕經』에서는 싸띠가 쟁기날과 몰이막대라고 규정한다.[281] 『구계경狗戒經』에서는 싸띠를 진찰이라고 설한다.[282] 『근경根經』에서는 싸띠가 일체법을 지배한다고 주장한다.[283]

---

upekkhā dhurasamādhi, anicchā parivāraṇaṃ."

"몸과 혜의 속성은 항상 멍에로 묶여있다. 부끄러움은 나룻이고, 의는 멍에 줄이고, 싸띠는 경계하는 마부이다. 계는 수레장식이고, 선정은 차축이고, 정진은 바퀴이고, 버림으로써 짐의 균형을 잡고, 무욕(無欲)으로 덮개를 삼는다."

281. SN. I, 172-173. "saddhā bījaṃ tapo vuṭṭhi, paññā me yuganaṅgalaṃ, hirī isā mano yottaṃ, sati me phāla-pācanaṃ. kāyagutto vacīgutto, āhāre udare yato, saccaṃ karomi niddānaṃ, soraccaṃ me pamocanaṃ. viriyaṃ me dhuradhorayhaṃ, yogakkhemādhivāhanaṃ, gacchati anivattantaṃ, yattha gantvā na socati. evam esā kasī kaṭṭhā, sā hoti amatapphalā, etaṃ kasiṃ kasitvāna, sabbadukkhā pamuccatī ti."

"믿음이 씨앗이고, 수행이 빗물이며, 혜가 나의 멍에와 쟁기이다. 부끄러움이 자루이고, 의가 끈이고, 싸띠가 나의 쟁깃날과 몰이막대이다. 몸과 말을 수호하고, 배에 맞는 음식의 양을 안다. 나는 진리로 풀을 베고, 온화로 멍에를 내려놓는다. 멍에로부터의 안온으로 이끄는 정진은 멍에에 묶인 황소이고, 슬픔이 없는 곳으로 도달해, 거기에서 되돌아오지 않는다. 이와 같이 밭을 갈면, 불사의 열매를 거두고, 이렇게 밭을 갈면, 일체의 괴로움으로부터 해탈한다."

282. MN. II, 260. "upamā kho me ayaṃ, Sunakkhatta, katā atthassa viññāpanāya. ayam ev' ettha attho: vaṇo ti kho, Sunakkhatta, chann' etaṃ ajjhattikānam āyatanānam adhivacanaṃ. visadoso ti kho, Sunakkhatta, avijjāy' etam adhivacanaṃ. sallan ti kho, Sunakkhatta, taṇhāy' etaṃ adhivacanaṃ. esanī ti kho, Sunakkhatta, satiyāy' etaṃ adhivacanaṃ. satthan ti kho, Sunakkhatta, ariyāy' etaṃ paññāya adhivacanaṃ. bhisakko sallakatto ti kho, Sunakkhatta, Tathāgatass' etaṃ adhivacanaṃ arahato sammāsambuddhassa."

"수낙캇따(Sunakkhatta)여, 나는 그 의미를 알리기 위해 이런 비유를 든 것이다. 그 의미는 이와 같다. 상처는 6입처(六入處)이고, 맹독은 무명이고, 화살은 갈애이고, 진찰은 싸띠이고, 칼은 성스러운 혜이고, 외과의사는 여래, 아라한뜨, 정자각을 말한다."

283. AN. IV, 339. "evaṃ puṭṭhā tumhe bhikkhave tesam aññatitthiyānaṃ paribbājakānam evaṃ vyākareyyātha chandamūlakā āvuso sabbe dhammā, man-

『대문답경大問答經』에 따르면 감각기관은 각각의 고유영역을 갖는다고 한다.[284] 『육육경六六經』에서 감각대상인 6경은 색성향미촉법色聲香味觸法과 감각기관인 6근은 안이비설신의眼耳鼻舌身意에 대한 감각의 고유영역을 설정한다.[285] 알아차림 기능인 싸띠가 7감이 되기 위해서는 반드시 그 고유영역에 따른 대상이 있어야 한다. 『백호바라문경白毫婆羅門經』에 따르면 의眼, 더 직접적으로는 마음거울에 맺힌 심상이 알아차림 기능인 싸띠대상이 된다.[286]

이상에서 살펴보았듯이 의근이 법경을 마음공간에 심상기능을 한다면, 싸띠는 마음공간에 심상이 맺힌 것을 알아차림하는 기능을 한다.

---

asikārasambhavā sabbe dhammā, phassasamudayā sabbe dhammā, vedanāsamosaraṇā sabbe dhammā, samādhipamukhā sabbe dhammā, satādhipateyyā sabbe dhammā, paññuttarā sabbe dhammā, vimuttisārā sabbe dhammā ti."

"그대는 이교도 유행자에게 이와 같이 말해야 한다. 일체법은 욕망을 근본으로 하고, 일체법은 마음활동으로 발생하고, 일체법은 접촉으로 생성하고, 일체법은 느낌을 귀결로 하고, 일체법은 싸마디를 상수로 하고, 일체법은 싸띠를 지배로 하고, 일체법은 혜를 최상으로 하고, 일체법은 해탈을 핵심으로 한다."

284. MN. I, 295. 주219 참조.

285. MN. III, 280-281. 주220 참조.

286. SN. V, 218. 주276 참조.

〈표 4.6〉 6근, 6경, 6식 그리고 싸띠의 관계

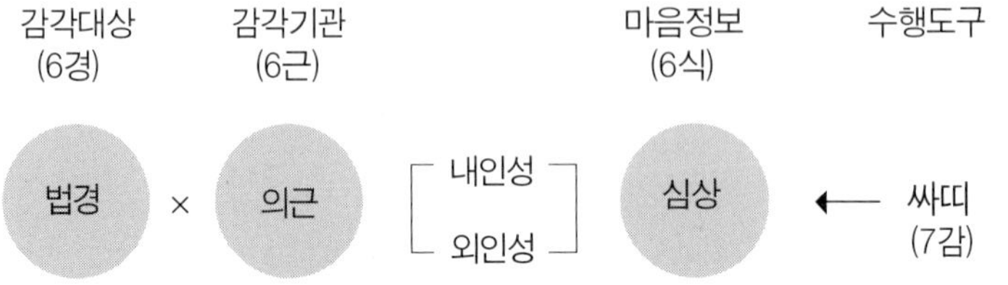

이런 이유로 『대전모경大箭毛經』에서 세존은 갈대에서 갈대꽃이 나오지만, 이 둘은 엄연히 다른 것이라고 비유한다.[287] 이와 같이 알아차림 기능인 싸띠는 6감인 의근의 확장된 기능이지만, 분명히 다른 기능을 하는 것을 알 수 있다. 이런 자료들에 기초해 이 책에서는 싸띠를 전오경前五境을 수렴하는 6감과 구분해 7감으로 설정한다. 그러면 마음기능의 이해가 더 분명해 진다.

2) 알아차림 기능

싸띠는 알아차림 기능이다. 6경이 6근과 접촉되고 그 정보가 마음공간에 입력되고 가공돼 이미지 형태로 심상이 맺히는 순간, 그

---

287. MN. II, 17. 주225 참조.

것을 알아차림하는 것이 싸띠이다.288) 이 책에서는 싸띠를 '알아차림, 능동의 알아차림' 으로 번역한다.

『대상적유경大象跡喻經』에서는 싸띠가 마음공간에 맺힌 심상을 알아차림할 때는,289) 마음공간에 입력된 마음정보를 능동으로 선택하고 알아차림한다고 설한다.290) 특히 수행기술과 연관지어 사고할 때는 '능동의 알아차림' 으로 이해하는 것이 수행진척에 효과적이다. 『염처경念處經』에서 4념처 수행을 설명할 때, '싸띠가 대상을 따라가며 관찰한다隨觀' 고 설한다.291) 이것은 마음공간에 입력된 마

---

288. Pāli어 'sati'를 번역할 때 다음과 같은 번역어를 선택한다.
거해(1995), 20. 『깨달음의 길』, 서울 : 담마간다. '마음집중'
인경(2013), 100. 『명상심리치료』, 서울 : 명상심리상담소. '알아차림'
송위지(1989), 10. 『불교선수행의 핵심』, 서울 : 시공사. '주의깊음'
전재성(2005), 634. 『빠알리어사전』, 서울 : 한국빠알리성전협회. '새김'
각묵(2006), 496. 『디가니까야2』, 울산 : 초기불교연구원. '마음챙김'
김범진(2012), 34. 『사띠(sati)와 사마디(samādhi)의 중도적 구조에 대한 연구』, 『인도철학』 제35집, 인도철학회. '거리두기와 집중'
김성철(2014), 330. 『사띠(sati) 수행력의 측정과 향상을 위한 기기와 방법』, 『한국불교학』 제72집, 한국불교학회. '지금, 이 순간의 경험을 명료하게 알아차림'
김열권(1993), 143. 『위빠사나Ⅱ』, 서울 : 불광출판사. '관찰', '마음집중', '알아차림'
임승택(2001), 25. 『사띠(sati)의 의미와 쓰임에 관한 고찰』, 『보조사상』 16집, 보조사상연구회. '마음지킴'
水野弘元(1981), 286. '念, 憶念, 記憶, 正念'
PED(1986), 672. "memory, recognition, consciousness, intentness of mind, wakefulness of mind, mindfulness, alertness, lucidity of mind, self-possession, conscience, self-consciousness" 등으로 정의한다.
289. MN. Ⅰ, 190. 주232 참조.
290. 능동적 알아차림은 싸띠집중과 밀접히 연관된다.
291. MN. Ⅰ, 56. 주379 참조.

음정보인 법경이 심상識의 형태로 상을 맺는 순간, 싸띠가 능동적으로 알아차림하고, 대상에 집중하는 것을 의미한다. 알아차림한 이후에는 알아차림의 주체인 싸띠가 인지된 심상 쪽으로 최대한 밀착한다. 이것이 싸띠집중定 즉, 싸마디三昧이다. 이렇게 해야 수행의 유효성이 나오고 기억정보와 결합한 아싸봐를 해체할 수 있다.

마음공간에 맺힌 심상과 싸띠와의 사이는 거리감없이 밀착시켜 집중해야 한다. 그래야 수행진보에 효과적이다. 그렇지 않고 싸띠와 심상 사이에 틈이 생기고 간격이 있게 되면 즉, 싸마디三昧力, 定力가 약해지면, 망상 등이 개입하고, 그 망상으로 마음공간이 오염된다. 그러면 마음공간에 존재하는 5장애가 싸띠를 덮으면서 인지오류를 범한다.

수행과정에서 알아차림 기술을 사용하면, 알아차림의 주체인 싸띠와 싸띠집중 기능인 싸마디가 서로에게 스며드는 것이 아니다. 단지 알아차림 기능인 싸띠가 인식대상인 심상으로 집중한다. 실제로는 싸띠와 싸마디가 한 쌍으로 동시에 이루어진다. 이때 싸띠가 싸마디를 선도한다.

3) 마음근육 기능

싸띠가 마음영역에서 근육과 같은 기능을 한다. 싸띠탄력성이 강하고 마음공간에 맺힌 심상의 힘이 약하면, 싸띠가 심상의 속박에서 벗어나 자유로울 수 있다. 반대로 싸띠탄력성이 약하고 마음공간에 등장한 심상의 힘이 강하면, 싸띠가 심상의 힘에 끌려가고 속박당한다. 이런 역관계를 『육물경六物經』에서는 다음과 같이 설한다.

"비구여, 예를 들어 지역을 달리하고 영역을 달리하는 6동물(六物)을 잡아서 단단한 밧줄로 묶었다. 뱀, 악어, 새, 개, 자칼, 원숭이를 잡아서 단단한 밧줄로 묶고, 중앙에 매듭을 만들어 놓았다고 하자. 비구여, 그때 지역을 달리하고 영역을 달리하는 6동물은 각자 자기의 지역과 영역의 방향으로 향한다. 그러면 그 방향으로 끌어당겨질 것이다…비구여, 그들 6동물이 각각 지쳤을 때, 그 동물 가운데 힘이 더욱 강한 것이 있다. 그러면 그들은 그에게 끌려 다니며 그에게 복종할 것이다. 비구여, 이와 같이 몸에 대한 올바른 싸띠를 수행하지 않고, 많이 익히지 않으면, 눈은 즐거운 색으로 끌어당겨지고 즐겁지 않은 색은 싫어한다…비구여, 통제되지 못함이란 이와 같다.

비구여, 예를 들어 지역을 달리하고 영역을 달리하는 6동물을 잡아서 단단한 밧줄로 묶었다. 뱀, 악어, 새, 개, 승냥이, 원숭이를 잡아서 단단한 밧줄로 묶고, 강한 말뚝이나 기둥에 묶은 뒤에 놓아주었다. 비구여, 그때 지역을 달리하고 영역을 달리하는 6동물은 각자 자기의 지역과 영역의 방향으로 향한다. 그러면 그 방향으로 끌어당겨질 것이다…비구여, 그들 6동물이 각각 지쳤을 때, 강한 말뚝이나 기둥에 가까이 가서 앉고 누울 것이다. 비구여, 이와 같이 몸을 대상으로 싸띠수행을 하고 익히면, 눈은 즐거운 색으로 끌어당겨지지 않고 즐겁지 않은 색이라고 싫어하지 않는다…비구여, 통제됨이란 이와 같다.

"비구여, 강한 말뚝이나 기둥이라는 것은 몸에 관한 싸띠를 비유한 것이다. 비구여, 그러므로 이와 같이 우리는 '몸을 대상으로 싸띠수행을 하고 익히며 수레로 삼고, 기초로 삼고, 실행되고, 체화되고, 훌륭하게 성취해야 한다.' 라고 배워야 한다. 비구여, 그대는 이와 같이 배워야 한다."[292]

---

292. SN. IV, 198-201. "seyyathāpi bhikkhave puriso chappāṇake gahetvā nānāvisaye nānāgocare daḷhāya rajjuyā bandheyya, ahiṃ...suṁsumāraṃ...pakkhiṃ...kukkuraṃ...sigālaṃ...makkaṭaṃ gahetvā daḷhāya rajjuyā bandhitvā majjhe gaṇṭhiṃ karitvā ossajjeyya. atha kho te bhikkhave chappāṇakā nānāvisayā nānāgocarā sakaṃ sakaṃ gocaravisayam āviñcheyyuṃ, ahi āviñcheyya vammikaṃ pavekkhāmī ti...yadā kho te bhikkhave chappāṇakājhattā assu

이 경에서 세존은 6종류의 동물을 비유로 들었다. 힘이 센 동물이 이끄는 방향으로 다른 동물이 딸려가듯이, 알아차림 기능인 싸띠와 마음공간에 맺힌 심상과의 역관계에서, 힘이 강한 것이 이끄는 방향으로 끌려간다. 그래서 이 경에서는 싸띠를 몸의 특정지점(기준점) 즉, 호흡의 들숨과 날숨入出息에 꽉 붙들어 매어두면, 힘이 센 대상으로 끌려가지 않을 수 있다고 설명한다. 이 경에서 싸띠는 그 기능상 몸의 근육처럼 마음근육 기능을 하는 것을 알 수 있다. 그

---

kilantā, atha kho yo nesaṃ pāṇakānaṃ balavataro assa, tassa te anuvatteyyum anuvidhīyeyyuṃ vasaṃ gaccheyyuṃ. evam eva kho bhikkhave yassa kassaci bhikkhuno kāyagatā sati abhāvitā abahulikatā, taṃ cakkhu aviñchati manāpiyesu rūpesu amanāpiyā rūpā paṭikkulā honti...sota-sadda...ghāna-gandha...jivhā-rasa...kāya-poṭṭhabba...manas-dhamma...evaṃ kho bhikkhave asaṁvaro hoti...seyyathāpi bhikkhave puriso chappāṇake gahetvā nānāvisaye nānāgocare daḷhāyā rajjuyā bandheyya, ahiṁ...s uṁsumāraṃ...pakkhiṃ...kukkuraṃ...sigālaṃ...makkaṭaṃ. gahetvā daḷhāya rajjuyā bandheyya, daḷhāya rajjuyā bandhitvā daḷhe khīle vā thambhe vā upanibandheyya, atha kho te bhikkhave chappāṇakā nānāvisayā nānāgocarā sakaṃ sakaṃ gocaravisayam āviñcheyyuṃ, ahi āviñcheyya vammikaṃ pavekkhāmī ti...yadā kho bhikkhave chappāṇakājhattā assu kilantā, atha thaṁeva khīle vā thambhe vā upatiṭṭheyyuṃ upanisī'deyyum upanipajjeyyuṃ. evam eva kho bhikkhave yassa kassaci bhikkhuno kāyagatā sati bhāvitā bahulikatā, taṃ cakkhu nāviñchati manāpiyesu rūpesu amanāpiyā rūpā na paṭikkulā honti...jivhā nāviñchati ...mano nāviñchati manāpiyesu dhammesu amanāpiyā dhammā na paṭikkulā honti. evaṃ kho bhikkhave saṁvaro hoti. daḷe khīle vā thambe vā ti kho bhikkhave kāyagatāya satiyā etam adhivacanaṃ, tasmāti ha vo bhikkave etaṃ sikkhitabbaṃ kāyagatā no sati bhāvitā bhavissati bahulīkatā yānikatā vatthukatā anuṭṭhitā paricitā susamāraddhāti, evaṃ hi kho bhikkhave sikkhitabban ti."

러므로 이 책에서는 싸띠를 알아차림 기능의 연장선에서 마음근육 기능으로 정의한다.

이상을 살펴보면 전오경을 수용하고 통합하고 관리하는 의근에 더해 마음공간에 입력된 법경이 심상을 맺는다. 싸띠가 작동하면서 마음작용이 전개된다. 6감인 의근에 더해 알아차림 기능인 싸띠를 7감으로 설정하는 것이 마음이해의 치밀함과 논리력을 얻을 수 있다. 동시에 수행진보에도 도움된다. 이 7감으로 설정된 싸띠는 알아차림 기능과 마음근육 기능을 한다. 이것이 8정도 수행체계의 핵심이다.

4) 알아차림의 시작점

수행은 7감인 알아차림에서 시작한다. 감각대상인 법경이 감각기관인 의근에 의해 인지되고 마음공간에 심상을 맺는다. 그 심상이 맺힌 것을 인지하고 알아차림하는 기관이 있어야 비로소 인지가 개시될 수 있다. 인지가 개시되기 위해서는 인지의 시작점이 필요하다. 그것이 알아차림 기능인 싸띠이다. 인지가 이루어지면 그 다음으로 어떻게 반응할 것인지에 대한 판단이 서고, 구체적으로 반응한다. 그 반응의 시작점 또한 싸띠로부터 시작한다. 싸띠는 마음공간에 입력되는 모든 데이터의 입력과 그 데이터의 가공 후 출력되는 것의 시작점이다. 또한 인지와 행동을 구분해 이해하기도 하지만, 불교수행에서는 인지와 행동이 모두 싸띠로 수렴된다.

〈표 4.7〉 알아차림 시작점

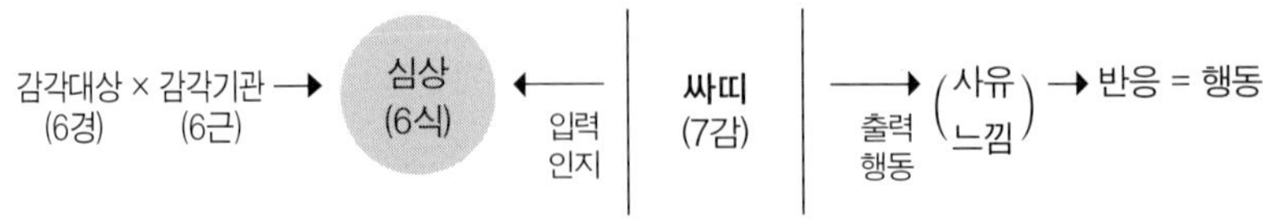

알아차림이 돼야 그것을 대상으로 다차원의 사유과정과 정서과정, 그리고 반응과정이 이루어질 수 있다.

3. 수행원리

몇 가지 주제로 수행체계의 이론과 기술을 살펴본다. 수행원리를 올바르게 이해해야 구체적인 수행기술을 사용해 수행이 효율적으로 진보할 수 있다.

수행이란 문자에 기초한 분석이나 논리가 아니다. 기술을 사용해 마음공간에 존재하는 기억정보와 결합해 있는 아싸봐를 제거한다. 더 나아가 불교수행의 최고단계인 아라한뜨의 경지를 성취한다. 그리고 수행은 마음공간을 맑혀 실재를 통찰하는 명, 혜, 정견의 수준을 성숙시킨다. 수행은 존재속박에서 벗어나 해탈을 증득하고, 맑은 행복감과 자유로운 삶의 영위과정이다.

1) 존재와 알아차림

인식대상과 인식주체 즉, 존재와 그것을 알아차림하는 관계가 있다. 수행은 인식대상인 존재를 다루는 것이 아니라, 인식주체인 알아차림 측면을 다룬다. 『대상적유경大象跡喩經』에서는 주목되는 대상만 인식영역에 나타난다고 주장한다.[293] 이런 관점은 『소공경小空經』에서도 마찬가지이다.[294] 세존이 창안한 8정도 수행체계에서는 마음공간에 등장한 인식대상 즉, 심상을 분석하는 것이 아니라, 마음공간에 등장한 탐진치 3독과 같은 마음오염원인 아싸봐를 변화시키고 제거하는 것이 핵심이다. 『조어지경調御地經』에서는 4념처 수행을 할 때 대상을 분석하거나 사유하지 말라고 주문한다.[295] 『정견경正見經』에서는 8정도 수행체계로 마음오염원인 아싸봐를 제거하고 무명을 소멸시킬 수 있다고 설하고,[296] 『탁발청정경托鉢淸淨經』에서는 성찰로 마음공간에 존재하는 탐진치를 제거할 수 있다고 설한다.[297]

이렇듯 수행은 인식대상보다 인식주체인 알아차림 기능인 싸띠를 주목한다. 37보리분법의 수행도구를 8정도 수행으로 체계화하고, 그 핵심도구인 싸띠와 쌈빠자나 특히, 알아차림 기능인 싸띠다루는 능력을 키워서 마음공간을 오염시키는 아싸봐를 제거하고, 불

---

293. MN. I, 190. 주232 참조.
294. MN. III, 105. 주499 참조.
295. MN. III, 136. 주369 참조.
296. MN. I, 54. 주215 참조.
297. MN. III, 294. 주497 참조.

교수행의 최고단계인 아라한뜨 경지를 성취한다.

2) 명과 무명

마음공간에 기억정보와 결합해 있는 아싸봐가 존재하면 마음공간은 오염되고 무명상태가 된다. 이때 수행으로 아싸봐를 제거하면 마음공간은 청정해지고 명의 상태가 된다. 무명상태가 명의 상태로 전환된다. 이것이 수행목표 가운데 하나이다.

마음공간이 맑아야 존재를 있는 그대로 볼 수 있다. 이 상태가 명이다. 그런데 명은 무명의 다른 표현이며 항상 비례해 존재한다. 『소문답경小問答經』에서는 명과 무명의 관계를 다음과 같이 설한다.

"무명에 대응하는 것은 무엇인가? 벗, 위싸카여, 무명에 대응하는 것은 명이다."[298]

이 경에서 무명에 대응하는 것이 명이라고 규정한다. 명과 무명은 서로 대응하며 작용하는 것을 볼 수 있다. 『명경明經』에서는 무명과 명의 기능을 설하고,[299] 『소사자후경小獅子吼經』에서는 명과 무

---

298. MN. I, 304. "avijjāya pan' ayye kiṃ paṭibhāgo ti. -avijjāya kho āvuso Visākha vijjā paṭibhāgo ti."

299. AN. V, 214. "avijjā bhikkhave pubbaṅgamā akusalānaṃ dhammānaṃ samāpattiyā anvad eva ahirikam anottappaṃ. avijjāgatassa bhikkhave aviddasuno micchādiṭṭhi pahoti. micchādiṭṭhikassa micchāsaṅkappo pahoti. micchāsaṅkappassa micchāvācā pahoti. micchāvācassa micchākammanto pahoti. micchākammantassa micchā-ājīvo pahoti. micchā-ājīvassa micchāvāyāmo pahoti. micchāvāyāmassa micchāsati pahoti. micchāsatissa micchāsamādhi

명은 같은 현상의 다른 표현으로 규정한다.[300]

명과 무명 그리고 아싸봐는 항상 비례해 존재하며 쌍으로 등장하는 경우가 많다. 『정견경正見經』에서는 무명과 아싸봐 그리고 8정

---

pahoti. micchāsamādhissa micchāñāṇaṃ pahoti. micchāñāṇassa micchāvimutti pahoti...vijjā bhikkhave pubbaṅgamā kusalānaṃ dhammānaṃ samāpattiyā anvad eva hirottappaṃ. vijjāgatassa bhikkhave viddasuno sammādiṭṭhi pahoti. sammādiṭṭhikassa sammāsaṅkappo pahoti. sammāsaṅkappassa sammāvācā pahoti. sammāvācassa sammākammanto pahoti. sammākammantassa sammā-ājīvo pahoti. sammā-ājīvassa sammāvāyāmo pahoti. sammāvāyāmassa sammāsati pahoti. sammāsatissa sammāsamādhi pahoti. sammāsamādhissa sammāñāṇaṃ pahoti. sammāñāṇassa sammāvimutti pahoti."

"비구여, 무명이 앞장서면 불선법이 나타나고, 부끄러움과 창피함을 모르는 것이 수반된다. 비구여, 무명과 무지가 있으면 사견(邪見)이 일어나고, 사견이 있으면 사사(邪思)가 일어나고, 사사가 있으면 사어(邪語)가 일어나고, 사어가 있으면 사업(邪業)이 일어나고, 사업이 있으면 사명(邪命)이 일어나고, 사명이 있으면 사정진(邪精進)이 일어나고, 사정진이 있으면 사념(邪念)이 일어나고, 사념이 있으면 사정(邪定)이 일어난다. 사정이 있으면 사지(邪智)가 일어나고, 사지가 있으면 사해탈(邪解脫)이 일어난다. 비구여, 명이 앞장서면 선법이 나타나고, 부끄러움과 창피함을 아는 것이 수반된다. 비구여, 명과 지(知)가 있으면 정견(正見)이 일어나고, 정견이 있으면 정사(正思)가 일어나고, 정사가 있으면 정어(正語)가 일어나고, 정어가 있으면 정업(正業)이 일어나고, 정업이 있으면 정명(正命)이 일어나고, 정명이 있으면 정정진(正精進)이 일어나고, 정정진이 있으면 정념(正念)이 일어나고, 정념이 있으면 정정(正定)이 일어나고, 정정이 있으면 정지(正智)가 일어나고, 정지가 있으면 정해탈(正解脫)이 일어난다."

300. MN. I, 67. "ime ca bhikkhave cattāro upādānā kiṁnidānā kiṁsamudayā kiṁjātikā kiṁpabbavā: ime cattāro upādānā taṇhānidānā taṇhāsamudayā taṇhājātikā taṇhāpabhavā. taṇhā cāyaṃ bhikkhave kiṁnidānā kiṁsamudayā kiṁjātikā kiṁpabbavā: taṇhā vedanānidānā vedanāsamudayā vedanājātikā vedanāpabbavā. vedanā cāyaṁ bhiikhave kiṁnidānā kiṁsamudayā kiṁjātikā kiṁpabbavā: vedanā phassanidānā phassasamudayā phassajātikā phassapabbavā. phasso cāyaṃ bhiikhave kiṁnidānā kiṁsamudayā kiṁjātikā kiṁpab-

도의 관계를 다음과 같이 설한다.

"아싸봐가 생겨남으로 무명이 생겨나고 아싸봐가 소멸함으로 무명이 소멸한다. 무명의 소멸에 이르는 길이 성팔지도이다."301)

이 경에서 아싸봐가 많으면 마음공간이 오염돼 무명상태가 된다고 설한다. 이것은 아싸봐가 적으면 마음공간은 맑아져 명의 상태가 된다는 것이다. 명의 상태가 될 것인지 무명상태가 될 것인지는

---

bavā: phasso saḷāyatananidāno saḷayatanasamudayo saḷayatanajātiko saḷayatanapabbavo. saḷayatanañ-c' idaṃ bhiikhave kiṁnidānā kiṁsamudayā kiṁjātikā kiṁpabbavā: saḷayatanaṃ nāmarūpanidānā nāmarūpasamudayā nāmarūpajātikā nāmarūpapabbavaṃ. nāmarūpañ-c' idaṃ bhiikhave kiṁnidānā kiṁsamudayā kiṁjātikā kiṁpabbavā: nāmarūpaṃ viññānanidānā viññāṇasamudayā viññāṇajātikā viññāṇapabbavā. viññāṇañ-c' idaṃ bhiikhave kiṁnidānā kiṁsamudayā kiṁjātikā kiṁpabbavā: viññāṇaṃ saṅkhāranidānā saṅkhārasamudayā saṅkhārajātikā saṅkhārapabbavaṃ. saṅkhārā c' ime bhiikhave kiṁnidānā kiṁsamudayā kiṁjātikā kiṁpabbavā: saṅkhārā avijjānidānā avijjāsamudayā avijjājātikā avijjāpabbavā. yato ca kho bhikkhave bhikkhuno avijjā pahīnā hoti vijjā uppannā, so avijjāvirāgā vijjuppādā n' eva kāmupādānaṃ upādiyati, na diṭṭhupādānaṃ upādiyati, na sīlabbatupādānaṃ upādiyati, na attavādupādānaṃ upādiyati : anupādiyaṃ na paritassati, aparitassaṃ paccattaṃ yeva parinibbāyati : khīnā jāti, vusitaṃ brahmacariyaṃ, kataṁ karaṇīyaṃ nāparaṃ itthattāyāti pajānātīti."
"비구여. 비구에게 무명이 사라지고 명이 나타남으로써 무명이 버려지고 명이 생겨나면 그는 결코 욕취(欲取), 견취(見取), 계금취(戒禁取), 아논취(我論取)에 집착하지 않는다. 집착하지 않기 때문에 혼돈되지 않고, 혼돈되지 않기 때문에 스스로 완전한 열반에 들어 그는 '태어남은 부서지고, 청정수행은 이루어졌다. 해야 할 일은 다해 마치고 더 이상 윤회하는 일이 없다.' 라고 분명히 안다."

301. MN. I, 54. "āsavasamudayā avijjāsamudayo, āsavanirodhā avijjānirodho, ayam-eva ariyo aṭṭhaṅgiko maggo avijjānirodhagāminī-paṭipadā."

아싸봐력漏力과 싸띠력念力과의 상호 역관계 속에서 결정된다.

무명을 제거하고 명을 만들기 위해 마음공간을 오염시키는 주체인 아싸봐를 어떻게 제거하고 마음공간을 밝히느냐가 관건이다. 『대감경大感經』에서는 최상의 앎으로 아싸봐를 제거하고 마음공간을 밝혀서 아싸봐의 속박에서 벗어나 해탈해야 한다고 설하고,[302] 『엽사경獵師經』에서는 혜가 아싸봐의 제거도구라고 주장한다.[303] 『학덕경學德經』에서는 혜가 최상이고, 해탈을 핵심으로 하고, 싸띠를 도구로 삼는다고 설하는 것을 볼 때,[304] 싸띠를 도구로 삼고 혜를 성숙시켜, 그 혜로써 아싸봐를 제거할 수 있다고 강조한다. 그 결과 마음공간이 밝아지면 무명상태가 명의 상태로 전환되는 것을 알 수 있다.

이상을 살펴보면 명과 무명은 같은 의미이지만, 다른 표현임을 알 수 있다. 또한 무명과 아싸봐, 그리고 혜와 싸띠는 서로 연결된 것으로 밀접한 관계 속에 존재한다. 아싸봐가 소멸한다는 것은 혜가 성장한다는 것이고, 무명상태가 감소하고 명의 상태가 증가한다는 것을 의미한다. 수행초점은 마음공간을 오염시키는 주범인 아싸봐를 제거하는 것이다. 따라서 수행의 출발점은 알아차림 기능인 싸띠를 강화하는데 맞추어야 한다.

---

302. MN. III, 289-290. 주172 참조.
303. MN. I, 159-160. 주163 참조.
304. AN. II, 243. 주165 참조.

3) 속박과 해탈

인식대상에의 속박과 해탈은 중요한 수행목표 가운데 하나이다. 『장경藏經』에서는 속박과 해탈의 관계를 다음과 같이 설한다.

"벗, 싸리뿟따여, 어떻습니까? 눈이 색에 결박됐는가, 아니면 색이 눈에 결박됐는가? 벗이여, 눈이 색에 결박된 것도 아니고, 색이 눈에 결박된 것도 아니다. 그 양자를 조건으로 생겨난 욕망과 탐욕에 결박된 것이다…벗, 꼿티까(Koṭṭhika)여, 눈이 색을 결박하고 색이 눈을 결박하는 것이라면 올바로 괴로움을 소멸하기 위해 청정수행을 시설할 수 없다. 그러나 눈이 색을 결박하는 것도 아니고, 색이 눈을 결박하는 것도 아니다. 그 양자를 조건으로 생겨나는 욕망과 탐욕에 결박된 것이므로 올바로 괴로움을 소멸하기 위한 청정수행을 시설할 수 있다. 세존도 눈이 있어서 그 눈으로 색을 보지만 세존은 욕망과 탐욕이 없어 마음을 잘 해탈할 수 있다."305)

이 경에서 6근이 6경에 묶인 것이 아니고 6경이 6근에 묶인 것도 아니다. 마음이 아싸봐에 묶인 것이기 때문에 수행으로 그 속박

305. SN. Ⅳ, 162-164. "kinnu kho āvuso Sāriputta cakkhu rūpānaṃ samyojanaṃ rūpā cakkhussa saṁyojanaṃ...na kho āvuso Koṭṭhika cakkhu rūpānaṃ saṁyojanaṃ na rūpā cakkhussa saṁyojanaṃ, yañ ca tattha tad ubhayaṃ paṭicca uppajjati chandarāgo taṃ tattha saṁyojanaṃ...cakkhu vā āvuso rūpānaṃ saṁyojanam abhavissa, rūpā vā cakkhussa saṁyojanaṃ, na yidaṃ brahmacariyavāso paññāyetha sammādukkhakkhayāya, yasmā ca kho āvuso na cakkhu rūpānaṃ saṁyojanaṃ na rūpā cakkhussa saṁyojanaṃ, yañ ca tattha tad ubhayaṃ paṭicca uppajjati chandarāgo taṃ tattha saṁyojanaṃ, tasmā brahmacariyavāso paññāyati sammādukkhakkhayāya...saṁvijjati kho āvuso Bhagavato cakkhu, passati Bhagavā cakkhunā rūpaṃ, chandarāgo Bhagavato natthi, suvimuttacitto Bhagavā."

으로부터 해탈하는 것이 필요하다고 설한다. 욕망이나 탐욕과 같은 아싸봐에 마음구성인자 전체가 묶인 것이 아니라 알아차림 기능인 싸띠가 묶여있다. 이것은 마음근육이 마치 끈처럼 욕망과 탐욕에 묶인 것이라고 이해할 수 있다. 따라서 세존은 청정수행을 통해 그 속박에서 벗어날 수 있다고 설한다. 『성구경聖求經』에서는 5욕락에 묶여있으면 불행해지고 액운에 빠진다고 설하고,[306) 『봉사경奉事經』에서는 탐애와 탐욕에 묶인 마음상태를 설한다.[307) 『혁박경革縛經』에서 범부는 5온실재를 올바로 알지 못하기 때문에

---

306. MN. I, 173. "ye hi keci bhikkhave samaṇā vā brāhmaṇā vā ime pañca kāmaguṇe gathitā mucchitā ajjhopannā anādīnavadassāvino anissaraṇapaññā paribhuñjanti te evam-assu veditabbā: anayam-āpannā byasanam-āpannā yathākāmakaraṇīyā pāpimato. seyyathā pi bhikkhave āraññako mago baddho pāsarāsim adhisayeyya, so evam-assa veditabbo: anayam-āpanno byasanam-āpanno yathākāmakaraṇīyo luddassa, āgacchante ca ludde na yenakāmaṃ pakkamissatīti : evam-eva kho bhikkhave ye hi keci samaṇā vā brāhmaṇā vā ime pañca kāmaguṇe gathitā mucchitā ajjhopannā anādīnavadassāvino anissaraṇapaññā paribhuñjanti te evam-assu veditabbā: anayam-āpannā byasanam-āpannā yathākāmakaraṇīyā pāpimato."
"비구여, '어떤 싸마나나 브라흐마나도 5욕락에 묶이고 혼미하고 탐착해 재난을 보지 못하고, 벗어남을 보지 못하고. 그것을 즐기면, 그들은 불행에 이르고, 액운에 빠지고, 악마가 원하는 대로 행해진다.' 라고 알아야 한다. 예를 들면 숲속에 사는 사슴이 그물에 걸려 쓰러지게 되면 불행에 이르고, 액운에 빠지고, 그 사슴은 사냥꾼이 원하는 대로 행해지고, 사냥꾼이 올 때 자기가 가고 싶은 곳으로 갈 수 없을 것이다. 이와 같이 비구여, '어떠한 싸마나나 브라흐마나라도 이들 5욕락에 묶이고 혼미하고 탐착해 재난을 보지 못하고, 벗어남을 보지 못하고, 그것을 즐기면 그들은 불행에 이르고, 액운에 빠지고, 악마가 원하는 대로 행해진다.' 라고 알아야 한다."

307. MN. III, 50. "ekacco abhijjhālu hoti abhijjhāsahagatena cetasā viharati, vyāpādavā hoti vyāpādasahagatena cetasā viharati, vihesavā hoti vihesā sahagatena

가죽끈에 묶인 개가 끈에 따라 돌듯이 돈다. 그러나 성인은 5온의 실재란 자아가 없다고 알기 때문에 마치 끈에 묶여있지 않은 개처럼 6경에서 자유롭다고 강조한다.[308] 『설분별경說分別經』에서는 존재에 내재한 본성을 올바르게 통찰하면 존재속박에서 벗어날 수 있지만, 그것을 모르면 그 존재에 속박될 수밖에 없다고 주장한다.[309]

4) 싸띠와 아싸봐의 역관계

속박과 해탈은 싸띠와 아싸봐의 역관계에서 결정된다. 아싸봐는 싸띠를 속박하는 주체이고, 싸띠는 아싸봐의 속박으로부터 벗어나 해탈하는 주체이다. 이 둘의 역관계에 따라 마음상태가 속박돼 답답하기도 하고 벗어나 해탈돼 자유롭기도 한다.

집중하면 평화롭고 끌려가면 산만하다. 마음에너지 관점에서 보면 싸띠가 인식대상을 선택하고 집중하면 마음에너지의 소비가 최소화되고 보충되며 마음상태가 활기차진다. 반대로 싸띠가 아싸봐의 힘에 끌려가면 마음에너지 소모량이 증가하면서 마음에너지가 고갈되고 마음활력이 약화되면서 마음상태가 피폐해진다.

싸띠와 아싸봐는 서로 거리감있기보다 밀착해 있는 경우가 대부

---

cetasā viharati. evarūpaṃ, bhante, cittuppādaṃ sevato akusalā dhammā abhivaḍḍhanti kusalā dhammā parihāyanti."

"탐욕, 분노, 위해를 지니고, 위해에 묶인 마음으로 지낸다. 세존이시여, 이런 마음이 일어나는 것을 따르면, 불선법이 늘어나고 선법은 줄어든다."

308. SN. Ⅲ, 150. 주152 참조.

309. MN. Ⅲ, 227-228. 주9 참조.

분이다. 단지 싸띠력이 아싸봐의 힘보다 커서 싸띠가 능동적으로 인식대상을 선택하고 그곳으로 다가갈 것인지, 아니면 아싸봐력이 싸띠력보다 커서 싸띠가 아싸봐의 힘에 끌려가는지에 따라 기억정보와 아싸봐의 결합과 해체의 양과 질 즉, 기억정보의 질량(무게)이 결정된다. 수행은 싸띠력을 키워서 아싸봐를 기억정보로부터 해체하고 감소시키는데 초점둔다. 그러면 마음을 덮고 있던 마음오염원이 걷히면서 실재의 통찰안목인 혜안이 열린다.

『육물경六物經』에서도 예를 들듯이,[310] 싸띠가 아싸봐의 힘에 끌려가지 않고 거리감을 유지하기 위해서는 싸띠 자체의 힘이 있어야 인식대상과의 거리를 유지할 수 있다. 그렇지 않으면 필연적으로 아싸봐의 힘에 끌려갈 수밖에 없다. 그러면 싸띠력은 약화되고 아싸봐의 힘은 점차 강해지면서 속박강도 또한 높아진다. 따라서 싸띠와 싸띠집중인 싸마디를 키우는 과정이 수행이라고 강조한다.

싸띠력을 향상시키는 것과 아싸봐의 힘을 감소시키는 것은 동시에 진행된다. 단지 그 초점을 어디에 둘 것인가의 문제이다. 세존은 아싸봐의 힘을 제거하기보다 싸띠력을 향상시키는데 초점맞추었다.

세존은 아싸봐는 싸띠수행으로 제거해야 한다고 강조한다. 그 주된 이유는 마음공간에 존재하면서 하중을 가하는 기억정보를 하중을 덜 가하는 대상으로 교체하거나, 성찰이나 혜와 같은 촉매제를

310. SN. IV, 198-201. 주292 참조.

사용해 기억정보와 결합한 아싸봐를 해체한다고 해서 마음근육 기능인 싸띠력이 향상되는 것은 아니라고 보기 때문이다. 무게를 가진 새로운 심상이 마음공간에 등장하면, 마음공간에 새로운 하중을 가하고, 마음근육인 싸띠력이 약하면 그 하중에 속박당한다.

싸띠력을 향상시키기 위해서는 두 가지 방법이 있다. 하나는 혜로써 알아차림 기능이자 마음근육 기능인 싸띠를 묶고있는 끈을 풀어 속박에서 벗어나는 방법이다. 이것은 마음화학반응을 사용해 속박에서 벗어나는 것이다. 다른 하나는 싸마디 즉, 마음압력을 사용해 기억정보와 결합해 있는 마음오염원인 아싸봐를 해체하고 제거하는 것이다. 이것은 마음물리력을 사용해 속박으로부터 벗어나는 기술이다.

세존은 먼저 수행으로 마음근육의 탄력성을 높이면, 기억정보와 결합해 있는 아싸봐가 해체되고, 마음공간이 맑아지고, 실재를 통찰할 수 있는 혜력慧力이 성숙한다고 본다. 그러면 아싸봐의 속박에서 벗어나 해탈락解脫樂을 누릴 수 있다. 그 과정이 청정수행이고, 그 수행의 이론과 기술을 설한 것이 바로 8정도 수행체계이다. 그 출발점이 알아차림 기능인 싸띠력을 향상시키는 것이다.

분명히 수행의 지향점은 아싸봐의 힘을 감소시키는 것이지만, 그 출발점은 싸띠력을 향상시키는데서부터 출발한다. 이 둘은 서로 밀접한 관계를 맺고 있지만, 어디에 초점두느냐에 따라서 결과는 달라질 수 있으므로 세심한 주의가 필요하다.

세존은 알아차림 기능이자 마음근육 기능인 싸띠력이 향상되면, 그 힘이 향상되는 것만큼 기억정보의 하중이 상대적으로 가볍게 느껴지고, 그 싸띠로 인해 향상된 싸마디가 기억정보와 결합해 있는 아싸봐에 압력을 가해 기억정보로부터 아싸봐를 분리해체해 기억정보 자체의 하중이 감소될 수 있다고 본다. 그리고 궁극적으로는 싸띠력으로 기억정보의 속박에서 벗어나 해탈할 수 있다고 본 것이다.

싸띠와 싸마디는 5력五力 가운데 하나이다. 싸띠와 싸마디가 향상되면서 마음공간에 존재하는 망상 즉, 아싸봐의 힘이 감소하고 궁극적으로는 '망상없음', '망상그침'의 싸마타止, samatha의 상태가 이루어진다. 그리고 실재를 통찰하는 혜력이 성장한다.

5) 마음무게 증감구조

마음무게 증감구조를 이해하기 위해서는 마음구성인자의 화학반응을 이해할 필요가 있다. 마음구성인자의 역관계는 마음화학반응에 해당하고, 마음물리특성을 결정하는 토대가 된다. 8정도 수행체계의 4념처 수행, 특히 싸띠수행은 마음물리특성뿐만 아니라 마음화학반응을 주목하고, 마음현상을 화학반응 차원에서부터 알아차림하고 개입하고 처리하는 것이 핵심이다.

(1) 마음화학반응

감각대상인 법경이 감각기관인 의근과 접촉하면, 그 정보가 마음공간에 입력되고 심상형태로 상을 맺는다. 입력순간 마음공간에 이미 입력돼 있던 기억정보 즉, 내인성 법경이 새롭게 입력된 심상과 결합한다. 그 순간 알아차림 기능인 싸띠가 개입하고 인식대상으로 집중한다. 그것이 싸띠집중인 싸마디이다.

마음공간에 입력된 심상은 자체질량만 있다. 이때 싸띠와 이미 마음공간에 저장돼 있다가 새롭게 등장한 심상에 개입하려는 기억정보와의 역관계에 따라, 심상의 질량 즉, 기억정보의 무게가 결정된다.

싸띠력이 아싸봐의 힘보다 크면, 기존의 기억정보가 새롭게 입력된 심상과 결합하는 것을 방해한다. 그러면 기억정보가 가지고 있는 힘의 이전을 막는다. 반대로 싸띠력이 아싸봐의 힘보다 작아서 아싸봐가 싸띠를 덮거나 새로 입력된 심상과 결합하면, 기억정보가 가진 힘이 새로 입력된 심상으로 이전시킨다. 심상은 에너지를 공급받고 질량을 이전받아 마음공간에 저장된다.

마음화학반응이 일어날 때 싸띠가 주변수이고, 개입하는 기억정보는 종속변수이다. 따라서 8정도 수행체계에서는 싸띠력을 키우는 것에서부터 출발한다.[311)]

이때 마음현상이 전개될 때, 주변수는 기억정보와 결합해 있는 아싸봐의 힘보다 싸띠력의 크기가 결정한다. 따라서 아싸봐의 제거가 수행목표이지만, 그 출발점은 싸띠력을 향상시키는데서부터 시작한다. 그러므로 세존은 싸띠력을 키우기 위해 8정도 수행체계

---

311. 난다라타나(Nandaratana) (2005), 115-116. 「위파싸나와 간화선의 수행체계 비교 연구」, 동국대학교 박사학위 논문. 위빳싸나와 간화선의 수행체계를 비교하면서 "양자 수행체계에 있어서 수행의 진행과정의 중간 역할을 하는 아주 중요한 개념이 있다. 그것이 바로 위빳싸나의 싸띠(念)의 확립과 간화선의 대의심이다. 양자 간에 있어서 싸띠의 확립과 대의심이 없다면 그 수행은 아무런 소용이 없다. 양자 간에 있어서 그 개념적 의미의 차원이 서로 다르지만 수행진행과정에 있어서 싸띠의 확립과 대의심이 같은 역할을 한다고 필자는 생각한다."라고 하며 4념처 수행에서 알아차림 기능인 싸띠와 간화선(看話禪)에서 대의단(大疑團)이 같은 기능을 한다고 본다.

와 4념처 수행, 특히 싸띠수행을 강조한다.

〈표 4.8〉 마음화학반응 312)

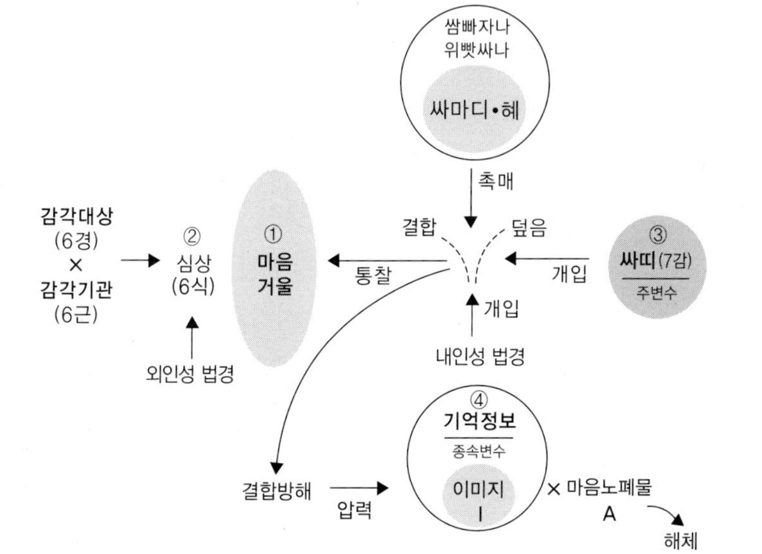

아싸봐의 힘을 약화시키기 위해 직접 그 힘을 감소시킬 수도 있지만, 싸띠력을 키우는 방향으로 수행하는 것이 유효성도 크고 안전하다. 이 과정은 마음구성인자 사이의 화학반응에 개입하고 조

312. Buddhapāla(2008), 207. 표19 '마음화학반응'을 수정했다.

절함으로써 기억정보와 결합하지 못하게 하거나, 이미 결합해 있는 아싸봐를 분리제거하는 과정이다. 동시에 싸띠력의 크기는 싸마디 힘의 크기를 의미한다. 이것은 싸띠가 싸마디를 선도하기 때문이다.

감각대상인 6경과 감각기관인 6근이 접촉하면 마음정보인 법경이 발생하고, 마음공간에 심상으로 6식이 형성된다. 그 순간 싸띠가 그 심상을 인지하고 해당 심상으로 집중하는 싸마디가 이루어진다. 동시에 마음공간에 이미 입력돼 있던 아싸봐와 결합해 있던 기억정보 즉, 내인성 법경이 개입하면서 사유과정과 정서과정이 다차원으로 전개된다. 그 모든 인지과정과 사유과정 그리고 반응과정의 출발점은 알아차림에서부터 시작한다. 싸띠와 싸마디 그리고 아싸봐의 역관계 속에서 마음무게의 증감과 싸띠의 속박과 해탈, 마음공간의 맑음 정도가 결정된다.

(2) 중요한 수행용어

중요한 수행용어를 살펴본다.

① **의(意, mano)**: 감각대상인 6경과 감각기관인 6근이 접촉해 그 정보를 마음공간에 입력하고 심상을 맺게 하는 기제이다. 의는 두 가지 의미가 있다. 하나는 의근의 대상인 법경을 인식하는 감각기관이다. 마음거울 혹은 마음공간과 같은 기능을 한다. 다른 하나는 마음현상 전체를 의미한다.

② **법(法, dhamma)**: 마음공간에 입력된 심상 즉, 법경이다. 법

경은 외부에서 입력되는 외인성 법경과 마음공간 내부에서 등장하는 내인성 법경이 있다.

③ **식(識**, viññāṇa): 마음공간에 입력되는 법경을 감각기관 별로 식별하거나 또는, 감각기관 별로 식별해 마음공간에 맺힌 심상이다.

④ **기억(記憶**, anussati): 마음공간에 입력된 과거경험을 간직한 기억정보이다. 기억정보의 구조는 심상과 그 심상과 결합한 마음오염원으로 이루어져 있다. 마음공간에 맺힌 심상에 탐진치와 같은 마음오염원인 아싸봐가 얼마나 결합하느냐에 따라 기억정보의 질량(무게)이 결정된다. 기억정보의 힘이 크면 알아차림 기능인 싸띠를 속박시킨다. 그러면 알아차림을 놓치고 아싸봐가 심상과 결합해 전개되면서 마음공간에서 기억정보는 무수히 증가한다. 그 증가분만큼 기억정보의 질량이 늘어나고 마음공간에 가해지는 압력도 커진다. 동시에 마음무게도 증가한다.

⑤ **싸띠(念**, sati): 마음공간에 심상이 맺힌 것을 알아차림하는 기능이다. 마음근육 기능도 담당한다. 싸띠력이 크면 아싸봐력의 영향력에서 벗어나 해탈할 수 있다. 그리고 기억정보와 결합해 있는 아싸봐를 물리력을 사용해 해체할 수 있다. 싸띠는 수행주체이자 인지과정, 사유과정, 반응과정의 시작점이다.

⑥ **싸마디(三昧, 定**, samādhi): 알아차림 기능인 싸띠가 인식대

상으로 집중하는 기능이다. 마음구성인자가 모두 인식대상으로 집중하는 것이 아니라, 싸띠만 집중하기 때문에 여기서는 싸띠집중이라고 정의한다.

'samādhi' 는 남성명사로, '하나의, 함께, 거의, 모인, 같은, 올바른, 완전한' 등의 접두어 'saṁ' [313]과 '두다, 적용하다, 임명하다'의 어근 '√dhā' [314]의 합성어로 '집중, 정신통일, 명상, 정定, 삼매三昧' 등의 의미이다.[315] '싸띠집중', '三昧, 定' 으로 번역하고 '싸마디' 로 음사한다.

『동원정사경東園精寺經』에서는 싸띠가 정립돼야 싸마디가 정립된다는 것을 다음과 같이 설한다.

"비구여, 고귀한 제자가 혜를 갖추면 그것을 따라 믿음이 정립된다. 그것을 따라 정진이 정립되고, 그것을 따라 싸띠가 정립된다. 그것을 따라 싸마디가 정립된다."[316]

이 경에서 싸띠가 인식대상에 집중하는 것을 싸마디라고 정의한

313. 전재성(2005), 619.
314. 전재성(2005), 1037.
315. 전재성(2005), 647.
水野弘元(1981), 297. "定, 三昧, 三摩地, 等持, 精神統一"
PED(1986), 685. "concentration, a concentrated, self-coolected, intent state of mind meditation, which, concomitant with right living, is a necessary condition to the attainment of higher wisdom and emancipation"
316. SN. V, 222. "paññāvato bhikkhave ariyasāvakassa tadanvayā saddhā saṇṭhāti, tadanvayaṃ viriyaṃ saṇṭhāti, tadanvayā sati sanṭhāti, tadanvayo samādhi saṇṭhāti."

다. 『소문답경小問答經』에서는 마음이 하나의 대상에 집중하는 것이 싸마디三昧라고 정의하는 것을 볼 수 있다.[317]

『동원정사경東園精寺經』에서 삼매상三昧相 즉, 싸마디의 형식은 신수심법의 4념처에 싸띠가 집중하는 것이라고 정의하는 것을 볼 때, 마음집중보다는 오히려 '싸띠집중' 으로 이해하는 것이 더 적합하다.

〈표 4.9〉 싸마디 : 싸띠집중

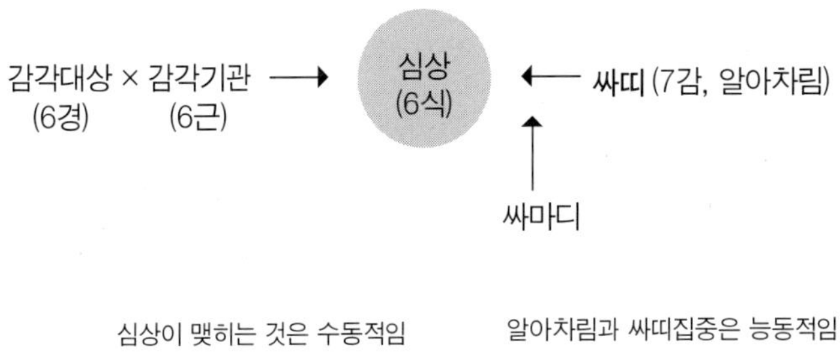

317. MN. I, 301. "yā kho āvuso Visākha cittassa ekaggatā ayaṃ samādhi, cattāro satipaṭṭhānā samādhinimittā, cattāro sammappadhānā samādhiparikkhārā, yā tesaṃ yeva dhammānam āsevanābhāvanā bahulīkammam ayaṃ tattha samādhibhāvanā ti."
"벗이여. 위싸카여. 마음이 한 대상에 집중되는 것이 싸마디이고, 4념처가 삼매상이고, 4정근이 싸마디 도구이고, 이들 법을 추구하고, 수행하고, 복습하는 것이 싸마디 수행이다."

『소마읍경小馬邑經』에서는 올바르게 싸마디에 들기 위해서는 행복해야 한다고 설한다.[318] 이것은 인식대상에 싸띠가 집중할 때, 집중하려는 노력 못지않게 방해하는 것이 없어야 한다는 것을 의미한다. 더 나아가 방해현상이 나타나도 그것을 뚫고 나가 알아차림 대상에 집중할 수 있어야 한다. 몸과 마음에 불편함없고 평안하고 행복한 상태가 될 때, 온전히 인식대상에 집중할 수 있다. 수행으로 싸띠와 싸마디가 어느 정도 성숙해지면, 방해요소가 많이 등장해도 그것에 영향받지 않고, 인식대상으로 집중할 수 있다.

⑦ **싸마타(止, samatha)**: 멈춤, 적멸 등의 의미이다. 'samatha'는 남성명사로, '고요하다, 평온하다, 그치다, 적멸하다'의 어근 '√śam'에서[319] 파생된 용어로, '멈춤, 그침, 지止, 지식止息, 적지寂止, 사마다奢摩多, 사마타奢摩他, 문제해결, 멸쟁滅諍, 멸법滅法' 등의 의미이다.[320]

---

318. MN. I, 283. "so sabbehi imehi pāpakehi akusalehi dhammehi visuddhamattānaṃ samanupassati, vimuttam-attānaṃ samanupassati. tassa sabbehi imehi pāpakehi akuslalehi dhammehi visuddham-attānaṃ samanupassato vimuttam-attānaṃ samanupassato pāmujjaṃ jāyati, pamuditassa pīti jāyati, pītimanassa kāyo passambhati, passaddhakāyo sukhaṃ vedeti, sukhino cittaṃ samādhiyati."
"그는 이런 악하고 불선법의 상태에서 정화된 자신을 보고, 해탈된 자신을 본다. 이런 악하고 불선법의 상태에서 정화된 자신을 보고, 해탈된 자신을 보는 자에게 환희가 생겨나고, 환희가 생겨난 자에게 기쁨이 생겨나고, 기쁨이 생겨난 자에게 몸이 상쾌해지고, 몸이 상쾌한 자는 즐거움을 경험하고, 즐거움을 경험한 자의 마음은 싸마디에 든다."

319. 전재성(2005), 1042.

320. 전재성(2005), 710.

싸띠가 인식대상으로 집중하고 인식대상에 밀착고정하면, 마음 공간에 떠다니던 아싸봐의 활동이 마음 깊은 곳으로 가라앉거나 멈춘다.

이것은 싸마타 수행자가 즐겨 사용한 수행기술이다. 이것은 일종의 이미지 기술이고 밀착기술이다. 세존도 처음 출가수행할 때는 아라라 까라마에게서 무소유처, 웃다가 라마뿟따에게서 비상비비상처로 알려진 싸마타 수행을 전수받는다. 그러나 이 단계에 머물러서는 수행을 완성할 수 없다고 판단하고 중단한다. 그리고 보리수 아래서 싸띠수행에 기반한 8정도 수행체계로 최상의 깨달음을 증득한다. 『대제경大諦經』에 따르면 이때 세존이 사용한 기술이 싸띠이다. 바로 알아차림 기술이고 타격기술이다.[321]

이후 세존은 제자에게 수행을 지도할 때는 가급적 다른 수행기술을 혼용하지 않고 오로지 싸띠와 쌈빠자나, 싸마타와 위빳싸나, 싸띠와 싸마디의 겸수를 강조한다. 싸마타와 위빳싸나의 겸수止觀兼修를 가르칠 때도 관觀 즉, 'vipassanā' 수행기술은 상세히 설명한다. 그러나 지止 즉, 'samatha' 수행기술은 별다른 언급이 없다. 위빳싸나 기술을 자세히 설명하는 『차제경次第經』에서는 위빳싸나 기술도 싸띠에 기반한다고 강조한다.[322]

水野弘元(1981), 295. "止, 止息, 寂止, 奢摩他, 滅諍, 滅, 滅法"
PED(1986), 682. "calm, quietude of heart"

321. MN. I, 242-243. 주84 참조.

322. MN. III, 25-28. 주368 참조.

⑧ **위빳싸나(觀**, vipassanā): 관찰, 주시, 혹은 통찰의 의미이다. 여기서는 '觀' 으로 번역하고 위빳싸나로 음사한다. 'vipassanā' 는 여성명사로, '분리, 구별, 다름' 의 접두어 'vi' [323]와 '보다, 깨닫다' 의 어근 '√paś' 와의[324] 합성어로, '올바른 직관, 명확한 관찰, 통찰洞察, 내관內觀 관법觀法, 선관禪觀, 직관直觀' 등의 의미이다.[325]

위빳싸나는 알아차림 기능인 싸띠와 싸띠집중 기능인 싸마디가 결합된 의미이다. 주시하거나 관찰한다는 것은, 이미 알아차림된 대상을 향해 알아차림의 주체인 싸띠가 주시하고 집중하며, 그 대상을 따라가며 관찰隨觀함을 의미한다.

위빳싸나는 싸띠와 싸마디가 복합된 기능이다. 그래서 세존이 위빳싸나 기술을 상세히 설명하지 않고, 싸띠기술을 집중적으로 설명한 것으로 사료된다.

⑨ **쌈빠자나(知**, sampajāna): 'sampajāna' 는 '올바른, 완전한' 의 접두어 'saṁ' 과,[326] '알다, 추측하다, 시인하다' 의 어근 '√jñā' 와,[327] '완전히' 의 'pa' [328]의 합성어로 형용사로는 '올바로 분명히

---

323. 전재성(2005), 587.
324. 전재성(2005), 1038.
325. 전재성(2005), 598.
水野弘元(1981), 259-260. "觀, 毘鉢舍那, 觀法, 內觀"
PED(1986), 627. "inward vision, insight, intuition, introspection"
326. 전재성(2005), 619.
327. 전재성(2005), 1036.
328. 전재성(2005), 443.

알아채는', '故意의' 의 의미이고,329) 명사 sampajañña로는 '단순한 알아차림', '注意', '고려', '분별', '이해', '용의주도', '올바로 알아차림', '正知' 등의 의미이다.330) '쌈빠자나' 로 음사하고, '실재 통찰하기', '知' 로 번역한다.

쌈빠자나는 현상 밑에 존재하는 실재의 통찰기능이다. 알아차림 기능인 싸띠의 강화된 형태이지만 싸띠와는 분명 다른 기능이다. 그래서 기술도 다르게 익혀야 한다.

'sampajāna' 의 정의가 아직 충분치 않은 것은 이 개념이 수행기술과 연관된 것이기 때문이다. 수행진도가 많이 진척되지 않았거

---

329. 전재성(2005), 653.
水野弘元(1981), 300-301. "正知の, 意識的の, 正知者： 故意の"
PED(1986), 690. "thoughtful, mindful, attentive, deliberate, almost syn. with sata, mindful"

330. 전재성(2005), 653.
水野弘元(1981), 300. "正知, 正智, 正心"
PED(1986), 690. "attention, considerration, discrimination, comprehension, circumspection"
전재성(2005), 1306. 전재성은 '올바로 알아차림'
인경(2013), 114. 인경은 '알아차림 된(sati) 분명한 앎'
각묵(2006), 503. 각묵은 '분명하게 알아차림'
조준호(2000), 337. 『초기불교에 있어 止・觀의 문제』, 『韓國禪學』 제1호, 한국선학회. '수동적 알아차림(sampajañña)
조준호(2020), 107. 『사띠(sati/smṛti) : 念)는 '수동적 주의집중' 인가』, 『인도철학』 제16집, 인도철학회. '분명히 깨어있는 상태'
김범진(2012), 35. 김범진은 '생생한 깨어있음'
정준영・박성현(2010), 7. 『초기불교의 사띠(sati)와 현대심리학의 마음챙김(mindfulness) : 마음챙김 구성개념 정립을 위한 제언』, 『한국심리학회지』, 한국심리학회. '분명한 앎, 알아차림, 正知'

나, 마음구성인자의 기능과 역할을 충분히 이해하지 못한 상태에서 이 용어의 정확한 기능을 이해하기가 쉽지 않다. 쌈빠자나는 반드시 수행기술로 접근해야 올바르게 이해할 수 있다.

예를 들어 짜증이 일어날 때, 그 짜증이 일어나는 것을 알아차림하는 것은 싸띠이다. 짜증을 알아차림하는 순간, 짜증을 일으키거나 짜증 밑에 존재하는 실재나 원인의 통찰기능이 쌈빠자나이다. 싸띠에서 출발해 실재를 통찰한다. 그래서 세존은 8정도 수행체계와 4념처 수행에서 싸띠와 쌈빠자나의 겸수念知兼修를 강조한다.

〈표 4.10〉 쌈빠자나 수행원리

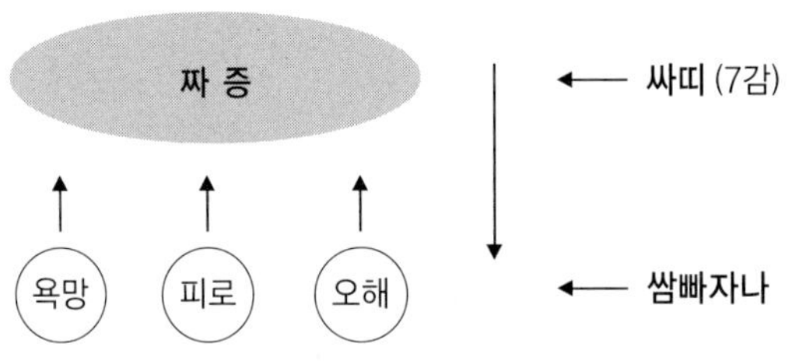

현상은 짜증이지만 짜증을 일으키는 원인은 여러 가지 있을 수 있다. 현실이 불만족스럽고 자신의 욕망이 충족되지 않아 짜증이 날 수 있고, 육체의 피로가 가중돼 과민반응으로 짜증이 일어날 수 있고, 현상을 잘못 이해해 짜증이 날 수 있다. 짜증이 마음공간에서 일어난 순간을 놓치지 않고 알아차림하는 것이 싸띠이고, 알아차림하는 순간 짜증 밑에 있는 원인이나 실재를 통찰하는 것이 쌈빠자나이다. 이렇게 통찰력이 성숙해지면 마음공간에 심상이 맺히는 순간, 그것을 알아차림하고, 동시에 그 밑에 존재하는 원인이나 실재를 있는 그대로 통찰한다. 이에 따라 수행진도도 성숙한다. 이것이 쌈빠자나 수행이다.

싸띠가 하나의 점을 알아차림하는 것이라면, 쌈빠자나는 선이나 면을 알아차림하는 것이고, 혜는 관계와 상황 특히, 고집멸도의 4성제를 있는 그대로 통찰하는 것이다.

〈표 4.11〉 알아차림 수준 [331]

싸띠(7감)	쌈빠자나	혜
●	+	(원)
점	선(면)	입체

『구계경拘戒經』에서는 존재란 행위의 상속자라고 설한다.[332] 『결택경決擇經』에서는 행동은 의도에서 나오고, 의도가 행동에 앞선다

331. Buddhapāla(2008), 401.
332. MN. I, 390. "iti kho Puṇṇa bhūtā bhūtassa upapatti hoti, yaṃ karoti tena up-

고 다음과 같이 설한다.

"비구여, 나는 의도가 행위라고 말한다. 의도하고 나서 신구의(身口意)의 행위를 한다."[333]

신구의 3업三業과 같은 행동은 그것을 행동하기 전에 반드시 의도가 있게 마련이다. 우리가 인지하든 하지 않든 먼저 의도가 있고, 그 의도에 따라 행동한다. 쌈빠자나 수행은 바로 행동하기 전에 일어나는 의도를 알아차림하는 기술이다. 『오지물주경五支物主經』에서는 마음에서 행동이 나온다고 다음과 같이 설한다.

"건축사여, 무엇에서 선한 습관이 생겨나는가? 마음에서 생겨난다고 말해야 한다. 어떠한 마음인가? 마음은 참으로 여러 가지 종류와 형태를 지니고 있다. 마음이 만약 탐, 진, 치에 물들어 있지 않다면, 그것에서 선한 습관이 생겨난다."[334]

---

apajjati, upapannam-enaṃ phassā phusanti. evaṃ p' ahaṃ Puṇṇa: kammadāyādā sattāti vadāmi."

"그는 행위한 대로 태어난다. 태어나면 접촉이 그를 접촉한다. 그러므로 존재란 행위의 상속자라고 나는 말한다. 뿐나(Puṇṇa)여, 밝은 행위에는 밝은 결과가 따른다는 것은 바로 이런 것이다."

333. AN. III, 415. "cetanāhaṃ bhikkhave kammaṃ, cetayitvā kammaṃ karoti kāyena vācāya manasā"

334. MN. II, 27. "ime ca, thapati, kusalasīlā kiṁsamuṭṭhānā? samuṭṭhānaṃ pi nesaṃ vuttaṃ. cittasamuṭṭhānā ti 'ssa vacanīyaṃ. katamaṃ cittaṃ? cittaṃ pi hi bahu anekavidhaṃ nānappakārakaṃ. yaṃ cittaṃ vītarāgaṃ vītadosaṃ vītamohaṃ : - itosamuṭṭhānā akusalasīlā."

이 경에서는 선한 행위는 마음공간에 잠재된 습관에서 나온다고 주장한다. 『이심경二尋經』에서는 자주 사유한 것은 훈습이 돼 몸과 마음에 잠재된다고 설한다.[335)]『정견경正見經』에서는 이런 훈습隨眠이 마음공간에 존재하며 탐진치의 뿌리가 되기 때문에 이런 것의 뿌리를 올바로 알아서 제거해야 정견을 성취할 수 있다고 강조한다.[336)]

세존은 자주 사유된 것은 무엇이나 마음공간에 축적되며 잠재의식인 수면隨眠이 된다고 본다. 이렇게 훈습된 잠재의식이 현실생활에 크게 영향미치지만, 일반인은 무심코 지나간다. 그러나 싸띠와 쌈빠자나 수행으로 현상을 알아차림하면서 동시에 현상 밑에 존재하는 원인이나 실재를 통찰한다. 그러면 그 힘으로 기억정보와 결합한 아싸봐가 해체되고 평화로운 삶으로 돌아간다.

세존은 마음공간에 압력을 가하면 마음 깊은 곳에 존재하는 수면이나 잠재의식 등이 마음표면으로 떠오른다고 본다. 싸띠를 키우고 싸마디를 키우면, 마음표면에 망상과 같은 것이 나타나는 순간 알아차림할 수 있다. 이때 싸띠력이 좋으면 현상이 등장한 순간

---

335. MN. Ⅰ, 115. "yañ-ñad-eva bhikkhave bhikkhu bahulam-anuvitakketi anuvicāreti thatā thatā nati hoti cetaso. kāmavitakkaṃ ce bhikkhave bhikkhu bahulam-anuvitakketi anuvicāreti, pahāsi nekkhammavitakkaṃ, kāmavitakkaṃ bahulam-akāsi, tassa taṃ kāmavitakkāya cittaṃ namati."
"비구여, 무엇이든지 비구가 자주 사유하고 숙고한 것은 마음수면(隨眠)이 된다. 그가 자주 애욕을 여읜 사유를 사유하고 숙고하면, 그는 애욕에 메인 사유를 버리게 되고, 애욕을 여읜 사유를 수행하고, 그의 마음은 애욕을 여읜 사유로 향하게 한다."

336. MN. Ⅰ, 47. 주534 참조.

곧바로 알아차림할 수 있고, 쌈빠자나의 힘이 강하면 현상 밑에 존재하는 원인이나 실재를 직관으로 통찰한다. 따라서 세존은 직관력으로 통찰하기 때문에 논리나 분석은 도리어 직관력을 약화시킨다고 본 것이다.

세존이 창안한 8정도 수행체계, 특히 쌈빠자나 수행은 자기분석에 초점둔다. 수행과정에서 싸띠와 싸마디가 좋아지면 현재와 과거 또는 미래의 어느 순간, 자기모습이 선명히 보인다. 이것은 일종의 성찰이다. 그것이 부정적이든 긍정적이든 자기모습을 스스로 보면, 대부분의 사람들은 부정행동은 교정하려 하고, 긍정행동은 강화하려는 의도가 일어난다. 이것이 수행의 또 다른 효과이다. 그런데 수행에서의 성찰 혹은 자기분석은 분석, 사유, 논리로 하는 것이 아니라 싸띠와 싸마디를 사용해 직관력으로 한다.[337] 『역경力經』에서 세존이 성찰의 힘과 수행의 힘을 말한 것이 바로 이것을 의미한다.[338] 성찰은 시공을 넘나들며 분석으로 할 수 있지만, 수행은 인식대상을 알아차림할 때, 문득 떠오르는 자기 모습이나 마음상태를 직관으로 성찰할 수 있다.[339]

---

337. 박용환(2022), 61-75. 「마음챙김 수행을 통한 자기분석」, 『명상과 의학』, 서울 : 학지사.

338. AN. I, 52. 주346 참조.

339. 프로이트(S. Freud)의 이론이든 심리상담의 이론이든 대부분 타인분석을 통해 문제를 해결하려고 한다. 그러나 세존은 자기성찰과 싸띠수행을 통해 직관으로 자기모습을 스스로 보거나, 자기분석을 통해 불만족스러운 현실을 극복하고 평화로운 상태로 나아가고자 한다. 그 핵심도구가 8정도 수행체계와 4념처 수행이다.

『사유경蛇喻經』에서 설하는 것처럼,[340] 일반범부는 5온을 자기라고 생각하거나, 아름답다고 생각하고, 영원히 변하지 않고 지속하리라 생각하고 행동한다. 그러나 그 모든 것이 실제로는 내 것이란 아무것도 존재하지 않으며, 모든 것은 연기적으로 구성돼 있고 그 실재는 무아이며, 현상은 즐거움이지만 그런 즐거움에 집착하고 갈애를 일으킨 순간 그것이 괴로움으로 전환된다. 그리고 영원한 것은 아무것도 없고 모든 것은 무상하다는 3법인을 전부 혹은 일부를 통찰하면서 자신의 고통스러운 현실을 고스란히 있는 그대로 직관으로 통찰한다.[341]

⑩ **혜(慧, paññā)**: 혜는 고집멸도의 4성제의 통찰기능이고, 아싸봐의 제거도구이다. 괴로움을 제거하는 핵심기능이고, 관계와 상황의 맥락을 이해하는 기능이다. 명과 정견 등과 비슷한 개념이다.

---

340. MN. Ⅰ, 130-142.

341. 『맛지마니까야』에서 5온을 설하는 경은 다음과 같다. 10, 22, 35, 62, 72, 75, 109, 112, 138, 151의 10경이다.

〈표 4.12〉 수행용어 기능

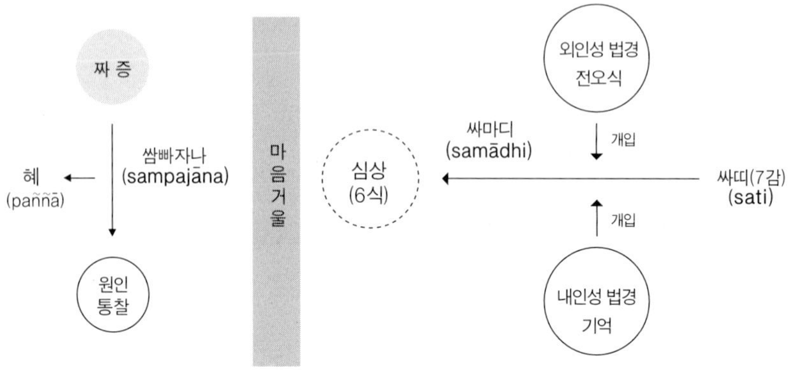
짜 증
쌈빠자나
(sampajāna)
혜
(paññā)
원인
통찰
마음거울
심상
(6식)
싸마디
(samādhi)
외인성 법경
전오식
개입
싸띠(7감)
(sati)
개입
내인성 법경
기억

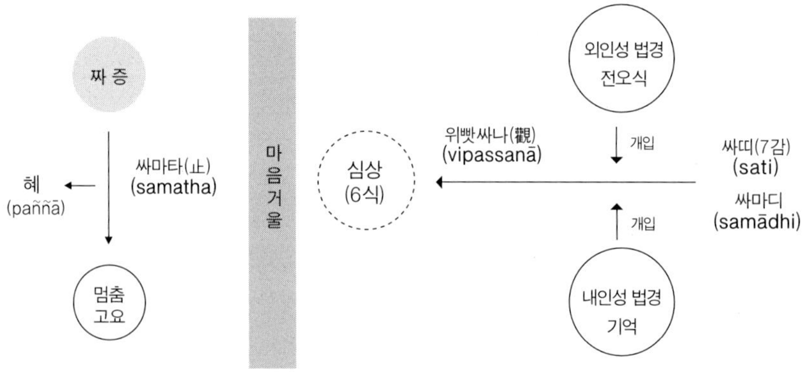
짜 증
싸마타(止)
(samatha)
혜
(paññā)
멈춤
고요
마음거울
심상
(6식)
위빳싸나(觀)
(vipassanā)
외인성 법경
전오식
개입
싸띠(7감)
(sati)
싸마디
(samādhi)
개입
내인성 법경
기억

마음구성인자를 이해하는 것은 마음현상을 화학차원에서 이해할 수 있고, 8정도 수행체계도 화학반응 차원에서부터 시작해 물리특성 차원까지 확장하며, 공학차원으로 발전시켜, 삶에 유용하게 활용할 수 있는 것을 의미한다.

(3) 마음무게 감소원리

마음무게의 감소원리를 살펴본다. 아싸봐와 결합해 있는 기억정보는 질량 즉, 무게를 가진다. 무게를 가진 기억정보가 마음공간에 존재할 때, 마음공간에 하중을 가한다. 이 책에서는 마음공간에 가해지는 하중을 마음무게라고 정의한다.[342] 마음무게를 감소시키기 위해서는 두 가지 방법이 있다. 하나는 기억무게를 감소시키는 것, 다른 하나는 마음무게의 하중을 견디는 마음근육의 탄력성을 키우는 것이다.

---

342. 마음공간이 받는 하중을 stress라고 한다. 스트레스의 사전의미는 가해지는 힘에 대응하는 힘을 말한다. 이것이 심리학으로 들어와 외부충격이나 마음공간에 존재하는 기억정보의 무게로 인해 마음공간에서 일어나는 대응력을 나타내는 용어로 자리잡는다. 보건복지부에서는 스트레스를 다음과 같이 정의한다. '스트레스는 개인에게 부담을 주는 정신적, 육체적 자극과 그에 대한 반응을 의미한다.' http://www.nrc.go.kr/portal/html/content.do?depth=ph&menu_cd=03_03_00_01(검색일자: 2020. 06. 23.)

〈표 4.13〉 마음무게[342]

$$M^2 = \frac{M^1}{S^x}$$

$$M^1 = IA^n$$

• M^2 = 마음무게 • M^1= 기억무게 • S^x= sati • I = imagery(심상) • A^n= āsava

세존이 출가수행한 목적은 삶을 얽어매고 고통 속으로 몰아넣는 아싸봐의 힘을 감소시키고, 그 힘의 영향력에서 벗어나 해탈하는 것이다. 그러기 위해서는 기억정보와 결합해 있는 아싸봐의 힘을 제거하는 것이 필요하다. 이때 두 가지 수행기술이 있다. 하나는 싸띠와 싸마디를 사용해 기억정보와 결합해 있는 아싸봐의 힘을 직접해체하는 것이다. 다른 하나는 알아차림 기능이자 마음근육 기능을 하는 싸띠의 탄력성을 향상시키는 것이다.

마음근육의 탄력성이 커지면 기억무게가 상대적으로 가벼워진다. 동시에 싸띠력이 향상됨으로 인해 함께 상승한 싸마디로 기억정보와 결합해 있는 아싸봐의 힘이 해체되면서 절대적으로 가벼워

342. Buddhapāla(2008), 355.

진다. 따라서 수행은 기억무게를 해체하기보다, 오히려 싸띠력을 향상시키는 방향으로 전개하는 것이 세존이 완성한 8정도 수행체계의 특징이다.

마음무게를 감소시키는 방법은 5가지가 있다. 첫째, 마음공간에 하중을 가하는 기억무게를 줄이는 것, 둘째, 마음공간에 하중을 가하는 기억정보를 마음공간에서 비우는 것, 셋째, 무거운 기억정보를 가볍고 새로운 대상으로 교체하는 것, 이는 집중대상 교체 혹은 관심돌리기와 비슷한 구조이다. 넷째, 기억무게를 견디는 싸띠의 탄력성을 높이는 것, 다섯째, 실재를 통찰함으로써 기억무게를 해체하고 동시에 마음무게도 해체하는 것이다. 이것은 특별한 수행기술을 사용하는 것이 아니라 인지교정 즉, 관점을 바꿈으로써 가능한 것으로 사유칙에 가깝고 일종의 마음화학반응에 해당한다.

(4) 기억무게 감소기술

기억무게의 감소구조를 살펴본다. 기억무게를 감소시키기 위해서는 먼저 기억구조를 이해해야 한다.

외부에 존재하는 감각대상인 6경이 직접 마음영역으로 입력되는 것이 아니라, 그 대상의 이미지가 심상형태로 마음공간에 입력된다. 이렇게 마음공간에 입력된 심상에 아싸봐가 결합해 기억정보가 형성된다. 마음공간에 입력된 심상에 아싸봐가 얼마나 결합하느냐에 따라 기억질량의 크기 즉, 기억무게가 결정된다. 이것이 기억구조이다.

〈표 4.14〉 기억구조와 기억무게[343)]

$$M^1 = IA^n = I$$

탐 진 치

• M^1 = 마음무게 • I = imagery (심상) • A^n = āsava(탐진치)

기억정보와 결합한 아싸봐의 제거도구가 실재를 통찰하는 혜이다. 혜는 싸띠집중 기능인 싸마디로 성장한다. 싸마디의 크기는 알아차림 기능인 싸띠가 결정한다. 따라서 싸띠가 아싸봐를 제거하는 구체적인 도구이다. 일반적으로는 싸띠를 활용해 싸마디를 키우고, 그 힘으로 기억정보와 결합한 아싸봐를 해체한다. 이것은 물리력을 사용해 기억정보와 결합한 아싸봐를 해체해 기억정보의 질량을 감소시키는 구조이다. 마음화학반응을 활용해 마음공간에서 이루어지는 마음구성인자 사이의 화학반응 과정에 개입하고, 명, 혜, 정견 등의 촉매제를 사용해 기억정보와 결합해 있는 아싸봐를 분리해체해 기억정보의 질량을 줄인다. 이것은 화학반응으로 기억무게를 감소시키는 원리이다.

343. Buddhapāla(2008), 210.

마음공간에 하중을 가하는 기억무게를 해체하는데 3가지 기술이 있다. 첫째, 싸띠집중력인 싸마디를 증폭시켜 기억정보와 결합해 있는 아싸봐를 분리해체하는 것, 둘째, 기억정보를 직접타격하는 타격력으로 기억정보와 결합해 있는 아싸봐를 분리해체하는 것, 셋째, 실재를 통찰하는 혜로써 기억정보와 결합해 있는 아싸봐를 분리해체하는 것이다. 앞의 두 가지 기술은 물리력을 활용해 해체하는 것이고, 마지막 기술은 화학반응으로 해체하는 것이다. 사유칙에 속한다.

① 싸마디 해체기술

마음압력인 싸마디를 활용해 기억정보와 결합해 있는 아싸봐의 힘을 해체하고 기억무게를 감소시키는 기술을 살펴본다. 이것은 싸띠집중이자 마음압력인 싸마디를 활용하는 것이다. 이때 싸마디를 일반적인 방식으로 높이기보다 증폭기술을 사용하면 효과적으로 향상시킬 수 있다. 싸마디를 증폭시키는 방법 가운데 하나가 알아차림의 기준점을 정해두고 수행하는 것이다.

〈표 4.15〉 싸마디로 해체 344)

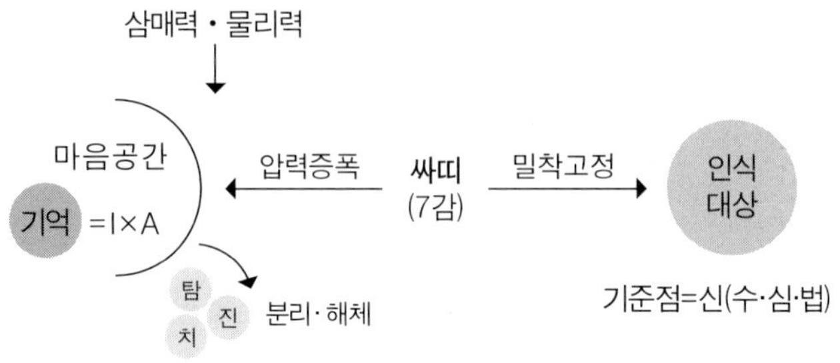

이때 기준점을 정해두고, 싸띠를 기준점에 집중한다. 그 싸띠에 비례해 마음압력인 싸마디도 증폭돼 마음공간에 압력이 가해지면서 기억정보와 결합한 아싸봐가 분리해체된다. 그러면 마음공간에는 기억정보만 남고 기억정보와 결합한 아싸봐가 제거되고, 아싸봐의 속박에서 벗어나 해탈한다.

알아차림의 기준점으로 즐겨 사용하는 것이 신수심법의 4념처 수행기술이다. 이 기술로 5력의 싸띠와 싸마디를 향상시키고, 그 힘으로 혜를 성숙시켜 기억정보와 결합해 있는 아싸봐를 분리해체한다.

이 기술은 수행을 처음 시작하는 초보자부터 수행의 최고단계인 아라한뜨의 경지에 도달한 수행자도 사용하는 기본기술이자 최고기술이다.

---

344. Buddhapāla(2008), 215. 표21 '기억에너지 해체구조1' 로 돼 있다.

② 타격력 해체기술

알아차림 기능인 싸띠가 마음공간에 등장한 심상을 직접 타격해 기억정보와 결합해 있는 아싸봐를 분리해체하는 기술이다.

기억정보와 결합해 있는 아싸봐의 해체기술 가운데 하나가 기억정보를 직접타격하는 것이다. 그 타격력으로 기억정보와 결합해 있는 아싸봐를 기억정보로부터 분리해체한다. 이것은 싸띠가 인식대상을 타격함으로써, 그 타격력으로 순간적으로 마음압력인 싸마디를 증가시키는 기술이다. 이 기술을 활용해 기억정보와 결합해 있는 아싸봐를 분리해체한다. 직접타격하는 기술이 바로 싸띠이다.

〈표 4.16〉 타격력으로 해체[345]

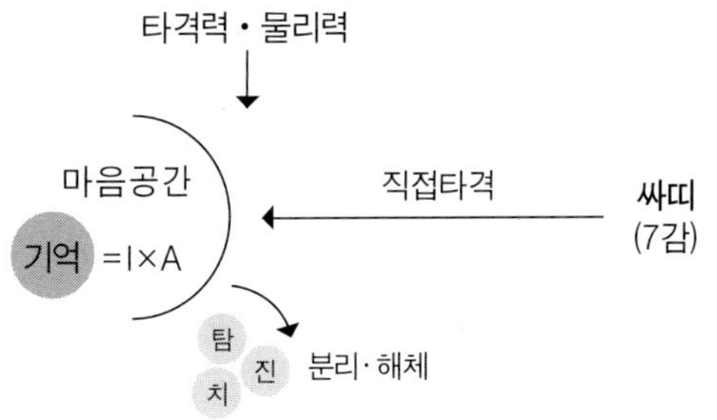

345. Buddhapāla(2008), 215. 표22 '기억에너지 해체구조2' 로 돼 있다.

이 수행기술은 수행진도가 어느 정도 익어진 수행자가 하면 유효성이 높아진다. 처음 수행을 시작하는 사람에게는 효과가 약할 수 있다. 그러나 처음부터 이렇게 훈련을 해두어야 수행진보가 이루어지면서 자연스럽게 이 기술을 사용하는데 익숙해진다. 이 기술을 사용할 때는 가능한 4념처와 같이 기준점을 정해두고 하는 것이 효과적이다. 그것은 마음공간에 새로운 현상이 등장할 때까지 기다리기보다는 오히려 특정대상에 기준점을 정해두고, 그 기준점을 알아차림하다가 아싸봐가 등장하면, 그것을 싸띠로 직접 타격하는 것이 효과적이다.

수행현장에서는 이 두 가지 기술을 동시에 사용한다. 일반적으로 신수심법의 4념처, 그 가운데 몸身에 기준점을 정한다. 몸을 지수화풍地水火風의 4대四大 중에서 좌념坐念 할 때는 호흡의 '들숨과 날숨入出息'의 풍대風大에 기준점을 정하고 싸띠력을 향상시킨다. 그러다가 망상과 같은 새로운 현상이 등장하면, 그 현상을 알아차림하고 난 후, 즉시 기준점으로 되돌아온다. 이런 과정을 반복하면서 싸띠와 싸마디가 향상된다.

세존이 4념처 수행을 기본수행법으로 삼는 것은 4념처 수행이 바로 이 두 가지 기술을 동시에 사용할 수 있기 때문이다. 기준점을 정하지 않고 인식대상을 직접 타격하는 기술이 위빳싸나 기술이다. 이 기술은 다음 장(4장 3-6)-(3))에서 설명한다.

③ 성찰력 해체기술

성찰력으로 기억정보와 결합해 있는 아싸봐의 해체과정을 살펴본다. 『역경力經』에서는 성찰의 힘과 수행의 힘을 다음과 같이 설한다.

"비구여, 두 가지 힘이 있다. 성찰의 힘과 수행의 힘이 있다."346)

이 경에서 세존은 수행으로 마음공간에 존재하는 아싸봐를 제거할 수 있지만, 성찰로도 제거할 수 있다고 주장한다. 이것은 일종의 촉매제를 넣어서 기억정보와 결합해 있는 아싸봐의 해체기술이다. 세존은 이 촉매제를 명, 혜, 정견이라고 한다. 이 경에서는 성찰이라고 한다.

세존은 아싸봐를 제거하기 위해서는 사유하지 말라고 가르친다. 『조어지경調御地經』에서는 4념처 수행할 때는 분석하지 말라고 주문한다.347) 알아차림하되 분석하지 말라는 것은 두 가지로 해석할 수 있다. 하나는 수행을 마음운동으로 보고, 운동량을 늘리기 위해서는 분석, 사유, 논리를 하지 말고 알아차림 운동에만 집중해야 절대적인 운동량이 향상될 수 있기 때문이다. 다른 하나는 직관으로 실재를 통찰하기 위함이다. 분석, 사유, 논리로 실재를 이해할 수도 있지만, 분석, 사유, 논리를 압축해 사용하는 직관력으로도 실재를 통찰할 수 있다. 성찰하라고 하지만 분석, 사유, 논리를 사용한 성찰이 아니라 알아차림과 직관을 사용한 성찰이다. 직관력으로 기억정보와 결합해 있는 아싸봐를 분리해체하는 것이다. 이것

---

346. AN. I, 52. "dve' māni bhikkhave balāni. katamāni dve? paṭisaṅkhānabalañ ca bhāvanā-balañ ca."

347. MN. III, 136. 주369 참조.

은 기술이라기보다 기술을 사용한 결과에 해당한다.

직관력이 생기도록 하는 기술이 8정도 수행체계의 4념처 수행이다. 이 기술을 사용해 수행과정에 망상과 같은 현상이 마음공간에 등장하면, 그 순간 그와 같은 망상이 일어나는 것을 알아차림하는 것이 싸띠이고, 알아차림하는 순간 그런 망상을 일으킨 원인이나 실재를 분석, 사유, 논리를 압축해 순간적으로 전체를 볼 수 있는 힘이 생긴다. 이것이 직관력이다. 그것은 쌈빠자나 수행으로 이루어진다. 『대품大品』에 따르면, 직관은 세존이 미가다야에서 5비구에게 최초로 수행을 지도할 때 처음으로 사용한 개념이다.[348)]

세존은 자주 사유된 것은 무엇이나 마음공간에 축적되고 잠재의식인 수면이 된다고 본다. 이렇게 훈습된 잠재의식이 현실생활에 영향미치지만, 일반인은 무심코 지나친다. 그러나 싸띠력과 쌈빠자나의 힘을 향상시키면, 현상을 알아차림하면서 동시에 현상 밑에 존재하는 원인을 통찰할 수 있다. 그 힘으로 기억정보와 결합한 아싸봐를 분리해체해 평화로운 삶으로 돌아갈 수 있다.

세존은 싸띠를 활용해 싸마디를 키워 마음공간에 압력을 가하면, 마음 깊은 곳에 존재하는 수면과 같은 잠재의식이나 망상 등이 마음표면으로 떠오른다고 본다. 그것이 나타나는 순간 알아차림한다. 이때 싸띠력이 좋으면 현상이 등장한 순간 곧바로 알아차림할 수 있고, 쌈빠자나의 힘이 강하면 알아차림된 현상 밑에 존재하는 원인이나 실재를 직관적으로 통찰할 수 있다. 이렇게 원인이나 실

348. VP. I, 15-16. 주545 참조.

재를 파악하는 기술이 직관력이다. 이때 분석, 사유, 논리를 사용하지만 나열해 사용하면 싸마디가 약화된다. 그러나 그것을 압축해 직관적인 방법으로 통찰해야 현상에 내재한 실재를 통찰할 수 있다.[349]

8정도 수행체계의 4념처 수행은 알아차림과 자기분석에 초점둔다. 이때 4념처 수행에서 분석하지 않고 알아차림하는 것이 자기성찰의 출발점이다. 수행과정에서 싸띠와 싸마디가 좋아지면 현재와 과거 또는 미래의 어느 순간, 자기모습이 선명히 보인다. 이것은 일종의 성찰이다. 그것이 부정적이든 긍정적이든 자기모습을 스스로 보게 되면 대부분은 부정행동은 교정하려 하고, 긍정행동은 강화하려는 의도가 일어난다. 이것이 수행의 또 다른 효과이다.

『구계경拘戒經』에서 세존은 존재란 행위의 상속자라고 설하고,[350] 『결택경決擇經』에서는 행위는 마음에서 나온다고 강조한다.[351] 불만족스러운 현실을 창조한 근원이 무명이다. 5온에서 영원함과 자기 소유라는 잘못된 착각으로 인해 존재에서 탐욕이나 분노를 일으키고, 좋은 것은 취하고 싫은 것은 밀어내려는 갈애와 집착이 생긴다.

---

349. 프로이트 정신분석학에서는 억압된 표상이 무의식 영역에 존재하면서 현실생활에 영향미친다고 본다. 마음 깊은 곳에 존재하는 억압된 표상은 억압이 느슨해지는 순간 마음표면으로 등장하는데, 억압이 느슨해지는 순간이 잠잘 때꿈의 형태로 드러나거나, 다른 사람과 대화할 때 무심코 사용하는 단어의 형태로 표출된다고 본다. 그것을 분석해보면 마음 깊은 곳에 잠재해 있는 억압된 표상을 알 수 있다고 본다. 이것이 꿈의 해석과 자유연상이다.

350. MN. Ⅰ, 390. 주332 참조.

351. AN. Ⅲ, 415. 주333 참조.

그 결과 삶의 현실은 고통으로 가득 찬다. 그러나 5온의 실재는 끊임없이 변하고, 모든 존재는 연기적으로 관계맺고 있으므로 자기만의 것이라고 주장할 만한 것이 아무것도 없다는 현실을 직시하면, 비로소 자기속박에서 벗어나 해탈할 수 있다. 일반적으로 자신이 직면한 현실을 분석, 사유, 논리로 이해하는 경향이 있다. 그러나 세존은 사유하지 않고 알아차림과 직관으로 자기모습을 선명하게 목격할 수 있다고 주장한다.

이상을 살펴보면 첫째와 둘째의 수행기술은 물리력을 사용해 기억정보와 결합해 있는 아싸봐를 분리해체하는 것, 셋째는 기억정보와 결합해 있는 아싸봐를 명, 혜, 정견이라는 촉매제를 사용해 분리해체하는 것이다. 이것은 일종의 화학반응을 활용하는 것이다. 이것은 수행기술이라기보다 수행의 결과물로 볼 수 있다.

물리력을 사용해 기억정보와 결합해 있는 아싸봐를 해체할 때는 싸띠로 형성시킨 마음압력 즉, 싸마디를 이용한다. 그 싸마디를 일으키는 주체가 싸띠이다. 그러므로 싸띠와 싸마디를 향상시키는 기술인 8정도 수행체계의 4념처 수행 특히, 싸띠수행이 필요한 것이다.

(5) 마음공간 비움기술

마음공간에 있는 아싸봐를 비우는 공수행空修行은 8정도의 4념처 수행기술을 사용하지만 초점이 다름으로 다음 장(5장-3)에서 설명한다.

(6) 집중대상 교체기술

마음공간에 가해지는 하중을 분산시키는 방법 가운데 하나로 마음공간에 하중을 덜 가하는 다른 대상으로 교체하는 것이다. 이것은 마음공간에 하중을 가하는 대상을 하중이 덜 가하는 다른 대상으로 교체함으로써 관심을 다른 곳으로 돌리는 것이다. 이것은 마음공간의 하중을 피하는 수행기술 가운데 하나이다.

아싸봐와 같은 불선법이 마음공간에 존재할 때는 선법으로 관심 돌리고 집중대상을 교체함으로써, 그와 같은 불선법에서 벗어나 자유로워질 수 있고, 마음무게를 가볍게 할 수 있다. 『심지경尋止經』에서는 마음공간에 존재하면서 지속해 하중을 가하는 불선법에 싸띠를 두지말라고 다음과 같이 설한다.

"비구여. 비구가 그가 이런 사유 속에서 위험을 관찰했음에도 불구하고 탐, 진, 치와 관련된 불선법의 사유가 생겨난다. 그러면 비구여. 그 비구는 그런 사유에 싸띠를 두지말고 정신활동도 일으키지 말아야 한다. 그가 그런 사유에 싸띠를 두지않고 정신활동도 일으키지 않으면 탐, 진, 치와 관련된 악하고 불선법의 사유가 버려지고 사라진다. 그것이 버려지면 안으로 마음이 정립되고, 안정되고, 통일되고, 집중된다."[352]

352. MN. I, 120. "tassa ce bhikkhave bhikkhuno tesam-pi vitakkānam ādīnavam upaparikkhato uppajjant' eva akusalā vitakkā chandūpassṁhitā pi dosūpassṁhitā pi mohūpassṁhitā pi, tena bhikkhave bhikkhunā tesaṃ vitakkānam asati-amanasikāro āpajjitabbo : tassa tesaṃ vitakkānam asati-amanasikāram āpajjato ye pāpakā akusalā vitakkā chandūpassṁhitā pi dosūpassṁhitā pi mohūpassṁhitā pi te pahīyanti te abbhatthaṃ gacchanti, tesaṃ pahīnā ajjhattameva cittaṃ santiṭṭhati sannisīdati ekodihoti samādhiyati."

마음공간에 불선법이 일어날 때, 그 불선법에 싸띠를 두지않기가 쉽지 않다. 그래서 세존은 특정한 기준점을 정해두고, 어떤 현상이 마음공간에 등장하더라도 그 현상을 알아차림만 하고 즉시, 기준점으로 되돌아가는 수행기술을 사용해 마음공간에 하중을 주는 대상에서 벗어나라고 설한다. 이것은 어떤 특정대상에 마음 즉, 싸띠를 집중하면 싸띠가 집중된 대상만 마음공간에 남게 되고, 집중되지 않은 다른 대상은 시야에서 사라지는 것과 같은 이치이다.[353] 『대상적유경大象跡喩經』에서는 집중된 것은 마음공간에 남지만, 집중되지 않은 대상은 사라진다고 설하는 것과 같은 이치이다.[354]

6) 싸띠력 향상기술

싸띠력을 향상시키는 수행기술을 살펴본다. 세존은 수행의 핵심도구인 싸띠를 키우면 싸마디는 저절로 향상된다고 본다. 따라서 싸띠집중의 힘인 싸마디를 향상시키는 기술은 별도로 설하지 않는다. 싸띠력을 향상시키기 위해서는 5가지 기술이 있다.

---

353. 김정규(2017), 30.『게슈탈트 심리치료』, 서울 : 학지사. "우리는 대상을 인식할 때 우리에게 관심 있는 부분은 지각의 중심으로 떠오르지만, 나머지는 배경으로 처리한다. 예컨대, 그림을 감상할 때 그림은 전면에 부각되지만 액자는 배경으로 물러나며, 다음 순간 액자에 관심을 가지면 액자가 전면으로 떠오르고 그림은 배경으로 사라지는 현상을 경험할 수 있다. 이와 같이 어느 한순간에 관심의 초점이 되는 부분을 '전경(前景 : figure)' 이라 하고, 관심 밖으로 물러나는 부분을 '배경(背景 : ground)' 이라고 한다."

354. MN. Ⅰ, 190. 주232 참조.

첫째, 알아차림의 기준점을 정하는 것, 둘째, 행위 끝을 따라 가는 것, 셋째, 현상을 따라 가는 것, 넷째, 인식대상을 분석하지 않는 것, 다섯째, 자연스럽게 인식대상을 알아차림하는 것이다.

이런 기술은 개별적으로 하나하나 사용되는 것이 아니라, 수행현장에서 필요에 따라 동시에 여러 개가 함께 사용된다. 수행을 막 시작한 사람은 하나의 기술을 사용하기도 서툴지만, 수행이 어느 정도 익숙해지면 여러 가지 기술을 능숙하게 활용할 수 있다. 그리고 이들 기술은 수행단계와 수행자의 성품에 따라 다차원으로 적용하면서 수행진도가 향상된다.

알아차림의 기준점을 정해두고 싸띠와 싸마디를 키우는 기술이 4념처 수행이다. 현상을 따라가며 싸띠와 싸마디를 키우는 기술이 위빳싸나 수행이다. 4념처 수행은 싸띠와 쌈빠자나에 초점둔 것이고, 위빳싸나 수행은 싸마타와 위빳싸나에 중점둔 기술이다. 일반적으로 4념처 수행을 위빳싸나 수행이라고 혼용해 사용한다. 그러나 『입출식념경入出息念經』에서 분명히 4념처 수행은 기준점을 정해두고 싸띠와 쌈빠자나 수행을 사용해 수행하는 것이고,[355] 『차제경次第經』에서 위빳싸나 수행은 기준점을 정하지 않고, 현상을 따라가며隨觀 통찰하는 것이라고 구분짓는다.[356]

---

355. MN. Ⅲ, 82-83. 주359 참조.
356. MN. Ⅲ, 25-28. 주368 참조.

(1) 싸띠 : 기준점을 정하는 기술

기준점을 정해두고 싸띠력을 향상시키는 기술을 살펴본다. 이것이 4념처 수행이다. 이 4념처 수행은 앉아서 하는 좌념과 움직이며 하는 생활념이나 행념의 기술로 세분된다.

좌념[357]할 때는 코끝을 지나는 호흡의 흐름 즉, 들숨入息, āna과 날숨出息, āpāna을 기준점으로 삼는다. 들숨과 날숨을 기준점으로 정하고 수행할 때는 좌념으로 싸띠력을 향상시키는 것이 핵심이다. 『맛지마니까야』에서 들숨과 날숨을 기준점으로 삼는 수행을 설하는 경은 〈표 4.17〉과 같다.

〈표 4.17〉 들숨과 날숨 등장 경

NO	경 명
10	『염처경(念處經, *Satipaṭṭhanasatisutta*)』
62	『대라후라경(大羅睺羅經, *Mahārāhulovādasutta*)』
118	『입출식념경(入出息念經, *Ānāpnasatisutta*)』
119	『염신경(念身經, *Kāyasgatāsatisutta*)』

『염처경念處經』뿐만 아니라, 『대라후라경大羅睺羅經』, 『입출식념경入出息念經』, 『염신경念身經』 등에서는 좌념할 때, 들숨과 날숨을 기

357. 여기서는 좌념(坐念)이라고 한다. 4념처 수행의 핵심은 알아차림 기능인 싸띠를 강화하는 수행이다. 그렇기 때문에 싸마타 기술인 선(禪)보다 알아차림 기술인 염(念)이 더 적합한 용어이다. 선(禪)은 4선단계를 지칭할 때 사용한다.

준점으로 정하고, 싸띠력을 향상시키는 수행을 하라고 설한다. 싸띠와 함께 등장하는 처處, paṭṭhāna는 '출발점出發點, 발취發趣' 등의 의미이고, 4념처와 결합해 신수심법의 4가지의 '기준점, 출발점, 대상'에 싸띠를 두고 싸띠력을 강화하기 위해 수행한다.[358] 『입출식념경入出息念經』에서 다음과 같이 설한다.

"비구여. 들숨과 날숨(入出息)의 싸띠를 어떻게 수행하면 큰 과보와 공덕이 있는가? 이 세상에서 비구는 숲속 나무 아래 공한처로 가서 평좌로 앉는다. 몸을 곧게 세우고 얼굴 앞에 싸띠를 갖다 둔다. 들숨(入息)을 싸띠하고, 날숨(出息)을 싸띠한다.

① 나는 길게 들숨할 때는 길게 들숨하는 것을 분명히 알고, 나는 길게 날숨할 때는 길게 날숨하는 것을 분명히 안다. ② 나는 짧게 들숨할 때는 짧게 들숨한다는 것을 분명히 알고, 나는 짧게 날숨할 때는 짧게 날숨하는 것을 분명히 안다. ③ 나는 몸 전체에서 일어나는 현상을 경험하면서 들숨에 전념하고, 나는 몸 전체에서 일어나는 현상을 경험하면서 날숨에 전념한다. ④ 나는 몸에서 일어나는 현상이 고요해지면 들숨에 전념하고, 나는 몸에서 일어나는 현상이 고요해지면 날숨에 전념한다.

⑤ 나는 기쁨(喜)을 경험하면서 들숨에 전념하고, 나는 기쁨을 경험하면서 날숨에 전념한다. ⑥ 나는 즐거움(樂)을 경험하면서 들숨에 전념하고, 나는 즐거움을 경험하면서 날숨에 전념한다. ⑦ 나는 마음의도(心行)를 경험하면서 들숨에 전념하고, 나는 마음의도를 경험하면서 날숨에 전념한다. ⑧ 나는 마음의도를 그치면서 들숨에 전념하고, 나는 마음의도를 그치면서 날숨에 전념한다.

---

358. 전재성(2012), 511
水野弘元(1981),
PED(1986), 402. "nt. 중성명사로 pa + sthā의 합성어이다. setthing forth, putting forward, sati setting up of mindfulness, origin, starting point"

⑨ 나는 마음(心)을 경험하면서 들숨에 전념하고, 나는 마음을 경험하면서 날숨에 전념한다. ⑩ 나는 마음을 만족하면서 들숨에 전념하고, 나는 마음을 만족하면서 날숨에 전념한다. ⑪ 나는 마음을 집중하면서 들숨에 전념하고, 나는 마음을 집중하면서 날숨에 전념한다. ⑫ 나는 마음을 해탈시키면서 들숨에 전념하고, 나는 마음을 해탈시키면서 날숨에 전념한다.

⑬ 나는 무상(無常)을 관찰하면서 들숨에 전념하고, 나는 무상을 관찰하면서 날숨에 전념한다. ⑭ 나는 사라짐(遠離)을 관찰하면서 들숨에 전념하고, 나는 사라짐을 관찰하면서 날숨에 전념한다. ⑮ 나는 소멸(滅)을 관찰하면서 들숨에 전념하고, 나는 소멸을 관찰하면서 날숨에 전념한다. ⑯ 나는 완전히 버림(捨遣)을 관찰하면서 들숨에 전념하고, 나는 완전히 버림을 관찰하면서 날숨에 전념한다.

비구여, 들숨과 날숨의 싸띠를 이와 같이 수행하고 익히면, 이렇게 큰 과보와 공덕이 있다."359)

---

359. MN. III, 82-83. "kathaṃ bhāvitā ca bhikkhave, ānāpānasati? khthaṃ bahulīkatā? mahapphalā hoti mahānisaṁsā? idha, bhikkhave, bhikkhu araññagato vā rukkhamūlagato vā suññāgāragato vā nisīdati pallaṅkaṃ ābhujitvā ujuṃ kāyaṃ paṇidhāya parimukhaṃ satim upatthapetvā. so sato va assasati, sato passasati :

① dīghaṃ vā assasanto: dīgham assasāmīti pajānāti : dīghaṁ vā passasanto: dīghaṃ passasāmīti pajānāti : ② rassaṃ vā assasanto: rassam assasāmīti pajānāti : rassaṃ vā passasanto: rassaṃ passasāmīti pajānāti : ③ sabbakāyapaṭisaṁvedī assasissāmīti sikkhati : sabbakāyapaṭisaṁvedī passasissāmīti sikkhati : ④ passambhayaṃ kāyasaṁkhāram assasissāmīti sikkhati : passambhayaṃ kāyasaṁkhāraṃ passasissāmīti sikkhati :

⑤ pītipaṭisaṁvedī assasissāmīti sikkhati : pītipaṭisaṁvedī passasissāmīti sikkhati : ⑥ sukhapaṭisaṁvedī assasissāmīti sikkhati : sukhapaṭisaṁvedī passasissāmīti sikkhati : ⑦ cittasaṁkhārapaṭisaṁvedī assasissāmīti sikkhati : cittasaṁkhārapaṭisaṁvedī passasissāmīti sikkhati : ⑧ passambhayaṃ cittasaṁkhāram assasissāmīti sikkhati : passambhayaṃ cittasaṁkhāraṃ passasissāmīti sikkhati :

⑨ cittaṁpaṭisaṁvedī assasissāmīti sikkhati : cittapaṭisaṁvedī passasis-

이 경에서는 신수심법의 4념처를 기준점으로 정하고 수행한다고 설한다. ①~④까지를 신身,[360] ⑤~⑧까지를 수受,[361] ⑨~⑫까지를 심心,[362] ⑬~⑯까지를 법法[363]으로 구분하고, 이것을 싸띠 즉,

---

sāmīti sikkhati : ⑩ abhippamodayaṃ cittam assasissāmīti sikkhati : abhippamodayaṃ cittaṃ passasissāmīti sikkhati : ⑪ samādahaṃ cittam assasissāmīti sikkhati : samādahaṃ cittaṃ passasissāmīti sikkhati : ⑫ vimocayaṃ cittam assasissāmīti sikkhati : vomocayaṃ cittaṃ passasissāmīti sikkhati :

⑬ aniccānupassī assasissāmīti sikkhati : aniccanupassī passasissāmīti sikkhati : ⑭ virāgānupassī assasissāmīti sikkhati : virāgānupassī passasissāmīti sikkhati : ⑮ nirodhānupassī assasissāmīti sikkhati : nirodhānupassī passasissāmīti sikkhati : ⑯ paṭinissaggānupassī assasissāmīti sikkhati : paṭinissaggānupassī passasissāmīti sikkhati.

evaṃ bhāvitā kho, bhikkhave, ānāpānasati, evaṃ bahulīkatā mahapphalā hoti mahānisaṁsā."

번호는 임의로 붙임.

360. MN. III, 83. 주376 참조.

361. MN. III, 84. "vedanāsu vedanānupassī, bhikkhave, tasmiṃ samaye bhikkhu viharati ātāpī sampajāno satimā, vineyya loke abhijjhādomanassaṃ. vedanāsu vedanāññatarāhaṃ, bhikkhave, etaṃ vadāmi yadidam assāsapassāsaṃ sādhukaṃ manasikāraṃ."
"비구여, 이와 같이 세상에서 비구가 싸띠와 쌈빠자나로 열심히 노력해 느낌(受)을 관찰해 세상의 탐욕과 근심을 제거한다. 나는 이 들숨과 날숨에 마음을 잘 기울이는 것이 느낌이라고 한다."

362. MN. III, 84. "citte cittānupassī, bhikkhave, tasmiṃ samaye bhikkhu viharati ātāpī sampajāno satimā, vineyya loke abhijjhādomanassaṃ. nāhaṃ, bhikkhave, muṭṭhassatissa asampajānassa ānāpānasatibhāvanaṃ vadāmi."
"비구여, 이와 같이 세상에서 비구가 싸띠와 쌈빠자나로 열심히 노력해 마음(心)을 관찰해 세상의 탐욕과 근심을 제거한다. 나는 싸띠와 쌈빠자나를 못하는 자에게 들숨과 날숨을 대상으로 싸띠수행을 한다고 말하지 않는다."

363. MN. III, 84-85. "dhammesu dhammānupassī, bhikkhave, tasmiṃ samaye bhikkhu viharati ātāpī sampajāno satimā, vineyya loke abhijjhādomanassaṃ. so yaṃ taṃ abhijjhādomanassānaṃ pahānaṃ taṃ paññāya disvā sādhukam

알아차림의 기준점으로 삼으라고 주문한다. 코끝을 지나 가슴으로 들고나는 들숨과 날숨에서, 코끝에 기준점을 두고, 코끝을 지나는 순간을 알아차림하면서 싸띠력을 향상시키는 기술이다.

이것은 싸띠와 싸마디를 강화하기 위함이고, 수행의 효율성을 높이기 위해 기준점을 정하고 수행하는 것이다. 이 경에서는 사람을 신수심법의 4가지 범주로 나누고, 그 가운데 『입출식념경入出息念經』에서처럼 몸 즉, 들숨과 날숨에 기준점을 정하고 수행한다. 이때 들숨과 날숨은 몸은 4대 가운데 풍대에 해당한다.

〈표 4.18〉 기준점 정함

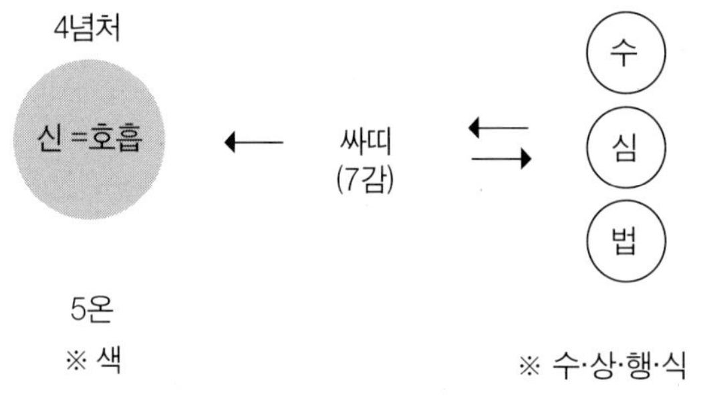

ajjhupekkhitā hoti."
"비구여, 이와 같이 세상에서 비구가 싸띠와 쌈빠자나로 열심히 노력해 법(法)을 관찰해 세상의 탐욕과 근심을 제거한다. 나는 혜로써 탐욕과 근심이 제거되는 것을 보고 평정하게 잘 관찰한다."

이 경에서는 들숨과 날숨을 기준점으로 삼는 것을 다음과 같이 설한다.

"① 나는 길게 들숨할 때는 길게 들숨하는 것을 분명히 알고, 나는 길게 날숨할 때는 길게 날숨하는 것을 분명히 안다...⑤ 나는 기쁨을 인지하면서 들숨에 전념하고, 나는 기쁨을 인지하면서 날숨에 전념한다...⑨ 나는 마음을 경험하면서 들숨에 전념하고, 나는 마음을 경험하면서 날숨에 전념한다...⑬ 나는 무상을 관찰하면서 들숨에 전념하고, 나는 무상을 관찰하면서 날숨에 전념한다."364)

기준점인 몸 즉, 호흡의 들숨과 날숨을 알아차림하다가 수심법 등의 새로운 현상이 발생하면, 그 현상이 발생했다는 것만 알아차림하고, 즉시 기준점인 들숨과 날숨으로 되돌아와 계속해 들숨과 날숨을 알아차림해야 한다. 이것이 핵심이다. 새로운 현상이 발생한 것을 알아차림하는 것보다 더 중요한 것은, 그 현상이 발생한 것을 알아차림하고, 즉시 기준점으로 되돌아오는 것이다.

수행이 조금 진척되어 기준점인 호흡의 들숨과 날숨을 알아차림함과 동시에 망상이 들어온 것도 알아차림되기도 한다. 이때는 망상이 들어온 줄을 알아차림한 상태에서, 계속 기준점 알아차림에

---

364. MN. III, 82-83. "① dīghaṃ vā assasanto: dīgham assasāmīti pajānāti : dīghaṁ vā passasanto: dīghaṃ passasāmīti pajānāti...⑤ pītipaṭisaṁvedī assasissāmīti sikkhati : pītipaṭisaṁvedī passasissāmīti sikkhati...⑨ cittaṁpaṭisaṁvedī assasissāmīti sikkhati : cittapaṭisaṁvedī passasissāmīti sikkhati...⑬ aniccānupassī assasissāmīti sikkhati :aniccanupassī passasissāmīti sikkhati."
번호는 임의로 붙임.

집중해야 한다.

이렇게 몇 개의 기술을 동시에 사용할 수 있어야 비로소 수행진도가 향상되고 아라한뜨의 경지에 도달할 수 있다. 이것이 수행기술의 핵심이다. 이런 이유로 세존은 수행기술을 이 경의 제목으로 삼는다.

수행은 기술이다. 기술은 도구를 다루는 능력이다. 수행의 효율성을 높이기 위해서는 도구를 가지고 하는 것이 좋다. 그 도구가 바로 싸띠, 쌈빠자나, 알아차림의 기준점이다. 기준점을 정해두고, 그 기준점을 중심으로 수행하는 것이 수행의 효율성을 높일 수 있는 최선의 길이다.

(2) 쌈빠자나 : 행위 끝 따라가는 기술

행위 끝을 따라가며 싸띠력을 향상시키는 수행기술을 살펴본다. 여기에는 두 가지 수행기술이 있다. 하나는 생활 속에서 몸의 움직임을 따라가며 알아차림하는 생활념이다. 다른 하나는 걸으면서 발의 움직임을 따라가며 알아차림하는 행념이다.

생활 속에서 행위 끝을 따라가며 싸띠력을 키우는 수행은 행동하기 전에 일어나는 의도를 알아차림하는 것이 핵심이다. 이것이 쌈빠자나이다. 쌈빠자나는 싸띠의 강화된 형태로 행동하기 전에 먼저 일어나는 의도를 알아차림하는 것이다. 4념처 수행에서 싸띠와 함께 쌍으로 등장하는 중요한 수행기술이다.

대부분 싸띠는 주목하지만, 쌈빠자나는 잘 다루지 않는 경향이 있다. 그러나 기술측면에서 싸띠와 함께 쌈빠자나는 8정도 수행체계의 핵심기술 가운데 하나이다. 『맛지마니까야』에서 싸띠와 쌈빠자나가 함께 등장하는 경전은 〈표 4.19〉와 같다.

〈표 4.19〉 쌈빠자나 등장 경

NO	경 명
10	『염처경(念處經, *Satipaṭṭhānasutta*)』
27	『소상적유경(小象跡喻經, *Cūḷahatthipadopamasutta*)』
38	『대파애경(大破愛經, *Mahātaṇhāsaṅkhayasutta*)』
39	『대마읍경(大馬邑經, *Mahāssapurasutta*)』
51	『팔성경(八城經, *Aṭṭhakanāgarasutta*)』
60	『근본정경(根本定經, *Apaṇṇakasutta*)』
76	『임경(林經, *Sandakasutta*)』
79	『소전모경(小箭毛經, *Cūḷasakuludāyisutta*)』
94	『고따무카경(*Ghoṭamukhasutta*)』
101	『천연경(天淵經, *Devadahasutta*)』
107	『산수목건련경(算數目犍連經, *Gaṇakamoggallānasutta*)』
112	『육정경(六淨經, *Chabbisodhanasutta*)』
119	『염신경(念身經, *Kāyagatāsatisutta*)』
125	『조어지경(調御地經, *Dantabhūmisutta*)』

〈표 4.19〉에서 알 수 있듯이 싸띠와 쌈빠자나의 구체적 수행기술을 설하는 경은 『맛지마니까야』 152경 가운데 14경이고, 〈표 4.25〉에 따르면 싸띠와 쌈빠자나를 언급하는 경은 47경으로, 〈표 4.21〉에서 싸마타와 위빳싸나가 등장하는 경이 5경인 것과 비교해 볼 때 비중이 높은 것을 알 수 있다. 따라서 싸띠와 쌈빠자나의 겸

수를 세존의 핵심 수행기술로 간주한다.

『염처경念處經』에서는 생활 속에서 행위 끝을 따라가며 알아차림하는 쌈빠자나 기술을 다음과 같이 설한다.

"비구가 걸을 때(行)는 걷는다고 분명히 알고, 서있을 때(住)는 서있다고 분명히 알고, 앉아있으면(坐) 앉아있다고 분명히 알고, 누워있다면 누워있다고 분명히 알고, 몸으로 여러 자세를 취하면 그 자세를 분명히 안다. 비구는 나아갈 때나 물러날 때 쌈빠자나한다. 앞을 볼 때나 뒤를 볼 때 쌈빠자나 한다. 굽히고 펼 때 쌈빠자나한다. 가사를 입고, 발우를 들고, 옷을 입을 때 쌈빠자나한다. 먹고, 마시고, 소화하고, 맛볼 때 쌈빠자나한다. 대소변을 볼 때 쌈빠자나 한다. 나아가고(行), 서고(住), 앉고(坐), 졸리고(臥), 깨어있고(寤), 말하고(語), 침묵할 때 쌈빠자나한다."365)

이 경에서 일상생활에서 행위 끝을 따라가며 쌈빠자나 수행을 하라고 강조한다. 몸과 마음은 자극에 따라 다양하게 반응한다. 이때 행동하기 전에 어떻게 반응할 것이라는 의도가 먼저 일어난다. 일

365. MN. I, 56-57. "puna ca paraṃ bhikkhave bhikkhu gacchanto vā: gacchāmīti pajānāti, ṭhito vā: ṭhito 'mhīti pajānāti, nisinno vā nisinno 'mhīti pajānāti, sayāno vā: sayāno 'mhīti pajānāti, yathā yathā vā pan' assa kāyo paṇihito hoti tathā tathā naṃ pajānāti. iti ajjhattaṃ vā kāye kāyānupassī viharati...upādiyati. evaṃ-pi bhikkhave bhikkhu kāye kāyānupassī viharati. puna ca paraṃ bhikkhave bhikkhu abhikkante paṭikkante sampajānakārī hoti, ālokite vilokite sampajānakārī hoti, samiñjite pasārite sampajānakārī hoti, saṅghāṭipattacīvaradhāraṇe sampajānakārī hoti, asite pīte khāyite sāyite sampajānakārī hoti, uccārapassāvakamme sampajānakārī hoti, gate ṭhite nisinne sutte jāgarite bhāsite tuṇhībhāve sampajānakārī hoti. iti ajjhattaṃ vā kāye kāyānupassī vaharati...upādiyati. evaṃ-pi bhikkhave bhikkhu kāye kāyānupassī vaharati."

어나는 의도에 따라 몸이 반응하는데, 행동하기 전에 일어나는 의도를 알아차림하는 것이 쌈빠자나 기술이다.

『결택경決擇經』에서는 항상 행동하기 전에 의도가 먼저 일어난다고 설한다.[366] 대부분의 사람은 행동도 알아차림하기 쉽지 않은데, 행동하기 전에 일어나는 의도를 알아차림하는 것은 무척 어렵다. 따라서 행동하기 전에 먼저 일어나는 의도를 알아차림하는 쌈빠자나 수행을 열심히 하는 것이 수행진보에 도움된다. 특히 수행진도가 상수멸에 이르는 3/5~4/5지점을 지나 7각지七覺支를 수행할 단계에 도달하면, 반드시 쌈빠자나 수행을 병행해야 더 높은 곳으로 수행진보를 기대할 수 있다.

순간을 놓치지 않고 알아차림하는 것이 싸띠이고, 알아차림한 대상에 내재한 실재나 원인을 있는 그대로 통찰하는 것이 쌈빠자나이다. 쌈빠자나 수행은 일상생활 속에서 행주좌와行住坐臥 어묵동정語默動靜의 매 순간 일어나고 변화하는 행위 끝을 따라가며 알아차림하는 것이다. 그래야 행동하기 전에 일어나는 의도를 알아차림할 수 있다. 즉, 싸띠가 돼야 그 힘으로 쌈빠자나가 가능해진다.

366. AN. III, 415. 주333 참조.

〈표 4.20〉 싸띠와 쌈빠자나 구조

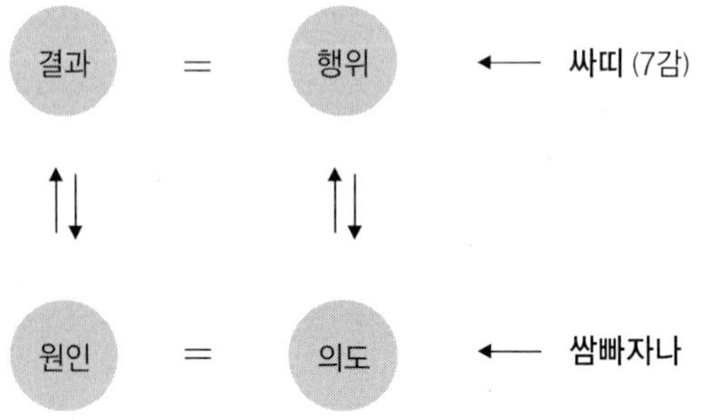

마음공간에는 매 순간 아싸봐와 결합해 무게를 가진 기억정보가 떠돈다. 기억정보가 심상형태로 마음공간에 등장하는 순간, 싸띠로 그것을 알아차림하고, 있는 그대로의 실재를 통찰한다. 그러나 대부분은 기억정보와 결합해 있는 아싸봐의 영향으로 마음공간은 오염되고 흐려진다. 동시에 알아차림의 주체인 싸띠가 충분한 탄력성을 갖추지 못한 상태에서 힘을 가진 심상이 싸띠를 덮어버린다. 이렇게 되면 마음공간에 등장한 심상실재를 있는 그대로 볼 수 없고, 인식대상에서 인지오류를 범한다. 그러면 해당 심상에 속박되고 고통 속으로 빠져든다. 그러므로 마음공간에 등장한 심상실재를 있는 그대로 통찰하기 위해서는 체계적인 수행과정이 필요하다. 그것이 8정도 수행체계의 4념처 수행이다. 싸띠로 마음공간에 심상이 등장하는 순간을 놓치지 않고 알아차림하고, 쌈빠자나로 심상실재를 있는 그대로 통찰한다.

다음으로는 행위끝을 따라가며 싸띠력을 향상시키는 걸으며 하는 행념行念[367]이다. 행념은 싸마디를 키우는데 초점둔다. 행념 기술은 다음 장(5장 -2-2)에서 설명한다.

(3) 위빳싸나 : 현상 따라가는 기술

현상을 따라가며 알아차림하는 것이 위빳싸나 수행이다. 대부분 싸마타止와 위빳싸나觀를 함께 수행하라고 지시한다. 위빳싸나 수행의 구체적인 기술을 설한 경은 『맛지마니까야』에서 『차제경次第經』이 유일하다. 『맛지마니까야』에서 위빳싸나 기술을 설한 경은 〈표 4.21〉과 같다.

〈표 4.21〉 싸마타와 위빳싸나 등장 경

NO	경 명
32	『대사라림경(大沙羅林經, *Mahāgosiṅgasutta*)』
73	『대봐차구다경(大婆嗟衢多經, *Mahāvacchagottasutta*)』
111	『차제경(次第經, *Anupadasutta*)』
149	『대감경(大感經, *Mahāsaḷāyatanikasutta*)』
151	『탁발청정경(托鉢淸淨經, *Piṇḍpātapārisuddhasutta*)』

367. 행선(行禪)이라고 하지 않고 행념(行念)이라고 한다. 4념처 수행의 핵심은 알아차림 기능인 싸띠를 강화하는 수행이다. 그렇기 때문에 사마타 기술인 선(禪)보다 알아차림 기술인 염(念)이 더 적합한 용어이다. 싸띠력을 강화하는 것이 수행목표이다.

현상을 따라가며 싸띠력을 향상시키는 위빳싸나 수행을 『차제경次第經』에서는 다음과 같이 설한다.

"비구여. 싸리뿟따는 반달 동안 차례차례 현상(法)을 위빳싸나(vipassanā, 觀) 한다...초선을 성취한다. 초선에서 사유, 숙고, 기쁨, 즐거움, 마음통일, 접촉, 느낌, 지각, 의도, 마음상태, 욕망, 결정, 정진, 싸띠, 평정, 정신활동을 기울임, 이런 현상을 차례차례 구분해 위빳싸나 한다. 이런 현상이 스스로 그에게 일어나고, 유지되다, 사라진다. 그는 '과연 이런 현상은 존재하지 않지만 생겨나고, 존재하지만 사라진다.' 라고 분명히 안다. 그는 이런 현상과 관련해 가까이하지 않고, 빠져들지 않고, 의존하지 않고, 묶이지 않고, 구속되지 않고, 결박되지 않고, 자유로운 마음으로 지낸다. 이것이 최상의 벗어남이라고 분명히 안다. 그는 더욱 해야 할 수행이 있다고 생각한다...싸리뿟따는 자신이 원하는 대로 비상비비상처를 완전히 뛰어넘어 상수멸을 성취한다. 그리고 혜로써 아싸봐를 부순다. 그는 싸띠를 가지고 그런 성취에서 일어난다. 그런 성취에서 싸띠를 가지고 일어나서, 이제는 소멸하고 변해버린 과거의 현상을 과연 현상은 존재하지 않았지만 생겨나고 존재하지만 사라진다고 이해한다. 그는 이런 현상과 관련해 가까이하지 않고, 빠져들지 않고, 의존되지 않고, 속박되지 않고, 구속되지 않고, 결박되지 않고, 자유로운 마음으로 지냈다. 그는 이것이 최상의 벗어남이라고 분명히 안다."368)

---

368. MN. III, 25-28. "Sāriputto, bhikkhave, aḍḍhamāsam anupadadhammavipassanaṃ vipassi. tatr' idaideaikkhave, Sāriputtassa anupadadhammavipassanāya hoti. idha, bhikkhane, Sāriputto vivicc' eva kāmehi vivicca akusalehi dhammehi savitakkaṃ savicāraṃ vivekajaṃ pītisukhaṃ paṭhamajjhānam upasampajja viharati. ye ca paṭhamajhāne dhammā vitakko ca vicāro ca pīti ca sukhañ ca cittekaggatā ca phasso vedanā saññā cetanā cittaṃ chando adhimokkho viriyaṃ sati upekhā manasikāro, tyāssa dhammā anupadavavatthitā honti, tyāssa dhammā viditā uppajjanti, viditā upaṭṭhahanti, viditā abbhatthaṃ gacchanti. so evaṃ pajānāti: evaṃ kira me dhammā ahutvā sambhonti, hutvā pa-

이 경에서 수행기술의 중요한 두 가지 원리 가운데 하나가 등장한다. 4념처 수행이 기준점을 정하고 알아차림하는 것이라면, 위빳싸나 수행은 일어나는 현상을 따라가며 하는 통찰기술이다. 위빳싸나 수행도 싸띠를 가지고 현상을 따라가며 알아차림하기 때문에 주체는 싸띠이다. 그러나 기술은 분명히 다르게 사용하는 것을 알 수 있다.

현상을 따라가며 알아차림하는 기술은 싸마타와 위빳싸나로 정형화해 빈번하게 등장하지만, 위빳싸나 기술 단독으로는 싸리뿟따가 수행할 때 사용한 기술이 설해진 『차제경次第經』이 유일하다.

(4) 막존지해 : 사유하지 않는 기술

사유하지 않는 기술을 살펴본다. 막존지해莫存知解, 이것은 싸띠력을 향상시키기 위한 기술 가운데 하나이다. 『조어지경調御地經』에서는 수행할 때 인식대상을 분석하지 않고 알아차림만 하는 것을 다음과 같이 설한다.

---

tivedentīti. so tesu dhammesu anupāyo anapāyo anissito apaṭibaddho vippamutto visaṁyutto vimariyādikatena cetasā viharati : so: atthi uttariṃ nissaraṇan ti pajānāti. tabbahulikārā atthi t' ev' assa hoti...puna ca paraṃ, bhikkhave, Sāriputto sabbaso nevasaññānāsaññāyatanaṃ samatikkamā saññāvedayitanirodham upasampajja viharati. paññāya c' assa disvā āsavā parikkhīṇā honti.so tāya samāpattiyā sato vuṭṭhahati. so tāya samāpattiyā sato vuṭṭhahitvā ye te dhammā atītā niruddhā vipariṇatā te dhamme samanupassati: evaṃ kira 'me dhammā ahutvā sambhonti hutvā pativedentīti. so tesu dhammesu anupāyo anapāyo anissito appaṭibaddho vippamutto visaṁyutto vimariyādikatena cetasā viharati. so: na 'tthi uttariṃ nissaraṇan ti pajānāti. tabbahulikārā na 'tthi t' ev' assa hoti"

"① 몸(身)을 대상으로 그 몸을 관찰하지만(隨身觀), 그 몸과 관련된 사유하지 말라. ② 느낌(受)을 대상으로 그 느낌을 관찰하지만(隨受觀), 그 느낌과 관련된 사유하지 마라. ③ 마음(心)을 대상으로 그 마음을 관찰하지만(隨心觀) 마음과 관련된 사유하지 마라. ④ 법(法)을 대상으로 그 법을 관찰하지만(隨法觀), 법과 관련된 사유하지 마라."369)

이 경에서 세존은 4념처 수행할 때는 인식대상을 알아차림하되 사유하지 않을 것을 강조한다. 이것은 사유가 필요없다는 것이 아니라 싸띠력을 향상시키고, 마음근육의 탄력성을 높이기 위해서는 사유, 분석, 논리로 체계화하지 않고, 그것을 압축해 한 지점에, 한 순간에 모든 것을 집중해 현상에 내재한 실재를 통찰하는 직관기술을 사용하는 것이 올바른 기술이라는 의미이다.

이것은 마치 운동도구를 들고 팔근육 탄력성의 강화훈련할 때, 집중해서 계속 움직여야 운동의 유효성이 커지는 것과 같다. 그러나 역기의 무게나 제조회사, 유통이윤 등을 분석하고, 논리로 체계화하면 분석지는 늘 수 있지만, 운동량은 증가하지 않는 것과 같은 이치이다. 싸띠와 싸마디를 향상시키는 수행할 때는 싸띠를 인식대상으로 보내서 인식대상의 움직임을 따라가며 끊임없이 알아차림해야 수행력이 향상되고 마음근육의 탄력성도 강화된다. 이런 이

---

369. MN. III, 136. "① kāye kāyānupassī viharāhi mā ca kāyūpasaṁhitaṃ vitakkaṃ vitakkesi, ② vedanā vedanānupassī viharāhi mā ca vedanūpasaṁhitaṃ vitakkaṃ vitakkesi, ③ citte cittānupassī viharāhi mā ca cittūpasaṁhitaṃ vitakkaṃ vitakkesi, ④ dhammesudhammānupassī viharāhi mā ca dhammūpasaṁhitaṃ vitakkaṃ vitakkesīti."
번호는 임의로 붙임.

유로 세존은 수행할 때는 분석하거나 사유하지 말라고 강조한다. 『아기봐차구다경雅氣婆蹉衢多經』에서 세존은 사념적인 견해를 싫어한다고 설한다.[370)]

막존지해莫存知解, 이것은 세존이 창안한 수행기술 가운데 독창적이면서 핵심내용이다.[371)] 수행할 때는 인식대상을 사유하지 말라. 단지 알아차림만 하라. 사유의 자양분은 분석과 논리이고, 수행의 자양분은 싸띠와 싸마디이다.

(5) 호흡, 자연스럽게 알아차림하는 기술

인식대상을 자연스럽게 알아차림하는 기술을 살펴본다. 특히 좌

---

370. MN. I, 485-486. "kiṃ pana bhavaṃ Gotamo ādīnavaṃ sampassamāno evam imāni sabbaso diṭṭhigatāni anupagato ti. sassato loko ti kho Vaccha diṭṭhigatam-etaṃ diṭṭhigahanaṃ diṭṭhikantāraṃ diṭṭhivisūkaṃ diṭṭhivipphanditaṃ diṭṭhisaṁyojanaṃ, sadukkhaṃ savighātaṃ saupāyāsaṃ sapariḷāhaṃ, na nibbidāya na virāgāya na nirodhāya na upasamāya na abhiññāya na sambodhāya na nibbānāya saṁvattati. imaṃ kho ahaṃ Vaccha ādīnavaṃ sampassamāno evam imāni sabbaso diṭṭhigatāni anupagato ti... atthi pana bhoto Gotamassa kiñci diṭṭhigatan-ti. diṭṭhigatan-ti kho Vaccha apanītam-etaṃ Tathāgatassa." "밧차(Vacca)여, 사변적인 견해는 여래가 멀리하는 것이다. 밧차여, 왜냐하면 여래는 참으로 이것이 색(色), 집(集), 멸(滅)이고...수(受)..상(想)..행(行)..식(識)..이라고 본다. 그러므로 여래는 모든 망상, 혼란, 나라는 생각(我意識)을 만드는 것, 모든 자기 견해(我所見)를 만드는 것, 아만의 잠재의식(慢隨眠)을 부수고, 사라지게 하고(離貪), 소멸시키고(滅), 버리고(捨遣), 보내버리고(捨離), 집착없이 해탈(無執着解脫)한다고 말한다."
371. 막존지해의 수행기술은 훗날 중국에서 대혜종고(大慧宗杲)에 의해 화두(話頭)를 기준점으로 삼는 간화선(看話禪)으로 발전한다. 간화선을 하는 한국의 모든 선방에는 그 입구에 입차문내(入此門內) 막존지해(莫存知解)의 현판이 걸려있다.

념에서 호흡흐름인 들숨과 날숨을 알아차림할 때는, 자연스럽게 해야 한다. 싸띠력을 향상시키기 위한 기술 가운데 하나가 좌념에서 들숨과 날숨을 기준점으로 삼고, 들숨과 날숨을 인위적으로 조절하지 않고, 생체리듬에 따라 호흡 흐름이 발생하는 대로 자연스럽게 알아차림하는 기술이다. 『입출식념경入出息念經』에서는 다음과 같이 설한다.

"나는 길게 들숨할 때는 길게 들숨하는 것을 분명히 알고, 나는 길게 날숨할 때는 길게 날숨하는 것을 분명히 안다. 나는 짧게 들숨할 때는 짧게 들숨하는 것을 분명히 알고, 나는 짧게 날숨할 때는 짧게 날숨하는 것을 분명히 안다."372)

이 경에서 좌념의 경우는 들숨과 날숨을 생체리듬에 맡겨둔다. 들숨과 날숨이 길게 움직이거나 짧게 움직이거나 그 움직임을 있는 그대로 알아차림하는 것이 핵심이다. 이것은 들숨과 날숨의 속도나 폭 등을 조절하지 않고, 생체리듬에 따라 들숨과 날숨이 움직이는 대로 맡겨둔다는 의미이다. 수행자는 단지 그렇게 움직이는 들숨과 날숨을 알아차림만 해야 한다. 들숨과 날숨을 자연스럽게 알아차림하는 것은 4념처 수행에서 몸을 기준점으로 삼고 수행하는 좌념수행의 핵심원리이다.

---

372. MN. III, 82. "dīghaṃ vā assasanto: dīgham assasāmīti pajānāti : dīghaṃ vā passasanto: dīghaṃ passasāmīti pajānāti : rassaṃ vā assasanto: rassam assasāmīti pajānāti : rassaṃ vā passasanto: rassaṃ passasāmīti pajānāti."

만일 들숨과 날숨을 인위적으로 속도나 폭 등을 조절하고 알아차림하면, 싸띠가 활동을 중지한다. 그러면 싸띠력이 더 이상 향상되지 못하고 수행진도도 나아가지 못한다.

이상에서 살펴본 5가지 수행기술은 수행현장에서 하나하나 따로 사용되는 것이 아니라 상황에 따라 여러 가지 기술을 복합적으로 사용할 때 수행향상에 도움된다. 그리고 수행자의 근기나 수행진도에 따라 적절히 선택해 사용해야 한다.

(6) 4념처와 4대수행

싸띠력을 향상시키기 위한 수행기술 가운데 하나가 신수심법의 4념처 가운데 몸을 기준점으로 삼는 것이다. 그 몸을 고유특성인 4대범주로 나누고 싸띠력을 강화하는 것이 4대수행이다. 4대수행은 필연적으로 4념처 수행과 함께하는 기술이다.[373)]

4념처와 4대수행四大修行을 살펴본다. 4대는 두 가지 의미가 있

373. 이필원(2011), 266-267.「사대요소설과 명상수행, 그리고 수행의 효과」,『인도철학』 제34집, 인도철학회. "대라후라경이 인체를 상세하게 기술하고 있는 것은 의학적인 측면이 아닌 수행론적 측면에서 이해된다고 하며, 4대를 수행주제로 해서 수행하는 것을 시작으로 4무량심, 부정, 무상, 호흡수행 등으로 진행된다고 보고, 불교의 모든 수행이 그렇듯이, 본 경에서 언급되는 수행들도 결국은 번뇌를 멸진시키는 방법으로 제시되고 있다고 보았다."

도정태(2022), 49.「붓다의 수행과 정각(正覺)에 관한 연구」, 동국대학교 대학원 박사학위논문. "요소 명상은 초기 브라만교에서 먼저 시작되었고, 이런 수행을 초기 불교도들이 가져왔을 가능성이 크다. 또한 차용(借用)하는 과정에서 해탈을 이루려면 명상을 통해 우주 창조의 과정을 발전(反轉)시켜야 한다는 본래의 사상이 폐기되었다."고 주장하며 4대수행이 불교 이전의 브라흐마나교 전통에 따른 것이지만, 세존이 발전시킨 것으로 본다.

다. 하나는 존재구성의 기본인자이다. 다른 하나는 4대를 수행기술로 사용하는 것이다. 여기서는 수행기술을 중심으로 살펴본다. 『맛지마니까야』에서 4대를 수행과 연관지어 설한 경은 〈표 4.22〉와 같다.

〈표 4.22〉 4대수행 등장 경

NO	경 명
1	『본리경(本理經, *Mūlapariyasutta*)』
10	『염처경(念處經, *Satipaṭṭhānasutta*)』
28	『대상적유경(大象跡喩經, *Mahāhatthipadopamasutta*)』
33	『대목우자경(大牧牛者經, *Mahāgopālakasutta*)』
62	『대라후라경(大羅睺羅經, *Mahārāhulovādasutta*)』
112	『육정경(六淨經, *Chabbisodhanasutta*)』
119	『염신경(念身經, *Kāyagatāsatisutta*)』
140	『대분별경(大分別經, *Dhātuvibhaṅgasutta*)』
143	『급고독언경(給孤獨言經, *Anāthapiṇḍikovādasutta*)』

〈표 4.22〉에서도 알 수 있듯이 『맛지마니까야』 152경 가운데 9경에서 4대나 4대수행을 설한다.

① 존재구성인자

모든 존재는 그 존재를 구성하는 최소단위와 기본인자가 있다. 『대상적유경大象跡喩經』에서는 색수상행식의 5취온이 4대로 만들어졌다고 설한다.

"벗이여, 색온(色蘊)은 무엇인가? 색온은 4대와 그것으로 만들어진 색을 말한다. 4대란 무엇인가? 4대는 지대(地大), 수대(水大), 화대(火大), 풍대(風大)이다.[374]

세존은 존재나 5온을 구성하는 인자를 지수화풍의 4대라고 주장한다.

② 몸에 기준점 정하는 기술

싸띠력을 향상시키기 위한 수행기술 가운데 하나가 신수심법의 4념처 가운데 몸身을 기준점으로 삼는 것이다. 그 몸을 고유특성인 4대범주로 나누고 싸띠력을 강화하는 것이 4대수행이다. 『염처경念處經』에서는 몸을 4대로 관찰하라고 설한다.

"비구여, 비구는 이와 같이 이 몸에는 지대, 수대, 화대, 풍대가 있다. 이것을 구성된 대로 관찰한다."[375]

이 경에서 이 몸을 구성한 요소를 4대로 보고, 그 4대를 있는 그대로 관찰하라고 주문한다. 이것은 몸이 구성된 대로, 그 드러난 고유특성에 따라 알아차림하는 수행으로 사용할 수 있는 이론근거를

---

374. MN. I, 185. "katamo c' āvuso rūpupādānakkhadho: katame c' āvuso cattāro mahābhūtā: paṭhavīdhātu āpodhātu tejodhātu vāyodhātu."

375. MN. I, 57. "puna ca paraṃ bhikkhave bhikkhu imam-eva kāyaṃ yathāṭhitaṃ yathāpaṇihitaṃ dhātuso paccavekkhati: atthi imasmiṃ kāye paṭhavīdhātu āpodhātu tejodhātu vāyodhātūti."

제공한다. 『입출식념경入出息念經』에서는 호흡을 몸이라고 다음과 같이 설한다.

"비구여, 비구는 세상에서 탐욕과 근심을 제거하기 위해, 싸띠와 쌈빠자나를 가지고, 몸(身)을 대상으로, 몸을 따라가며(隨身觀), 열심히 수행한다. 나는 들숨과 날숨이 몸들 가운데 어떤 몸이라고 한다."376)

이 경에서 세존은 앉아서 좌념할 때, 4대 가운데 움직이는 요소, 즉 코끝을 지나는 호흡이 가슴으로 들어가는 들숨과 날숨을 기준점으로 삼고, 그 들숨과 날숨을 알아차림해야 한다고 지시한다. 호흡은 4대 가운데 풍대이다.

『본리경本理經』에서는 4대를 수행해 아라한뜨의 경지를 증득하면, 존재를 있는 그대로 올바르게 통찰하고, 무아 등의 3법인을 통찰하고, 즐거움은 괴로움의 뿌리라는 것을 이해하고, 갈애를 부수고 사라지게 한다고 설한다.377)

---

376. MN. Ⅲ, 83. "kāye kāyānupassī, bhikkhave, tasmiṃ samaye bhikkhu viharati ātāpī sampajāno satimā, vineyya loke abhijjhādomanassaṃ. kāyesu kāyaññatarāhaṃ, bhikkhave, etaṃ vadāmi yadidam assāsapassāsaṃ."

377. MN. Ⅰ, 4-5. "yo pi so bhikkhave bhikkhu arahaṃ khīṇāsavo vusitavā katakaraṇīyo ohitabhāro anuppattasadattho parikkhīṇabhavasaṁyojano samma-d-aññā vimutto, so pi paṭhaviṃ paṭhavito abhijānāti, paṭhaviṃ paṭhavito abhiññāya paṭhaviṃ na maññati, paṭhaviyā na maññati, paṭhavito na maññati, paṭhavim-me ti na maññati, paṭhaviṃ nābhinandati : taṃ kissa hetu: khayā rāgassa vītarāgattā...āpaṃ...tejaṃ...vāya..."
"비구여. 아싸봐를 부수고, 수행을 완성하고, 해야 할 일을 다해 마치고, 짐을 내려놓고, 최고선을 실현하고, 결박을 완전히 끊고, 올바른 앎으로 해탈한 아라한

③ 사실판단 기술

현상에서 가치판단하지 않고, 지수화풍의 4대범주로 나누고, 사실판단만 하는 것이 4대수행이다. 그 힘으로 실재판단인 3법인을 통찰할 수 있다. 『대라후라경大羅睺羅經』에서 다음과 같이 설한다.

"라후라여. 지대수행(地大修行)을 하라. 라후라여, 지대수행을 하면, 쾌(快), 불쾌(不快)의 접촉이 생겨나더라도 그것이 마음을 사로잡지 못한다. 라후라여, 마치 땅에 깨끗한 것을 버리더라도, 더러운 것, 오줌, 침, 고름, 피를 버리더라도, 그 때문에 땅이 번민하거나 수치스러워하거나 기피하는 것이 없듯, 이와 같이 라후라여, 그대는 지대수행을 하라. 라후라여, 지대수행을 하면, 이미 생겨난 즐겁거나 괴로운 감촉이 마음을 사로잡지 못한다.[378]

이 경에서 4대수행을 할 때, 직면하는 어떤 현상이라도 해당 현

뜨가 있다. 그도 '지대를 최상의 앎으로 알고, 지대를 곧바로 알고 나서, 지대를 생각하지 않고, 지대 가운데 생각하지 않고, 지대로부터 생각하지 않으며, 지대는 내 것이다.' 라고 생각하지 않으며, 지대를 기뻐하지 않는다. 그것은 무슨 까닭인가? 그는 탐욕을 부수고, 탐욕에서 벗어났기 때문이다...수대...화대...풍대."

378. MN. I, 423. "paṭhavīsamaṃ Rāhula bhāvanaṃ bhāvehi, paṭhavīsamaṃ hi te Rāhula bhāvanaṃ bhāvayato uppannā manāpāmanāpā phassā cittaṃ na pariyādāya ṭhassanti. seyyathā pi Rāhula paṭhaviyā sucim-pi nikkhipanti asucim-pi nikkhipanti gūthagatam-pi nikkhipanti muttagatam-pi nikkhipanti gūthagatam-pi nikkhipanti muttagatam-pi nikkhipanti kheḷagatam-pi nikkhipanti pubbagatam-pi nikkhipanti lohitagatam-pi nikkhipanti, na ca tena paṭhavī aṭṭīyati vā harāyati vā jigucchati vā, evam-eva kho tvaṃ Rāhula paṭhavīsamaṃ bhāvanaṃ bhāvehi, paṭhavīsamaṃ hi te Rāhula bhāvanaṃ bhāvayato uppannā manāpāmanāpā phassā cittaṃ na pariyādāya ṭhassanti."

상에서 가치판단하지 말고, 그 현상에 드러난 4가지 고유특성 즉, 지수화풍의 4대로 알아차림하라고 주문한다. 존재에 드러난 특성을 알아차림하면, 존재에서 쾌와 불쾌를 인식하지 않고 존재특성을 보게 된다. 그러면 존재에 내재한 실재인 3법인을 통찰하고, 존재속박에서 벗어나 자유로울 수 있다고 본 것이다.

〈표 4.23〉 4대수행 구조

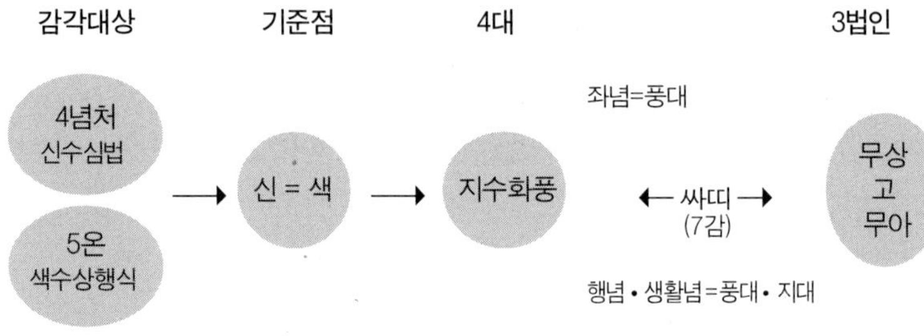

그러나 대부분은 인식대상을 알아차림할 때, 있는 그대로 보지 못하고 자신의 과거경험에 기초해 해석하고, 그 해석에 스스로 속박되는 경향이 강하다. 그래서 존재에 드러난 고유특성 즉, 4대로 보는 수행을 하면 싸띠력이 향상되면서 서서히 가치판단에서 벗어나 존재에 내재한 실재인 3법인을 통찰하는 혜력이 성숙한다.

〈표 4.24〉 가치판단, 사실판단, 실재판단

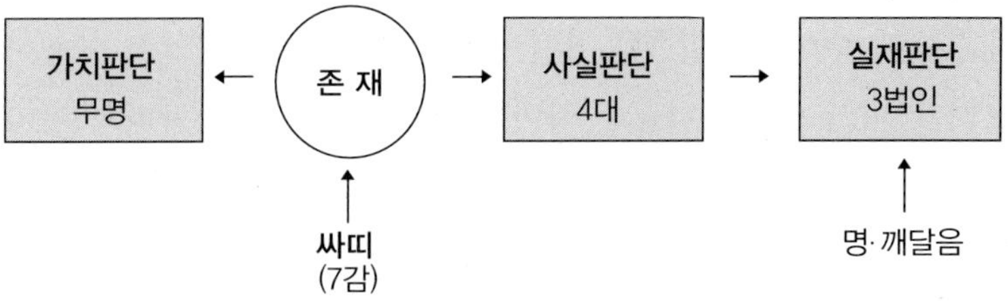

4대수행할 때는 5온의 색이나 4념처의 신을 지수화풍의 4대로 그 범주를 나눈다. 그 가운데 좌념할 때는 호흡, 생활념이나 행념할 때는 몸이나 발 등의 움직임과 같은 풍대에 기준점을 정한다. 알아차림할 때, 접촉하게 되는 모든 현상을, 해당 현상이 가진 형식이나 가치로 판단하지 말고, 현상에 드러난 고유특성 즉, 4대로 사실판단만 해야 한다. 그래야 수행이 진보한다.

처음 수행할 때는 마음공간에 특정현상이 등장하면, 해당 현상과 어울려 가치판단하며 망상피우기 쉽다. 수행진도가 조금씩 향상되고 싸띠력이 성숙되면서 서서히 가치판단에서 벗어나 사실판단을 한다. 나아가 상수멸을 성취할 수 있는 단계에 이르면 관찰대상을 있는 그대로 볼 수 있고, 존재에 내재한 실재인 3법인을 통찰한다. 그리고 자신이 체험했다는 것을 스스로 자각한다. 3법인은 사유로도 알 수 있지만, 수행을 통해 몸으로 체험해 알 수도 있다.

4. 겸수기술

두 가지 수행기술을 함께 사용하는 겸수兼修를 살펴본다. 세존은 제자에게 수행지도할 때, 어떤 특정한 하나의 기술만을 사용하기보다 싸띠와 쌈빠자나念知, 싸마타와 위빳싸나止觀, 싸띠와 싸마디念定, 좌념과 행념 등 몇 개의 기술을 병행해 사용하는 것이 수행진보에 효과적이라고 강조한다. 그중에서 핵심적인 몇 가지를 살펴본다.

1) 싸띠와 쌈빠자나의 겸수

알아차림하는 싸띠와 원인이나 실재를 통찰하는 쌈빠자나를 함께 수행하는 싸띠와 쌈빠자나 겸수念知兼修를 살펴본다. 『맛지마니까야』에서 싸띠와 쌈빠자나 겸수가 등장하는 경은 〈표 4.25〉와 같다.

〈표 4.25〉 싸띠와 쌈빠자나 겸수 등장 경

NO	경 명
4	『포외경(怖畏經, *Bhayabheravasutta*)』
5	『무예경(無穢經, *Anaṅgaṇasutta*)』
8	『폐기경(廢棄經, *Sallekhasutta*)』
10	『염처경(念處經, *Satipaṭṭhānasutta*)』
13	『대고음경(大苦陰經, *Mahādukkhakkhadhasutta*)』
19	『이심경(二尋經, *Dvedhāvitakkhasutta*)』
25	『엽사경(獵師經, *Nivāpavasutta*)』
26	『성구경(聖求經, *Ariyapariyesanāsutta*)』
27	『소상적유경(小象跡喩經, *Cūḷahatthipadopamasutta*)』
30	『소목핵경(小木核經, *Cūḷasāropamasutta*)』

31	『소사라림경(小沙羅林經, *Cūḷagosiṅgasutta*)
36	『대제경(大諦經, *Mahāsaccakasutta*)』
38	『대파애경(大破愛經, *Mahātaṇhāsaṅkhayasutta*)』
39	『대마읍경(大馬邑經, *Mahāssapurasutta*)』
45	『소수법경(小授法經, *Cūḷadhammasamādānasutta*)』
51	『굴경(窟經, *Kandarakasutta*)』
52	『팔성경(八城經, *Aṭṭhakanāgarasutta*)』
53	『학인경(學人經, *Sekhasutta*)』
59	『다수경(多受經, *Bahuvedanīyasutta*)』
60	『근본정경(根本定經, *Apaṇṇakasutta*)』
64	『대전유경(大箭喩經, *Mahāmāluṅkyaputtasutta*)』
65	『발타화리경(跋陀和利經, *Baddālisutta*)』
66	『가루조타이경(迦樓烏陀夷經, *Laṭukikopamasutta*)』
76	『임경(林經, *Sandakasutta*)』
77	『대전모경(大箭毛經, *Mahāsakuludāyisutta*)』
79	『소전모경(小箭毛經, *Cūḷasakuludāyisutta*)』
85	『보리왕자경(菩提王子經, *Bodhirājakumārasutta*)』
94	『고따무카경(*Ghoṭamukhasutta*)』
100	『싼가라봐경(*Saṅgāravasutta*)』
101	『천연경(天淵經, *Devadahasutta*)』
107	『산수목건련경(算數目犍連經, *Gaṇakamoggallānasutta*)』
108	『구묵목건련경(瞿黙目犍連經, *Gopakamoggallānasutta*)』
111	『차제경(次第經, *Anupadasutta*)』
112	『육정경(六淨經, *Chabbisodhanasutta*)』
118	『입출식념경(入出息念經, *Ānāpānasatisutta*)』
119	『염신경(念身經, *Kāyagatāsatisutta*)』
122	『대공경(大空經, *Mahāsuññatasutta*)』
123	『미증유법경(未曾有法經, *Acchariyabbhūtasutta*)』
125	『조어지경(調御地經, *Dantabhūmisutta*)』
138	『설분별경(說分別經, *Uddesavibhaṅgasutta*)』
139	『무쟁분별경(無諍分別經, *Araṇavibhaṅgasutta*)』
141	『진리분별경(眞理分別經, *Saccavibhaṅgasutta*)』
152	『근수경(根修經, *Indriyabhāvanāsutta*)』

〈표 4.25〉에서도 알 수 있듯이 『맛지마니까야』에서 싸띠와 쌈빠자나를 언급한 것이 47경이고, 4념처 수행과 함께 언급한 것도 8경이다. 특히 위빳싸나 수행을 1회 설하고 싸마타와 위빳싸나의 겸수를 5회 설한 것에 비해, 일상생활에서 행위 끝을 알아차림하는 쌈빠자나 수행은 14회 설한다. 세존이 설한 양만 보더라도 그만큼 싸띠와 쌈빠자나 겸수의 중요성을 알 수 있다.

『염처경念處經』에서는 싸띠와 쌈빠자나를 가지고 수행하면, 슬픔과 괴로움을 극복할 수 있다고 다음과 같이 설한다.

"비구는 세상에서 탐욕과 근심을 제거하기 위해, 싸띠와 쌈빠자나를 가지고, 몸(身)을 대상으로 몸을 따라가며 관찰해서(隨身觀), 열심히 수행한다...수(受)..심(心)..법(法).."379)

이 경에서 4념처를 대상으로, 싸띠와 쌈빠자나를 가지고 신수심법의 움직임을 따라가며 관찰하면서 싸띠와 싸마디를 향상시킬 수 있다고 강조한다. 『대반열반경大般涅槃經』에서는 세존의 유언으로 알려진 자등명自燈明 법등명法燈明도 4념처 수행으로 완성하며, 그 구체적인 도구가 바로 싸띠와 쌈빠자나라고 다음과 같

379. MN. I, 56. "idha bhikkhave bhikkhu kāye kāyānupassī viharati ātāpī sampajāno satimā vineyya loke abhijjhādomanassaṃ, vedanāsu vedanānupassī viharati ātāpī sampajāno satimā vineyya loke abhijjhādomanassaṃ, citte cittāānupassī viharati ātāpī sampajāno satimā vineyya loke abhijjhādomanassaṃ, dhammesu dhammānupassī viharati ātāpī sampajāno satimā vineyya loke abhijjhādomanassaṃ."

이 설한다.

"아난다여, 자신(我)을 등불로 삼고 자신을 의지처로 삼고 다른 것을 의지처로 삼지 말라. 법(法)을 등불로 삼고, 법을 의지처로 삼고 다른 것을 의지처로 삼지 말라. 아난다여, 어떻게 비구가 자신을 등불로 삼고, 자신을 의지처로 삼아야지 다른 것을 의지처로 삼지 말고, 법을 등불로 삼고, 법을 의지처로 삼지 다른 것을 의지처로 삼지 않는가? 아난다여, 세상에서, 비구는 탐욕과 근심을 제거하기 위해, 싸띠와 쌈빠자나를 가지고, 몸(身)을 대상으로 몸을 따라가며(隨身觀), 열심히 수행한다...수(受)..심(心)..법(法)"[380]

이 경에서 세존은 몸이나 다른 사람을 등불로 삼지 말고 의지처로 삼지 말고, 자신을 등불로 삼고 자신을 의지처로 삼으라고 강조한다. 그 구체적인 도구가 4념처 수행이라고 강조한다. 『염처경念處經』에서 좌념의 경우는 싸띠를 강화하고,[381] 생활념일 경우는 쌈빠자나를 향상시키라고 강조한다.[382] 『행덕경行德經』에서 행념은 싸마디를 강화시킨다고 주장한다.[383]

좌념으로 싸띠를 강화하고, 행념으로 싸마디를 증진시킨다. 생

380. DN. II, 100. "tasmāt ih' Ānanda atta-dīpā viharatha atta-saraṇā anañña-saraṇā, dhamma-dīpā dhamma-saraṇā anañña-saraṇā. kathañ c' Ānanda bhikkhu atta-dīpo viharati atta-saraṇo anañña-saraṇo, dhamma-dīpo dhamma-saraṇo anañña-saraṇo? idh' Ānanda bhikkhu kāye kāyānupassī viharati ātāpī sampajāno satimā vineyya loke abhijjhā-domanassaṃ...vidanāsu...citte...dhammesu..."

381. MN. III, 82-83. 주359 참조.

382. MN. I, 56-57. 주365 참조.

383. AN. III, 29-30. 주471 참조.

활념으로 행동하기 전에 일어나는 의도를 알아차림하는 쌈빠자나의 힘을 키운다. 쌈빠자나의 힘은 싸띠력의 강화된 형태이다. 알아차림 기능인 싸띠가 싸띠집중인 싸마디를 이끌고, 싸띠가 아싸봐를 제거하고, 실재를 통찰하는 혜를 성장시켜, 상수멸을 증득하고 최상행복인 열반을 체험한다. 그리고 아라한뜨의 경지를 성취한다.

싸띠가 알아차림에 초점둔 것이라면, 쌈빠자나는 행동하기 전에 일어나는 의도를 통찰하는데 주목한다. 이때 싸띠는 좌념하며 호흡흐름인 들숨과 날숨을 자연스럽게 따라가면서 알아차림하는 것을 통해 싸띠력을 향상시키는데 주력한다. 행념은 움직이는 동작이나 발을 따라가면서, 그 움직임을 따라붙는 힘 즉, 싸마디를 강화시키는 것을 강조한다.

쌈빠자나는 행동하기 전에 일어나는 의도를 알아차림한다. 일반적으로 행동하기 전에 반드시 그런 행동하려는 의도가 일어난다. 그러나 대부분은 행동을 일으키는 원인인 의도는 보이지 않고 의도의 결과로 움직이는 행위만 알아차림한다. 그런 행동조차도 알아차림을 놓치고 습관적으로 반응하는 경우도 많다. 이때 행동하기 전에 일어나는 의도를 알아차림하기 위해 특수하게 수행을 한다. 그것이 바로 생활념에서의 쌈빠자나 수행이다.

쌈빠자나 수행은 매 순간 이루어지는 행위 끝을 알아차림하는 것이다. 그렇게 해서 알아차림하는 힘인 싸띠력이 향상되면, 알아차림 기능인 싸띠가 인식대상으로 집중하는 싸띠집중의 힘인 싸마디도 함께 향상된다. 싸띠력이 점차 커지면 행동하기 전에 일어나는 의도를 통찰하는 쌈빠자나의 힘도 성숙한다.

2) 싸마타와 위빳싸나의 겸수

요동치는 마음상태를 멈추게 하는 싸마타와 실재를 통찰하는 위빳싸나의 겸수止觀兼修를 살펴본다.

『맛지마니까야』 152경 가운데 5경에서 싸마타와 위빳싸나 겸수를 다룬다. 그 가운데서도 수행기술을 구체적으로 다루는 경은 『차제경次第經』이 유일하다. 나머지는 싸마타와 위빳싸나 겸수를 하라고만 되어있을 뿐 구체적인 수행기술을 찾아볼 수 없다.[384] 『맛지마니까야』에 싸마타와 위빳싸나 겸수가 등장하는 경은 〈표 4.26〉과 같다.

〈표 4.26〉 싸마타와 위빠싸나 겸수 등장 경

NO	경 명
32	『대사라림경(大沙羅林經, *Mahāgosiṅgasutta*)』
73	『대봐차구다경(大婆嗟衢多經, *Mahāvacchagottasutta*)』
111	『차제경(次第經, *Anupadasutta*)』
149	『대감경(大感經, *Mahāsaḷāyatanikasutta*)』
151	『탁발청정경(托鉢淸淨經, *Piṅḍpātapārisuddhasutta*)』

---

384. 조준호(2002), 133. 「초기불교 경전에 나타난 수행에 관한 용어와 개념의 검토(Ⅰ)」, 『韓國禪學』 제3호, 한국선학회. "Majjhima Nikāya에서 152개 경 가운데 5개, Saṁyutta Nikāya에서 2,872개 가운데 4개, Aṅguttara Nikāya에는 2,308개 가운데 13개의 경에서 Samatha-Vipassanā가 나타난다."고 조사한 것을 볼 수 있다.

이 경에서 위빳싸나 기술을 구체적으로 설한다. 현상이 발생하는 대로, 그 현상을 따라가며 관찰하는 것이 위빳싸나 기술이다. 일반적으로 위빳싸나 수행이라고 한다. 위빳싸나 수행을 통해 상수멸에 들어 성숙한 혜로써 아싸봐를 제거한다. 이 경에서도 알 수 있듯이 위빳싸나 수행은 싸띠를 기본으로 한다. 『명경明經』에서는 싸마타와 위빳싸나의 겸수를 다음과 같이 설한다.

"명(明)으로 이끄는 두 가지 법이 있다. 싸마타와 위빳싸나이다. 싸마타가 수행되면 어떤 목표를 성취하는가? 심수행이 된다. 심수행이 되면 어떤 목표를 성취하는가? 탐욕이 끊어진다. 위빳싸나 수행이 되면 어떤 목표를 성취하는가? 혜수행이 된다. 혜수행이 되면 어떤 목표를 성취하는가? 무명(無明)이 끊어진다. 비구여, 탐욕에 물들면 심해탈이 되지 못한다. 무명에 물들면 혜수행이 되지 못한다. 비구여, 탐욕이 사라지면 심해탈이 이루어지고 무명이 사라지면 혜해탈이 이루어진다."385)

이 경에서는 싸마타 수행으로 마음공간에 존재하는 탐진치 3독과 같은 마음오염원인 아싸봐를 제거하고, 위빳사나 수행으로 혜수행이 되고, 혜수행을 통해 무명을 명으로 전환해 실재를 통찰할

385. AN. I, 61. "dve 'me bhikkhave dhammā vijjābhāgiyā katame dve? samatho ca vipassanā ca. samatho ca bhikkhave bhāvito kam attham anubhoti? cittaṃ bhāvīyati. cittaṃ bhāvitaṃ kam attham anubhoti? yo rāgo so pahīyati. vipassanā bhikkhave bhāvitā kam attham anubhoti? paññā bhāvīyati. paññā bhāvitā kam attham anubhoti? yā avijjā sā pahīyati: rāgupakkiliṭṭhaṃ vā bhikkhave cittaṃ na vimuccati avijjupakkiliṭṭhā vā paññā na bhāvīyati. imā kho bhikkhave rāgavirāgā cetovimutti avijjāvirāgā paññāvimuttī ti."

수 있는 혜를 성숙시킨다고 설한다. 이 경에서 세존은 싸마타 수행은 아싸봐를 제거하는 수행이고, 위빳싸나 수행은 실재를 통찰하는 혜를 성장시키는 수행이라고 규정한다. 여기서도 싸마타 수행의 구체적인 기술을 제시하지 않고, 단지 아싸봐를 제거한다고만 설한다.

『쌍련경雙連經』에서는 싸마타와 위빳싸나 수행순서를 설한다.[386] 이 경에서 싸마타와 위빳싸나를 따로 수행할 수도 있고, 함께 겸수

---

386. AN. II, 157. "yo hi koci āvuso bhikkhu vā bhikkhunī vā mama santike arahattapattiṃ vyākaroti sabbo so catuhi aṅgehi etesaṃ vā aññatarena. katamehi catuhi? ① idha āvuso bhikkhū samathapubbaṅgamaṃ vipassanaṃ bhāveti, tassa samathapubbaṅgamaṃ vipasanaṃ bhāvayato maggo sañjāyati. so taṃ maggam āsevati bhāveti bahulīkaroti. tassa taṃ maggam āsevato bhāvayato bahulikaroto saññojanāni pahīyanti anusayā vyantihonti. ② puna ca param āvuso bhikkhu vipassanāpubhaṅgamaṃ samathaṃ bhāveti, tassa vipassanāpubbaṅgamaṃ samathaṃ bhāvayato maggo sañjāyati. so taṃ maggam āsevati bhāveti bahulīkaroti. tassa taṃ maggam āsevato bahulīkaroto saññojanāni pahīyanti anusayā vyantihonti. ③ puna ca param āvuso bhikkhu samathavipassanāṃ yuganaddhaṃ bhāveti, tassa samathavipassanaṃ yuganaddhaaṃ bhāvayato maggo sañjāyati. so taṃ maggam āsevati bhāveti bahulīkaroti. tassa taṃ maggam āsevato bhāvayato bahulīkaroto saññojanāni pahīyanti anusayā vyantihonti. ④ puna ca param āvuso bhikkhuno dhammuddhaccaviggahītamanā hoti, so āvuso samayo yan taṃ cittam ajjhattaṃ yeva santiṭṭhati sannisīdati ekodihoti samādhīyati, tassa maggo sañjāyati. so taṁ maggam āsevati bhāveti bahulīkaroti. tassa taṃ maggam āsevato bhāvayato bahulikaroto saññojanāni pahīyanti anusayā vyantihonti."
"벗이여, 어떤 비구나 비구니든 내 앞에서 아라한뜨의 경지를 성취했다고 한다면, 모두 4가지 고리 가운데 하나를 말하는 것이다. 4가지란 무엇인가? ① 벗이여, 비구가 싸마타를 선구로 해서 위빳싸나를 수행한다. 그가 싸마타를 선구로 해서 위빳싸나를 수행할 때, 길(道)을 지각한다. 그가 길을 추구하고, 수행하고,

할 수도 있다고 한다. 이 두 가지 기술을 함께 사용할지 따로 사용할지는 수행자의 근기나 수행진도 그리고 직면한 상태를 보면서 해당 수준에 적합한 방법을 선택할 수 있다.

수행현장에서는 계정혜의 3학이 단계별로 구분돼 존재하는 것이 아니라, 각각의 수행단계에 따라 복합적으로 어울려 함께 진행된다. 수행기술을 실제로 사용해 보면 개별기술을 각각 따로 사용하기도 하지만, 대부분은 그 수행기술을 필요에 따라 몇 가지를 동시에 사용하는 경우가 많다. 수행기술을 문자와 논리로 이해하는 것과 현장에서 사용하는 것과는 차이가 발생한다.

아싸봐를 제거하는 것이 8정도 수행체계의 목적 가운데 하나라고 할 때, 싸띠를 향상시키는 싸띠수행과 싸띠집중인 싸마디를 향상시키는 싸마타 수행이 기초가 된다. 싸띠와 쌈빠자나의 겸수와 싸마타와 위빳싸나의 겸수는 같은 수행목표를 가진 수행법이라고

거듭 익힌다. 그가 길을 추구하고, 수행하고, 거듭 익히면 결박이 제거되고, 잠재의식(睡眠)이 종식한다. ② 벗이여, 비구가 위빳싸나를 선구로 해서 싸마타를 수행한다. 그가 위빳싸나를 선구로 해서 싸마타를 수행할 때 길을 지각한다. 그가 길을 추구하고, 수행하고, 거듭 익힌다. 그가 길을 추구하고, 수행하고, 거듭 익히면 결박이 제거되고 잠재의식이 종식한다. ③ 벗이여, 비구가 싸마타와 위빳싸나를 한 쌍으로 수행한다. 그가 싸마타와 위빳싸나를 함께 수행할 때 길을 지각한다. 그가 길을 추구하고, 수행하고, 거듭 익힌다. 그가 길을 추구하고, 수행하고, 거듭 익히면 결박이 제거되고 잠재의식이 종식한다. ④ 벗이여, 비구의 마음이 법에 대한 들뜸(掉擧)에 사로잡히는 경우가 있다. 벗이여, 마음이 내적으로 정립되고, 안정되고, 집중되고, 고요할 때가 되면, 길을 지각한다. 그가 길을 추구하고, 수행하고, 더욱 익힌다. 그가 길을 추구하고, 수행하고, 더욱 익히면 결박이 제거되고 잠재의식이 종식한다."

번호는 임의로 붙인 것임.

볼 수 있다.

이 책에서는 위빳싸나를 현상을 따라가며 주시하고 통찰하는 것으로 보고 알아차림 기능인 싸띠와 싸띠집중 기능인 싸마타의 기능을 합해 놓은 것으로 정의한다. 이것은 4념처 수행에서 기준점을 정하고, 그 기준점을 중심으로 새로 나타나는 현상과의 사이를 오가며 알아차림하는 것과는 분명 다른 수행기술이다.

3) 싸띠와 싸마디의 겸수

싸띠와 싸마디의 겸수念定兼修를 살펴본다. 싸띠와 싸마디의 겸수를 직접 설하는 경은 『맛지마니까야』에는 없고, 『앙굿따라니까야』의 『염경念經』에서 싸띠와 싸마디를 수행하라고 다음과 같이 설한다.

"비구여, 두 가지 원리가 있다. 무엇이 두 가지인가? 싸띠력(念力, sati bala)과 싸마디력(三昧力, 定力, samādhi bala)이다." [387]

이 경 이외에는 싸띠와 쌈빠자나의 겸수나 싸마타와 위빳싸나의 겸수처럼 싸띠와 싸마디 겸수의 형태로 구체적으로 설하는 것은 볼 수 없다. 다만, 연관된 것이지만 별도로 분리해 설하거나 아니면 8정도 수행체계처럼 다른 요소와 함께 섞어서 설하는 것은 여러 경에서 볼 수 있다. 『포외경怖畏經』에서는 싸띠와 싸마디의 필요성

---

387. AN. I, 94. "dve 'me bhikkhave dhammā. katame dve?...sati-balañ ca samādhi-balañ ca."

을 다음과 같이 설한다.

"브라흐마나여. 내가 아직 깨닫지 못한 보살이었을 적에 싸띠를 확립하고, 이와 같이 한적한 숲속 외딴 처소는 견디기 어렵고, 욕망으로부터 멀리 떨어지기를 실천하기 어렵고, 원리를 즐기기 어렵다. 생각건대, 숲은 싸마디를 성취하지 않으면 비구의 마음을 빼앗아 간다."[388]

이 경에서 비구가 숲에서 수행할 때 싸띠와 싸마디가 확립되지 못하면, 다른 대상에 마음을 빼앗기므로 수행하는데 어려움을 겪게 된다고 설한다. 『구니사경瞿尼師經』에서는 염정혜念定慧의 형태로 설하고[389], 『무예경無穢經』에서는 염지정혜念知定慧의 형태로 설한다.[390] 『성구경聖求經』에서는 신정념정혜信精念定慧의 형태로 설하

388. MN. I, 17. "mayhaṃ-pi kho brāhmaṇa pubbe va sambodhā anabhisambuddhassa bodhisattass' eva sato etad-ahosi: durabhisambhavāni hi kho araññevanapatthāni pantāni senāsanāni, dukkharaṃ pavivekaṃ, durabhiramam ekatte, haranti maññe mano vanāni samādhim alabhamānassa bhikkhuno ti."

389. MN. I, 471. "Āraññaken' āvuso bhikkhunā upaṭṭhitasatinā bhavitabbaṃ. sace āvuso āraññako bhikkhu muṭṭhassati hoti tassa bhavanti vattāro: kim-pan' imass' āyasmato āraññakassa ekassāraññe serivihārena yo ayam-āyasmā muṭṭhasati ti 'ssa bhavanti vattāro, tasmā āraññakena bhikkhunā upaṭṭhitasatinā bhavitabbaṃ...samādhi...paññā..."
"벗이여, 숲에서 지내는 비구는 싸띠를 가져야 한다. 벗이여, 만약에 숲에서 지내는 비구가 싸띠를 잃어버리면, 숲에서 지내는 수행자는 숲에서 홀로 제멋대로 지내면서 싸띠를 잃어버렸으니, 그것에서 어떤 이익을 얻겠는가? 라고 말하는 사람이 있을 것이다. 그러므로 숲에서 지내는 비구는 싸띠를 가져야 한다."

390. MN. I, 32. "ye pana te kulaputtā saddhā agārasmā anagāriyaṃ pabbajitā, asaṭhā amāyāvino aketubhino, anuddhatā anunnaḷā, acapalā amukharā avikiṇṇavācā, intriyesu guttadvārā, bhojane mattaññuno, jāgariyam anuyuttā,

고[391], 『대전모경大箭毛經』에서는 4념처 수행뿐만 아니라 5근[392], 5력[393], 7각지[394], 8정도[395] 등에서 각각의 항목으로 설하는 것을

sāmaññe apekhavanto, sikkhāya tibbagāravā, na bāhulikā na sāthalikā, okkamane nikkhittadhurā paviveke pubbaṅgamā, āraddhaviriyā pahitattā, upaṭṭhitasatī sampajānā, samāhitā ekaggacittā, paññāvanto aneḷamūgā. te āyasmato Sāriputtassa imaṃ dhammapariyāyaṃ sutvā pipani maññe ghasanti maññe vacasā c' eva manasā ca, sādhu vata bho sabrahmacārī akusala vuṭṭhāpetvā kusale patiṭṭhāpeti."

"훌륭한 가문의 자제가 믿음을 갖고 집을 버리고 출가해 교활, 기만, 사기, 변명, 교만, 가볍고, 수다스럽고, 상스럽지 않고, 감관을 수호하고, 공양에 절제를 알고, 오수행을 하고, 배움에 전념하고, 사치스럽지 않고, 태만하지 않고, 멀리 여읨에 앞장서서 타락을 부담스럽게 여겨 피하고, 나태하지 않아 열심히 정진하고, 싸띠를 가지고, 쌈빠자나를 수행하고, 싸띠집중으로 통일된 마음을 지니고, 혜가 있어 아둔하지 않은 사람이 있다. 그들은 존자 싸리뿟따의 이 법문을 들으면서 물을 마시듯이 말씀을 듣고, 음식을 소화시키듯이 마음으로 이해하는 것이 틀림없다."

391. MN. I, 164. 주82 참조.

392. MN. II, 11-12. "puna ca paraṃ, Udāyi, akkhāta mayā sāvakānaṃ paṭipadā, yathā paṭipannā me sāvakā pañc' indriyāni bhāventi. idh' Udāyi, bhikkhu saddhindriyaṃ bhāveti upasamagāmiṃ sambodhagāmiṃ, virindriyaṃ bhāveti –pe-, satindriyaṃ bhāveti, samādhindriyaṃ bhāveti, paññindriyaṃ bhāveti upasamagāmiṃ sambodhagāmiṃ. tatra ca pana me sāvakā bahū abhiññāvosānapāramippattā viharanti."

"우다인이여, 나는 나의 제자에게 5근을 수행할 수 있도록 그 길을 설한다. 우다인이여, 세상에서 비구는 고요함으로 이끌고, 올바른 깨달음으로 이끄는 신근(信根), 정진근(精進根), 염근(念根), 정근(定根), 혜근(慧根)을 수행한다. 그렇게 해서 나의 많은 제자는 올바른 앎의 완성과 그 구경에 도달한다."

393. MN. II, 12. "puna ca paraṃ, Udāyi, akkhāta mayā sāvakānaṃ paṭipadā, yathā paṭipannā me sāvakā pañca balāni bhāventi. idh' Udāyi, bhikkhu saddhābalaṃ bhāveti upasamagāmiṃ sambodhagāmiṃ, viriyabalaṃ bhāveti –pe-, satibalaṃ bhāveti,samādhibalaṃ bhāveti, paññābalaṃ bhāveti upasamagāmiṃ sambodhagāmiṃ. tatra ca pana me sāvakā bahū abhiññāvosānapāramippattā viharanti.".

볼 수 있다. 그리고 8정도 수행체계에서 정념은 4념처를 설명하는 것이고, 정정은 4선을 설명하는 것으로 미루어 보아, 싸띠와 싸마디의 두 항목은 연계된 수행기술로 이해할 수 있다.

"우다인이여, 나는 나의 제자에게 5력을 수행할 수 있도록 그 길을 설한다. 우다인이여, 세상에서 비구는 고요함으로 이끌고 올바른 깨달음으로 이끄는 신력(信力), 정진력(精進力), 염력(念力), 정력(定力), 혜력(慧力)을 수행한다. 그렇게 해서 나의 많은 제자는 올바른 앎의 완성과 그 구경에 도달한다."

394. MN. II, 12. "puna ca paraṃ, Udāyi, akkhāta mayā sāvakānaṃ paṭipadā, yathā paṭipannā me sāvakā satta bojjhaṅge bhāventi. idh' Udāyi, bhikkhu satisambojjhaṅgaṃ bhāveti vivekanissitaṃ virāganissataṃ nirodhanissitaṃ vossaggapariṇāmiṃ, dhammavicayasambojjhaṅgaṃ bhāveti, viriyasambojjhaṅgaṃ bhāveti, pītisambojjhaṅgaṃ bhāveti, passaddhisambojjhaṅgaṃ bhāveti, samādhisambojjhaṅgaṃ bhāveti, upekhāsambojjhaṅgaṃ bhāveti vivekanissitaṃ virāganissataṃ nirodhanissitaṃ vossaggapariṇāmiṃ. tatra ca pana me sāvakā bahū abhiññāvosānapāramippattā viharanti."

"우다인이여, 나는 나의 제자에게 7각지를 수행할 수 있도록 그 길을 설한다. 우다인이여, 세상에서 비구는 멀리 여읨에 의존하고, 사라짐에 의존하고, 소멸에 의존하고, 보내버림으로써 열반으로 회향하는 염각지, 택법지, 정진각지, 경안각지, 희각지, 정각지, 사각지를 수행한다. 그렇게 해서 나의 많은 제자는 올바른 앎의 완성과 그 구경에 도달한다."

395. MN. II, 12. "puna ca paraṃ, Udāyi, akkhāta mayā sāvakānaṃ paṭipadā, yathā paṭipannā me sāvakā ariyam aṭṭhaṅgikaṃ maggaṃ bhāventi. idh' Udāyi, bhikkhu sammādiṭṭhiṃ bhāveti. sammāsaṁkappaṃ bhāveti. sammāvācaṃ bhāveti. sammākammantaṃ bhāveti. sammāājīvaṃ bhāveti. sammāvāyāmaṃ bhāveti. sammāsatiṃ bhāveti. sammāsamādhiṃ bhāveti. tatra ca pana me sāvakā bahū abhiññāvosānapāramippattā viharanti."

"우다인이여, 나는 나의 제자에게 성팔지도를 수행할 수 있도록 그 길을 설한다. 우다인이여, 세상에서 비구는 정견, 정사, 정어, 정업, 정명, 정정진, 정념, 정정을 수행한다. 그렇게 해서 나의 많은 제자는 최상의 앎의 완성과 그 구경에 도달한다."

4) 좌념과 행념의 겸수

좌행겸수坐行兼修를 살펴본다. 『맛지마니까야』에서 앉아서 하는 좌념坐念과 걸으며 하는 행념行念을 겸수하라고 설하는 경은 〈표 4.27〉과 같다.

〈표 4.27〉 좌행겸수 등장 경

NO	경 명
39	『대마읍경(大馬邑經, *Mahāssapurasutta*)』
53	『학인경(學人經, *Sekhasutta*)』
69	『구니사경(瞿尼師經, *Gulissānisutta*)』
107	『산수목건련경(算數目犍連經, *Gaṇakamoggallānasutta*)』
125	『조어지경(調御地經, *Dantabhūmisutta*)』

〈표 4.27〉에서 알 수 있듯이, 『맛지마니까야』 152경 가운데 5경에서 앉아서 하는 좌념과 걸으며 하는 행념의 겸수를 설한다. 좌행겸수는 항상 오수행寤修行과 함께 등장한다. 『대마읍경大馬邑經』에서는 오수행을 다음과 같이 설한다.

> "비구여. 이와 같이 그대들은 더 해야 할 일이 있다. 우리는 오수행(寤修行)을 해야 한다. 낮에는 행념과 좌념을 해서 장애법으로부터 마음을 정화해야 한다. 밤의 초야에도 행념과 좌념으로 장애법으로부터 마음을 정화해야 한다. 밤의 중야에는 사자처럼 오른쪽 옆구리를 밑으로 하고 누워 한 발을 다른 발에 포개고 싸띠와 쌈빠자나로 일어나는 현상에 정신활동을 기울여야 한다. 밤의 후야에는 일어나 행념과 좌념으로 장애법으로부터 마음을 정화해야 한다."[396]

이 경에서 세존은 정형화해 오수행에서 깨어있을 때는 좌념과 행념을 하고, 누워서는 와념을 하라고 설한다. 좌념이 알아차림 기능인 싸띠력을 강화하는 수행이고, 행념은 싸띠집중 기능인 싸마디를 향상시키는 수행이다. 와념은 누워서 휴식할 때나 잠자는 시간을 아껴 싸띠력과 쌈빠자나의 힘을 키우는 생활념 수행이다. 『입출식념경入出息念經』에서는 좌념의 자세와 기술을 구체적으로 설하고,[397) 『범마경梵摩經』에서는 행념의 자세와 기술을 간략하게 설한다.[398)

좌념이 싸띠력를 강화하고 정적靜的인 측면이 있고, 행념은 싸마디를 향상하고 동적動的인 측면이 크다. 정과 동이 균형을 이루어야 평화롭고, 좌념과 행념이 조화로워야 수행진도가 나아간다.

이상을 살펴보면 처음 수행할 때는 하나하나의 수행기술을 배우

396. MN. I, 273-274. "kiñ-ca bhikkhave uttariṃ karaṇīyaṃ: jāgariyam anuyuttā bhavissāma, divasaṃ caṅkamena nisajjāya āvaraṇiyehi dhammehi cittaṃ parisodhessāma, rattiyā paṭhamaṃ yāmaṃ caṅkamena nisajjāya āvaraṇiyehi dhammehi cittaṃ parisodhessāma, rattiyā majjhimaṃ yāmaṃ dakkhinena passena sīhaseyyaṃ kappessāma pāde pādam accādhāya satā sampajānā uṭṭhānasaññaṃ manasikaritvā, rattiyā pacchimaṃ yāmaṃ paccuṭṭhāya caṅkamena nisajjāya āvaraṇiyehi dhammehi cittaṃ parisodhessāmāti evaṃ hi vo bhikkhave sikkhitabbaṃ."

397. MN. III, 82. "idha, bhikkhave, bhikkhu araññagato vā rukkhamūlagato vā suññāgāragato vā nisīdati pallaṅkam ābhujitvā ujuṃ kāyaṃ paṇidhāya parimukhaṃ satim upaṭṭhapetvā. so sato va assasati, sato passasati."
"여기 비구가 숲 속 나무 밑 공한처로 간다. 평좌로 앉고 몸을 똑바로 세우고, 얼굴 앞에 싸띠를 둔다. 그리고 들숨과 날숨을 싸띠한다."

398. MN. II, 137-139. 주470 참조.

고 익히지만, 수행이 점차 익숙해지면 싸띠와 쌈빠자나의 겸수, 싸마타와 위빳싸나의 겸수, 싸띠와 싸마디의 겸수, 좌념과 행념의 겸수 등의 여러 가지 기술을 상황에 따라 적절히 사용해 수행진도를 향상시킨다는 것을 알 수 있다.

5. 스승과 제자의 역할

수행을 지도하는 스승의 역할과 수행을 직접 담당하는 제자의 태도를 살펴본다. 수행도 사람이 하는 일이다. 어떤 수행법에 따라 수행하느냐 못지않게 수행을 직접 실천하는 수행자의 기질도 중요하다. 수행을 직접 담당하는 수행자뿐만 아니라, 수행지도하는 스승역할은 무엇보다 중요하다.

1) 최초의 스승

불교수행을 창안한 최초스승을 살펴본다. 『맛지마니까야』의 여러 경에서는 불교수행에서 최초로 수행을 창안하고 완성한 스승은 세존이라고 설한다. 『구묵목건련경瞿默目健連經』에서는 세존이 수행법을 처음 창안했고, 제자가 그 길을 따라 수행한다고 다음과 같이 설한다.

"브라흐마나여, 각각의 관점에서나 모든 경우에서 세상에서 세존, 아라한뜨, 정자각인 고따마가 성취한 모든 특징을 갖춘 단 한 명의 비구도 없다. 왜냐하면, 세존께서는 일어나지 않는 길을 일으켰으며, 생겨나지 않은 길을 생겨나게 했으며, 선포되지 않은 길을 선포했다. 그분은 길을 아는 님(知道)이고, 길을 발견한 님(見道)이고, 길에 통달한 님(通道)이다. 그분의 제자는 그 길을 따라 나중에 그 길을 성취하는 것이다."[399]

이 경에서 세존은 새로운 수행체계의 길을 열었다고 선언한다. 세존은 이전부터 전해오던 정념과 정정의 기술로 수행의 최고단계까지 도달한 최초의 분이고, 수행의 이론과 기술을 체계화한다. 그리고 세존이 8정도 수행체계를 완성한다. 이는 지금까지 아무도 가보지 않았던 해탈과 열반으로 가는 새로운 길을 연다. 『대품大品』에서 세존은 자신은 스승없이 스스로 깨달음을 성취했다고 설하고,[400] 『대사자후경大獅子吼經』에서는 세존이 이 땅에 출현한 것은 많은 사람의 이익과 행복을 위한 것이라고 주장한다.[401] 『포외경怖畏經』에서는 세존이 수행을 창안한 것이고, 다른 수행자는 세존을 본보기로 삼는다고 선언한다.[402]

---

399. MN. Ⅲ, 8. "na 'tthi kho, brāhmaṇa, ekabhikkhu pi tehi dhammehi sabbena sabbaṃ sabbathā sabbaṃ samanāgato, yehi dhammehi samannāgato so Bhagavā ahosi arahaṃ sammāsambuddho. so hi brāhmaṇa, Bhagavā anuppannassa maggassa uppādetā asañjātassa maggassa sañjānetā, anakkhātassa maggassa akkhātā, maggaññū maggavidū maggakovido. maggānugā ca pana etarahi sāvakā viharanti pacchā samannāgatā ti."

400. VP. Ⅰ, 8. 주78 참조.

401. MN. Ⅰ, 83. "mam-eva taṃ sammā vadamāno vadeyya: asammohadhammo satto loke uppanno bahujanahitāya bahujanasukhāya lokānukampāya atthāya hitāya devamanussānan-ti."
"나에 관해 '많은 사람의 이익과 행복을 위해, 인간과 신의 이익과 행복을 위해 미혹을 여읜 존재가 세상을 불쌍히 여겨 세상에 나타났다.' 고 올바로 말하는 것이다."

402. MN. Ⅰ, 16. "ye 'me bho Gotamo kulaputtā bhavantaṃ Gotamam uddissa sad-

세존은 수행을 창안하고 수행을 완성한 분이며, 세상 사람의 이익과 행복을 위해 수행을 세상에 회향한 분이다. 『범마경梵摩經』에서 세존은 자신을 "붓다佛陀, Buddha"라고 선언한다.[403]

2) 스승지도

수행을 지도하는 스승자세를 살펴본다. 수행에서 스승역할은 절대적이다. 스승없이 혼자하는 것보다 스승으로부터 지도받으며 수행할 때, 유효성이 높다는 것은 상식이다. 수행도 마찬가지이다. 『소전유경小箭喻經』에서는 스승역할을 다음과 같이 설한다.

"말룽까뿟따(Māluṅkyāputta)여. 나는 설명해야 할 것은 설명했고, 설명하지 않아야 할 것은 설명하지 않았다는 것을 명심하라...말룽까뿟따여. 내가 왜 그것을 설명하지 않았는가? 그것은 유익하지 않고, 청정수행과는 관계없으며, 탐욕을 싫어해 떠남, 욕망에서 벗어남, 욕망이 소멸됨, 마음이 평화로움, 최상의 앎, 올바른 깨달음, 열반에 이르는데 도움되지 않기 때문이다. 그런 이유로 그대에게 그것을 설명하지 않는 것이다. 그렇다면 말룽까뿟따여. 내가 설명한 것은 무엇인가? 말룽까뿟따여. 이것은 '고, 고집, 고멸, 고멸인도이다.' 라고 나는 설명했다. 말룽까뿟따여. 나는 왜 그런 것을 설명했는가? 말룽까뿟따여. 그것은 유익하고, 청정수행과 관계있으며, 탐욕을 싫어해 떠남, 욕망에서 벗어남,

---

dhā agārasmā anagāriyaṃ pabbajitā bhavaṃ tesaṃ Gotamo pubbaṅgamo, bhavaṃ tesaṃ Gotamo bahukāro, bhavaṃ tesaṃ Gotamo samādipetā, bhoto ca pana Gotamassa sā janatā diṭṭhānugatim āpajjatīti."

"존자 고따마는 그들보다 앞서가는 자이고, 그들을 돕는 자이고, 그들을 안내하는 자이다. 그 사람들은 존자 고따마를 본보기로 삼는다."

403. MN. II, 143. "Buddho tādi pavuccatīti."

욕망이 소멸됨, 최상의 앎, 올바른 깨달음, 열반에 이르는데 도움되기 때문이다. 그것이 내가 설명한 이유이다. 그러므로 말룽꺄뿟따여. 내가 설명하지 않은 것은 설명하지 않은 것으로 명심하고, 내가 설명한 것은 설명한 것으로 명심해라."404)

이 경에서 세존은 제자의 출가수행의 목표를 성취하게 하려고, 설명할 것은 설명하고 설명하지 말아야 할 것은 설명하지 않았다고 강조한다. 세존은 자신을 찾아온 제자가 자기가 알고 싶고 궁금한 것을 설명해 주지 않는 것에 대한 의문을 품고 불만을 토로하자 이와 같이 설한다. 세존은 한 번도 존재문제를 설명해 주겠다고 약속하고 제자를 모은 적이 없다고 선언한다. 세존은 수행으로 고집멸도의 4성제를 가르쳐 주고, 수행의 최고단계인 아라한뜨의 경지를 성취할 수 있게 해 주며, 수행으로 아싸봐를 제거하고, 최상의 앎, 올바른 깨달음, 열반에 이를 수 있도록 수행지도를 해주겠다고

404. MN. I, 431-432. "Tasmātiha Māluṅkyāputta abyākatañ-ca me abyākatato dhāretha, byākatañ-ca me byākatato dhāretha...kasmā c' etaṃ Māluṅkyāputta abyākataṃ: na h' etaṃ Māluṅkyāputta atthasaṁhitaṃ n' ādibrahmacariyikaṃ, na nibbidāya na virāgāya na nirodhāya na upasamāya na abhiññāya na sambodhāya na nibbānāya saṁvattati, tasmā taṃ mayā abyākataṃ. kiñ-ca Māluṅkyāputta mayā byākataṃ: idaṃ dukkhan-ti Māluṅkyāputta myaṃ byākataṃ dukkhasamudayo ti mayā byākataṃ, ayaṃ dukkhanirodho ti mayā byākataṃ, ayaṃ dukkhanirodhagāminī paṭipadā ti mayā byākataṃ, kasmā c' etaṃ Māluṅkyāputta mayā byākataṃ: etaṃ hi Māluṅkyāputta atthasaṁhitaṃ, etaṃ ādibrahmacariyikaṃ, etaṃ nibbidāya virāgāya nirodhāya upasamāya abhiññāya sambodhāya nibbānāya saṁvattati, tasmā taṃ mayā byākataṃ. tasmātiha Māluṅkyāputta abyākatañ-ca me abyākatato dhāretha, byākatañ-ca me byākatato dhārethāti."

만 설했다고 선언한다.

『심예경心穢經』에서는 암탉과 병아리를 예로 들어 스승과 제자의 줄탁동시啐啄同時의 비유를 든다.405) 이렇듯 다양한 방편을 사용해 제자가 스스로 출가수행의 목표를 성취할 수 있도록 심혈을 기울여 지도한다. 『대전모경大箭毛經』에서는 스승이 수행을 지도하기 때문에 제자가 그를 따르는 것이라고 하며 제자가 스승을 공경해야 하는 요인을 설한다.406)

---

405. MN. I, 104. "seyyathā pi bhikkhave kukkuṭiyā aṇḍāni aṭṭha vā dasa vā dvādasa vā, tān' assu kukkuṭiyā sammā adhisayitāni sammā pariseditāni sammā paribhāvitāni, kiñcāpi tassā kukkuṭapotakā na evam icchā uppajjeyya: aho vata me kukkuṭapotakā pādanakhasikhāya vā mukhatuṇḍakena vā aṇḍakosam-padāletvā sotthinā abhinibbhijjeyyun-ti, atha kho bhabbā va te kukkuṭapotakā pādanakhasikhāya vā mukhatuṇḍakena vā aṇḍakosam-padāletvā sotthinā abhinibbhijjituṃ : evam-eva kho bhikkhave evam ussoḷhipannarasaṅgasamannāgato bhikkhu bhabbo abhinibbhidāya, bhabbo sambodhāya, bhabbo anuttarassa yogakkhemassa adhigamāyāti."
"예를 들어 비구여, 한 마리의 암탉이 있다. 8개나 10개나, 12개의 알을 올바로 품고, 올바로 온기를 주고, 올바로 부화시킨다. 그러면 그 암탉은 나의 병아리가 발톱이나 부리로 껍질을 쪼아서 무사히 껍질을 깨고 나와야 할 텐데.' 라고 원하지 않더라도 병아리가 발톱이나 부리의 끝으로 쪼아 안전하게 껍질을 깨고 나올 수 있다. 비구여. 이와 같이 용맹정진을 수반하는 15가지 조건을 갖추면, 그는 껍질을 깨고 나올 수 있으며, 올바로 깨달을 수 있으며, 위없는 안온을 얻을 수 있다."
406. MN. II, 22. "evam eva kho, Udāyi, akkhātā mayā sāvakānaṃ paṭipadā, yathā paṭipannā me sāvakā āsavānaṃ khayā anāsavaṃ cetovimuttiṃ paññāvimuttiṃ diṭṭhe va dhamme sayam abhiññā sacchikatvā upasampajja viharanti. tatra ca pana me sāvakā bahū abhiññāvosānapāramippattā viharanti. ayaṃ kho, Udāyin, pañcamo dhammo, yena mama sāvakā sakkaronti garūkaronti mānenti pūjenti sakkatvā garūkatvā upanissāya viharanti."

제자를 지도할 때는 먼저 스승이 충분한 경험을 한 후에 제자를 지도하는 것이 올바른 스승자세라고 강조한다. 세존 또한 무작정 출가해 수행한다. 그리고 결국에는 기존의 스승과 수행법을 모두 버리고 보리수 아래서 스스로 최상의 깨달음을 증득한다. 이것은 경험이 부족하거나 충분히 높은 수행단계를 증득하지 못한 스승이 제자를 지도할 때 겪을 수 있는 오류를 지적한다. 『폐기경廢棄經』에서는 진흙에 빠진 사람이 다른 사람을 진흙에서 구해줄 수 있는 것이 아니라, 진흙이 묻지 않은 사람만이 다른 사람을 진흙에서 구해줄 수 있다고 강조한다.407) 세존이 제자에게 수행을 지도하는 기본

"우다인이여, 나는 나의 제자에게 길을 설한다. 그런데 그 길을 실천하는대로 나의 제자는 아싸봐를 부수고, 아싸봐없이 심해탈과 혜해탈을 지금 여기에서 스스로 곧바로 알고 깨달아 성취한다. 이렇게 해서 나의 많은 제자는 곧바로 앎의 궁극을 완성한다. 우다인이여, 이것이 제자가 나를 존중하고 존경하고 공경하고 경외하며, 그리고 나를 존경하고 공경해서 나에게 의지하는 5번째 조건이다."

407. MN. I, 45. "so vata Cunda attanā palipapalipanno paraṃ palipalipannam uddharissatīti n' etaṁ ṭhānaṃ vijjati. so vata Cunda attanā apalipapalipanno paraṃ palipapalipannam uddharissatīti ṭhānam- etaṃ vijjati. so vata Cunda attanā adanto avinīto apatinibbuto paraṃ damessati vinessati parinibbāpessatītn' etaṃ ṭhānaṃ vijjati. so vata Cunda attanā danto vinīto parinibbuto paraṃ damessati vinessati parinibbāpessatīti ṭhānam-etaṃ vijjati."

"쭌다(Cunda)여. 스스로 진흙에 빠진 사람이 진흙에 빠진 다른 사람을 건져 올린다는 것은 불가능하다. 쭌다여. 스스로 진흙에 빠지지 않은 사람만이 참으로 진흙에 빠진 사람을 건져 올린다는 것이 가능하다. 쭌다여. '자신을 제어하지 않고, 수행하지 않고, 완전히 소멸시키지 않은 사람이 다른 사람을 제어하고, 수행시키고 완전히 소멸시킬 것이다.' 라고 하는 것은 불가능하다. 쭌다여. '자신을 제어하고, 수행하고, 완전히 소멸시킨 사람만이 참으로 다른 사람을 제어하고, 수행하고, 완전히 소멸시킬 것이다.' 라고 하는 것은 가능하다. 이와 같이 쭌다

입장은, 자신이 먼저 수행을 충분히 익힌 후, 다른 사람에게 수행을 가르치라는 것이다. 『진리분별경眞理分別經』에서 수행지도하는 스승특성을 다음과 같이 설한다.

"비구여, 싸리뿟따와 목갈라나를 모셔라. 비구여, 싸리뿟따와 목갈라나를 의지하라, 그 비구는 지자(智者)로써 청정수행하는 자에게 도움준다. 이를테면 비구여, 싸리뿟따는 친어머니와 같고, 비구여, 목갈라나는 양어머니와 같다. 비구여, 싸리뿟따는 쏘따빳띠의 경지(須陀洹果)로 안내하고, 목갈라나는 최상경지(阿羅漢)로 안내한다. 비구여, 싸리뿟따는 4성제를 상세히 설하고, 가르치고, 묘사하고, 확립하고, 분명하게 하고, 해석하고, 선언할 수 있다."408)

이 경에서 싸리뿟따는 수행자가 지속해 수행하고, 출가수행의 목적을 효과적으로 달성할 수 있도록 기본기술을 충실히 가르치고, 목갈라나는 수행의 최고단계인 아라한뜨의 경지로 나아갈 수 있도록 제자의 근기와 수행단계를 살피면서 수행을 지도하는데 주목한 것으로 보인다.

출가수행자의 의무를 지키고 쏘따빳띠의 경지를 성취하기 위해

여. 잔인한 사람은 잔인함을 완전히 소멸시킴으로써 잔인해지지 않는다."

408. MN. Ⅲ, 248. "sevatha, bhikkhave, Sāriputta-Moggallāne, bhajatha, bhikkhave, Sāriputta-Moggallāne, paṇḍitā bhikkhū anuggāhakā brahmacārīnaṃ.-seyyathāpi, bhikkhave, janettī, evaṃ Sāriputto : seyyathāpi jātassa āpādetā, evaṃ Moggallāno. Sāriputto, bhikkhave, sotāpattiphale vineti, Moggallāno uttamatthe : Sāriputto, bhikkhave, pahoti cattāri ariyasaccāni vitthārena ācikkhituṃ desetuṃ paññāpetuṃ paṭṭhapetuṃ vivarituṃ vibhajituṃ uttānīkātuṃ ti."

서는 기본기가 탄탄해야 한다. 싸리뿟다는 제자가 출가수행하기 위해 제자로 들어오면, 마치 친어머니가 자식을 훈육하듯 하나하나 수행의 기본기술을 올바르게 가르치고 유학有學단계에 나아갈 수 있도록 지도했음을 알 수 있다. 거기에 더해 수행의 최종목표인 무학無學단계인 아라한뜨의 경지를 성취하기 위해서는 제자근기에 기초해 특별히 용맹정진하도록 지도해야 한다. 목갈라나는 양어머니가 자식을 격려하고 용기를 북돋우고 용맹정진을 유도해 목표를 성취할 수 있도록 훈련시킨다. 싸리뿟따에 의해 기본기가 탄탄히 다져진 수행자에게 수행의 최고단계인 아라한뜨의 경지를 성취할 수 있도록 지도하는데 능숙하다. 『비구경比丘經』에서는 싸리뿟따와 목갈라나는 자기제자 가운데 모범이 된다고 설한다.[409]

『대공경大空經』에서는 스승이 제자를 가르치는 자세를 설한다. 여기서 세존은 제자를 진흙을 이기듯이 지도하지 않는다고 설한다. 이런 태도는 스승이 제자를 지도할 때 배우는 사람의 관점에서 그들이 올바르고 쉽게 수행을 배우고 익힐 수 있도록 지도했음을 알 수 있다.[410] 『대제경大諦經』에서 세존은 자신의 지혜를 전하기 위해

---

409. AN, I, 88. "saddho bhikkhave bhikkhu evaṃ sammā āyācamāno āyāceyya tādiso homi yādisā Sāriputta-Moggallānā ti. esā bhikkhave tulā etaṃ pamāṇaṃ mama sāvakānaṃ bhikkhūnaṃ yadidaṃ Sāriputta-Mogallānā ti." "비구여, 믿음있는 비구는 이와 같이 내가 싸리뿟따와 목갈라나처럼 되기를 서원해야 한다. 비구여, 이들 싸리뿟따와 목갈라나는 나의 제자 비구 가운데 표준이고 모범이다."

410. MN. III, 118. "Ānanda, mittavatāya samudācaratha mā sapattavatāya. taṃ vo bhavissati dīgharattaṃ hitāya sukhāya. na vo ahaṃ, Ānanda, tathā parakkamissāmi yathā kumbhakāro āmake āmakamatte : niggayha niggay-

서만 법을 설한다고 강조한다.[411] 『발타화리경跋陀和利經』에서는 세존이 제자를 수행시키기 위해 학습계율을 세운 것을 다음과 같이 설한다.

"밧달리여. 싼가가 최상이익에 도달하지 않고, 최상명예에 이르지 않고, 번잡한 학문에 이르지 않고, 오랜 세월에 이르지 않는 한, 싼가에 아싸봐의 뿌리가 되는 것이 나타나지 않는다. 밧달리여. 싼가가 최상이익에 도달하고, 최상명예에 이르고, 번잡한 학문에 이르고, 오랜 세월에 이르면, 싼가에 아싸봐뿌리가 되는 것이 나타난다. 그러면 스승은 아싸봐의 뿌리가 되는 것을 제거하기 위해 학습계율을 세운다."[412]

---

hāhaṃ, Ānanda, vakkhāmi, pavayha pavayha. yo sāro so ṭhassatīti."
"아난다여, 우정으로 나를 대하고 적의로 나를 대하지 마라. 오랜 세월 그대를 이익과 행복으로 이끌기 위한 것이다. 아난다여, 나는 옹기장이가 생진흙을 다루는 식으로 그대를 다루지는 않는다. 아난다여, 나는 그대를 다스리고 또 다스리며 말할 것이다. 아난다여, 나는 그대에게 충고하고 또 충고하며 말할 것이다. 건실한 자는 그것을 견디어낼 것이다."

411. MN. I, 249. "abhijānāmi kho panāham Aggivessana anekasatāya parisāya dhammaṃ desetā. api-ssu mam ekameko evaṃ maññati: mam-ev' ārabbha samaṇo Gotamo dhammaṃ desesīti. na kho pan' etam Aggivessana evaṃ daṭṭhabbaṃ, yāvad-eva viññāpanatthāya Tathāgato paresaṃ dhammaṃ deseti."
"악기베사나여. 나는 수많은 대중에게 법을 설한 것을 기억한다. 아마도 그 사람은 누구나 나에 대해 이와 같이 싸마나 고따마는 나를 위해 특별히 법을 설한다고 생각할 것이다. 그러나 악기베사나여. 그렇게 생각해서는 안 된다. 여래는 지혜를 전하기 위해서만 법을 설한다."

412. MN. I, 445. "na tāva Bhaddāli idh' ekacce āsavaṭṭhāniyā dhammā saṅghe pātubhavanti yāva na saṅgho lābhaggaṃ patto hoti na saṅgho yasaggaṃ patto hoti na saṅgho bāhusaccaṃ patto hoti na saṅgho rattaññūtaṃ patto hoti. yato ca kho Bhaddāli saṅgho rattaññūtaṃ patto hoti atha idh' ekacce āsavaṭṭhāniyā dhammā saṅghe pātubhavanti, atha satthā sāvakānaṃ sikkhāpadaṃ paññāpeti

이 경에서 세존은 수행공동체의 규모가 커지고 복잡해지자 수행을 지원하기 위해 만들어진 싼가가 오히려 수행을 방해할 수 있다는 것을 지적한다. 수행공동체에 문제가 발생하면 수행자의 행동규범을 정해두고 제자에게 지킬 것을 지시한다. 그것이 수행진보를 돕기 때문이다. 『근수경根修經』에서는 근수행으로 방일하지 말고 수행하라고 다음과 같이 설한다.

"아난다여, 나는 고귀한 님의 율로써 최상의 근수행을 가르쳤고, 학인에게 수행의 길을 가르쳤고, 고귀한 근수행을 가르쳤다. 아난다여, 나는 그대에게 스승으로서 제자를 위해 그대의 이익을 구하고, 그대를 연민해 자비심을 가지고 해야 할 일을 한다. 아난다여. 이와 같이 나무 밑이 있고, 공한처가 있다. 아난다여. 선정을 수행하되 방일하지 말라. 나중에 참회하고 후회하지 말라. 이것이 그대에 대한 나의 가르침이다."413)

『발타화리경跋陀和利經』에서 지적하는 것처럼, 수행공동체인 싼

---

tesaṃ yeva āsavaṭṭhāniyānaṃ dhammānaṃ paṭighātāya."

413. MN. III, 302. "iti kho, Ānanda, desitā mayā ariyassa vinaye anuttarā indriyabhāvanā, desito sekho pāṭipado, desito ariyo bhāvitindriyo. yaṃ kho, Ānanda, satthārā karaṇīyaṃ sāvakānaṃ hitesinā anukampakena anukampaṃ upādāya, kataṃ vo taṃ mayā. etāni, Ānanda, rukkhamūlani, etāni suññāgārāni. jhāyath', Ānanda, mā pamādattha, mā pacchā vippaṭisārino ahuvattha. ayaṃ vo amhākam anusāsanī ti."
"비구여. 나는 이와 같이 기쁨으로 이끄는 안온하고 상서로운 길을 열어 놓았고, 나쁜 길을 막았고, 후림새를 뽑아내고 꼭두각시를 제거했다. 비구여. 제자이익을 찾는 스승으로서 자애롭게 불쌍히 여겨서 제자에게 해야 할 일을 나는 행했다. 비구여. 나무가 있는 곳이 있고 한가한 곳이 있다. 비구여. 선정에 들어라. 방일하지 말고 나중에 후회하지 말라. 이것이 참으로 나의 가르침이다."

가가 성장하고 번잡해지자 그것이 오히려 수행진보를 방해할 것을 우려해 학습계목을 만들고 배우고 익히며 지킬 것을 주문한다.414) 그러나 수행진보를 위해 제정된 학습계목이 도리어 수행진보를 방해할 수 있으므로 세심한 주의를 강조한다.

『대공경大空經』에서는 스승파멸을 설하면서 스승은 처음 마음이 변치않고 잘 지키며 제자를 지도해야 한다고 설한다.415) 『법속경法續經』에서는 "나의 제자는 법의 상속자가 돼야 한다."고 주장하고,416) 『성구경聖求經』에서는 스승의 가르침대로 따라 해야 수행진도가 순조롭게 나간다고 강조한다.417) 『이심경二尋經』에서는 스승

---

414. MN. I, 445. 주412 참조.

415. MN. III, 115-116. "kathañ c', Ānanda, ācariyūpaddavo hoti? idh', Ānanda, ekacco satthā vivittaṃ senāsanaṃ bhajati araññaṃ rukkhamūlaṃ pabbataṃ kandaraṃ giriguhaṃ susānaṃ vanapattham abbhokāsaṃ palālapuñjaṃ. tassa tathāvūpakaṭṭhassa viharato anvāvaṭṭanti brāhmaṇagahapatikā negamā c' eva jānapadā ca : so anvāvaṭṭesu brāhmaṇagahapatikesu c' eva jānapadesu ca mucchati kāmayati gedhim āpajjati āvaṭṭati bāhullāya. ayaṃ vuccat', Ānanda, upadduto ācariyo : ācariyūpaddavena avadhiṁsu naṃ pāpakā akusalā dhammā saṁkilesikā poṇobhavikā sadarā dukkhavipākā āyatiṃ jātijarāmaraṇiyā."
"아난다여, 어떠한 것이 스승파멸인가? 세상에서 어떤 부류의 스승은 한적한 숲이나 나무아래, 산, 계곡, 동굴, 묘지, 숲속, 노지, 짚더미가 있는 외딴 곳에 처소를 마련한다. 바라문, 장자, 시민, 백성이 이와 같이 멀리 떨어져 지내는 그를 방문한다. 바라문, 장자, 시민, 백성이 방문했을 때, 그는 혼미해지고 욕망을 일으키며 탐욕에 굴복하고 사치에 빠진다. 아난다여, 이것을 스승으로서파멸된 것이라고 한다. 그는 오염을 일으키고 늙고 죽는 것을 초래하는 악하고 불건전한 상태에 사로잡힌 것이다. 아난다여, 스승파멸은 이와 같은 것이다."

416. MN. I, 12. "dhammadāyādā me bhikkhave bhavatha mā āmisadāyādā."

417. MN. I, 172. "odahatha bhikkhave sotaṃ, amatam-adhigataṃ, aham-

으로서 제자를 위해 해야 할 일을 다했다고 설한다.[418] 『사유경蛇喩經』에서는 뗏목비유를 다음과 같이 설한다.

"비구여, 참으로 뗏목의 비유를 아는 그대는 법마저 버려야 하거늘, 하물며 비법(非法)이야"[419]

이 경에서도 세존은 자신이 설한 것은 제자를 해탈로 이끌기 위해 다양한 도구를 방편으로 사용한 것이기 때문에, 수행을 완성하

---

anusāsāmi, ahaṃ dhammaṃ desemi, yathānusiṭṭhaṃ thatā paṭipajjamānā nacirass' eva yass' atthāya kulaputtā samma-d-eva agārasmā anagāriyaṃ pabbajanti tad-anuttaraṃ brahmacariyapariyosānaṃ diṭṭhe va dhamme sayam abhiññā sacchikatvā upasampajja viharissathāti."
"비구여. 귀를 기울여라. 감로법이 성취됐다. 내가 가르치겠다. 내가 법을 설할 것이다. 내가 가르친 대로 그대로 실천하면, 머지않아 훌륭한 가문의 자제로써 집 없는 곳으로 출가한 그 목적인 위없는 청정수행의 완성을 지금 여기에서 스스로 알고 깨닫고 성취하게 될 것이다."

418. MN. I, 118. "iti kho bhikkhave vivaṭo mayā khemo maggo sovatthiko pītigamanīyo, pihito kummaggo, ūhato okacaro, nāsitā okacārikā. yaṃ bhikkhave satthārā karaṇīyaṃ sāvakānaṃ hitesinā anukampakena anukampam upādāya, kataṃ vo taṃ mayaṃ. etāni bhikkhave rukkhamūlāni, etāni suññāgārāni. jhāyatha bhikkhave, mā pamādattha, mā pacchā vippaṭisārino ahuvattha : ayaṃ vo amhākam anusāsanī ti."
"비구여, 나는 이와 같이 기쁨으로 이끄는 안온하고 상서로운 길을 열어 놓았고, 나쁜 길을 막았고, 후림새를 뽑아내고, 꼭두각시를 제거했다. 비구여, 제자 이익을 찾는 스승으로써 자애롭게 불쌍히 여겨서 제자에게 해야 할 일을 나는 행했다. 비구여, 나무가 있고 한가한 곳이 있다. 비구여, 수행하라. 방일하지 말고, 나중에 후회하지 말라. 이것이 참으로 나의 가르침이다. "

419. MN. I, 135. "evam eva kho bhikkhave kullūpamo mayā dhammo desito nittharaṇatthāya no gahaṇatthāya. kullūpamaṃ vo bhikkhave ājānantehi dhammā pi vo pahātabbā, pageva adhammā."

고 나면 불필요한 것에 얽매이지 말라고 지도한다.

수행지도하는 스승은 법을 전하기 위해서만 제자에게 수행지도하며, 『대마읍경大馬邑經』에서 설하는 것처럼, 수행의 최종목표에 도달할 때까지, 결코 그 목표를 포기해서는 안된다고 격려한다.[420] 모든 수단을 사용해 그들이 최종목표를 달성할 수 있도록 자비심으로 지도해야 한다고 설한다.

3) 제자자세

수행을 직접 실천하는 수행자의 자세를 살펴본다. 수행에 입문하고 직접 수행을 실천하는 수행자는 수행지도하는 스승만큼 중요하다.

『칠거경七車經』에서는 제자가 "집착없이 완전한 열반을 증득하기 위해서 세존을 따라 청정수행을 한다."고 설한다.[421] 『충산경蟲山

420. MN. I, 271. "hirottappena samannāgatā bhavissāmāti evaṃ hi vo bhikkhave sikkhatabbaṃ. siyā kho pana bhikkhave tumhākam evam-assa: hirottappen' amha samannāgatā : alam-ettāvatā katam-ettavatā, anuppatto no sāmaññattho, na-tthi no kiñci uttariṃ karaṇīyan-ti tāvataken' eva tuṭṭhm āpajjeyyātha. ārocayāmi vo bhikkhave, paṭivedayāmi vo bhikkhave: mā vo sāmaññatthikānaṃ sataṃ sāmaññattho parihāya sati uttariṃ karaṇīye."
"비구여. 이와 같이 그대는 배워야 한다. '우리는 부끄러움과 창피스러움을 갖출 것이다. 비구여. 그대는 우리는 부끄러움과 창피스러움을 갖추었다. 이 정도로 충분하다. 이 정도는 이루었다. 비구의 삶에 도달됐다. 우리가 할 일은 더 이상 없다.' 고 이와 같이 생각할 수 있다. 그 정도로 그대는 만족할지도 모른다. 비구여. 나는 그대에게 알리고 그대에게 선언한다. 비구의 삶을 구하는 그대에게 더 해야 할 일이 남아있다면, 그대는 비구목표를 버려서는 결코 안된다."

421. MN. I, 147-148. "kimatthañ-carah' āvuso Bhagavati brahmacariyaṃ vus-

經』에서는 스승에 대한 믿음이 있어야 수행할 수 있다고 다음과 같이 설한다.

"비구여. 여기 어떤 자에게 스승에 대한 믿음이 생기면, 그는 스승에 가까이 간다. 가까이 가서 스승을 공경한다. 스승을 공경할 때에 스승에게 귀를 기울인다. 귀를 기울일 때 그에게 법을 듣는다. 법을 들을 때에 그것을 기억한다. 기억할 때에 법의 의미를 관찰한다. 의미를 관찰할 때에 법을 이해하고 수용한다. 법을 이해하고 수용할 때에 의욕이 생겨난다. 의욕이 생겨날 때 노력한다. 노력할 때에 그것을 평가한다. 평가할 때에 정진한다. 정진할 때에 몸으로 최상 진리를 경험하고 혜로써 통달해 안다."422)

이 경에서 청정수행을 완성하기 위한 첫 번째 조건은 스승에 대한 확고한 믿음이다. 스승에 대한 신뢰는 수행의 출발점이자 목표를 달성하는 힘의 근원이다. 그러고 나서 용맹정진으로 수행에 집중해야 출가수행의 목표인 청정수행을 완성할 수 있다. 이와 관련해 『가루조타이경迦樓烏陀夷經』에서 제자는 스승지도가 마음에 들지 않더라도 스승이 바르게 지도한다면 이에 따라야 한다고 설한

satīti.-anupādā parinibbānatthaṃ kho āvuso Bhagavati brahmacariyaṃ vussatīti."

422. MN. I, 480. "idha bhikkhave saddhājāto upasaṅkamati, upasaṅkamanto payirupāsati, payirupāsanto sotam odahati, ohitasoto dhammaṃ suṇāti, sutvā dhammaṃ dhāreti, dhatānaṃ dhammānam attham upaparikkhati, attham upaparikkhato dhammā nijjhānaṃ khamanti, dhammanijjhānakhantiyā sati chanto jāyati, chandajāto ussahati, ussahitvā tuleti, tulayitvā padahati, pahitatto samāno kāyena c' eva paramaṃ saccaṃ sacchikaroti paññāya ca nam ativijjha passati."

다.[423] 『임경林經』에서는 생필품이 넉넉하더라도 눈 밝은 스승이 없으면 그곳을 떠나야 하고, 비록 생필품이 궁핍하더라도 수행을 올바르게 지도할 스승이 있다면, 설사 스승이 쫓아내더라도 그곳에 머물러야 한다고 강조한다.[424] 『대목우자경大牧牛者經』에서는 수행자의 자세를 다음과 같이 설한다.

---

423. MN. I, 449-450. "idha pan' Udāyi ekacce kulaputtā: idaṃ pajahathāti mayā vuccamāna te evam-āhaṁsu: kiṃ pan' imassa appamattakassa oramattakassa pahātabbassa yassa no Bhagavā pahānam-āha, yassa no Sugato paṭinissaggam-āhāti : te tañ-c' eva pajahanti mayi ca na appaccayam upaṭṭhāpenti ye ca bhikkhū sikkhākāmā. te taṃ pahāya appossukkā pannalomā paradavuttā migabhūtena cetasā viharanti."
"우다인이여. 이와 같이 여기 어떤 훌륭한 가문의 아들은 '내가 이것을 버려라.' 고 말하면, 그들은 이와 같이 사소하고 작은 일을 가지고 뭘 그러실까? 그러나 '세존이 이것을 버리라고 말씀하셨고, 선서가 이것을 버리라고 말씀하셨다.' 라고 말한다. 그들은 그것을 없애고 나에게 뿐만 아니라 배움을 원하는 비구에게도 불만을 품지 않는다. 그들은 그것은 버리고 나서 편안하고 안심하고 남이 주는 선물로 살며 사슴과 같은 마음으로 지낸다."

424. MN. I, 104-106. "tena bhikkhave bhikkhunā iti paṭisañcikkhitabbaṃ: ahaṃ kho imaṃ vanapattham upanissāya viharāmi : tassa me imaṃ vanapattham upanissāya viharato anupaṭṭhitā c' eva sati na upaṭṭhāti, asamāhitañ-ca cittaṃ na samādhiyati, aparikkhīṇā ca āsavā na parikkhayaṃ gacchanti, ananuppattañ-ca anuttaraṃ yogakkhemam nānupāpuṇāmi, ye ce ime pabbajitena jīvitaparikkhārā samudānetabbā, cīvara-piṇḍapāta-senāsana-gilānapaccayabhesajja-parikkhārā, te karisena samudāgacchanti. tena bhikkave bhikkhunā rattibhāgaṃ divasabhāgaṃ vā tamhā vanapatthā pakkamitabbaṃ, na vatthabbaṃ...tena bhikkhave bhikkhunā iti paṭisañcikkhitabbaṃ: ahaṃ kho imaṃ vanapattham upanissāya viharāmi : tassa me imaṃ vanapattham upanissāya viharato anupaṭṭhitā c' eva sati upaṭṭhāti...anupāpuṇāmi, ye ce ime...te appakarisena samudāgacchanti. tena bhikkave bhikkhunā yāvajīvam-pi tasmiṃ vanapatthe vatthabbaṃ, na pakkhamitvatthabbaṃ."
"비구여, 세상에 어떤 비구가 '나는 이 우거진 숲에 의지해 지낸다. 이 우거진

"세존이시여. 누가 가장 잘 말하였습니까? 싸리뿟따여. 그대들 모두가 각자경지에 따라 잘 말했다. 그대들은 나의 말에 귀를 기울여라. 이와 같은 비구가 고씽가쌀라 숲을 밝힐 것이다. 싸리뿟따여. 공양을 마친 뒤, 탁발에서 돌아와, 앉아서 평좌를 하고 몸을 곧게 세우고, 얼굴 앞에 싸띠를 두고, '집착을 버림으로써 나의 마음이 해탈할 때까지 이 평좌를 풀지 않을 것이다.' 라고 서원하는 비구가 있다면, 싸리뿟따여. 이런 비구가 이 고씽가쌀라 숲을 밝힐 수 있을 것이다."425)

이 경에서 출가수행의 최종목표를 달성할 때까지 수행에 집중해야 한다고 설한다. 『충산경蟲山經』에서도 수행자에게 용맹정진하라

숲에 의지해 지낼 때 나는 아직 이루지 못한 싸띠를 알아차림하지 못하고, 아직 집중하지 못한 마음을 집중하지 못하고, 아직 소멸하지 못한 아싸봐를 소멸하지 못하고, 아직 도달하지 못한 최상안온에 도달하지 못한다. 출가생활에서 조달해야 할 의복, 음식, 처소, 필수약품을 조달하기 어렵다.' 고 생각한다. 비구여, 그 비구는 밤이건 낮이건 그 우거진 숲에서 떠나는 것이 좋으며, 그 곳에 머물러서는 안 된다...비구여, 세상에 어떤 비구가 '나는 이 우거진 숲에 의지해 지낸다. 이 우거진 숲에 의지해 지낼 때 나는 아직 이루지 못한 싸띠를 알아차림하고, 아직 집중하지 못한 마음을 집중하고, 아직 소멸하지 못한 아싸봐를 소멸하고, 아직 도달하지 못한 최상안온에 도달한다. 출가생활에서 조달해야 할 의복, 음식, 처소, 필수약품을 조달하기 쉽다.' 고 생각한다. 비구여, 그 비구는 잘 생각해 그 우거진 숲에서 머무는 것이 좋으며, 그곳을 떠나서는 안 된다."

425. MN. I, 219. "kassa nu kho bhante subhāsitan-ti.-sabbesaṃ vo Sāriputta subhāsitaṃ pariyāyena. api ca mama pi suṇātha yathārūpena bhikkhunā Gosiṅgasālavanaṃ sobheyya. idha Sāriputta bhikkhu pacchābhattaṃ piṇḍapātapaṭikkanto nisīdati pallaṅkam ābhujitvā ujuṃ kāyaṃ paṇidhāya parimukhaṃ satim upaṭṭhapetvā: nā tāvāham imaṃ pallaṅkaṃ bhindissāmiyāva me nānupādāya āsavehi cittaṃ vimuccissatīti. evarūpena kho Sāriputta bhikkhunā Gosiṅgasālavanaṃ sobheyyāti."

고 설하는 것을 볼 때,[426] 놀면서 수행하면 그 단계가 휴식차원에 머물지만 목숨걸고 용맹정진하면 출가수행의 목표인 청정수행의 완성과 최상의 깨달음을 증득할 수 있다는 것을 강조한다. 『대제경大諦經』에서 세존도 6년 수행할 때, 이전에 누구도 시도해 보지 못한 가혹한 고행을 했노라고 설하는 것을 볼 때,[427] 출가수행의 최종목표를 달성하기 위해 목숨걸고 용맹정진해야 목표를 성취할 가능성이 커진다.[428] 『대공경大空經』에서는 제자가 스승을 따라야 하는 자

---

426. MN. I, 480-481. "saddhassa bhikkhave sāvakassa satthu sāsane pariyogāya vattato ayam-anudhammo hoti: kāmaṃ taco ca nahāru ca aṭṭhī ca avasissatu, sarīre upasussatu maṁsalohitaṃ. yan-taṃ purisatthāmena purisaviriyena purisaparakkamena pattabbaṃ na tam apāpuṇitvā viriyassa santhānaṃ bhavissatīti."
"비구여. 스승의 법을 깊이 알려고 열망하는 믿음있는 제자라면, 그는 이와 같이 기꺼이 내 몸에서 나의 가죽, 힘줄, 뼈만 남아도 좋다. 살과 피는 말라버려라. 그러나 인내, 정진, 용맹으로 이루어야 할 것을 이루지 못하는 한, 나는 정진을 그만두지 않을 것이다. 라고 실천하는 것이 옳은 것이다"

427. MN. I, 242-246.

428. MN. I, 246. "tassa mayham Aggivessana etad-ahosi : ye kho keci atītam-addhānaṃ samaṇā vā brāhmaṇā vā opakkamikā dukkhā tippā kaṭukā vedanā vedaniyiṁsu, etāvaparamaṃ na-y-ito bhiyyo : ye pi hi keci anāgatam-addhānaṃ samaṇā vā brāhmaṇā vā opakkamikā dukkhā tippā kaṭukā vedanā vedayissanti, etāvaparamaṃ na-y-ito bhiyyo : ye pi hi keci etarahi samaṇā vā brāhmaṇā vā opakkamikā dukkhā tippā kaṭukā vedanā vediyanti, etāvaparamaṁ na-y-ito bhiyyo : na kho panāham imāya kaṭukāya dukkharakārikāya adhigacchāmi uttariṃ manussadhammā alamariyañāṇadassanavisesaṃ, siyā nu kho añño maggo bodhāyāti."
"악기베싸나여, 그런 나에게 이와 같은 생각이 떠올랐다. 과거세의 어떠한 싸마나나 브라흐마나가 아무리 공격적이고 격렬하고 고통스런 느낌을 경험했다고 해도 이와 같은 것이 가장 극심했던 것이고 그 이상의 것은 없었다. 미래세의 어떠한 싸마나나 브라흐마나가 아무리 공격적이고 격렬하고 고통스런 느낌을

세를 설하고,[429] 제자가 스승을 대하는 자세를 설한다.[430]

경험할 것이라고 해도 이와 같은 것이 가장 극심할 것이고, 그 이상의 것은 없을 것이다. 현재의 어떠한 싸마나나 브라흐마나가 아무리 공격적이고 격렬하고 고통스런 느낌을 경험한다고 해도 이와 같은 것이 가장 극심한 것이고 그 이상의 것은 없다. 나는 이런 고행으로도 인간을 뛰어넘는 법, 고귀한 님이 갖추어야 할 탁월한 지견을 성취하지 못했다. 깨달음에 이르는 다른 길이 있지 않을까?"

429. MN. III, 115. "taṃ kiṃ maññasi, Ānanda? kaṃ atthavasaṃ sampassamāno arahati sāvako satthāraṃ anubandhituṃ api panujjamāno ti? Bhagavaṃ-mūlakā no, bhante, dhammā Bhagavaṃ-nettikā Bhagavaṃ-paṭisaraṇā : sādhu vata, bhante, Bhagavantaṃ yena paṭibhātu etassa bhāsitassa attho : Bhagavato sutvā bhikkhū dhāressantīti. na kho, Ānanda, arahati sāvako satthāram anubandhituṃ yadidaṃ suttaṃ geyyaṃ veyyākaraṇassa hetu. taṃ kissa hetu? Dīgharattassa hi vo, Ānanda, dhammā sutā dhatā vacasā paricitā manasā 'nupekkhitā diṭṭhiyā suppaṭividdhā. yā ca kho ayaṃ, Ānanda, kathā abhisallekhikā cetovivaraṇasappāyā ekantanibbidāya virāgāya nirodhāya upasamāya abhiññāya sambodhāya nibbānāya saṁvattati,-seyyathīdaṃ: appicchakathā santuṭṭhikathā pavivekakathā asaṁsaggakathā viriyārambhakathā sīlakathā samādhikathā paññākathā vimuttikathā vimuttiñāṅadassanakathā,-evarūpiyā kho, Ānanda, kathāya hetu arahati sāvako satthāram anubandhitum api payujjamāno."
"아난다여, 그대는 어떻게 생각하는가? 제자가 어떠한 이익을 보기에 설사 스승이 쫓아내더라도 스승을 따를 수 있는 것인가? 세존이시여, 우리의 법은 세존을 뿌리로 하고 세존을 안내자로 하고, 세존을 의지처로 한다. 세존이시여, 그 말씀하신 뜻을 설명해 주면 고맙겠습니다. 모든 비구는 세존의 말씀을 듣고 기억하겠습니다. 아난다여, 제자는 경전, 게송, 해설 때문에 스승을 따라야 하는 것이 아니다. 그것은 무슨 까닭인가? 아난다여, 오랜 세월 그대들은 법을 배우고, 기억하고, 입으로 외우고, 마음으로 관찰하고, 견해로 꿰뚫었기 때문이다. 그러나 아난다여, 이런 대화, 곧, 버리고 없애는 것이고, 마음여는데 도움되고, 결정적으로 탐욕을 싫어해 떠남, 욕망에서 벗어남, 욕망이 소멸함, 마음이 평화로움, 최상의 앎, 올바른 깨달음, 열반에 도움이 되는, 이를테면 욕망의 여읨, 지족, 출리, 교제를 떠남, 정진, 계, 정, 혜, 해탈, 해탈지견의 이야기, 이와 같은 대화를 위해 설사 스승이 쫓아내더라도 제자가 스승을 따라야 한다."

그리고 제자는 수행을 올바로 지도해 줄 스승을 찾는 노력을 해야 한다. 스승이 필요하면, 맨 먼저 해야 할 일은 스승을 찾는 일이다. 『관경觀經』에서는 다음과 같이 설한다.

"비구여, 제자는 법을 듣기 위해 이와 같이 말하는 스승을 찾아야 한다. 스승은 그에게 법을 어둡고 밝은 양쪽 면으로, 점점 높은 수준으로, 점점 섬세한 수준으로 가르친다. 스승이 비구에게 법을 어둡고 밝은 양쪽 면으로, 점점 높은 수준으로 점점 섬세한 수준으로 가르치는 것만큼, 그만큼 그는 이 법 가운데 여기 어떤 법을 직접 알아 법의 확신에 이르게 됐다. 이와 같이 세존께서는 올바로 원만히 깨달은 자이고, 법은 세존에 의해 잘 설해졌고, 싼가는 잘 실천한다고 스승을 신뢰한다."431)

---

430. MN. III, 117-118. "kathañ c', Ānanda, satthāraṃ sāvakā mittavatāya samudācaranti no sapattavatāya? idh', Ānanda, satthā sāvakānaṃ dhammaṃ deseti anukampako hitesī anukampam upādāya: idaṃ vo hitāya idaṃ vo sukhāyāti. tassa sāvakā sussūsanti sotam odahanti na aññaṃ cittaṃ, upaṭṭhapenti na vokkamma ca satthu sāsanā vattanti. evaṃ kho, Ānanda, satthāraṃ sāvakā mittavatāya samudācaranti no sapattavatāya. tasmā tiha maṃ, Ānanda, mittavatāya samudācaratha mā sapattavatāya. taṃ vo bhavissati dīgharattaṃ hitāya sukhāya."
"아난다여, 제자가 적의로 스승을 대하지 않고 우정으로 대하는 것은 어떠한 것인가? 아난다여, 세상에서 스승은 제자를 애민이 여기고 그들의 이익을 위해 자비를 드리워 제자에게 '이것이 그대의 이익을 위한 것이다. 이것이 그대의 행복을 위한 것이다.' 라고 법을 설한다. 그때에 그의 제자는 잘 듣고, 귀를 잘 기울이고, 지혜로운 마음을 일으키고, 빗나가지 않아서 스승의 법으로부터 등을 돌리지 않는다. 아난다여, 이와 같이 제자가 적의로 스승을 대하지 않고 우정으로 대한다. 그러므로 아난다여, 우정으로 나를 대하고 적의로 나를 대하지 마라. 오랜 세월 그대의 이익과 행복으로 이끌기 위한 것이다."
431. MN. I, 319-320. "evaṁvādiṃ kho bhikkhave satthāram arahati sāvako upasaṅkamituṃ dhammasavanāya, tassa satthā dhammaṃ deseti uttaruttariṃ

스승이 제자를 가르치는 자세 못지않게 스승을 대하는 제자태도 또한 수행목표의 달성에 절대영향을 끼친다. 스승과 제자가 줄탁동시하고, 또 서로 협력해 수행을 완성하는데 전력을 다해야 한다.

스승과 제자의 성품이 같다면 수행진도에 도움되지만 서로 다르면 방해된다. 이 때문에 스승과 제자가 서로의 성품을 잘 살펴 수행지도하고 지도받을 수 있어야 출가수행의 최종목표인 청정수행의 완성과 최상의 앎, 올바른 깨달음, 열반을 증득할 수 있다.

이 장 수행이론을 정리하면 다음과 같다.

수행이론의 핵심은 육체를 설명하는 5감차원에서 마음영역까지 설명이 가능한 6감차원으로 감각영역의 확장이다. 더 나아가 마음영역을 설명하는 6감차원에서 수행분야를 이해하는 7감차원으로 감각영역의 확장이 필요하다. 6감영역에서 마음공간에 맺힌 심상을 알아차림하는 기능인 싸띠 즉, 7감차원으로 감각영역의 확장이 필요하다. 이 7감기능의 발견으로 인해 비로소 8정도 수행체계의 핵심이론이 완성된다. 그리고 수행의 문이 새롭게 열린다.

이런 이론에 기초해 알아차림 기능인 싸띠와 싸띠집중 기능인 싸마디를 향상시켜 실재를 통찰하는 혜력을 성숙시키는 것이 8정

---

paṇītapaṇītaṃ kaṇhasukkasappaṭibhāgaṃ. yathā yathā kho bhikkhave bhikkhuno satthā dhammaṃ deseti uttaruttariṃ paṇītapaṇītaṃ kaṇhasukkas-appaṭibhāgaṃ, yathā yathā so tasmiṃ dhamme abhiññāya idh' ekaccaṃ dhammaṃ dhammesu nitthaṃ gacchati, satthari pasīdati: sammāsambuddho Bhagavā, svākkhāto Bhagavatā dhammo, supaṭipanno saṅgho ti."

도 수행체계의 출발점이다.

싸띠와 싸마디를 향상시켜 기억정보와 결합해 있는 아싸봐를 분리해체해 그 힘을 약화시키고, 그 속박에서 벗어나야 비로소 해탈할 수 있다.

기억정보와 결합해 있는 탐진치 3독과 같은 마음오염원인 아싸봐를 해체하기 위해 싸띠수행으로 삼매력, 타격력, 성찰력(혜력) 등을 향상시켜 그 힘으로 해체한다.

삼매력, 타격력, 성찰력 등은 그 출발점이자 핵심도구인 싸띠력을 향상시키기 위해 기준점을 정하고, 행위 끝을 따라가며, 현상을 따라가고, 사유하지 않고, 자연스럽게 알아차림하는 기술 등을 사용해 향상시킨다. 특히 4념처 수행할 때, 몸을 대상으로, 그 몸을 4대로 구분하고, 몸에 드러난 고유특성을 알아차림함으로써 수행진도가 향상된다. 또한 싸띠, 쌈빠자나, 싸마타, 위빳싸나, 싸마디, 좌념, 행념, 생활념 등의 기술을 수행진도에 따라 다양하게 사용함으로써 상수멸에 들어 열반을 증득한다.

수행할 때는 수행법, 수행자 그리고 수행지도자의 관계가 중요하다. 수행법도 중요하지만 그보다 더 중요한 것은 수행자의 근기와 노력이다. 또한 수행지도하는 수행지도자의 역할도 필수적이다. 이 3가지 요소가 적절히 갖추어질 때 수행진도가 순조롭게 나아가고 출가수행의 목적인 올바른 깨달음을 증득할 수 있다.

5장
수행기술

수행은 기술이다
기술을 정확하게 익히면
유효성이 나온다

이 장에서는 8정도 수행체계와 3학의 각 항목을 수행기술과 연계해 살펴본다. 8정도 수행체계와 3학의 수행종류는 〈표 5.1〉과 같다.

〈표 5.1〉 8정도와 수행종류

<table>
<tr><th>8정도</th><th colspan="2"></th><th>수행종류</th></tr>
<tr><td>정견</td><td rowspan="2">혜온</td><td rowspan="2">명</td><td rowspan="2">혜수행(慧修行)</td></tr>
<tr><td>정사</td></tr>
<tr><td>정어</td><td rowspan="3">계온</td><td rowspan="3">10업</td><td rowspan="3">근수행(根修行)</td></tr>
<tr><td>정업</td></tr>
<tr><td>정명</td></tr>
<tr><td>정정진</td><td rowspan="3">정온</td><td>4정근</td><td rowspan="3">싸띠수행(念修行)
위빳싸나수행(觀修行)
공수행(空修行)</td></tr>
<tr><td>정념</td><td>4념처</td></tr>
<tr><td>정정</td><td>4선</td></tr>
<tr><td>회향</td><td>자비</td><td>4무량심</td><td>자수행(慈修行)</td></tr>
</table>

1. 계와 근수행

계와 근수행을 살펴본다. 계와 근수행의 핵심은 수행할 때, 수행자가 규칙을 정해놓고, 그 규칙을 지키며 감각기관이 부적절한 것에 노출되지 않도록 피하거나 절제하는 것이다. 출가해 처음 수행을 시작하는 초보 수행자일 경우에는 계율과 같은 행동규범을 정해두고 그것을 잘 지키고 4념처 수행과 같은 기본수행을 하는 것이 수행생활에 익숙해지고 수행진보에도 도움된다. 그러면 서서히 몸과 마음이 수행생활에 적응되면서 수행도 향상된다.

1) 계와 수행

『소문답경小問答經』에서는 8정도의 정어, 정업, 정명을 계온戒蘊으로 분류한다. 정어는 불망어不妄語, 불양설不兩舌, 불악구不惡口, 불기어不綺語 등의 4가지 덕목이 있다. 정업은 불살생不殺生, 불투도不偸盜, 불사음不邪婬 등의 3가지 덕목이다.[432] 『대사십경大四十經』에서 정명은 잘못된 직업인 사명을 버리고 올바른 직업인 정명으로 정당한 생계를 유지하는 것으로 정의한다.[433] 『오지물주경五支物主經』에서는 계율과 수행의 관계를 다음과 같이 설한다.

> "건축사여, 어디에서 선한 습관이 남김없이 소멸하는가? 세상에서 비구는 계를 지키지만 계만 붙들고 있지 않는다. 그래서 심해탈과 혜해탈을 있는 그대로 안다. 이것에 의해 선한 습관은 남김없이 소멸된다."[434]

이 경에서 세존은 수행자는 계를 지켜야 하지만 계를 지키는데만 고집해서는 안된다고 강조하는 것을 볼 수 있다. 그렇다고 깨달

432. MN. III, 251. 주42 참조.
433. MN. III, 75. 주62 참조.
434. MN. II, 27. "ime ca, thapati, kusalasīlā kuhim aparisenā nirujjhanti? nirodho pi nesaṃ vutto. idha, thapati, bhikkhu sīlavā hoti, no ca sīlamayo, tañ ca ceto vimuttiṃ paññāvimuttiṃ yathābhūtaṃ pajānāti : yatth' assa te kusalasīlā aparisesā nirujjhanti."

음으로 가는 수단인 계를 지키지 않고서는 출가수행의 목적을 달성할 수 없는 것도 사실이다. 『생행경生行經』에서도 계를 갖추어야 아라한뜨의 경지를 증득할 수 있다고 주장한다.[435] 『소사자후경小獅子喉經』에서는 세존이 설한 법과 율을 잘 따르는 사랑스런 도반이 있다고 설한다.[436] 『진인경眞人經』에서는 계를 잘 알기 때문에 탐진치와 같은 마음오염원인 아싸봐가 부서지는 것은 아니라고 설하고,[437] 『소목핵경小木核經』에서는 계를 잘 지키면 싸마디와 지견을

---

435. MN. III, 103. "puna ca paraṃ, bhikkhave, bhikkhu saddhāya samanāgato hoti, sīlena samanāgato hoti, sutena samanāgato hoti, cāgena samanāgato hoti, paññāya samanāgato hoti. tassa evaṃ hoti: aho vatāham āsavānaṃ khayā anāsavaṃ cetovimuttiṃ paññāvimuttiṃ diṭṭhe va dhamme sayam abhiññā sacchikatvā upasampajja vihareyyan ti. so āsavānaṃ khayā anāsavaṃ cetovimuttiṃ paññāvimuttiṃ diṭṭhe va dhamme sayam abhiññā sacchikatvā upasampajja viharati. ayaṃ, bhikkhave, bhikkhu na katthaci uppajjati na kuhiñci uppajjatīti."
"비구여, 비구가 '믿음, 계행, 학습, 보시, 혜를 갖춘다. 그는 나는 참으로 아싸봐를 부수고 아싸봐없는 심해탈과 혜해탈을 지금 여기에서 곧바로 알아 깨닫고 성취할 것이다.' 라고 생각한다. 그래서 그는 참으로 아싸봐를 부수고 아싸봐없는 심해탈과 혜해탈을 지금 여기에서 곧바로 알아 깨닫고 성취한다. 비구여, 이 비구는 어디에서든지 다시 태어나지않고 어디로 가든지 다시 태어나지않는다."

436. MN. I, 67. "evarūpe kho bhikkhave dhammavinaye yo satthari pasādo so sammaggato akkhāyati. yo dhamme pasādo so sammaggato akkhāyati, yā sīlesu paripūrakāritā sā sammaggatā akkhāyati, yā sahadhammikesu piyamanāpatā sā sammaggatā akkhāyati : taṃ kissa hetu: evaṃ h' etaṃ bhikkhave hoti yathā taṃ svākkhāte dhammavinaye suppavedite niyyānike upasamasaṁvattanike sammāsambuddhappavedite."
"벗이여. 우리에게는 스승과 법의 청정믿음이 있다. 계행의 원만성취가 있다. 재가와 출가를 막론하고 우리가 사랑하고 좋아하는 법을 같이 하는 사람이 있다."

437. MN. III, 37-38. "sappuriso ca kho, bhikkhave, iti paṭisaṁcikkhati: na kho uc-

획득하고 탁월한 경지를 증득할 수 있다고 지적한다.[438] 『원경願經』에서는 한층 더 오묘한 법을 깨닫기 위해 계를 지키는데서부터 시작해야 한다고 설한다. 아라한뜨의 경지를 이루기 위해서는 계를

---

cākulīnatāya lobhadhammā vā parikkhayaṃ gacchanti, dosadhammā vā parikkhayaṃ gacchanti, mohadhammā vā parikkhayaṃ gacchanti, : no ce pi uccā kulā pabbajito hoti, so ca hoti dhammānudhammapaṭipanno sāmīcipaṭipanno anudhammacārī, so tattha pujjo so tattha pāsaṁso ti. so paṭipadaṃ yeva antaraṃ karitvā tāya uccākulīnatāya n' ev' attān' ukkaṁseti na paraṃ vambheti. ayaṃ, bhikkhave, sappurisadhammo."

"비구여, 진인은 이와 같이 '고귀한 가문 때문에 탐, 진, 치의 상태가 부수어지는 것은 아니다. 고귀한 가문에서 출가하지 않았다고 하더라도 여법하게 실천하고, 조화롭게 실천하고, 법에 따라서 행하면, 그는 그 때문에 존경받고, 칭찬받을 것이다.' 라고 성찰한다, 그래서 그는 길(道)을 먼저 실천하면서 고귀한 가문 때문에 자신을 칭찬하지도 않고, 남을 경멸하지도 않는다. 비구여, 이것이 진인성품이다."

438. MN. I, 203. "so tāya sīlasampadāya attamano hoti no ca kho paripuṇṇasaṅkappo, so tāya sīlasampadāya na attān' ukkaṁseti na paraṁ vambheti, sīlasampadāya ca ye aññe dhammā uttaritarā ca paṇītatarā ca tesaṁ dhammānaṁ sacchikiriyāya chandaṁ janeti vāyamati, anolīnavuttiko ca hoti asāthaliko. so samādhisampadam ārādheti, so tāya samādhisampadāya attamano hoti no ca kho paripuṇṇasaṅkappo, so tāya samādhisampadāya na attān' ukkaṁseti na paraṁ vambheti, samādhisampadāya ca ye aññe dhammā uttaritarā ca paṇītatarā ca tesaṁ dhammānaṁ sacchikiriyāya chandaṁ janeti vāyamati, anolīnavuttiko ca hoti asāthaliko. so ñāṇadassaṁ ārādheti, so tena ñāṇadassanena na attān' ukkaṁseti na paraṁ vambheti. ñāṇadassanena ca ye aññe dhammā uttaritarā ca paṇītatarā ca tesaṁ dhammānaṁ sacchikiriāya chandaṁ janeti vāyamati, anolīnavuttiko ca hoti asāthaliko."

"그는 계행을 성취함으로써 환희를 얻더라도 자기노력으로 이루어낸 것을 만족하지 않고, 그 계행을 성취한 것으로 스스로를 칭찬하지 않고 남을 비난하지 않는다. 그는 계행을 성취한 것으로 스스로를 칭찬하지 않고 남을 비난하지 않는다. 그는 계행성취보다 한층 더 오묘한 다른 원리를 깨닫기 위해 의욕을 일으키고 노력을 기울이고 거기에 탐닉하지 않고 태만하지 않아 싸마디를 성취한다. 그

지키는 것이 필수라고 강조한다.[439] 『사유경蛇喩經』에서는 뗏목비유를 들며 계는 심해탈과 혜해탈로 가기 위한 수단이지 그것이 목적이 아니란 사실을 일깨운다.[440] 따라서 출가수행자는 수단과 목적을 혼돈해서는 안된다는 사실을 살필 수 있어야 출가목적을 성취할 수 있다.

수행자의 행위규범인 학습계목 가운데 기초가 되는 것이 10법十法이다. 10법은 행동유형에 따라 10선법과 10불선법으로 구분된다. 『사라경沙羅經』에서는 10선법을 신구의 3업으로 구분하고,[441]

는 싸마디를 성취함으로써 환희를 얻더라도 자기노력으로 이루어낸 것을 만족하지 않고, 그 싸마디를 성취한 것으로 스스로를 칭찬하지 않고, 남을 비난하지 않는다. 그는 싸마디의 성취보다도 한층 더 오묘한 다른 원리를 깨닫기 위해 의욕을 일으키고 노력을 기울이고 거기에 탐닉하지 않고 태만하지 않아서 지견을 성취한다. 그는 지견을 성취함으로써 환희를 얻더라도 자기노력으로 이루어진 것을 비난하지 않는다. 그는 지견보다도 한층 더 오묘한 다른 원리를 깨닫기 위해 의욕을 일으키고, 노력을 기울이고, 거기에 탐닉하지 않고 태만하지 않는다."

439. MN. Ⅰ, 35-36. "ākaṅkheyya ce bhikkhave bhikkhu: āsavānaṃ khayā anāsavaṃ cetovimuttiṃ paññāvimuttiṃ diṭṭhe va dhamme sayam abhiññāya sacchikatvā upasampajja vihareyyan-ti, sīlesv-ev' assa paripūrakārī ajjhattaṃ cetosamatham-anuyutto anirākatajjhāno vipassanāya samannāgato brūhetā suññāgārānaṃ."
"만약 비구가 '나는 아싸봐를 부수고, 아싸봐없이 심해탈과 혜해탈을 지금 여기에서 스스로 증득하고 경험해 성취하길 바란다.' 라고 한다면, 그는 계를 원만히 하고, 안으로 마음멈춤을 유지하고, 선정에서 방해받지 않고, 위빳싸나를 갖추고, 공한처에서 지내야 한다."

440. MN. Ⅰ, 135. 주419 참조.

441. MN. Ⅰ, 287. "tividhaṃ kho gahapatayo kāyena dhammacariyā-samacariyā hoti, catubbidhaṃ vācāya dhammacariyā-samacariyā hoti, tividhaṃ manasā dhammacariyā-samacariyā hoti."
"장자여, 몸으로 3가지, 입으로 4가지, 마음으로 3가지 법을 따라 올바른 길을

『정견경正見經』에서는 10선법과 10불선법을 다음과 같이 설한다.

“벗이여, 어떠한 것이 불선인가? 살생(殺生), 투도(偸盜), 사음(邪淫), 망어(妄語), 양설(兩舌), 악구(惡口), 기어(綺語), 간탐(慳貪), 진에(嗔恚), 사견(邪見)이 불선이다...벗이여, 어떠한 것이 선인가? 불살생(不殺生), 불투도(不偸盜), 불사음(不邪婬), 불망어(不妄語), 불양설(不兩舌), 불악구(不惡口), 불기어(不綺語), 불간탐(不慳貪), 불진에(不嗔恚), 정견(正見)이 선이다.”442)

이 경에서 설하는 10선법과 10불선법은 8정도 수행체계에서 정의한 계의 덕목과 대부분 일치한다.

수행자의 최종 수행목적은 아싸봐를 제거하고 올바른 혜를 얻기 위함이다. 계를 지키기 위해 출가수행하는 것은 아니지만, 계를 지키지 않고서는 수행진도가 올바른 방향으로 나갈 수 없다. 그렇기 때문에 수행자는 항상 수단과 목적을 혼동해서는 안되고, 그것을 잘 살펴 수행에 활용해야 한다.

실천한다.”

442. MN. I, 47. “katamaṃ akusalaṃ: pāṇātipāto kho āvuso akusalaṃ, adinnādānam akusalaṃ, kāmesu micchācāro akusalaṃ, musāvādo akusalaṃ, pisuṇā vācā akusalaṃ, pharusā vācā akusalaṃ, samphappalāpo akusalaṃ, abhijjhā akusalaṃ, byāpādo akusalaṃ, micchādiṭṭhi akusalaṃ...katamañ-c' āvuso kusalaṃ: pāṇātipātā veramaṇī kusalaṃ, adinnādānā veramaṇī kusalaṃ, kāmesu micchācārā veramaṇī kusalaṃ, musāvādā veramaṇī kusalaṃ, pisuṇāya vācāya veramaṇī kusalaṃ, pharusāya vācāya veramaṇī kusalaṃ, samphappalāpā veramaṇī kusalaṃ, anabhijjhā kusalaṃ, abyāpādo kusalaṃ, sammādiṭṭhi kusalaṃ.”

2) 근수행의 기술

근수행을 살펴본다. 『맛지마니까야』에 등장하는 근수행을 설하는 경은 〈표 5.2〉와 같다.

〈표 5.2〉 근수행 등장 경

NO	경 명
2	『일체루경(一切漏經, *Sabbāsavasutta*)』
9	『정견경(正見經, *Sammādiṭṭhisutta*)』
27	『소상적유경(小象跡喩經, *Cūḷahatthipadopamasutta*)』
33	『대목우자경(大牧牛者經, *Mahāgopālakasutta*)』
38	『대파애경(大破愛經, *Mahātaṇhāsaṅkhayasutta*)』
39	『대마읍경(大馬邑經, *Mahāssapurasutta*)』
41	『사라경(沙羅經, *Sāleyyakasutta*)』
42	『웨란자까경(*Verañjakasutta*)』
46	『대수법경(大授法經, *Mahādhammasamādānasutta*)』
53	『학인경(學人經, *Sekhasutta*)』
54	『보타리경(哺多利經, *Botaliyasutta*)』
60	『근본정경(根本定經, *Apaṇṇakasutta*)』
65	『발타화리경(跋陀和利經, *Baddālisutta*)』
69	『구니사경(瞿尼師經, *Gulissānisutta*)』
76	『임경(林經, *Sandakasutta*)』
77	『대전모경(大箭毛經, *Mahāsakuludāyisutta*)』
79	『소전모경(小箭毛經, *Cūḷasakuludāyisutta*)』
94	『고따무카경(*Ghoṭamukhasutta*)』

NO	경 명
96	『울수가라경(鬱瘦歌邏經, *Esukārīsutta*)』
101	『천연경(天淵經, *Devadahasutta*)』
107	『산수목건련경(算數目犍連經, *Gaṇakamoggallānasutta*)』
112	『육정경(六淨經, *Chabbisodhanasutta*)』
125	『조어지경(調御地經, *Dantabhūmisutta*)』
152	『근수경(根修經, *Indriyabhāvanāsutta*)』

〈표 5.2〉에서 알 수 있듯이 『맛지마니까야』 152경 가운데 24경에서 근수행을 설한다. 근수행에는 3가지 기술이 있다. 첫째, 계와 같은 규칙을 정해두고, 그 규칙을 지키는 것이다. 둘째, 부적절한 것을 피하는 것이다. 셋째, 접촉대상에 내재한 실재를 통찰하는 것이다. 앞의 두 가지는 근수행의 과정이고, 마지막 것은 근수행의 결과로 성취된다. 이 책에서는 앞의 두 가지를 중심으로 살펴본다.

(1) 학습계목의 준수

학습계목을 살펴본다. 계는 근수행 가운데 하나이다. 계는 처음 수행하는 사람에게 수행자의 행위규범인 계목戒目을 정해둔 것이다. 수행자는 정해진 계를 지킴으로써 세속에서의 즐거웠던 기억과 습관을 제거하고 수행생활에 적응하는데 도움된다.

숲속의 야생 코끼리를 길들이듯이, 수행을 처음 시작하는 사람에게 수행생활에 길들이기 위해 일정 정도 규칙을 정해두고 수행할 필요가 있다. 『조어지경調御地經』에서는 다음과 같이 설한다.

"악기베사나여, 모름지기 성스러운 제자가 계를 수행하고, 계본을 수호하고 지켜서 행위규범을 구족하고, 사소한 잘못에서 두려움을 보고, 학습계율을 받아 배우며, 비구는 감관을 수호해야 한다. 여래는 그를 더욱 길들인다. 눈으로 색을 보고, 그 상과 특징에 집착하지 말라. 그대가 안근을 수호하지 않으면 탐욕과 근심, 악하고 불선법이 그대에게 침입할 것이므로 절제의 길을 수호하고 안근을 지키고, 안근을 수호하라."443)

이 경에서 처음 출가수행하는 사람은 제일 먼저 해야 할 것이 수행자의 행위규범을 받아 지키는 것이라고 설한다. 세존은 출가수행하는 사람에게 계율이라는 생활규칙을 정해주고 그것을 지키라고 주문한다. 그러고 나서 감각기관을 잘 제어할 수 있도록 훈련한다. 동시에 공양을 조절할 수 있도록 유도하며, 수행진도가 더 높은 곳으로 향상될 수 있도록 지도한다. 『발타화리경跋陀和利經』에서는 다음과 같이 설한다.

"① 밧달리여. 예를 들어 준마를 얻으면 현명한 조련사는 먼저 말에게 재갈을 물리고 훈련시킨다. 그 말은 재갈을 쓰고 훈련받을 때, 예전에 해본 일이 아니므로, 몸을 뒤틀고, 몸부림치고, 요동치지만 마침내 반복적인 훈련과 지속적인 수련으로 그 상태에 적응한다. ② 밧달리여. 그 준마가 반복적인 훈련과

443. MN. III, 134. "yato kho, Aggivessana, ariyasāvako sīlavā hoti, pātimokhasaṁvarasaṁvuto viharati ācāragocarasampanno, aṇumattesu vajjesu bhayadassāvī samāya sikkhati sikkhāpadesu, tam enaṃ Tathāgato uttariṃ vineti: ehi tvaṃ, bhikkhu, indriyesu guttadvāro hohi. cakkhunā rūpaṃ disvāna mā nimittaggāhī mā nubyañjanaggāhī, yatvādhikaraṇam enaṃ cakkhundriyam asaṁvutaṃ viharantam abhijjhādomanassā pāpakā akusalā dhammā anvāssaveyyuṃ, tassa saṁvarāya paṭipajja rakkha cakkhundriyaṃ cakkhundriye saṁvaraṃ āpajja."

지속적인 수련으로 그 상태에 적응하면, 그 다음에는 현명한 조련사는 말에게 마구를 씌우고 그를 훈련시킨다. 그 말은 마구를 쓰고 훈련받을 때는 예전에 해본 일이 아닌 일을 하므로 몸을 뒤틀고, 몸부림치고, 요동치지만 마침내 반복적인 훈련과 지속적인 수련으로 그 상태에 적응한다. ③ 밧달리여. 그 준마가 반복적인 훈련과 지속적인 수련으로 그 상태에 적응하면, 그 다음에는 현명한 조련사는 말에게 보조를 맞추어 걷고, 원을 돌고, 뒷발로 뛰어오르고, 질주하고, 포효하고, 왕과 같은 자질이 있고, 왕다운 혈통을 갖고, 최상속도를 내고, 최상구력을 발휘하고, 최상친교를 갖추도록 훈련시킨다. 그가 보조를 맞추어 걷고, 원을 돌고, 뒷발로 뛰어오르고, 질주하고, 포효하며 달려들고, 왕과 같은 자질을 갖고, 왕다운 혈통을 갖고, 최상속도를 내고, 최상구력을 발휘하고, 최상친교를 갖추도록 훈련받을 때는 예전에 해본 일이 아닌 일을 하므로, 몸을 뒤틀고, 몸부림치고, 요동치지만 마침내 반복적인 훈련과 반복과 점차적인 수련으로 그 상태에 적응한다. ④ 밧달리여. 그 준마가 반복적인 훈련과 지속적인 수련으로 그 상태에 적응하면, 그 다음에는 현명한 조련사는 말을 쓰다듬고 어루만져 칭찬한다. 밧달리여. 이런 10가지를 갖춘 준마는 왕이 타기에 적합하고, 왕의 보살핌을 받고, 왕이 갖추어야 할 것 가운데 하나로 여겨진다."444)

---

444. MN. I, 446. "seyyathā pi ① Bhaddāli dakkho assadamako bhadram assājānīyaṃ labhitvā paṭhamen' eva mukhādhāne kāraṇaṃ kāreti, tassa mukhādhāne kāraṇaṃ kāriyamānassa honti yeva visūkāyitāni visevitāni vipphanditāni kānici kānici yathā taṃ akāritapubbaṃ kāraṇaṃ kāriyamānassa, so abhiṇhakāraṇā anupubbakāraṇā tasmiṃ ṭhāne parinibbāyati. ② yato kho Bhaddāli bhadram assājānīyo abhiṇhakāraṇā anupubbakāraṇā tasmiṃ ṭhāne parinibbuto hoti, tam-enaṃ assadamako uttariṃ kāraṇaṃ kāreti yugādhāne, tassa yugādhāne kāraṇaṃ kāriyamānassa honti yeva visūkāyitāni visevitāni vipphanditāni kānici kānici yathā taṃ akāritapubbaṃ kāraṇaṃ kāriyamānassa, so abhiṇhakāraṇā anupubbakāraṇā tasmiṃ ṭhāne parinibbāyati. ③ yato kho Bhaddāli bhadro assājānīyo abhiṇhakāraṇā anupubbakāraṇā tasmiṃ ṭhāne parinibbuto hoti, tam-enaṃ assadamako uttariṃ kāraṇaṃ kāreti

이 경에서도 처음 수행을 시작하는 수행자는 수행생활이라는 새로운 환경에 적응하는 사회화 과정이 필요하다. 이때 효과적이고 즐겨 사용하는 방법이 생활규범을 정해두고 그것을 지키는 것이다. 이것은 마치 야생마를 훈련시킬 때, 맨 먼저 입에 재갈을 물려 통제하듯이, 출가수행하는 사람에게 맨 먼저 출가수행자의 행위규범을 정한 계를 설하고, 그것을 지킬 수 있도록 지도한다. 경험이 많은 수행지도자는 신참 수행자에게 계율이라는 일정한 틀을 정해두고 단계적으로 적응시킨다. 때로는 칭찬하며 훈련하는 것이 이전의 세속에서의 습관이나 생각을 제거하는데 효과적이라는 것을 경험으로 알고 있다. 『일체루경一切漏經』에서는 감각능력을 잘 다스려야 한다고 지적하고,[445] 『짜뚜마경』에서는 출가수행하는 사람이

ankkame maṇḍale khurakāye dhāve ravatthe rājaguṇe rājavaṁse uttame jave uttame haye uttame sākhalye, tassa uttame jave uttame haye uttame sākhalye kāraṇaṃ kāriyamānassa honti yeva visūkāyitāni visevitāni vipphanditāni kānici kānici yathā taṃ akāritapubbaṃ kāraṇaṃ kāriyamānassa, so abhiṇhakāraṇā anupubbakāraṇā tasmiṃ ṭhāne parinibbāyati. ④ yato ca kho Bhaddāli bhadro assājānīyo abhiṇhakāraṇā anupubbakāraṇā tasmiṃ ṭhāne parinibbuto hoti, tam-enaṃ assadamako uttariṃ vaṇṇiyañ-ca valiyañ-ca anuppavecchati. imehi kho Bhaddāli dasah' aṅgehi samannāgato bhadro assājānīyo rājāraho hoti rājabhoggo rañño aṅgan-t' eva saṅkhaṃ gacchati."
번호는 임의로 붙임.

445. MN. I, 9. "katame ca bhikkhave āsavā saṁvarā pahātabbā: idha bhikkhave bhikkhu paṭisaṅkhā yoniso cakkhundriyasaṁvarasaṁvuto viharati. yaṃ hi 'ssa bhikkhave cakkhundriyasaṁvaram asaṁvutassa viharato uppajjeyyum āsavā vighātapariḷāhā, cakkhundriyasaṁvaraṃ saṁvutassa viharato evaṃ-sa te āsavā, vighātapariḷāhā na honti."
"비구여, 수호에 의해 끊어져야 하는 아싸봐란 어떠한 것인가? 비구여, 세상에

몸身, 말口, 싸띠念, 감각기관根등을 수호하지 않으면 유혹이 스며들고 결국에는 학습을 포기하고 세속으로 돌아간다고 설한다.[446] 그러므로 수행생활에서 계와 같은 규칙을 정해두고 지키는 것은 지속 가능한 수행생활을 하는데 유효한 도구이다.

(2) 부적절한 것의 회피

부적절한 것을 회피하는 것을 살펴본다. 수행의 입문자로서 초기에 감각기관을 잘 다스리는 것 가운데 하나는 부적절한 대상을 접촉하지 않고 피하는 것이다. 접촉하지 않아야 효과적이라면 될 수 있는 대로 피하고 절제하는 것이 수행진보에 도움된다. 『불설신모수희경佛說身毛隨喜經』에서는 다음과 같이 설한다.

서 비구는 성찰에 의해 이치에 맞게 눈을 잘 다스려서 수호한다. 비구여, 눈을 잘 다스려서 수호하지 않으면 피곤과 고뇌에 가득 찬 아싸봐가 생겨날 것이지만, 눈을 잘 다스려서 수호하면 피곤과 고뇌에 가득 찬 아싸봐가 생겨나지 않을 것이다."

446. MN. I, 462. "so evaṃ pabbajito samāno pubbanhasamayaṃ nivāsetvā pattacīvaram ādāya gāmaṃ vā nigamaṃ vā piṇḍāya pavisati arakkhiten' eva kāyena arakkhitāya vācāya anupaṭṭhitāya satiyā asaṁvutehi indriyehi. so tattha passati mātugāmaṃ dunnivatthaṃ vā duppārutaṃ vā. tassa mātugāmaṃ disvā dunnivatthaṃ vā rāgo cittam anuddhaṁseti, so rāgānuddhastena cittena sikkhaṃ paccakkhāya hīnāya āvattatī."
"그는 이와 같이 출가해 아침 일찍 옷을 입고 빳따(鉢盂)와 가사(袈裟)를 들었으나, 몸(身), 말(口), 싸띠(念), 감각기관(根)을 수호하지 않고, 촌락이나 도시로 탁발하러 들어간다. 거기서 그는 가볍게 옷을 거치거나 야하게 옷을 걸친 여인을 본다. 그렇게 가볍게 옷을 걸치거나 야하게 옷을 걸친 여인을 보면 탐욕이 마음을 엄습한다. 탐욕이 그의 마음을 엄습했기 때문에 그는 배움을 포기하고 환속한다."

"쑤낙캇따(Sunakkhatta)여, 이와 같이 세상에 어떤 비구는 생각한다. 비구가 말하길, 갈애화살과 무명의 독극물은 욕망, 탐욕, 분노를 통해 퍼져나간다. 나에게 갈애화살은 뽑혔고, 무명의 독극물은 제거됐다. 나는 올바르게 열반을 지향한다. 그는 이와 같이 올바르게 열반을 추구하며, 올바르게 열반을 이루기 위해 부적절한 것을 전념하지 않는다. 그는 눈으로 적절하지 않은 색을 보지 않고, 귀로 적절하지 않은 소리를 듣지 않고, 코로 적절하지 않은 향을 맡지 않고, 혀로 적절하지 않은 맛을 접하지 않고, 몸으로 적절하지 않은 접촉을 취하지 않고, 마음으로 적절하지 않은 법을 생각하지 않는다고 하자. 그가 눈으로 부적절한 색을 보지 않고, 귀로 부적절한 소리를 듣지 않고, 코로 부적절한 향을 맡지 않고, 혀로 부적절한 맛을 보지 않고, 몸으로 부적절한 접촉을 느끼지 않고, 마음으로 부적절한 법을 생각하지 않음으로써 탐욕이 그의 마음에 침입하지 않으며, 그의 마음에 탐욕이 침입하지 않음으로써, 그는 죽음에 이르거나, 죽음에 이르는 괴로움에 시달리지 않는다."447)

447. MN. II, 259-260. "evam eva kho, Sunakkhatta, ṭhānam etaṃ vijjati yam idh' ekaccassa bhikkhuno evam assa: taṇhā kho sallaṃ samaṇena avijjāvisadoso chandarāgavyāpādehi ruppati, taṃ me taṇhāsallaṃ pahīnaṃ, apanīto avijjāvisadoso, sammānibbānādhimutto 'ham asmīti. sammānibbānādhimuttassa eva sato so yāni sammānibbānādhimuttassa asappāyāni tāni nānuyuñjeyya,-asappāyaṃ cakkhunā rūpaṃ disvā nānuyuñjeyya, asappāyaṃ sotena saddaṃ sutvā nānuyuñjeyya, asappāyaṃ ghānena gandhaṃ disvā nānuyuñjeyya, asappāyaṃ jivhāya rasaṃ nānuyuñjeyya, asappāyaṃ kāyena phoṭṭhabbaṃ nānuyuñjeyya, asappāyaṃ manasā dhammaṃ nānuyuñjeyya, tassa asappāyaṃ cakkhunā rūpadassanaṃ ananuyuttassa, asappāyaṃ sotena saddaṃ ananuyuttassa, asappāyaṃ ghānena gandhaṃ ananuyuttassa, asappāyaṃ jivhāya rasaṃ ananuyuttassa, asappāyaṃ kāyena phoṭṭhabbam ananuyuttassa, asappāyaṃ manasā dhammam ananuyattassa, rāgo cittaṃ nānuddhaṁseyya, so na rāgānuddhaṁsitena cittena n' eva maraṇaṃ nigaccheyya na maraṇamattaṃ vā dukkhaṃ."

이 경에서 갈애화살과 무명의 독극물이 아싸봐를 통해 퍼져나간다. 그렇기 때문에 수행자는 완전한 열반을 이루기 위해서는 불필요한 것을 피할 수 있으면 피하는 것이 수행진보에 도움된다고 강조한다. 『일체루경一切漏經』에서는 적당하지 않은 장소에는 가지 않고 피하는 것이 아싸봐가 생겨나지 않게 하는 것이라고 설한다.[448] 수행자는 수행도중에 직면하는 모든 것을 단지 알아차림만 해야 한다.

(3) 실재통찰

마음공간에 등장하는 생각의 실재를 통찰하는 것을 살펴본다. 『근수경根修經』에서 웃따라와Uttara의 대화에서 감각대상을 피하는

---

448. MN. I, 10-11. "katame ca bhikkhave āsavā parivajjanā pahātabbā: idha bhikkhave bhikkhu paṭisaṅkhā yoniso caṇḍaṃ hatthiṃ parivajjeti, caṇḍaṃ assaṃ parivajjeti, caṇḍaṃ goṇaṃ parivajjeti, caṇḍaṃ kukkuraṃ parivajjeti, ahiṃ khāṇuṃ kaṇṭakathānaṃ sobbhaṃ papātaṃ candanikam oḷigallaṃ : yathārūpā anāsane nisinnaṃ yathārūpe agocare carantaṃ yathārūpe pāpake mitte bhajantaṃ viññū sabrahmacārī pāpakesu ṭhānesu okappeyyuṃ, so tañ-ca anāsanañ tañ-ca agocaraṃ te ca pāpake imtte paṭisaṅkhā yoniso parivajjeti. yaṃ hi 'ssa bhikkhave aparivajjayato uppajjeyyum āsavā vighātapariḷāhā, parivajjayato evaṁ-sa te āsavā vighātapariḷāhā na honti. ime vuccanti bhikkhave āsavā parivajjanā pahātabbā."
"비구여, 피함에 의해 끊어져야 하는 아싸봐는 무엇인가? 비구여, 세상에서 비구는 성찰에 의해 이치에 맞게 사나운 코끼리, 말, 소, 개를 피하고, 뱀, 말뚝, 가시덤불, 갱도, 절벽, 웅덩이, 늪지를 피한다. 총명한 도반은 부적절한 자리에 앉고, 가기에 부적절한 장소로 가고, 사귀기에 악한 벗과 사귀면, 악한 상태에 있다고 판단할 것이기 때문에, 성찰해 그런 부적절한 자리, 부적절한 장소, 악한 벗을 피한다. 비구여, 피하지 않으면 고뇌와 고통에 가득 찬 아싸봐가 생겨날 것이지만, 피하면 고뇌와 고통에 가득 찬 아싸봐가 생겨나지 않을 것이다. 비구여, 이것을 피함에 의해 끊어져야 하는 아싸봐이다."

것만이 능사가 아니라고 설하고,449) 다음과 같이 제자에게 근수행을 지도하는 것을 설한다.

"아난다여, 어떻게 성인의 율에서 최상의 근수행을 하는가? 아난다여, 세상에서 비구에게 눈으로 색을 보고 즐거운 것이 생겨나고, 즐겁지 않은 것이 생겨나고, 즐거운 것이나 즐겁지 않은 것이 생겨난다. 그는 나에게 즐거운 것이 생겨나고, 즐겁지 않은 것이 생겨나고, 즐거운 것도 즐겁지 않은 것도 생겨나는데, 그것은 조건지어진 것이고, 거친 것으로 조건으로 발생한 것이다. 이것이야말로 고요한 것이고, 뛰어난 것이다, 그것은 곧 평정이라고 분명히 안다. 이미 생겨난 즐거운 것, 즐겁지 않은 것, 즐거운 것도 아니고 즐겁지 않은 것도 아닌 것이 그에게서 소멸하고 평정이 확립된다. 이를테면 아난다여, 눈있는 자가 눈을 뜨고 감거나, 감고 뜨는 것과 같이, 아난다여, 어떠한 것에 관해서든지 이와 같이 재빨리, 신속하게, 손쉽게, 이미 생겨난 즐거운 것, 즐겁지 않은 것, 즐거운 것도 아니고 즐겁지 않은 것도 아닌 것이 그에게서 소멸하고 평정이 확립된다. 아난다여, 이것을 눈으로 인식되는 색을 고귀한 님의 율에서 최상의 근수행이라고 한다."450)

---

449. MN. III, 298. "idha, bho Gotama, cakkhunā rūpaṃ na passati, sotena saddaṃ passati : evaṃ kho, bho Gotama, deseti Pārāsariyo brāhmaṇo sāvakānam indriyabhāvanan ti. evaṃ sante kho, Uttara, andho bhāvitindriyo bhavissati badhiro bhāvitindriyo bhavissati, yathā Pārāsariyassa brāhmaṇassa vacanaṃ. andho hi, Uttara, cakkhunā rūpaṃ na passati badhiro sotena saddaṃ na suṇātīti."
"존자 고따마여, 브라흐마나 빠라싸리야(Pārāsariya)는 제자에게 이와 같이 '세상에서 눈으로 색을 보지 않고, 귀로 소리를 듣지 않는다.' 라고 근수행을 가르친다. 웃따라여, 브라흐마나 빠라싸리야의 말대로라면 봉사와 귀머거리도 근수행을 할 수 있을 것이다. 왜냐하면, 봉사는 눈으로 색을 보지 않고, 귀머거리는 귀로 소리를 듣지 않기 때문이다."

450. MN. III, 299. "kathaṃ pan', Ānanda, ariyassa vinaye anuttarā indriyabhāvanā

이 경에서는 불필요한 감각대상을 피하는 것만이 능사가 아니라 현상에 내재한 실재를 있는 그대로 통찰해야 비로소 인식대상의 속박으로부터 해탈할 수 있다고 설한다.

삶의 과정에서 끊임없이 대상을 접촉할 수밖에 없다. 피하려고 해서 피할 수 있는 것도 아니다. 그것이 삶의 본질이다. 행동이 인지를 선도하기도 하고 인지가 행동을 선행하기도 한다. 『대사자후경大獅子吼經』에서는 깨달음으로 대표되는 인지변화가 삶에 중요하다고 본다.[451] 그래서 깨달음을 강조한다. 그러나 깨달음은 계를 지

---

hoti? idh' Ānanda, bhikkhuno cakkhunā rūpaṃ disvā uppajjati manāpam uppajjati amanāpam uppajjati manāpāmanāpaṃ. so evaṃ pajānāti: uppannaṃ kho me idaṃ manāpam uppannaṃ amanāpam uppannaṃ manāpāmanāpaṃ, tañ ca kho saṁkhatam oḷārikaṃ paṭicca samuppannam etaṃsantam etaṃ paṇītaṃ yadidam upekhā ti. tassa tam uppannaṃ manāpam uppannaṃ amanāpam uppannaṃ manāpāmanāpaṃ nirujjhati, upekhā saṇṭhāti. seyyathāpi, Ānanda, cakkhumā puriso ummīletvā vā nimīleyya nimīletvā vā ummīleyya, -evam eva kho, Ānanda, yassa kassaci evaṃ sīgham evaṃ tuvaṭam evam appakasirena uppannaṃ manāpam uppannaṃ amanāpam uppannaṃ manāpāmanāpaṃ nirujjhati upekhā saṇṭhāti. ayaṃ vuccat', Ānanda, ariyassa vinaye anuttarā indriyabhāvanā cakkhuviññeyyesu rūpesu."

451. MN. I, 81. "tāya pi kho ahaṃ Sāriputta iriyāya tāya paṭipadāya tāya dukkarakārikāya nājjhagamam uttariṃ manussadhammā alamariyañāṇadassanavisesaṃ, taṃ kissa hetu: imissā yeva ariyāya paññāya anadhigamā yā 'yam ariyā paññā adhigatā ariyā niyyānikā niyyāti takkarassa sammā dukkhakkhayāya."
"싸리뿟따여, 이와 같이 실천하고, 수행하고, 고행해도, 나는 인간상태를 뛰어넘고, 고귀한 님에게 적합한, 탁월한 지견을 성취하지 못했다. 그것은 무슨 까닭인가? 아직 고귀한 혜에 도달하지 못했기 때문이다. 그 고귀한 혜가 성취돼야, 그는 해탈에 이르게 되고, 그를 따르는 자를 완전한 괴로움의 소멸로 이끈다."

키거나 수행이라는 행동을 통해서 성취되기도 한다.

이런 관점을 『장경藏經』에서는 6근이 6경에 묶여있는 것이 아니라 아싸봐가 탐욕에 묶여있다고 설한다.[452] 따라서 6근이나 6경이 서로 속박하는 것이 아니라 싸띠가 아싸봐에 속박돼 있다고 본다. 그러므로 수행으로 아싸봐를 소멸시키고, 그 속박에서 벗어나 해탈할 수 있다고 설한다.

접촉은 감각대상인 6경과 감각기관인 6근이 조건에 따라 연기적으로 발생한 것이기 때문에, 조건이 변하면 그것 또한 변하고 사라질 것이라고 통찰한다. 그런 대상을 접촉한 것에 대해 부끄러워하고 수치스러워하고 혐오해야 한다고 설한다.

『근수경根修經』에서는 바라문 빠라싸리야의 가르침을 비판한다. 이 브라흐마나는 제자에게 근수행은 눈으로 보지 않고, 귀로 듣지 않는 것이라고 설한다. 그러나 세존은 그런 수행은 청각장애인이나 시각장애인도 할 수 있다. 그렇기 때문에 오히려 싸띠와 쌈빠자나를 가지고 자신이 원하는 인식대상으로 마음을 보낼 수 있으면, 속박대상으로부터 벗어나 마음이 평정해지고 근수행이 이루어진다고 설한다.[453]

---

452. SN. IV, 162-164. 주305 참조.
453. MN. III, 298. 주449 참조.

2. 싸띠수행과 4념처

8정도 수행체계의 핵심인 싸띠수행과 4념처를 살펴본다. 존재를 있는 그대로 보라고 한다. 그러나 처음 보는 순간 존재에 내재한 실재가 있는 그대로 보인다면 수행할 필요가 없다. 대부분 사람은 자기경험으로 획득한 지식에 기초해 사물을 이해한다. 그러면 인지오류에 빠질 가능성도 커진다. 이런 인지오류를 극복하고 인지교정을 위해서는 존재를 있는 그대로 봐야 한다. 그 출발점이 싸띠력과 싸마디를 향상시키는 것이고, 그 구체적인 수행기술이 4념처 수행이다.

『폐기경廢棄經』에서 지적하는 것처럼,[454] 4선을 넘어서 세존이 설한 최상목표인 아라한뜨의 경지를 증득할 수 있는 수행법의 기본기술이 싸띠와 쌈빠자나이다.[455]

1) 좌념 기술

앉아서 수행하는 좌념을 살펴본다. 『맛지마니까야』에서 좌념을 설하는 경은 〈표 5.3〉과 같다.

---

454. MN. I, 40-43. 주587 참조.

455. 8정도 수행체계 가운데 싸마디 또는 싸마타 수행인 정정(正定)은 정정만의 특별기술이 있다기보다 싸띠와 쌈빠자나 기술의 연장으로 보인다. 싸마디 수행으로는 4선을 성취할 수 있고, 지금 여기에서 행복한 삶을 누릴 수 있지만, 정정만으로는 수행의 최고단계인 아라한뜨의 경지를 증득할 수 없다. 수행단계마다 해당 단계에 맞는 수행기술을 순서에 맞게 올바르게 사용할 수 있어야 아라한뜨의 경지를 증득할 수 있다. 아라한뜨의 경지를 증득하기 위해 싸띠와 쌈빠자나, 싸마타와 위빳싸나, 싸띠와 싸마디, 혹은 좌념과 행념 수행을 함께 하는 것이 도움된다.

〈표 5.3〉 좌념 등장 경

NO	경 명
10	『염처경(念處經, *Satipaṭṭhānasutta*)』
27	『소상적유경(小象跡喩經, *Cūḷahatthipadopamasutta*)』
38	『대파애경(大破愛經, *Mahātaṇhāsaṅkhayasutta*)』
39	『대마읍경(大馬邑經, *Mahāssapurasutta*)』
48	『교상미경(憍賞彌經, *Kosambiyasutta*)』
51	『굴경(窟經, *Kandarakasutta*)』
53	『학인경(學人經, *Sekhasutta*)』
60	『근본정경(根本定經, *Apaṇṇakasutta*)』
62	『대라후라경(大羅睺羅經, *Mahārāhulovādasutta*)』
76	『임경(林經, *Sandakasutta*)』
79	『소전모경(小箭毛經, *Cūḷasakuludāyisutta*)』
94	『고따무카경(*Ghoṭamukhasutta*)』
101	『천연경(天淵經, *Devadahasutta*)』
107	『산수목건련경(算數目犍連經, *Gaṇakamoggallānasutta*)』
112	『육정경(六淨經, *Chabbisodhanasutta*)』
118	『입출식념경(入出息念經, *Ānāpānasatisutta*)』
119	『염신경(念身經, *Kāyagatāsatisutta*)』
125	『조어지경(調御地經, *Dantabhūmisutta*)』

〈표 5.3〉에서 알 수 있듯이 『맛지마니까야』 152경 가운데 18경에서 좌념을 설한다. 좌념은 세존이 창안한 수행기술, 특히 8정도 수행체계의 4념처 수행에서 기본기술이다. 『입출식념경入出息念經』에서는 앉아서 하는 좌념의 자세와 기술을 다음과 같이 설한다.

"여기 비구가 숲속 나무 밑 공한처로 간다. 평좌로 앉고, 몸을 똑바로 세우고, 얼굴 앞에 싸띠를 둔다. 그리고 들숨과 날숨을 싸띠한다."[456]

이 경에서 세존은 앉아서 하는 좌념의 수행장소로는 사람의 왕래가 적은 한갓진 곳, 나무 밑이나 빈집과 같은 공한처를 추천한다. 앉는 자세는 발을 평좌로 두고 앉으라고 지시한다. 이것을 결가부좌結跏趺坐라고 한다. 여기서는 평좌平坐로 번역한다.[457] 허리는 곧게 펴라고 주문한다. 『범마경梵摩經』에서는 앉을 때의 자세를 설명하지만, 손이나 눈은 어떻게 처리하라는 기술의 설명이 없다.[458]

그리고 싸띠를 얼굴 앞(코끝)에 둔다. 코끝을 출발점 혹은 기준점處으로 삼고, 공기가 코끝을 지나서 가슴으로 들어가는 들숨과 밖으로 나오는 날숨을 알아차림한다. 들숨과 날숨을 알아차림하

---

456. MN. III, 82. "idha, bhikkhave, bhikkhu araññagato vā rukkhamūlagato vā suññāgāragato vā nisīdati pallaṅkam ābhujitvā ujuṃ kāyaṃ paṇidhāya parimukhaṃ satim upaṭṭhapetvā. so sato va assasati, sato passasati."

457. 전재성(2005), 213.

458. MN. II, 137-138. "so antaragharaṃ pavisanto na kāyam unnāmeti, na kāyam onāmeti, na kāyaṃ sannāmeti, na kāyaṃ vināmeti, so nātidūre nāccāsanne āsanassa parivattati, na ca pāṇinā ālambitvā āsane nisīdati, na ca āsanasmiṃ kāyaṃ pakkhipati. so antaraghare nisinno samāno na hatthakukkuccam āpajjati, na pādakukkuccam āpajjati, na ca adduvena adduvam āropetvā nisīdati, na ca gopphakena gopphakam āropetvā nisīdati, na ca pāṇinā hanukam upādiyitvā nisīdati. so antaraghare nisinno va samāno na chambhati na kampati na vedhati na paritassati : so achambhī akampī avedhī aparitassī vigatalomahaṁso vivekāvatto ca so bhavaṃ Gotamo antaghare nisinno hoti."
"그는 집안에 들어설 때에 몸을 들지 않고, 굽히지 않고, 움츠리지 않고, 벌리지 않는다. 그는 자리에서 몸을 너무 멀리 두지도 않고, 너무 가까이 두지도 않는

는 도중에 소리와 같은 외인성 법경이나 망상과 같은 내인성 법경이 나타나 알아차림을 방해하면, 그 방해현상을 알아차림한 후 즉시 기준점인 코끝으로 되돌아온다. 방해현상이 나타나지만 들숨과 날숨을 알아차림하는데 방해되지 않으면, 그런 현상이 등장했다는 것만 알아차림하면서 계속 들숨과 날숨의 알아차림을 한다. 이것이 앉아서 하는 좌념수행의 핵심기술이다.

『가루조타이경迦樓鳥陀夷經』에서는 뜨거운 철판에 물방울이 떨어지면 재빨리 증발하는 것처럼, 수행도중에 알아차림을 놓치고 망상과 어울려 놀다가도, 그것을 알아차림하는 순간 망상은 사라진다고 설한다.[459] 초보 수행자는 알아차림을 놓치고 생각이나 현상과 어울려 망상피울 수도 있다. 이때는 자신이 망상피운다고 자각한 순

다. 그는 집안에서 앉을 때 손을 둘 곳을 몰라 안절부절하지도 않고, 발을 둘 곳을 몰라 안절부절하지도 않는다. 그는 무릎위에 다른 무릎을 올려놓고 앉지 않고, 복사뼈 위에 다른 복사뼈를 올려놓고 앉지 않는다. 손으로 턱을 괴고 앉지 않는다. 그는 집안에서 앉을 때에 두려워하지 않고, 전율하지 않고, 동요하지 않고, 초조해 하지도 않는다. 그래서 털이 곤두서지 않고, 멀리 여읨을 향한다."

459. MN. I, 453. "idha pan' Udāyi ekacco puggalo upadhipahānāya paṭipanno hoti, upadhipaṭinissaggāya, tam-enam upadhipahānāya paṭipannam upadhipaṭinissaggāya kadāci karahaci satisammosā upadhipaṭisaṁyuttā sarasaṅkappā samudācaranti. dandho Udāyi satuppādo, atha kho naṃ khippam-eva pajahati vinodeti byantikaroti anabhāvaṃ gameti. seyyatthā pi Udāyi puriso divasasantatte ayokaṭāhe dve vā tīṇi vā udakaphusitāni nipāteyya : dandho Udāyi udakaphusitānaṃ nipāto, atha kho naṃ khippam-eva pajanati vinodeti byantikaroti anabhāvaṃ gameti."
"우다인이여, 세상에서 어떤 사람은 집착을 끊고, 집착을 놓아버리는 길을 수행한다. 그가 집착을 끊고, 집착을 놓아버리는 길을 수행할 때, 그에게 집착대상과 관련되고 싸띠혼란으로 말미암아 기억과 의도가, 수시로 곳곳에서 그를

간 즉시, 그 망상을 '망상, 망상' 하고 알아차림한 후, 곧 바로 기준점인 호흡으로 되돌아온다. 그런데 호흡흐름을 알아차림하는 것뿐만 아니라 배 움직임을 기준점으로 삼는 좌념기술도 있다. 『나라경那羅經』에서는 다음과 같이 설한다.

"그대에게 성인의 경지에 이르는 길을 설하겠다. 혀를 입천장에 붙이고 면도날처럼 하라. 그리고 나서 배에 집중해 자신을 다스리고, 활기찬 마음을 가져라."460)

이 경에서는 배를 알아차림의 대상으로 삼는다. 즉 배의 '일어남-사라짐' 의 움직임을 기준점으로 삼고, 그 움직임을 따라가며 알아차림하는 수행기술이다.461)

괴롭힌다. 그렇지만 우다인이여, 그의 싸띠는 천천히 일어날 수 있지만, 그는 그것을 재빨리 버리고 제거하고 끝내고 없애버린다. 우다인이여, 마치 대낮에 뜨거워진 철판 위에 두세 방울의 물을 떨어뜨리면, 물방울이 매우 느리게 떨어지더라도, 그것은 재빨리 증발해 사라지는 것과 같다.

460. Stn. 138. "moneyyan te upaññissan: ti Bhagavā khuradhārūpamo bhave, jivhāya tālum āhacca udare saññato siyā.

461. MN. I, 242-243. "evam-eva kho me Aggivessana dantehi danta-m-ādhāya jivhāya tālum āhacca cetasā cittam abhiniggaṇhato abhinippīḷayato abhisantāpayato kacchehi sedā muccanti."
"악기베사나여. 나는 치아를 치아에 붙이고, 혀를 입천장에 대고, 마음으로 마음을 제압하고, 억제하고, 제거한다."
『대제경大諦經』 등 『맛지마니까야』에서도 비슷한 내용이 등장하지만, 그곳에서는 배에 집중하라는 구절이 없고 치아를 붙이고 수행하라고 설하는 것을 볼 수 있다.

〈표 5.4〉 싸띠강화 기술[462]

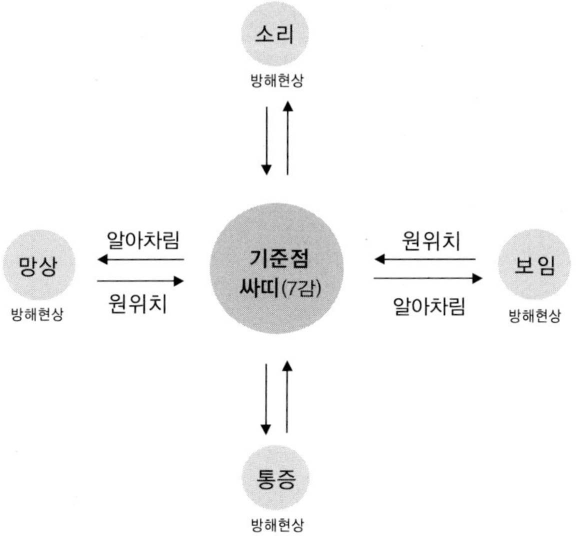

호흡의 들숨과 날숨은 4대 가운데 풍대에 해당한다. 풍대를 기준점으로 정하고 싸띠력, 싸마디의 힘, 쌈빠자나의 힘 등을 향상시키고 혜력을 성숙시켜, 아싸봐를 제거하고, 아싸봐의 속박에서 벗어나 해탈한다.

흔히 '마하시 스타일'로 알려진 좌념할 때, 배의 '일어남-사라짐'은 『나라경(那羅經)』에서 세존이 설한 것을 조금 개량한 것으로 보인다. 따라서 배 움직임을 따라가는 수행기술은 마하시 스타일이라기보다 오히려 'Budha Style'이라고 해야 한다.

462. Buddhapāla(2008), 221. 표25 '싸띠강화 방법'으로 돼 있다.

『염처경念處經』에서는 몸의 32군데 지점을 관찰하거나,463) 묘지에 있는 시체를 대상으로 부정관을 하거나,464) 백골을 대상으로 수행하는 백골관白骨觀을 하라고 설한다.465) 묘지에 흩어져 있는 백골을 보면서 삶의 무상함을 관찰하고, 무상을 관찰함으로써 '나

---

463. MN. I, 57. "puna ca paraṃ bhikkhave bhikkhu imam-eva kāyam uddhaṃ pādatalā adho kesamatthakā tacapariyantaṃ pūrannānappakārassa asucino paccavekkhati: atthi imasmiṃ kāye kesā lomā nakhā dantā taco maṁsaṃ nahāru aṭṭhī aṭṭhimiñjā vakkaṃ hadayaṃ yakanaṃ kilomakaṃ pihakaṃ papphāsam antam antaguṇam udariyaṃ karīsaṃ pittaṃ semhaṃ pubbo lohitaṃ sedo medo assu vasā kheḷo siṅghāṇikā lasikā muttan-ti."
"비구여, 비구는 '이 몸을, 이 몸속에는 머리카락, 몸 털, 손톱, 이빨, 피부, 살, 근육, 뼈, 골수, 위장, 심장, 간장, 늑막, 비장, 폐, 창자, 장막, 위장, 배설물, 뇌수, 담즙, 가래, 고름, 피, 땀, 지방, 눈물, 임파액, 침, 점액, 관절액, 오줌이 있다.' 라고 발가락 위에서부터 머리카락 아래에 이르고, 피부의 끝에 이르기까지 여러 가지 오물로 가득 찬 것으로 관찰한다."

464. MN. I, 58. "puna ca paraṃ bhikkhave bhikkhu seyyathā pi passeyya sarīraṃ sīvathikāya chaḍḍitam ekāhamataṃ vā dvīhamataṃ vā tīhamataṃ vā uddhumātakaṃ vinīlakaṃ vipubbakajātaṃ, so imam-eva kāyam upasaṁharati: ayam-pi kho kāyo evaṁdhammo evaṁbhāvī etam anatīto ti."
"비구여, 비구는 묘지에 버려져 하루, 이틀, 사흘, 나흘이 지나 부풀어 오르고 푸르게 멍들고 고름이 흘러나오는 시체를 보듯, 이 몸을 '이 몸도 이와 같은 성질을 가지고 있고, 이와 같은 존재가 되고, 이와 같은 운명을 벗어나지 못할 것이다.' 라고 관찰한다."

465. MN I, 58. puna ca paraṃ bhikkhave bhikkhu seyyathā pi passeyya sāriraṃ sīvathikāya chaḍḍhitaṃ, aṭṭhikasaṅkhalikaṃ samaṁsalohitaṃ nahārusambandhaṃ, -aṭṭhikasaṅkhalikaṃ nimmaṁsa-lohitamakkhitaṃ nahārusambandhaṃ, -aṭṭhikasaṅkhalikaṃ apagatamaṁsalohitaṃ nahārusambandhaṃ, aṭṭhikāni apagatasambandhāni disāvidisā vikkhittāni, aññena hatthaṭṭhikam aññena pādaṭṭhikam aññena jaṅghaṭṭhikam aññena ūraṭṭhikam aññena kaṭaṭṭhikam aññena piṭṭhikaṇṭakam aññena sīsakaṭāhaṃ, so imam-eva kāyam upasaṁharati: ayam-pi kho kāyo evaṁdhammo evṁbhāvī etam anatīto ti.

는 있다.' 는 자만이 끊어진다고 설한다.466) 『대라후라경大羅睺羅經』에서는 시체의 부패과정을 관찰하면서 마음공간에 존재하는 탐욕이 끊어진다고 주장한다.467) 이들 수행법은 탐욕이 많이 일어나는 수행자가 부정관을 실천하면 욕망이 끊어진다고 강조한다. 그러나 이 수행법은 『비사리경毘舍離經』에서 설하듯이, 세존 당시부터 부작용이 상당했던 것으로 보인다.468)

"비구여, 비구는 묘지에 던져져 살점있고, 피가 스며든 힘줄로 연결된 해골, 살점없고 피가 스며든 힘줄로 연결된 해골, 살점도 피도 없이 힘줄로 연결된 해골, 연결이 풀려 사방으로 팔방으로, 곧 어떤 곳에는 손뼈, 어떤 곳에는 발뼈, 어떤 곳에는 정강이뼈, 어떤 곳에는 넓적다리뼈, 어떤 곳에는 골반뼈, 어떤 곳에는 척추뼈, 어떤 곳에는 갈비뼈, 어떤 곳에는 가슴뼈, 어떤 곳에는 팔뼈, 어떤 곳에는 어깨뼈, 어떤 곳에는 목뼈, 어떤 곳에는 턱뼈, 어떤 곳에는 이빨, 어떤 곳에는 두개골이 흩어진 해골로 이루어진 시체를 보듯, 이 몸을 '이 몸도 이와 같은 성질을 가지고 있고, 이와 같은 존재가 되고 이와 같은 운명을 벗어나질 못할 것이다.' 라고 관찰한다."

466. MN. I, 425. "Rāhula bhāvanaṃ bhāvehi, aniccasaññaṃ hi te Rāhula bhāvanaṃ bhāvayato yo asmimāno so pahīyissati."
"라후라여. 무상상수행(無常想修行)을 하라. 그러면 아만이 소멸할 것이다."

467. MN. I, 424. "asubhaṃ Rāhula bhāvanaṃ bhāvehi, asubhaṃ hi te Rāhula bhāvanaṃ bhāvayato yo rāgo so pahīyissati."
"라후라여. 부정수행(不淨修行)을 하라. 그러면 탐욕이 소멸할 것이다."

468. SN. V, 320-321. "tathā hi pana bhante Bhagavā bhikkhunam anekapariyāyena asubhakathaṃ kathesi asubhāya vaṇṇaṃ bhāsati asubhabhāvanāya vaṇṇaṃ bhāsati, [te ca bhante bhikkhū Bhagavā kho anekapariyāyena asubhakathaṃ kathesi, asubhāya vaṇṇambhāsati asubhakathaṃ kathesi, asubhāya vaṇṇambhāsati asubhabhāvanāya vaṇṇaṃ bhāsatī ti] anekākāravokāram asubhabhāvanānuyogam anuyuttā viharati. te iminā kāyena aṭṭiyamānā harāyamānā satthahārakaṃ pariyesanti dasa pi bhikkhū vīsampi tiṁsam pi bhikkhū ekāhena sattham āharanti. sādhu bhante Bhagavā aññaṃ pariyāyam ācikkhatu thatā yathāyaṃ bhikkhusaṅgho aññāya saṇṭhaheyyā ti."

부정관이나 백골관은 특별한 수행기술이 필요하지 않고, 단지 그 대상을 관찰하면서, 그 대상에 드러난 고유특성이나 내재한 실재를 통찰한다. 이 책에서는 부정관이나 백골관 등의 수행기술은 다루지 않는다.

2) 행념 기술

걸으며 하는 행념行念을 살펴본다. 『맛지마니까야』에서 행념을 설하는 경은 〈표 5.5〉와 같다.

〈표 5.5〉 행념 등장 경

NO	경 명
39	『대마읍경(大馬邑經, *Mahāssapurasutta*)』
53	『학인경(學人經, *Sekhasutta*)』
69	『구니사경(瞿尼師經, *Gulissānisutta*)』
89	『법장엄경(法莊嚴經, *Dhammacetiyasutta*)』
107	『산수목건련경(算數目犍連經, *Gaṇakamoggallānasutta*)』
125	『조어지경(調御地經, *Dantabhūmisutta*)』

"세존이시여, 세존께서는 비구를 여러 가지 부정주제를 말씀하시고, 부정을 찬탄하고, 부정수행을 찬탄했습니다. 그들 비구는 '세존께서는 여러 가지 부정주제를 말씀하시고, 부정을 찬탄하고, 부정수행을 찬탄했다.' 라고 다양한 형태의 차별을 지닌 부정수행을 실천했다. 그들은 이 몸을 수치스럽고 부끄럽고 혐오스러워하여 자결했다. 하루에 10명, 20명, 30명이 자결했다. 세존이시여, 비구가 완전한 앎을 성취할 수 있도록 다른 방편을 설해주소서."

〈표 5.5〉에서 알 수 있듯이 『맛지마니까야』 152경 가운데 6경에서 행념을 설한다. 대부분은 오수행에서 행념과 더불어 좌념과 와념의 수행도 함께 설한다.

행념은 8정도 수행체계의 핵심인 4념처 수행에서 기본기술이다. 『대마읍경大馬邑經』에서는 밤이나 낮이나 행념과 좌념에 전념하라고 설한다.[469] 그러나 이 경에서도 행념기술을 구체적으로 설하지 않는다. 『범마경梵摩經』에서는 행념자세를 다음과 같이 설한다.

"존자 고따마는 걸을 때 오른발을 먼저 내디딘다. 보폭이 길지도 않고, 짧지도 않다. 걸을 때는 빠르지도 않으며, 느리지도 않으며, 무릎으로 무릎을 부딪치지 않으며, 복사뼈로 복사뼈를 부딪치지도 않는다. 걸으면서 넓적다리를 올리거나, 내리거나, 오므리거나 벌리지 않는다. 걸으면서 하체만을 움직이되 몸의 힘으로 애써 걷지 않는다. 존자 고따마는 바라볼 때 온몸으로 바라보되, 위로 곧바로 바라보지 않고, 아래로 곧바로 내려다보지 않고, 두리번거리며 바라보지 않고, 앞으로 적당히 바라본다. 그는 그 위에 열린 지견을 성취한다…그는 너무 빨리 가거나 너무 느리게 가지 않는다."[470]

469. MN. I, 273-274. 주396 참조.

470. MN. II, 137-139. "gacchanto kho pana so bhavaṃ Gotamo dakkhiṇen' eva pādena paṭhamaṃ pakkhamati : so nātidūre pādam uddharati, nāccāsanne pādaṃ nikkhipati : so nātisīghaṃ gacchati, nātisaṇikaṃ gacchati : na ca adduvena adduvaṃ saṁghaṭṭento gacchati : na ca gopphakena gopphakaṃ saṁghaṭṭento gacchati : so gacchanto na satthim unnāmeti : na satthim onāmeti : na satthiṃ sannāmeti : na satthiṃ vināmeti. gacchato kho pan' assa bhoto Gotamassa adharakāyo va iñjati, na ca kāyabalena gacchati. avalokeno kho pana so bhavaṃ Gotamo sabbakāyen' eva avaloketi : so na uddham ulloketi, na adho oloketi, na ca vipekkhamāno gacchati : yugamattañ

이 경에서도 마찬가지로 시선을 조금 앞에 던져두고 천천히 곧게 걷는 자세만 제시할 뿐, 구체적인 기술을 설명하지 않는다. 물론 손도 어떻게 처리하라는 지시가 없다. 『행덕경行德經』에서는 5가지 행념공덕을 다음과 같이 설한다.

"① 긴 여행을 견디게 하고, ② 정근을 할 수 있게 하고, ③ 몸이 건강해진다. ④ 먹고, 마시고, 씹고, 맛본 것을 올바로 소화한다. ⑤ 행념목표인 싸마디를 오래 유지한다."[471]

이 경에서도 5가지 행념공덕을 설하지만, 구체적인 행념기술의 언급이 없다. 단지 행념목적이 싸마디의 강화란 사실을 설할 뿐이다.

좌념으로 싸띠력을 강화하고, 생활념으로 행동하기 전에 일어나는 의도를 통찰하는 쌈빠자나의 힘을 증진한다. 행념으로 좌념과 생활념에 필요한 싸마디를 향상시킨다. 그러나 행념기술은 좌념이나 생활념 만큼 구체적으로 설해져 있지 않다.

---

ca pekkhati : tato c' assa uttarim anāvaṭaṃ ñāṇadassanaṃ bhavati...so nātisīghaṃ gacchati, nātisaṇikaṃ gacchati."

471. AN. III, 29-30. "pañc' ime bhikkhave caṅkame ānisaṁsā. katame pañca? ① addhānakkhamo hoti, ② padhānakkhamo hoti, ③ appābādho hoti, ④ asitapītakhāyitasāyitasammāpariṇāmaṃ gacchati, ⑤ caṅkamādhigato samādhi ciraṭṭhitiko hoti."
번호는 임의로 붙임.

3) 생활념 기술

생활하며 실천하는 생활념生活念을 살펴본다. 생활념은 8정도 수행체계의 4념처 수행에서 좌념과 행념과 더불어 기본기술이다. 생활념은 행주좌와 어묵동정 등의 일상생활 그 자체를 수행으로 삼는다. 처음 수행하는 사람에게는 다소 어려울 수 있고 산만하다고 느낄 수 있다. 그러나 어느 정도 익숙해진 사람은 생활념에서 싸띠력과 싸마디를 향상시켜야 수행진보를 기대할 수 있으므로 생활념을 소홀히 하지 않는다.

(1) 쌈빠자나 기술

행동하기 전에 일어나는 의도를 알아차림하는 쌈빠자나知 기술을 살펴본다. 『맛지마니까야』에서 쌈빠자나를 설하는 경은 〈표 5.6〉과 같다.

〈표 5.6〉 쌈빠자나 등장 경

NO	경 명
10	『염처경(念處經, *Satipaṭṭhānasutta*)』
27	『소상적유경(小象跡喻經, *Cūḷahatthipadopamasutta*)』
38	『대파애경(大破愛經, *Mahātaṇhāsaṅkhayasutta*)』
39	『대마읍경(大馬邑經, *Mahāssapurasutta*)』
51	『굴경(窟經, *Kandarakasutta*)』
60	『근본정경(根本定經, *Apaṇṇakasutta*)』
76	『임경(林經, *Sandakasutta*)』
79	『소전모경(小箭毛經, *Cūḷasakuludāyisutta*)』
94	『고따무카경(*Ghoṭamukhasutta*)』

NO	경 명
101	『천연경(天淵經, *Devadahasutta*)』
107	『산수목건련경(算數目犍連經, *Gaṇakamoggallānasutta*)』
112	『육정경(六淨經, *Chabbisodhanasutta*)』
119	『염신경(念身經, *Kāyagatāsatisutta*)』
125	『조어지경(調御地經, *Dantabhūmisutta*)』

〈표 5.6〉에서 알 수 있듯이 『맛지마니까야』 152경 가운데 14경에서 쌈빠자나 기술을 설한다. 『염처경念處經』에서는 행동하기 전에 일어나는 의도를 알아차림하고 실재를 통찰하는 쌈빠자나 기술을 설한다. 쌈빠자나는 생활념의 핵심기술이자 8정도 수행체계의 정수이다.[472]

(2) 와념 기술

누워서 하는 와념臥念을 살펴본다. 『맛지마니까야』에 등장하는 와념을 설하는 경은 〈표 5.7〉과 같다.

472. MN. I, 56-57. 주365 참조.

〈표 5.7〉 와념 등장 경

NO	경 명
39	『대마읍경(大馬邑經, *Mahāssapurasutta*)』
53	『학인경(學人經, *Sekhasutta*)』
69	『구니사경(瞿尼師經, *Gulissānisutta*)』
89	『법장엄경(法莊嚴經, *Dhammacetiyasutta*)』
107	『산수목건련경(算數目犍連經, *Gaṇakamoggallānasutta*)』
125	『조어지경(調御地經, *Dantabhūmisutta*)』

〈표 5.7〉에서 알 수 있듯이 『맛지마니까야』 152경 가운데 6경에서 와념을 설한다. 대부분은 오수행을 설하면서 와념도 함께 설한다. 『학인경學人經』에서는 와념자세를 다음과 같이 설한다.

"세존은 싼가리(僧伽梨, saṅghāti)를 4겹으로 접고, 오른쪽 옆구리를 밑으로 하고, 사자와 같이 누워서, 한 발을 다른 발에 포개고, 싸띠와 쌈빠자나로 일어나는 현상의 인지(알아차림)에 정신활동을 기울여 눕는다."[473)]

이 경에서 와념할 때는 오른쪽 옆구리가 땅에 닿도록 옆으로 눕고, 발을 포갠 후, 일어나고 사라지는 현상을 싸띠와 쌈빠자나로 알아차림하라고 주문한다. 이것이 와념기술이다. 오수행은 좌념과 행

473. MN. I, 355. "atha kho Bhagavā catuggunạṃ saṅghāṭiṃ paññāpetvā dakkhiṇena passena sīhaseyyaṃ kappesi pāde pādam accādhāya sato sampajāno uṭṭhānasaññaṃ manasikaritvā."

념, 그리고 와념을 병행한다. 이것은 잠을 자거나 누워서 쉬는 것도 수행으로 연결해 정진하는 것으로, 오매일여寤寐一如가 돼야 한다고 강조한다.

수행할 때 직면하는 어려움 가운데 졸음이 가장 큰 요인 중의 하나이다. 따라서 수행자는 수행도중에 쏟아지는 졸음을 효과적으로 처리할 수 있는 다양한 극복방안을 찾는다.『수면경睡眠經』에서는 졸음의 극복방안을 다음과 같이 설한다.

"세존은 마하목가라나 존자에게 말했다. 목갈라나여, 그대는 졸지(睡眠) 않는가? 세존이시여. 그렇습니다. ① 목갈라나여, 그렇다면, 그대는 수행하면서 그대를 수면으로 빠뜨리는 그런 지각에 정신활동을 기울이지 말고, 그런 지각을 익히지 말라. 목갈라나여, 그대가 이와 같이 수행하면 그 수면에서 벗어날 수 있다. ② 목갈라나여, 이와 같이 수행하면서 수면이 버려지지 않으면, 그대는 듣고 배운 대로 법을 마음으로 사유하고, 숙고하고, 마음으로 고찰해야 한다. 목갈라나여, 그대가 이와 같이 수행하면 그 수면에서 벗어날 수 있다. ③ 목갈라나여, 이와 같이 수행하면서 수면이 버려지지 않으면, 그대는 듣고 배운 대로 법을 상세히 암송해야 한다. 목갈라나여, 그대가 이와 같이 수행하면 그 수면에서 벗어날 수 있다. ④ 목갈라나여, 이와 같이 수행하면서 수면이 버려지지 않으면, 그대는 양쪽 귀를 잡아당기고, 손으로 몸을 두드려야 한다. 목갈라나여, 그대가 이와 같이 수행하면 그 수면에서 벗어날 수 있다. ⑤ 목갈라나여, 이와 같이 수행하면서 수면이 버려지지 않으면, 그대는 자리에서 일어나 물로 양쪽 눈을 씻고, 사방을 둘러보고 별자리와 별빛을 바라보아야 한다. 목갈라나여, 그대가 이와 같이 수행하면 그 수면에서 벗어날 수 있다. ⑥ 목갈라나여, 이와 같이 수행하면서 수면이 버려지지 않으면, 그대는 빛의 지각에 정신활동을 일으키고, 낮의 지각을 확립해야 한다. 낮과 같이 밤을, 밤과 같이 낮을, 걸림없이 열린 마음(開心), 빛나는 마음(明心)으로 수행해야 한다. 목갈라나여, 그대가 이와 같이 수행하면 그 수면에서 벗어날 수 있다. ⑦ 목갈라나여, 이와 같이 수행하면서 수면이 버려지지 않으면, 그대는 앞과 뒤를 지각하면서 감관을 안으로 향하게 하고, 마음을 밖으로 흩어지지 않고 행념해야 한다. 목갈라나여, 그대가 이와 같이 수행하면, 그 수면에서 벗어날 수 있다. ⑧ 목갈라나여, 이와 같이 수행하면서 수면이 버려지지 않으면, 그대는 오른쪽 옆구리를 밑으로 하고 사자처럼 하고, 한 발을 다른 발에 포개고, 싸띠와 쌈빠자나로 다시 일어남에 주의를 기울여야 한다. 목갈라나여, 깨어날 때 그대는 이와 같이 침대에 누워있는 즐거움(臥床樂), 쭉 뻗고 쉬는 즐거움(橫臥樂), 잠자는 즐거움(睡眠樂)에 빠지지 않겠다고 각성하고 재빨리 일어나야 한다. 목갈라나여, 그대가 이와 같이 수행하면 그 수면에서 벗어날 수 있다. 목갈라나여 이와 같이 배워야 한다."[474)]

---

474. AN. Ⅳ, 85-87. "Bhagavā āyasmantaṃ Mahāmoggallānam etad avoca pacalāyasi no tvaṃ Moggallāna pacalāyasi no tvaṃ Moggallāna ti? evaṃ bhante. ① tasmā ti ha tvaṃ Moggallāna, yathā saññissa te viharato taṃ middham okkamati, taṃ saññaṃ manasākāsi taṃ saññaṃ bahulam akāsi: ṭhānaṃ kho pan' etaṃ vijjati, yan te evaṃ viharato taṃ middhaṃ pahīyetha. no ce te evaṃ viharato taṃ middhaṃ pahīyetha, ② tato tvaṃ Moggallāna yathāsutaṃ yathāpariyattaṃ dhammaṃ cetasā anuvitakkeyyāsi anuvicāreyyāsi manasānupekkheyyāsi: ṭhānaṃ kho pan' etaṃ vijjati, yan te evaṃ viharato taṃ middhaṃ pahīyetha. no ce te evaṃ viharato taṃ middhaṃ pahīyetha, ③ tato tvaṃ Moggallāna yathāsutaṃ yathāpariyattaṃ dhammaṃ vitthārena sajjhāyaṃ kareyyāsi: ṭhānaṃ kho pan' etaṃ vijjati, yan te evaṃ viharato taṃ middhaṃ pahīyetha. no ce te evaṃ viharato taṃ middhaṃ pahīyetha, ④ tato tvaṃ Moggallāna ubho kaṇṇasotāni āvijeyyāsi pāṇinā gattāni anumajjeyyāsi: ṭhānaṃ kho pan' etaṃ vijjati, yan te evaṃ viharato taṃ middhaṃ pahīyetha. no ce te evaṃ viharato taṃ middhaṃ pahīyetha, ⑤ tato tvaṃ Moggallāna uṭṭhāyāsanā udakena akkhīni anumajjitvā disā anuvilokeyyāsi nakkhattāni tārakarūpāni ullokeyyāsi: ṭhānaṃ kho pan' etaṃ vijjati, yan te evaṃ viharato taṃ middhaṃ pahīyetha. no ce te evaṃ viharato taṃ middhaṃ pahīyetha, ⑥ tato tvaṃ Moggallāna ālokasaññaṃ manasikareyyāsi disā saññam adhiṭṭheyyāsi : yathā divā thatā rattiṃ, yathā rattiṃ thatā divā. iti vivaṭena cetasā apariyonaddhena sappabhāsaṃ cittaṃ bhāveyyāsi: ṭhānaṃ kho pan' etaṃ vijjati, yan te evaṃ viharato taṃ middhaṃ pahīyetha. no ce te evaṃ viharato taṃ middhaṃ

이 경에서 설명한 것처럼, 세존은 수행자가 수행할 때 졸음이 오면 다양한 노력으로 졸음을 극복해야 한다고 강조한다. 『불퇴전경不退轉經』에서는 졸음태도를 다음과 같이 설한다.

"비구가 수면을 즐기지 않고, 수면을 기뻐하지 않고, 수면의 즐거움에 몰두하지 않는 한, 비구여, 비구에게는 번영만이 기대되고 쇠퇴는 기대되지 않는다."475)

이 경에서 보듯이 비구가 수면에서 호감이나 기쁨을 찾지 않으면 번영만 있고 퇴전은 없다고 강조한다. 『편경片經』에서는 세존이 아파 누워있지만, 다른 사람의 눈에는 누워 쉬고있는 것으로 오해받기도 한다.476) 『대제경大諦經』에서처럼 세존이 누워 와념을 하지

---

pahīyetha, ⑦ tato tvaṃ Moggallāna pacchāpuresaññī caṅkamam adhiṭṭheyyāsi antogatehi indriyehi abahigatena mānasena: ṭhānaṃ kho pan' etaṃ vijjati, yan te evaṃ viharato taṃ middhaṃ pahīyetha. no ce te evaṃ viharato taṃ middhaṃ pahīyetha, ⑧ tato tvaṃ Moggallāna dakkhiṇena passena sīhaseyyaṃ kappeyyāsi pādena pādam accādhāya sato sampajāno uṭṭhānasaññaṃ manasikaritvā, paṭibuddhena ca te Moggallāna khippaṃ yena paccuṭṭhātabbaṃ na seyyasukhaṃ na passasukhaṃ na middhasukham anuyutto viharissāmi ti. evaṃ hi te Moggallāna sikkhitabbaṃ."
번호는 임의로 붙임.

475. AN. Ⅳ, 22. "yāvakīvañ ca bhikkhave bhikkū na niddārāmā bhavissanti na niddāratā na niddārāmatam anuyuttā, vuddhi yeva bhikkhave bhikkhūnaṃ pāṭikaṅkhā, no parihāni."

476. SN. Ⅰ, 110-111. "tena kho pana samayena Bhagavato pādo sakalikāya khato hoti, bhusā sudaṃ Bhagavato vedanā vattanti sārīrikā dukkhā tibbā kharā kaṭukā asātā amanāpa, tāsudaṃ Bhagavā sato sampajāno adhivāseti avihaññamāno. atha kho Māro pāpimā yena Bhagavā ten-upasaṅkami, up-

만, 그런 행동이 당시 사람에게는 잠자는 것으로 여겨지기도 한다.477)

---

asaṅkamitvā Bhagavantaṃ gāthāya ajjhabhāsi. mandiyā nu sesi udāhu kāveyya-matto, atthā nu te sampacurā na santi, eko vivitte sayanāsanamhi, niddāmukho kim idaṃ soppasevā ti. na mandiyā sayāmi nāpi kāveyya-matto, atthaṃ sameccāham apetasoko, eko vivitte sayanāsanamhi, sayām-ahaṃ sabbabhūtānukampī. yesaṃ pi sallam urasi paviṭṭhaṃ, muhuṃ muhuṃ badayaṃ vedhamānaṃ, te cāpi soppaṃ labhare sasallā, kasmā ahaṃ na supe vītasallo. jaggaṃ na saṅke na pi bhemi sottuṃ, rattindivā nānutapanti māmaṃ, hāniṃ na passāmi kuhiñci loke, tasmā supe sabbabhūtānukampīti."

"세존이 돌조각 때문에 발에 상처입었다. 세존은 몸이 몹시 아프고 무겁고 쑤시고 아리고 불쾌하고 언짢은 것을 심하게 느꼈다. 그러나 세존은 올바른 싸띠와 쌈빠자나로 마음을 가다듬어 고통없이 참아냈다. 그때 악마 빠삐만이 세존이 계신 곳으로 가까이 다가와 세존에게 말했다. 게으르게 시상에 잠겨 누워있는가? 해야 할 일이 많지 않은가? 홀로 외로운 휴식처에서 졸린 얼굴로 왜 이렇게 잠자고 있는가? 세존이 대답한다. 나는 게으름을 피우거나 시상에 잠겨 눕지 않네, 할 일을 다해 마쳐 아싸봐를 떠났네, 홀로 외로운 휴식처에서 모든 중생을 불쌍히 여기며 편히 누워있네. 사람은 화살이 가슴에 박혀 매순간 심장에 고통 겪지만 화살에도 불구하고 잠에 빠지네, 나는 화살을 뽑아버렸네, 왜 편히 잠자서는 안 되는가? 나는 깨는데 주저함없고 잠드는데 두려움없네. 아싸봐없어 밤낮으로 괴로움없네, 세상의 퇴락을 보지않고, 모든 중생을 불쌍히 여기며 편히 누워있네."

477. MN. I, 249-250. "okappaniyam-etaṃ bhoto Gotamassa yathā tam arahato sammāsambuddhassa. abhijānāti pana bhavaṃ Gotamo divā supitā ti.- abhijānām' aham Aggivessana gimhānaṃ pacchime māse pacchābhattaṃ piṇḍapātapaṭikkanto catugguṇaṃ saṅghāṭiṃ paññāpetvā dakkhiṇena passena sato sampajāno niddam okkamitāti. -etaṃ kho bho Gotama eke samaṇabrāhmaṇā sammohavihārasmiṃ vadantīti. Aggivessana. -na kho Aggivessana ettāvatā sammūḷho vā hoti asammūḷho vā."

"정자각을 믿는 것처럼 존자 고따마를 믿는다. 그런데 존자 고따마가 대낮에도 낮잠을 잔 것을 기억한다. 악기베싸나여. 나는 여름의 마지막 달에 공양을 마친 후 탁발에서 돌아와 대가사를 4겹으로 깔고 오른 쪽 옆구리를 아래로 하고 누워 싸띠와 쌈빠자나를 가지고 잠에 든 것을 기억한다. 악기베사나여. 나는 여름의

(3) 공양념 기술

공양할 때 하는 공양념供養念을 살펴본다. 『맛지마니까야』에서 공양념을 설하는 경은 〈표 5.8〉과 같다.

〈표 5.8〉 공양념 등장 경

NO	경 명
3	『법속경(法續經, *Dhammadāyādasutta*)』
12	『대사자후경(大獅子吼經, *Mahāsīhanādasutta*)』
21	『거유경(鋸喩經, *Kakacūpamasutta*)』
36	『대제경(大諦經, *Mahāsaccakasutta*)』
38	『대파애경(大破愛經, *Mahātaṇhāsaṅkhayasutta*)』
39	『대마읍경(大馬邑經, *Mahāssapurasutta*)』
53	『학인경(學人經, *Sekhasutta*)』
65	『발타화리경(跋陀和利經, *Baddālisutta*)』
66	『가루조타이경(迦樓烏陀夷經, *Laṭukikopamasutta*)』
69	『구니사경(瞿尼師經, *Gulissānisutta*)』
70	『충산경((蟲山經, *Kīṭāgirisutta*)』
77	『대전모경(大箭毛經, *Mahāsakuludāyisutta*)』
85	『보리왕자경(菩提王子經, *Bodhirājakumārasutta*)』
91	『범마경(梵摩經, *Brahmāyusutta*)』
100	『싼가라봐경(*Saṅgāravasutta*)』
107	『산수목건련경(算數目犍連經, *Gaṇakamoggallānasutta*)』
125	『조어지경(調御地經, *Dantabhūmisutta*)』

마지막 달에 공양을 마친 뒤, 탁발에서 돌아와 큰 옷을 4겹으로 깔고 오른 쪽 옆구리를 아래로 하고 누워 싸띠와 쌈빠자나하며 잠에 든 것을 기억한다.”

〈표 5.8〉에서 알 수 있듯이, 『맛지마니까야』 152경 가운데 17경에서 공양념을 설한다.

음식 자체는 가치중립적이지만 그것을 대하는 사람마음에 욕망이 일어나는지 혐오가 일어나는지에 따라 음식가치는 달라진다. 그러므로 수행을 통해 항상 알아차림을 놓치지 않아야 한다. 그래야 삶의 질이 평화로워진다.478)

『대사자후경大獅子吼經』에서 설하듯이, 세존 당시 고행주의자 가운데 어떤 수행자는 음식으로 청정해진다는 생각을 하는 사람도 있었다.479) 그래서 극단적으로 단식하거나 절식하기도 한다. 『대제경大諦經』에서는 세존도 그런 전통에 따라 음식을 극단적으로 절제하며 고행한다. 그러나 그것이 잘못된 것임을 깨닫고 중단한다.480)

---

478. Conze, Edward(2001), 62-63. *Buddhism : It's esence and development,* New Delhi : Munshiram Manoharal Publishers. "우리가 살아간다는 것은 우리의 의지와 상관없이 그것이 동물이건 식물이건 다른 생명의 에너지를 통해서만이 가능하다."고 지적한다.

479. MN. Ⅰ, 80. "santi kho pana Sāriputta eke samaṇabrāhmaṇā evaṃ vādino evaṁdiṭṭhino: āhārena suddhīti."
"싸리뿟따여, 어떤 싸마나나 브라흐마나는 이와 같이 설하고, 이와 같은 견해를 갖고 있다. 청정은 음식에서 온다."

480. MN. Ⅰ, 245-246. "tassa mayham Aggivessana etad-ahosi: yan-nūnāhaṃ sabbaso āhārupacchedāya paṭipajjeyyan-ti. atha kho mam Aggivessana devatā upasaṅkamitvā etad-avocuṃ: mā kho tavṃ mārisa sabbaso āhārupacchedāya paṭipajji, sace kho tavṃ mārisa sabbaso āhārupacchedāya paṭipajjissasi tassa te mayaṃ dibbam ojaṃ lomakūpehi ajjhoharissāma, tāya tvaṃ yāpessasīti. tassa mayham Aggivessana etad-ahosi: ahañ- c'eva kho pana sabbaso ajaddhukaṃ paṭijāneyyam imā ca me devatā dibbam ojaṃ lomakūpehi ajjhohareyyuṃ tāya cāhaṃ yāpeyyaṃ, taṃ mama assa musā ti. so kho aham

『진인경眞人經』에서는 한 끼의 공양으로 살기 때문에 아싸봐가 제거되는 것은 아니라고 설한다.[481] 『대제경大諦經』에서는 물질적인 궁핍이 아니라 마음에서 욕망이 일어나지 않아야 아싸봐가 끊어질 수 있다고 자각한 순간, 새로운 수행의 문이 열린다고 설한다.[482]

Aggivessana tā devatā paccācikkhāmi, halan-ti vadāmi...na kho panāham imāya kaṭukāya dukkharakārikāya adhigacchāmi uttariṃ manussadhammā alamariyañāṇadassanavisesaṃ, siyā nu kho añño maggo bodhāyāti"

"악기베사나여, 그런 나에게 이와 같은 생각이 떠올랐다. 내가 완전히 음식을 끊고 수행해보면 어떨까? 악기베사나여, 그러자 신이 나에게 다가와 이와 같이 말했다. 벗이여, 그대는 완전히 음식을 끊고 수행하지 마세요. 벗이여, 그대가 완전히 음식을 끊고 수행한다면, 우리는 그대가 살 수 있도록 하늘음식을 그대의 털구멍을 통해 공급할 것이다. 그러자 악기베싸나여, 나는 이와 같이 생각했다. 내가 완전히 절식을 선언했는데, 이들 신이 하늘의 음식을 공급하고 내가 그것으로 산다면, 난 거짓말하는 것이 된다. 그래서 악기베사나여, 나는 그들 신의 제안을 거절하고 필요없다고 말했다...그러나 나는 이런 고행으로도 인간을 뛰어넘는 법, 고귀한 님이 갖추어야 할 탁월한 지견을 성취하지 못했다. 깨달음에 이르는 다른 길이 있지 않을까?"

481. MN. Ⅲ, 42. "sappuriso ca kho, bhikkhave, iti paṭisaṃcikkhati: na kho ekāsanikattena lobhadhammā vā parikkhayaṃ gacchanti, dosadhammā vā parikkhayaṃ gacchanti, mohadhammā vā parikkhayaṃ gacchanti, no ce pi ekāsaniko hoti, so ca hoti dhammānudhammapaṭipanno sāmīcipaṭipanno anudhammacārī, so tattha pujjo so tattha pāsaṁso ti. so paṭipadaṃ yeva antaraṃ karitvā tena ekāsaṇikattena n' ev' attān' ukkaṁseti na paraṃ vambheti. ayam pi, bhikkave, sapurisadhammo."

"비구여, 진인은 하루 한 끼의 공양으로 살기 때문에 탐, 진, 치가 부서지는 것은 아니다. 하루 한 끼의 공양으로 살지 않더라도 여법하고 조화롭게 법을 실천하고, 법에 따라 행동하면, 그는 그 때문에 '존경받고 칭찬받을 것이다.' 라고 생각한다. 그래서 그는 길을 먼저 실천하고 그 하루 한 끼의 공양으로 사는 것 때문에 자신을 칭찬하지도 않고 남을 비난하지도 않는다. 비구여, 이것이 진인의 성품이다."

482. MN. Ⅰ, 246-247. 주92 참조.

『학인경學人經』에서는 계행을 지키고, 감각의 문을 수호하며, 공양할 때, 자신이 먹을 분량을 알고서 절제해야 한다고 설한다. 따라서 세존은 공양시간과 먹을 분량을 알맞게 조절하는 것이 수행 향상에 도움된다고 강조한다.[483] 『산수목건련경算數目犍連經』에서는 공양태도를 다음과 같이 설한다.

"브라흐마나여, 비구가 감각의 문을 수호하면, 여래는 그를 다시 이와 같이 길들인다. '오라 비구여, 공양하는데 분량을 알아라. 향락을 위한 것이 아니고, 취기를 위한 것이 아니고, 아름다움을 위한 것이 아니고, 매력을 위한 것이 아니다. 단지 이 몸을 지탱하고, 건강을 지키고, 상해를 방지하고, 청정수행을 보존하기 위해, 이와 같이 나는 예전의 고통을 끊고, 새로운 고통을 일으키지 않고, 건강하고 허물없이 안온하리라고 생각하며, 성찰로 이치에 맞게 공양을 수용하리라.' "[484]

---

483. MN. I, 355. "atha kho āyasmā Ānando Mahānāmaṃ Sakyam āmantesi: idha Mahānāma ariyasāvako sīlasampanno hoti, indriyesu guttadvāro hoti, bhojane mattaññū hoti, jāgariyam anuyutto hoti."
"마하나마(Mahānāma)여, 세상에서 고귀한 제자는 계행을 지키고 감각의 문을 수호하고, 공양하는데 분량을 알고, 항상 깨어있으며, 7가지 올바른 성품을 갖추고, 보다 훌륭한 마음을 보여주고 지금 여기에서의 행복을 제공하는, 4가지 선정을 뜻대로 곤란없이 어려움없이 성취하는 자이다."

484. MN. III, 2. "yato kho brāhmaṇa, bhikkhu indriyesu guttadvāro hoti, tam evaṃ Tathāgato uttariṃ vineti:-ehi tvaṃ bhikkhu, bhojane mattaññū hohi, paṭisaṅkhā yoniso āhāram āhāreyyāsi n' eva davāya na madāya na maṇḍanāya na vibhūsanāya yāvad eva imassa kāyassa ṭhitiyā yāpanāya vihiṁsūparatiyā brahmacariyānuggahāya: iti purāṇañ ca vedanaṃ paṭihaṅkhāmi navañ ca vedanaṃ na uppādessāmi, yātrā ca me bhavissati anavajjatā ca phāsuvihāro cāti."

이 경에서뿐만 아니라『조어지경調御地經』에서도 출가수행자를 훈련시킬 때, 처음에는 학습계목을 받고 수행한다. 그 다음 단계에서는 감각의 문을 수호한다. 이어진 단계에서는 공양의 양을 조절하도록 훈련하는 것이 수행향상에 도움된다고 강조한다.[485] 수행을 처음 시작하는 초보수행자가 과식하면 자연히 나태해지고 졸음에 빠지기 쉽다. 그래서 수행에 필요한 최소한의 음식만을 섭취하고 절제하는 훈련을 처음부터 강조한 것이다.

탁발걸식하며 생활하는 출가수행자는 매일 필요음식을 해결하

485. MN. III, 134."ehi tvaṃ, bhikkhave, sīlavā hohi, pātimokkhasaṁvarasaṁvuto viharāhi āc āragocarasampanno, aṇumattesu vajjesu bhayadassāvī samādāya sikkhāhi sikkhāpadesūti. yato kho, Aggivessana, ariyasāvako sīlavā hohi, pātimokkhasaṁvarasaṁvuto viharati āc āragocarasampanno, aṇumattesu vajjesu bhayadassāvī samādāya sikkhati sikkhāpadesū, tam enaṃ Tathāgato uttariṃ vineti. ehi tvaṁ, bhikkhu, indriyesu guttadvāro hohi. cakkhunā rūpaṁ disvāna mā nimittaggāhī mā nubyañjanaggāhī, yatvādhikaraṇam enaṁ cakkhundriyam asaṁvutaṁ viharantam abhijjhādomanassā pāpakā akusalā dhammā anvāssaveyyuṁ, tassa saṁvarāya paṭipajja rakkha cakkhundriyaṁ cakkhundriye saṁvaraṁ āpajja...yato kho Aggivessana, ariyasāvako indriyesu guttadvāro hoti, tam evaṃ Tathāgato uttariṃ vineti."
"오라, 비구여, 모름지기 계행을 닦고 계율을 갖추어라. 계율항목을 수호하고 지켜서 행동규범을 완성하라. 사소한 잘못에서 두려움을 보고 학습계율을 받아 배워라. 악기베사나여, 비구가 모름지기 계행을 닦고 계율을 갖추고, 계율을 수호하고 지켜서 행동규범을 완성하고, 사소한 잘못에서 두려움을 보고 학습계율을 받아 배우면, 여래는 그를 더욱 이와 같이 길들인다. 안으로 색을 보고 그 인상과 연상에 집착하지 말라. 그대가 안근을 수호하지 않으면 탐욕과, 근심, 악하고, 불건전한 상태가 그대에게 침입할 것이므로 절제의 길을 닦고 안근을 수호하고 안근을 제어하라...악기베사나여, 비구가 감각의 문을 수호하면, 여래는 그를 더욱 이와 같이 길들인다."

는 것이 중요과제이다. 당시 일부 고행주의자는 절식이나 단식 등을 수행으로 삼고 고행한다. 세존도 마찬가지이다. 『대제경大諦經』에서는 당시의 고행자가 자신이 먹을 분량보다 많이 먹어서 욕망이 발생할 것을 우려해 음식을 조절한다. 그러나 세존은 수행하기 위해서는 적절한 영양이 공급돼야 한다는 의견을 가진다. 따라서 몸이 건강해지는 것을 우려한 이유가 탐욕이 일어나는 것을 경계하는 것이라면, 자기마음을 잘 살펴 탐욕이 일어나지 않게 하면 된다고 설한다.[486] 이런 관점에 기초해 세존은 당시 고행주의자가 해오던 극단적인 음식절제를 버리고 적절한 영양섭취를 받아들인다. 그리고 탁발하거나 공양할 때의 시간을 생활념으로 활용한다. 『범마경梵摩經』에서는 공양할 때의 자세를 다음과 같이 설한다.

"그는 공양받을 때 빳따를 위로 올리지않고, 밑으로 내리지않고, 앞으로 기울이지않고, 뒤로 구부리지않는다. 그는 빳따에 공양을 조금이거나 지나치게 많이 받지 않는다. 그는 음식을 먹지만 한 입에 적당량을 먹는다. 고따마는 입에서 두세 번 씹어서 삼킨다. 어떠한 밥 알갱이도 부수어지지 않고는 삼키지 않는다. 어떠한 밥 알갱이도 입에 남겨두지 않는다. 그리고 나서 다른 한 조각을 취한다. 그는 맛을 음미하면서 음식을 먹지만 맛에 탐착하지 않는다...그는 공양을 끝내고 잠시 침묵하고 앉아있지만, 공덕회향 시간을 빠뜨리지 않는다. 그가 공양을 끝내고 감사를 표할 때는 음식을 불평하지 않고, 다른 음식을 요구하지 않고, 반드시 대중에게 법문으로 훈계하고, 격려하고, 고무시키고, 기쁘게 한다. 그가 대중에게 법문으로 훈계하고, 격려하고, 고무시키고, 기쁘게 하고

486. MN. Ⅰ, 246-247. 주92 참조.

나서, 자리에서 일어나 떠난다."487)

공양념의 핵심은 두 가지이다. 하나는 하루에 공양하는 시간과 횟수이다. 다른 하나는 공양하는 것 자체를 수행으로 삼는 것이다.

먼저 공양의 횟수와 시간을 살펴본다. 『충산경蟲山經』에서는 오후불식을 행함으로써 무병하고 건강하게 생활할 수 있다고 설하

---

487. MN. II, 138-139. "so pattodakaṃ patigaṇhanto na pattam unnāmeti, na pattam onāmeti, na pattaṃ sannāmeti, na pattaṃ vināmeti, so pattodakaṃ patigaṇhāti nātithokaṃ nātibahuṃ. so na khulukhulukārakaṃ pattaṃ dhovati, na samparivattakaṃ pattaṃ dhovati, na pattaṃ bhūmiyaṃ nikkhipitvā hatthe dhovati : hatthesu dhotesu patto dhoto hoti : patte dhote hatthā dhotā honti : so pattodakaṃ chaḍḍeti nātidūre nāccāsanne na ca vichaḍḍayamāno. so odanaṃ patigaṇhanto na pattam unnāmeti, na pattam onāmeti, na pattaṃ sannāmeti, na pattaṃ vināmeti. so odanaṃ patigaṇhāti nātithokaṃ nātibahuṃ. byañjanaṃ kho pana so bhavaṃ Gotamo byañjanamattāya āhāreti, na ca byañjanena ālopam atināmeti. dvattikkhattuṃ kho pana so bhavaṃ Gotamo mukhe ālopaṃ samparivattetvā ajjhoharati, na c' assa kāci odanamiñjā asambhinnā kāyaṃ pavisati, na c' assa kāci odaniniñjā mukhe avasiṭṭhā hoti : athāparam ālopam upanāmeti. rasapaṭisaṁvetī kho pana so bhavaṃ Gotamo āhāreti, no ca rasarāgapaṭisaṁvedī. aṭṭhaṅgasamannāgataṃ kho pana so bhavaṃ Gotamo āhāram āhāreti, n'eva davāya na madāya na maṇḍanāya na vibhūsanāya, yāvadeva imassa kāyassa ṭhitiyā yāpanāya vihiṁsūparatiyā brahmacariyānuggahāya: iti purāṇañ ca vedanaṃ paṭihaṅkhāmi navañ ca vedanaṃ na uppādessāmi : yātrā ca me bhavissati anavajjatā ca phāsuvihāro cāti...so bhuttāvī pattaṃ bhūmiyaṃ nikkhipati nātidūre nāccāsanne, na ca anatthiko pattena hoti, na ca vichaḍḍayamāno. so bhuttāvī muhuttaṃ tuṇhī nisīdati, na ca anumodanassa kālam atināmeti. so bhuttāvī anumodati. na taṃ bhattaṃ garahati, na aññaṃ bhattaṃ paṭikaṅkhati, aññadatthu dhammiyā kathāya taṃ parisaṃ sandasseti samādapeti samuttejeti sampahaṁseti. so taṃ parisaṃ dhammiyā kathāya sandassetvā samādapetvā samuttejetvā sampahaṁsetvā uṭṭhāy' āsanā pakkamati."

고,[488] 『거유경鋸喩經』에서는 하루에 한 번 공양함으로써 건강하게 지낼 수 있다고 강조한다.[489] 『가루조타이경迦樓烏陀夷經』에서는 싼가가 형성되고 그 초기에는 오후불식이 정착되지 못하다 보니 하루에 몇 끼를 먹을 것인지를 두고 세존과 수행자 사이에 약간의 견해차가 있었던 것으로 보인다. 그러나 점차 오후불식이 자리잡게 되면서 공양절제가 수행진보에 도움된다는 것을 이해하고 받아들

---

488. MN. I, 473. "ahaṃ kho bhikkhave aññatr' eva rattibhojanā bhuñjamāno appābādhatañ-ca sañjānāmi appātaṅkatañ-ca lahuṭṭhānañ-ca balañ-ca phāsuvihārañ-ca."
"비구여. 나는 밤에 공양하지 않는다. 밤에 공양하지 않기 때문에 무병하고, 건강하고, 상쾌하고, 힘있고, 안온한 삶을 즐긴다. 비구여. 오라, 그대도 밤에 공양하지 않기를 바란다. 비구여, 그대도 밤에 공양하지 않음으로써 무병하고, 건강하고, 상쾌하고, 힘있고, 안온한 삶을 즐기기 바란다."

489. MN. I, 124. "atha kho Bhagavā bhikkhū āmantesi: ārādhayiṁsu vata me bhikkhave bhikkhū ekaṃ samayaṃ cittaṃ. idhāhaṃ bhikkhave bhikkhū āmantesiṃ. ahaṃ kho bhikkhave ekāsanabhojanaṃ bhujñjāmi : ekāsanabhojanaṃ kho ahaṃ bhikkhave bhuñjamāno appābādhatañ-ca sañjānāmi appātaṅkatañ-ca lahuṭṭhānañ-ca balañca phāsuvihārñ-ca. etha tumhe pi bhikkhave ekāsanabhojanaṃ bhuñjatha : ekāsanabhojanaṃ kho bhikkhave tumhe pi bhuñjamānā appābādhatañ-ca sañjānissatha appātaṅlahuṭṭhānañ-ca balañ-ca phāsuvihārañ-cāti. na me bhikkhave tesu bhikkhusu anusāsanī kariṇīyā ahosi : satuppādakaraṇīyam-eva me bhikkhave tesu bhikkhusu ahosi."
"비구여. 참으로 비구가 나의 마음을 기쁘게 한 적이 있다. 비구여. 나는 참으로 하루에 한 번 공양한다. 비구여. 나는 하루에 한 번 공양함으로써 무병하고, 건강하고, 상쾌하고, 힘있고, 평안할 것을 지각한다. 비구여. 그대도 하루에 한 번 공양하면 좋을 것이다. 비구여. '그대도 한 번 공양함으로써 무병하고, 건강하고, 상쾌하고, 힘있고, 평안할 것을 지각하면 좋을 것이다.' 라고 일러주었다. 나는 그 비구에게 법을 베풀 필요가 없었고, 오로지 그 비구에게 싸띠를 가질 필요가 있었다."

인다.490)

다른 하나는 공양하는 것 자체를 수행으로 활용하는 것이다. 『범마경梵摩經』에서는 다음과 같이 설한다.

"그는 음식을 먹지만 한 입에 적당량을 먹는다. 고따마는 입에서 두세 번 씹어서 삼킨다. 어떠한 밥 알갱이도 부수어지지 않고는 삼키지 않는다. 어떠한 밥 알갱이도 입에 남겨두지 않는다. 그러고 나서 다른 한 조각을 취한다. 그는

490. MN. I, 449-450. "evam-eva pan' Udāyi idh' ekacce moghapurisā: idaṃ pajahathāti mayā vuccamāna te evam-āhaṁsu: kiṃ pan' imassa appamattakassa oramattakassa, adhisallikhat' evāyaṃ samaṇo ti : te tañ-c' eva na-ppajahanti mayi ca appaccayam upaṭṭhāpenti ye ca bhikkhū sikkhākāmā. tesan-tam Udāyi hoti balavaṃ bandhanaṃ daḷhaṃ bandhanaṃ thiraṃ bandhanam apūtikaṃ babdhanaṃ thūlo kaḷiṅgaro. idha pan' Udāyi ekacce kulaputtā: idaṃ pajahathāti mayā vuccamāna te evam-āhaṁsu: kiṃ pan' imassa appamattakassa oramattakassa pahātabbassa yassa no Bhagavā pahānam-āha, tassa no Sugato paṭinissaggam-āhāti : te tañ-c' eva pajahanti mayi ca na appaccayam upaṭṭhāpenti ye ca bhikkhū sikkhākāmā. te taṃ pahāya appossukkā pannalomā paradavuttā migabhūtena cetasā viharanti."
"우다인이여. 이와 같이 어떤 어리석은 사람은 내가 이것을 버리라고 말하면, 그들은 이와 같이 사소하고 작은 일을 가지고 뭘 그런가, '이 비구는 너무 지나치게 버리고 없애는 자이다.' 라고 말한다. 그래서 그들은 그것을 없애지 않고 나에게 뿐만 아니라 배움을 원하는 비구에게도 불만을 품는다. 우다인이여. 그에게는 그것이 강한, 견고한, 질긴, 썩지 않은 결박이 되고 두꺼운 멍에가 된다. 우다인이여. 여기 어떤 훌륭한 가문의 아들은 내가 이것을 버리라고 말하면, 그들은 이와 같이 사소하고 작은 일을 가지고 뭘 그러실까? 그러나 '세존이 이것을 버리라고 말씀하셨고, 선서가 이것을 버리라고 말씀하셨다.' 라고 말한다. 그래서 그는 그것을 없애고 나에게 뿐만 아니라 배움을 원하는 비구에게도 불만을 품지않는다. 그들은 그것은 버리고 나서 편안하고 안심하고 남이 주는 선물로 살며 사슴과 같은 마음으로 지낸다."

맛을 음미하면서 음식을 먹지만 맛에 탐착하지 않는다."[491]

이 경에서는 음식을 먹을 때는 가급적 입에 있는 음식을 모두 씹어서 삼킨 후에 다음 음식을 입에 넣는다. 이것은 공양념할 때 싸띠와 쌈빠자나 기술과 연결할 수 있는 중요기술이다. 음식씹는 움직임 하나하나를 집중해 따라가며 알아차림하면서 공양한다. 그러면 싸띠력은 물론 쌈빠자나의 힘을 향상시킬 수 있다.

음식을 절제하거나 음식을 먹는 과정을 알아차림하는 것은 수행과 연결될 수밖에 없다. 공양과정을 수행과 연결지으면 수행진보에 도움된다. 세존 당시 수행자는 하루에 한 끼를 기본으로 한다. 아침에는 전날 남은 음식이 있으면 먹고, 없으면 먹지 않으면서 시간을 절약하고 삶을 단출하게 해 수행에 집중한다. 탁발할 때는 행념이나 생활념을 병행할 수 있다. 행념으로 싸마디를 키우고, 생활념으로 행동하기 전에 일어나는 의도를 알아차림하는 쌈빠자나의 힘을 향상시킬 수 있다.

---

491. MN. II, 138. "so odanaṃ patigaṇhanto na pattam unnāmeti, na pattam onāmeti, na pattaṃ sannāmeti, na pattaṃ vināmeti. so odanaṃ patigaṇhāti nātithokaṃ nātibahuṃ. byañjanaṃ kho pana so bhavaṃ Gotamo byañjanamattāya āhāreti, na ca byañjanena ālopam atināmeti. dvattikkhattuṃ kho pana so bhavaṃ Gotamo mukhe ālopaṃ samparivattetvā ajjhoharati, na c' assa kāci odanamiñjā asambhinnā kāyaṃ pavisati, na c' assa kāci odaniniñjā mukhe avasiṭṭhā hoti : athāparam ālopam upanāmeti. rasapaṭisaṁvetī kho pana so bhavaṃ Gotamo āhāreti, no ca rasarāgapaṭisaṁvedī."

(4) 묵언념 기술

묵언념默言念을 살펴본다. 묵언념은 특별기술이 있는 것이 아니라 개인의지가 필요한 영역이고, 삶의 태도와 습관에 해당한다.

생활념에서 주목되는 것 가운데 하나는 묵언념이다. 『성구경聖求經』에서 수행자는 법담을 위해서만 말을 해야 한다고 설한다.[492] 그 이유는 말은 수행진보에 방해요소가 되기 때문이다. 싸마디의 씨가 형성되기 전에 말은 싸띠력과 싸마디를 약화시키는 요인이 된다. 그래서 수행지도하는 스승은 수행자가 묵언할 것을 강력하게 요구한다.

말로 인해 인간관계가 복잡해지면, 그것이 수행을 방해하기도 한다. 그래서 세존은 수행자는 될 수 있는 대로 말을 아껴야 한다고 설한다. 그러나 출가 이전의 습관으로 인해 수행자가 수행도중에 말을 많이 하기도 한다. 그러므로 수행자는 될 수 있는 한 묵언하되 자기내면에 흐르는 마음상태를 알아차림의 대상으로 삼는다. 그리고 그런 마음흐름을 알아차림하면, 이는 수행진보에 도움된다.

『소사라림경小沙羅林經』에서는 수행자가 대중과 함께 생활할 때

---

492. MN. I, 161. "Sādhu bhikkhave, etaṃ kho bhikkhave tumhākaṃ patirūpaṃ kulaputtānaṃ saddhā agarasmā anagāriyaṃ pabbajitānaṃ yaṃ tumhe dhammiyā kathāya sannisīdeyyātha. sannipatitānaṃ vo bhikkhave dvayaṃ karaṇīyaṃ: dhammī vā kathā ariyo vā tuṇhībhāvo."
"비구여. 믿음으로 집을 버리고 출가한 그대들 훌륭한 가문 자제가 법담을 위해 모였다는 것은 훌륭한 일이다. 비구여. 모임은 두 종류로 이루어져야 한다. 법을 이야기 하거나 고귀한 침묵을 지키는 것이다."

될 수 있는 대로 묵언할 것을 요구한다.493) 세존 당시의 많은 사람은 세존과 그 제자가 묵언을 선호한 것으로 여기는 경향이 많았다. 『임경林經』에 따르면 세존 당시 사람은 세존과 그 제자를 가리켜 고요함을 좋아하는 사람이라고 주장한다.494)

---

493. MN. I, 207. "taggha mayaṃ bhante appamattā ātāpino pahitattā viharāmāti.-yathākathaṃ pana tumhe Anuruddhā appamattā ātāpino pahitattā viharathāti. -idha bhante amhākaṃ yo paṭhamaṃ gāmato piṇḍāya paṭikkamati. so āsanāni paññāpeti, pānīyaṃ paribhojanīyam upaṭṭhapeti, avakkārapātim upaṭṭhpeti. yo pacchā gāmato piṇḍāya paṭikkamati. sace hoti bhuttāvaseso sace ākaṅkhati bhuñjati, no ce ākaṅkhatiappaharite vā chaḍḍeti appāṇake vā udake opilāpeti. so āsanāni paṭisāmeti, pānīyaṃ paribhojanīyaṃ paṭisāmeti, avakkārapātiṃ paṭisāmeti, bhattaggaṃ sammajjati. yo passati pānīyaghaṭaṃ vā paribhojanīyaghaṭaṃ vā vaccaghaṭaṃ vā rittaṃ tucchaṃ so upaṭṭhāpeti : sacāssa hoti avisayhaṃ hatthavikārena dutiyam āmantetvā hatthavilaṅghakena upaṭṭhāpema, na tv-eva mayaṃ bhante tappaccayā vācaṃ bhindāma. pañcāhikaṃ kho pana mayaṃ bhante sabbarattiyā dhammiyā kathāya sannisīdāma. evaṃ kho mayaṃ bhante appamattā ātāpino pahitattā vīharāmāti." "세존이시여. 저희는 틀림없이 방일하지 않고 열심히 정진합니다. 아누룻다(Anuruddha)여. 그대는 어떻게 방일하지 않고 열심히 정진하는가? 세존이시여. 우리 가운데 가장 먼저 마을에서 탁발하고 돌아오는 자가 자리를 마련하고, 음료수와 세정수를 마련하고 남은 음식은 넣을 통을 마련합니다. 마을에서 탁발하고 나중에 돌아오는 자는 남은 음식이 있으면, 그가 원한다면 먹고 그가 원하지 않는다면 풀없는 곳에 던지거나 벌레없는 물에 가라앉게 합니다. 그는 자리를 치우고 음료수와 세정수를 치우고 남은 음식을 넣는 통을 치우고 공양간을 청소합니다. 음료수 단지나 세정수 단지나 배설물 단지가 텅 빈 것을 보는 자는 그것을 깨끗이 씻어내고 치웁니다. 만약 그것이 너무 무거우면 손짓으로 두 번 불러 손을 맞잡고 치웁니다. 그러나 세존이시여. 그것 때문에 말을 하지는 않습니다. 세존이시여. 저희들은 5일마다 밤을 새며 법담을 나눕니다. 세존이시여. 이와 같이 우리는 방일하지않고 열심히 정진합니다."

494. MN. I, 514. "appasaddā bhonto bontu, mā bhonto saddam-akattha, ayaṃ samaṇassa Gotamassa sāvako āgacchati samaṇo Ānando. yāvatā kho pana

수행할 때의 말이란 수행진보의 최대의 방해요소 가운데 하나이다. 세존은 제자에게 될 수 있는 대로 말을 아끼라고 가르친다. 그러나 말을 사용하지 않고서는 수행을 포함해 어떤 의사소통도 할 수 없고, 또 수행을 지도하고 배울 수 없는 것도 현실이다. 『장과경長瓜經』에서는 세상에서 쓰는 말에 집착하지 않고 세상에서 쓰는 말을 사용한다고 설한다.495) 세존은 수행으로 심해탈을 이루면 세속언어를 사용하되, 그 형식에 집착하지 않는다고 주장한다.

이상을 살펴보면 앉아서 하는 좌념, 걸으며 하는 행념, 공양하며 하는 공양념, 누워서 잠자거나 휴식할 때 하는 와념, 일상생활에서의 묵언 등 일상생활의 전부를 생활념으로 연결해 수행할 때, 비로소 수행진도가 향상되고 수행목표를 성취할 수 있다.

---

samaṇassa Gotamassa sāvakā Kosambiyaṃ paṭivasanti ayaṃ tesam aññataro samaṇo Ānando. appasaddakāmā kho pana te āyasmanto appasaddavinītā appasaddassa vaṇṇavādino, app-eva nāma appasaddaṃ parisaṃ viditvā upasaṅkamitabbaṃ maññeyyāti. atha kho te paribbājakā tuṇhī ahesuṃ."
"벗이여. 조용히 하라. 소리를 내지마라. 싸마나 고따마의 제자인 싸마나 아난다가 온다. 싸마나 고따마의 제자는 꼬쌈비(Kosambi)에 머물고 있다. 싸마나 아난다는 그들 가운데 한 사람이다. 그들 존자는 고요함을 좋아하고 고요함에 길들여져 있고, 고요함을 칭찬한다. 그들은 우리가 고요한 대중인 것을 알면, 생각하건대 우리와 가까이 할 것이다."

495. MN. I, 500. "evaṃ vi muttacitto kho Aggivessana bhikkhu na kenaci saṁvadati na kenaci vivadati, yañ-ca loke vuttaṃ tena voharati aparāmasan-ti."
"악기베사나여. 이와 같이 심해탈한 비구는 그 누구의 편도 들지 않고, 누구와도 싸우지 않는다. 그래서 그는 세상에서 쓰는 말에 집착하지 않고 세상에서 쓰는 말을 사용한다."

3. 4념처와 공수행

4념처 수행과 공수행空修行을 살펴본다. 공수행 또한 싸띠수행과 마찬가지로 4념처 수행에 기초한다. 4념처 수행을 사용해 공수행을 하므로 공수행도 8정도 수행체계의 범주로 삼는다.

여기서는 『선학 61』에 실린 「맛지마니까야의 공수행 고찰」에서 도표를 추가하고 수행기술을 정리해 싣는다. 『맛지마니까야』에서 공수행을 다루는 경은 〈표 5.9〉와 같다.

〈표 5.9〉 공수행 등장 경

NO	경 명
64	『오하분별경(五下分別經, *Mahāmāluṅkyaputta Sutta*)』
121	『소공경(小空經, *Cuḷasuññata Sutta*)』
122	『대공경(大空經, *Mahāsuññata Sutta*)』
151	『탁발청정경(托鉢淸淨經, *Piṇḍapātapārisuddi Sutta*)』

〈표 5.9〉에서 알 수 있듯이 『맛지마니까야』 152경 가운데 공수행을 다루는 경은 4경이다. 그 가운데 3경은 수행기술을 다루고, 1경은 철학관점을 다룬다.

『소공경小空經』에 따르면, 아난다가 세존이 자주 공수행을 한다고 설한 것을 기억하자, 세존은 그렇다고 대답한다. 그리고 머물고 있던 미가라마뚜Migāramātu 강당을 예로 들며 존재하는 것은 불공不空이고 유有이지만, 존재하지 않는 것은 공空이고 무無라고 정의한다.[496] 『탁발청정경托鉢淸淨經』에서 공수행을 다음과 같이 설한다.

"싸리뿟따여. 비구가 지금 바로 공수행(空修行, suññatavihāra)을 하고 싶다면 그는 마을로 탁발하러 가는 길이거나, 특정장소에서 탁발하거나, 탁발하고 돌아올 때, 눈으로 인식되는 대상에 대해 마음에 욕망, 탐, 진, 치, 혐오 등이 있는지 살펴야 한다. 만약 그 비구가 자신을 살펴서 그곳에서 탁발할 때, 눈으로 인식되는 대상에 대해 마음에 욕망, 탐, 진, 치, 혐오 등이 있다면, 그 비구는 악한 불선법의 상태를 비우기 위해 노력해야 한다."[497]

---

496. MN. III, 104. "tattha me, bhante, Bhagavato sammukhā sutaṃ sammukhā paṭiggahītaṃ suññatāvihārenāhaṃ, kacci me taṃ, bhante, sussutaṃ suggahītaṃ sumanasikataṃ sūpadhāritan ti? taggha te etaṃ Ānanda, sussutaṃ suggahītaṃ sumanasikataṃ sūpadhāritaṃ. pubbe cāhaṃ, Ānanda, etarahi ca suññatāvihārena bahulaṃ viharāmi. seyyathāpi ayaṃ Migāramātu pāsādo suñño hatthigavāssavaḷavena, suñño jātarūparajatena, suñño itthipurisasannipātena : atthi c' ev' idam asuññataṃ yadidaṃ bhikkhusaṁghaṃ paṭicca ekattaṃ."
"세존이시여, '나는 요즘 자주 공수행을 한다.' 라고 세존의 앞에서 직접 듣고 배웠습니다. 세존이시여, 제가 올바로 듣고, 파악하고, 마음을 기울여 올바로 기억한 것입니까? 아난다여, 그렇다. 그대는 그것을 올바로 듣고, 파악하고, 마음을 기울여 잘 기억한 것이다. 아난다여, 이전에도 지금도 나는 자주 공수행을 한다. 예를 들어 이 미가라마뚜 강당과 같다. 이 미가라마뚜 강당에는 코끼리, 소, 말, 암말 등이 공하고, 금이나 은도 공하고, 여자나 남자의 모임도 공하다. 그러나 단지 공하지 않은 것이 있다. 즉, 비구싼가를 조건으로 하는 것이다."

497. MN. III, 294. "tasmātiha, Sāriputta, bhikkhu sace ākaṅkheyya: suññatāvihārena etarahi bahulaṃ vihareyyan ti, tena, Sāriputta, bhikkhunā iti paṭisañcikkhitabbāṃ: yena cāhaṃ maggena gāmaṃ piṇḍāya pāvisiṃ, yasmiñ ca padese piṇḍāya acariṃ, yena ca maggena gāmato piṇḍāya paṭikkamiṃ, atthi nu kho me tattha cakkhuviññeyyesu rūpesu chando vā rāgo vā doso vā moho vā paṭighaṃ vā pi cetoso ti."

이 경에서 세존은 탐진치와 같은 마음오염원인 불선법이 마음공간에 존재할 때, 그것을 비우는 것이 공수행이라고 정의한다.

마음공간에 존재하는 아싸봐를 비우는 공수행 기술은 3가지가 있다. 이 3가지 기술은 물리적인 힘을 사용해 마음공간을 비우는 것이다. 첫째, 싸마디로 마음공간을 채워서 불공상태로 만들고 있는 아싸봐를 비워 공상태로 만드는 것, 둘째, 선법으로 마음공간을 채워 불공상태로 만들고 있는 불선법과 같은 아싸봐를 비워 공상태로 만드는 것, 셋째, 알아차림 기능인 싸띠로 마음공간을 채워 아싸봐를 비워 공상태로 만드는 것이다.

이때 핵심은 비우는 것이지만 다른 관점에서는 채우는 것이다. 채움으로써 비움이 이루어진다. 비우는 것보다 채우기가 쉽다. 부정적인 것을 없애는 것보다 긍정적인 것으로 채우는 것이 공수행의 특징이다. 특정한 가치관을 가진 존재로 마음공간을 채우는 것보다, 가치중립적인 것으로 채우는 게 마음관리 측면에서는 더 낫다고 본 것이다.[498] 싸띠로 마음공간을 채워 아싸봐를 비워 공상태로 만드는 것이다.

1) 싸마디로 비우는 기술

싸마디로 마음공간을 채워서 탐진치를 비우는 공수행 기술을 살펴본다. 『소공경小空經』에서는 다음과 같이 설한다.

498. Buddhapāla(2022), 50.「맛지마니까야의 공수행 고찰」,『선학』61호 , 한국선학회.

"아난다여. 비구가 사람, 숲의 지각에 주의를 기울이지 않고, 땅의 지각 하나를 조건으로 주의를 기울인다. 그의 마음은 땅의 인식에 뛰어들어 그것을 신뢰하고 정립하고 결정한다...그는 사람이나 숲의 인식을 조건으로 하는 어떠한 고뇌도 없다. 그러나 단지 이런 고뇌가 있다. 땅의 인식을 조건으로 하는 유일한 것이 있다고 분명히 안다."[499]

이 경에서 어떤 특정대상에 주의를 기울이면, 집중대상만 마음공간에 남고 다른 것은 마음공간에서 사라진다고 설한다. 특정대상에 주의를 집중하면 마음공간에는 집중대상만 존재하고 마음공간은 그 대상으로 가득 차는 불공 즉, 유의 상태가 되고, 집중하지 않는 대상은 마음공간에서 공 즉, 무의 상태가 된다.[500]

---

499. MN. III, 105. "puna ca param Ānanda, bhikkhu amanasikaritvā manussasaññam amanasikaritvā araññasaññaṃ paṭhavīsaññaṃ paṭicca manasikaroti ekattaṃ. tassa paṭhavīsaññāya cittaṃ pakkhandati pasīdati santiṭṭhati vimuccati...ye assu darathā manussasaññaṃ paṭicca te 'dha na santi : ye assu darathā araññasaññaṃ paṭicca te 'dha na santi : atthi c' evāyaṃ darathamattā, yadidaṃ paṭhavīsaññaṃ paṭicca ekattan ti."

500. Buddhapāla(2022), 47.

〈표 5.10〉 싸마디로 비움

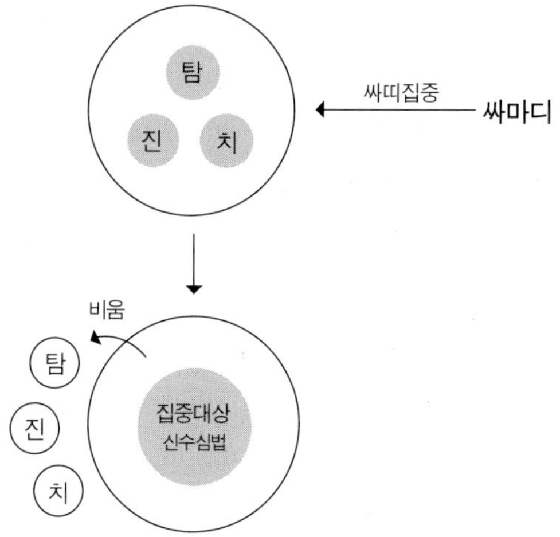

『대상적유경大象跡喩經』에서 지적하듯이,[501] 동일공간에 많은 것이 함께 존재할 수 있다. 이때 인식주체인 싸띠가 특정존재를 주목한다. 그러면 해당 존재로만 마음공간이 차게 되고 주목받지 못한 다른 존재는 시야에서 밀려나는 것을 볼 수 있다. 마음공간에 존재하지만 주목받지 못한 존재는 시야에서 사라진다. 다시 어떤 자극 때문에 활성화되고 주목받는다. 그러면 주목받은 존재만 마음공간을 채우고 다른 존재는 시야에서 밀려난다.

알아차림 기능인 싸띠를 특정대상에 집중하는 싸마디를 통해 마

---

501. MN. I, 190. 주232 참조.

음공간에 존재하는 아싸봐를 비우는 것이 공수행의 중요기술 가운데 하나이다.[502)]

2) 선법으로 비우는 기술

선법으로 마음공간을 채워 불선법을 비우는 공수행 기술을 살펴본다. 『심지경尋止經』에서는 다음과 같이 설한다.

> "비구여. 어떤 상에 관해 그 상에 마음을 일으켜 자기 안에 탐, 진, 치와 관련된 악하고 불선법의 사유가 일어나면, 그는 그 상과 다른 선하고 선법의 어떤 상과 관련된 마음을 일으켜야 한다. 그러면 탐, 진, 치와 관련된 악하고 불선법의 사유가 비워지고 사라진다. 그것이 비워지면 안으로 마음이 확립되고 가라앉고 통일되고 집중된다."[503)]

이 경에서 알 수 있듯이, 마음공간에 탐진치와 같은 불선법이 존재할 때, 선법과 관련된 생각을 일으킨다. 그러면 그 선법과 관련된 생각으로 마음공간이 채워지고 불공상태가 되고, 불선법과 관련된 것은 마음공간에서 비워져 공상태가 된다.

---

502. Buddhapāla(2022), 46-48.

503. MN. I, 119. "idha bhikkhave bhikkhuno yaṃ nimittam āgamma yaṃ nimittaṃ manasikaroto uppajjanti pāpakā akusalā vitakkā chandūpassaṁhitā pi dosūpassaṁhitā pi mohūpassaṁhitā pi, tena bhikkhave bhikkhunā tamhā nimittā aññaṃ nimittaṃ manasikātabbaṃ kusalūpasaṁhitaṃ : tassa tamhā nimittā aññaṃ nimittaṃ manasikaroto kusalūpasaṁhitaṃ ye pāpakā akusalā vitakkā chandūpasaṁhitā pi dosūpasaṁhitā pi mohūpasaṁhitā pi te pahīyanti te abbhatthaṃ gacchanti, tesaṃ pahānā ajjhattam-eva cittaṃ santiṭṭhati sannisīdati ekodihoti samādhiyati."

〈표 5.11〉 선법으로 비움

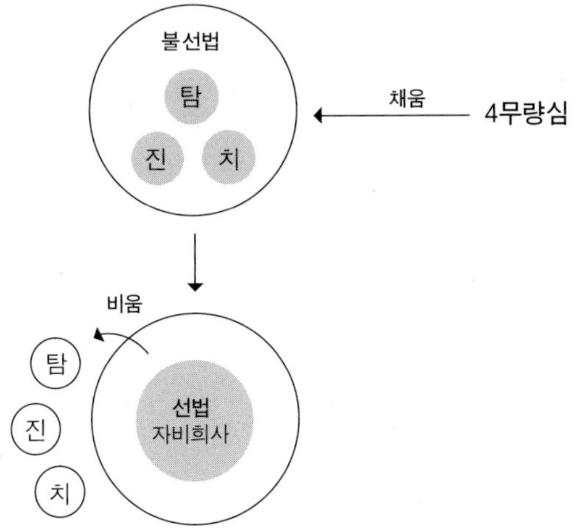

자비희사의 4무량심 수행을 하면, 4무량심으로 마음공간이 채워지고, 마음공간에 존재하는 아싸봐가 소멸한다. 『대라후라경大羅睺羅經』에서는 다음과 같이 설한다.

"라후라여. 자(慈) 수행을 하라. 그러면 분노가 소멸할 것이다. 라후라여. 비(悲) 수행을 하라. 그러면 해오가 소멸할 것이다. 라후라여. 희(喜) 수행을 하라. 그러면 불쾌가 소멸할 것이다. 라후라여. 사(捨) 수행을 하라. 그러면 혐오가 소멸할 것이다. 라후라여. 부정(不淨) 수행을 하라. 그러면 탐욕이 소멸할 것이다. 라후라여. 무상상(無常想) 수행을 하라. 그러면 아만이 소멸할 것이다."[504)]

---

504. MN. Ⅰ, 424-425. "mettaṃ Rāhula bhāvanaṃ bhāvehi, mettaṃ hi te Rāhula

이 경에서는 마음공간에 분노, 해오, 불쾌, 혐오, 탐욕, 아만 등이 존재해 불공상태가 되면, 자비희사 등과 같은 따뜻한 대상으로 마음공간을 채워 불공상태로 만든다. 마음공간에 존재하는 분노와 불쾌 등이 빠져나가면서 마음공간을 아싸봐없는 공상태로 만들 수 있는 기술을 설한다.

3) 싸띠로 비우는 기술

알아차림 기능인 싸띠로 마음공간을 채워 아싸봐를 비우는 공수행 기술을 살펴본다. 마음공간에 특정현상이 나타나면 그 현상을 알아차림함으로써, 그 '알아차림' 즉, 싸띠로 마음공간을 채울 수 있다. 싸띠로 마음공간을 채우고 있는 아싸봐 등을 비우는 것이 공수행 기술 가운데 하나이다.[505]

---

bhāvanaṃ bhāvayato yo byāpādo so pahīyissati. karuṇaṃ Rāhula bhāvanaṃ bhāvehi, karuṇaṃ hi te Rāhula bhāvanaṃ bhāvayato yā vihesā sā pahīyissati. muditaṃ Rāhula bhāvanaṃ bhāvehi, muditaṃ hi te Rāhula bhāvanaṃ bhāvayato yā arati sā pahīyissati. upekkhaṃ Rāhula bhāvanaṃ bhāvehi, upekkhaṃ hi te Rāhula bhāvanaṃ bhāvayato yo paṭigho so pahīyissati. asubhaṃ Rāhula bhāvanaṃ bhāvehi, asubhaṃ hi te Rāhula bhāvanaṃ bhāvayato yo rāgo so pahīyissati. aniccasaññaṃ Rāhula bhāvanaṃ bhāvehi, aniccasaññaṃ hi te Rāhula bhāvanaṃ bhāvayato yo asmimāno so pahīyissati."

505. Buddhapāla(2022), 51-52.

〈표 5.12〉 싸띠로 비움

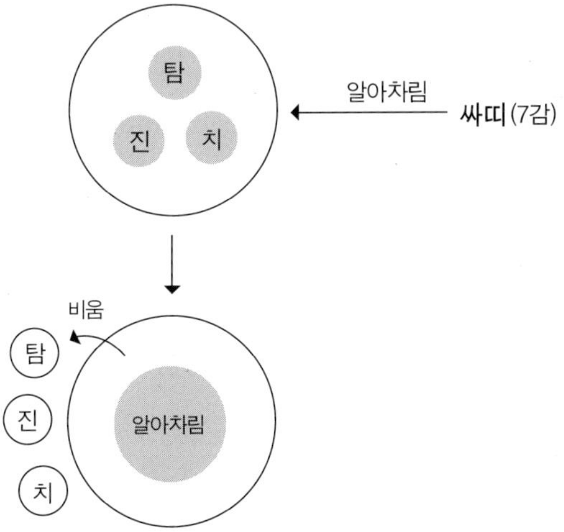

마음공간에 아싸봐가 등장할 때, 그것을 마음공간에서 비우기 위해 다른 대상으로 초점을 옮길 수 있고, 다른 대상으로 마음공간을 채울 수 있다. 거기에 더해 그런 현상이 마음공간에 등장했다는 것을 알아차림하는 순간, 그 알아차림으로 마음공간이 채워지고 아싸봐가 마음공간에서 제거되고 마음공간은 아싸봐없는 공상태가 된다.[506)]

어떤 대상을 생각하느냐에 따라 마음공간이 공이 되기도 하고 불공이 되기도 한다는 것은 특정대상이 존재하느냐 하지 않느냐를

506. Buddhapāla(2022), 51.

주목하는 존재론의 관점 못지않게, 어떤 대상을 선택하고 집중할 것이냐의 인식론의 문제로 귀결된다.

어떤 대상을 선택해, 그 대상으로 마음공간을 채울 수도 있고 비울 수도 있다. 그렇게 하기 위해서는 자신이 직면한 관계와 상황에 대해 깨어있어야 하고, 있는 그대로 분명히 자각할 수 있어야 가능하다.[507]

4) 실재가 공임을 통찰함

세존은 마음공간에 존재하는 아싸봐나, 그런 아싸봐를 담고 있는 마음공간도 고정불변하는 실체없는 무아이고, 공이란 진실을 통찰해야 한다고 설한다. 『난다언경難陀言經』에서 세존은 불꽃의 비유를 들면서, 모든 것은 무상하고 변화한다는 것을 다음과 같이 설한다.

"기름 등불이 타오를 때에 기름도 무상, 심지, 불꽃, 불빛도 무상하고 변화하는 것이다."[508]

『다계경多界經』에서는 이것이 있으면 저것이 있고, 이것이 존재하지 않으면 저것도 존재하지 않는다는 연기법을 설한다.[509]

---

507. Buddhapāla(2022), 47.

508. MN. III p. 273. telappadīpassa jhāyato telaṃ pi aniccaṃ vipariṇāmadhammaṃ vaṭṭī pi anccaā vipariṇāmadhammā accī pi aniccā vipariṇāmadhammā ābhā pi aniccā vipariṇāmadhammā.

509. MN. III, 63. "kittāvatā pana, bhante, paṭiccasamuppādakusalo bhikkhūti alaṃ

『오하분결경五下分結經』에서는 5취온五取蘊이 무상, 공, 무아라고 규정하고,[510] 『공계경空界經』에서는 모든 존재는 텅 빈 것이라고 설한다.[511]

『역경力經』에서는 성찰의 힘과 수행의 힘으로 아싸봐를 제거해야 한다고 설한다.[512] 이 경에 따르면 수행이란 물리적 힘을 사용해 마

---

vacanāyāti? idh', Ānanda, bhikkhu evaṃ jānāti. imasmiṃ sati, idaṃ hoti : imass' uppādā idam uppajjati : imasmim asati, idaṃ na hoti : imassa nirodhā idaṃ nirujjhati."

"세존이시여, 어떻게 비구가 조건적 발생의 법칙 즉, 연기에 능숙한 자라고 불릴 수 있습니까? 아난다여, 비구가 이와 같이 이것이 있을 때 저것이 있고, 이것이 생겨남으로써 저것이 생겨난다. 이것이 없을 때 저것이 없고, 이것이 소멸함으로써 저것이 소멸한다."

510. MN. I, 435. "so yadeva tattha hoti rūpagataṃ vedanāgataṃ saññāgataṃ saṅkhāragataṃ viññāṇagataṃ te dhamme aniccato dukkhato rogato gaṇḍato sallato aghato ābādhato parato palokato suññato anattato samanupassati."
"5온으로 이루어진 것은 색, 수, 상, 행, 식으로 이루어진 것이든, 그것은 무상, 고, 질병, 종양, 화살, 화, 병환, 소외, 파멸, 공성, 무아로 본다."

511. SN. IV, 54. "suñña loko suñña loko ti bhante vuccati kittā vatā nu kho bhante suñño loko ti vuccati. yasmā ca kho Ānanda suññam attena vā attaniyena vā tasmā suñño loko ti vuccati. kiñca Ānanda suññam attena vā attaniyena vā. cakkhuṃ kho Ānanda suññam attena vā attaniyena vā. rūpā suññam attena vā attaniyena vā. cakkhuviññāṇaṃ suññam attena vā attaniyena vā. cakkhusamphasso suññam attena vā attaniyena vā pe. yampidaṃ manosamphassapaccayā uppajjati vedayitaṃ sukhaṃ vā dukkhaṃ vā adukkham asukhaṃ vā taṃ pi suññam attena vā attaniyena vā."
"세존이시여. 공계(空界)라고 하는데 무엇 때문에 공계라고 합니까? 아난다여. 나와 나의 것이 텅 빈 것이므로 공계라고 한다. 아난다여. 나와 나의 것이 텅 빈 것이 무엇인가? 아난다여. 눈, 색, 눈의 인식, 눈의 접촉을 조건으로 생겨나는 즐거움, 괴로움, 괴롭지도 즐겁지도 않은 불고불락에도 나와 나의 것이 공이다."

512. AN. I, 52. 주346 참조.

음공간에 존재하는 아싸봐를 비워 공의 상태를 만들 수 있고, 성찰로도 마음공간에 존재하는 아싸봐를 제거할 수 있다고 본다.

공과 불공을 이해하면서 존재의 구성측면에서 존재에 어떤 변하지 않는 실체가 있다고 하면 유, 아, 불공이고, 모든 존재는 연기로 조건지어져 있으므로 조건이 변하면 존재도 변한다고 하면 무, 무아, 공이 된다. 존재를 보는 순간, 이런 관점을 통찰하면 공이 실현된다. 이것은 수행과정이라기보다 수행과정을 통해 얻게 되는 수행결과이다.[513]

처음부터 존재에 내재한 규칙성이 있는 그대로 보인다면 굳이 수행할 필요없다. 그러나 일반적으로 과거 삶의 흔적인 아싸봐로 인해 마음공간이 오염돼 실재를 있는 그대로 보지 못하는 인지오류를 범한다. 그러므로 공수행으로 마음공간에 존재하는 아싸봐를 제거해 마음공간을 맑히면 실재가 있는 그대로 통찰된다.[514]

4. 회향과 자수행

회향廻向과 자수행慈修行 기술을 살펴본다. 자수행으로 알려진 4무량심 수행은 8정도 수행체계에서 명시적으로 설하지 않지만 중요한 수행기술이다. 이것은 8정도 수행체계를 완성한 후, 중생에

513. Buddhapāla(2022), 53.
514. Buddhapāla(2022), 52-55.

게 회향하고 공덕쌓는 과정이도 하다.

자수행은 '자수행慈修行', '무량심수행無量心修行, 4무량심수행四無量心修行', '여신지도與神之道' 등으로 불린다. 여기서는 자수행이라고 한다. 『맛지마니까야』에서 자수행을 설하는 경은 〈표 5.13〉과 같다.

〈표 5.13〉 자수행 등장 경

NO	경 명
7	『의경(衣經, *Vatthūpamasutta*』
12	『대사자후경(大獅子吼經, *Mahāsīhanādasutta*)』
21	『거유경(鋸喻經, *Kakacūpamasutta*)』
39	『대마읍경(大馬邑經, *Mahāssapurasutta*)』
40	『소마읍경(小馬邑經, *Cūlaassapurasutta*)』
43	『대문답경(大問答經, *Mahāvedallasutta*)』
50	『항마경(降魔經, *Marātajjanīyasutta*)』
52	『팔성경(八城經, *Aṭṭhakanāgarasutta*)』
55	『기파경(嗜波經, *Jīvakasutta*)』
62	『대라후라경(大羅睺羅經, *Mahārāhulovādasutta*)』
77	『대전모경(大箭毛經, *Mahāsakuludāyisutta*)』
83	『대천나림경(大天捺林經, *Makhādevasutta*)』
97	『타연범지경(陀然梵志經, *Dhāñjānisutta*)』
99	『앵무경(鸚鵡經, *Subhasutta*)』
119	『염신경(念身經, *Kāyagatāsatisutta*)』
127	『아나율경(阿那律經, *Anuruddhasutta*)』
152	『근수경(根修經, *Indriyabhāvanāsutta*)』

〈표 5.13〉에서 알 수 있듯이 『맛지마니까야』 152경 가운데 17경에서 자수행을 설한다.

자수행의 내용은 공덕회향이다. 수행으로 맑힌 마음을 인연있는 존재에게 회향해 그들이 행복하게 살게 하는 자비심이다. 자수행 기술은 3가지가 있다. 첫째, 자신의 몸과 마음에 자비심을 담는 것, 둘째, 인연있는 존재에게 자비심을 보내는 것, 셋째, 공간적으로 가까운 곳에서 먼 곳으로 확장해 가며 자비심으로 채우는 것이다.

1) 자신을 채우는 기술

자수행 기술 가운데 하나는 수행으로 고요하고 청정해진 마음을 자신의 몸과 마음에 가득 채우는 기술을 살펴본다. 『대마읍경大馬邑經』에서는 다음과 같이 설한다.

"그는 즐거움과 괴로움을 제거하고, 만족과 불만도 제거한 뒤, 괴로움을 뛰어넘고 즐겁지 않은 것을 뛰어넘어, 평정하고 싸띠있고, 청정한 4선을 성취한다. 그는 이 몸을 청정심과 순수함으로 가득 채움으로써 그의 몸의 어느 곳도 청정심과 순수함으로 가득 차지 않은 곳이 없게 한다."[515]

---

515. MN. I, 277-278. "puna ca paraṃ bhikkhave bhikkhu sukhassa ca pahānā dukkhassa ca pahānā pubbe va somanassadomanassānam atthagamā adukkham-asukham upekhāsatipārisuddhiṃ catutthaṃ jhānam upasampajja viharati. so imam-eva kāyaṃ parisuddhena cetasā pariyodātena pharitvā nisinno hoti. nāssa kiñci sabbāvato kāyassa parisuddhena cetasā paroyodātena apphutaṃ hoti."

이 경에서 세존은 수행진도가 향상되면 아싸봐가 소멸하고, 몸과 마음이 맑아지고 가벼워지면서 무거운 짐을 내려놓는 것처럼 상쾌해진다고 설한다. 그 상쾌함과 행복한 느낌을 자신의 몸과 마음공간에 가득 채우는 것이 자수행이다. 이렇게 수행향기를 자신의 몸과 마음공간에 채우면 자존감과 행복지수가 높아진다. 수행에서 나오는 맑은 향기를 자신의 몸에 듬뿍 담으면서 행복감을 누리는 것은 자신에게 베푸는 최고선물이다.

자신에게 자비관을 할 때는 한갓진 곳, 나무 아래와 같은 공한처가 좋다. 가급적 좌념자세로 앉아서 자신의 몸을 상상하며 수행의 맑은 향기를 채운다. 또는, 좌념을 마치고 난 후, 자신의 몸과 마음에 자비심을 채운다.

〈표 5.14〉 자신에게 자비심을 채움

『다수경多受經』에서는 수행진도가 나아갈수록 더 질 높은 행복을 경험할 수 있다고 설하고,[516] 『대제경大諦經』에서는 수행으로 인해 생긴 즐거움이 자기마음을 사로잡지 않는다고 강조한다.[517] 『본리경本理經』에서는 즐김은 괴로움의 뿌리라고 주장한다.[518] 아무리 좋은 것이라도 즐기려고 하면, 그것이 족쇄가 되고 속박된다. 그러므로 수행도중에 경험하는 즐거움도 내려놓아야 수행이 더 높은 단계로 나아갈 수 있다.

---

516. MN. I, 400. "yo kho Ānanda evaṃ vedeyya: etaparamaṃ sattā sukhaṃ somanassaṃ paṭisaṁvedentīti, idam-assa nānujānāmi, taṃ kissa hetu: atth' Ānanda etamhā sukhā aññaṃ sukham abhikkantataraññ-ca paṇītataraññ-ca. katamañ-c' Ānanda etamhā sukhā aññaṃ sukham abhikkantataraññ-ca paṇītataraññ-ca: idh' Ānanda bhikkhu sabbaso nevasaññānāsaññāyatauaṃ samatikkamma saññavedayitanirodham upasampajja viharati. idaṃ kho Ānanda etamhā sukhā aññaṃ sukham abhikkantataraññ-ca paṇītataraññ-ca."
"아난다여. 만약 어떤 사람이 '그것이 중생이 체험하는 최상의 즐거움과 기분좋음이다.' 라고 말한다면, 나는 그것을 인정하지 않는다. 그것은 무슨 까닭인가? 아난다여. 그 즐거움보다 훨씬 아름답고 탁월한 다른 즐거움이 있기 때문이다. 아난다여. 어떠한 것이 그 즐거움보다 훨씬 더 훌륭하고 탁월한 다른 즐거움인가? 아난다여. 세상에서 비구가 비상비비상처를 완전히 뛰어넘어 상수멸을 성취한다. 아난다여, 이것이 그 즐거움보다 훨씬 훌륭하고 탁월한 다른 즐거움이다."

517. MN. I, 248. "evarūpā pi kho me Aggivessana uppānnā sukhāvedanā cittaṃ na pariyādāya tiṭṭhati."
"악기베사나여, 나의 안에서 생겨난 그런 즐거운 느낌은 나의 마음을 사로잡지 않는다."

518. MN. I, 6. "nandī dukkhassa mūlan-ti viditvā."
"즐거움이 괴로움의 뿌리이다."

2) 타인에게 보내는 기술

자수행 기술 가운데 하나인 타인에게 따뜻한 자비심을 보내는 기술을 살펴본다. 세존은 일상생활에서 만나는 모든 존재에게 자비심을 보낸다. 『대사자후경大獅子吼經』에서는 다음과 같이 설한다.

"싸리뿟따여. 그 가운데 나의 삼가는 삶은 이와 같다. 싸리뿟따여. 나는 싸띠를 가지고 앞으로 나아가고 뒤로 물러난다. 한 방울의 물에도 연민을 실어, 길 위의 틈새에 사는 작은 생명체라도 다치지 않기를 기원한다. 싸리뿟따여. 나의 삼가는 삶은 이와 같다."519)

이 경에서 세존은 일상생활에서 만나는 존재마다 알아차림하면서 자비심을 가지고 '행복하시길' 이라고 마음보낸다. 타인에게 자비심을 보낼 때 두 가지 기술이 있다. 하나는 자비심을 보낼 대상을 먼저 선택하고 보내는 것. 다른 하나는 우연히 마주치는 존재에게 보내는 기술이다.

먼저 자신의 몸과 마음에 자비심을 가득 담는다. 그리고 나서 보내려는 사람모습을 떠올리고 마음보낸다. 이때, 짧지만 따뜻한 말을 읊조리면서 마음보내는 것이 효과좋다.

---

519. MN. I, 78. "tatra-ssu me idaṃ Sāriputta jegucchismiṃ hoti: so kho ahaṃ Sāriputta sato va abhikkamāmi sato paṭikkamāmi, yāva udabindumhi pi me dayā paccupaṭṭhitā hoti: mā 'haṃ khuddake pāṇe visamagate saṅghātam āpādessan-ti. idaṃ su me Sāriputta jegucchismiṃ hoti."

〈표 5.15〉 타인에게 자비심을 보냄

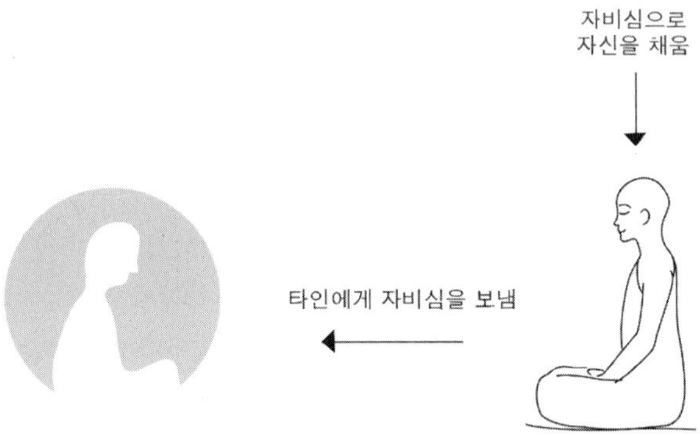

우연히 마주치는 대상에게 자비심을 보낼 때에는, 일상생활에서 만나는 존재에게 따뜻하게 눈을 맞추며 '행복하시길' 하고 마음 보낸다. 『포외경怖畏經』에서는 세존이 많은 사람의 이익과 행복을 위해 이 땅에 왔다고 다음과 같이 설한다.

"브라흐마나여. 누군가의 미혹을 여읜 존재가 모든 사람의 이익과 행복을 위해, 세상을 연민해 신과 인간의 이익과 행복을 위해, 세상에 나타났다고 올바로 말한다. 그러면 바라흐마나여. 미혹을 여읜 존재가 모든 사람의 이익을 위해, 모든 사람의 행복을 위해, 세상을 불쌍히 여겨 신과 인간의 이익과 행복을 위해, 세상에 나타났다고 말하는 그것은 나를 두고 말하는 것이다."[520]

---

520. MN. I, 21. "yaṃ kho taṃ brāhmaṇa sammā vadamāno vadeyya: asammohadhammo satto loke uppanno bahujanahitāya bahujanasukhāya lokānukampāya

이 경에서 세존이 이 땅에 온 것은 중생의 이익과 행복을 위함이라고 설한다. 이런 관점은 『대품大品』에서 세존은 미가다야에서 5비구에게 수행지도하고 난 후, 전도선언을 할 때도 비슷한 내용을 설한다.[521]

3) 공간을 채우는 기술

자수행 기술 가운데 하나가 자비심으로 동서남북 등 온 세상을 가득 채우는 것이다. 『대문답경大問答經』에서는 자비희사의 4무량심으로 온 우주를 가득 채우는 것을 다음과 같이 설한다.

---

atthāya hitāya sukhāya devamanussānan-ti, mam-eva taṃ sammā vadamāno vadeyya: asammohadhammo satto loke uppanno bahujanahitāya bahujanasukhāya lokānukampāya atthāya hitāya sukhāya devamanussānan-ti."

521. VP. I, 20-21. "atha kho bhagavā bhikkhū āmantesi : mutt' āhaṃ bhikkhave sabbapāsehi ye dibbā ye ca mānusā. tumhe pi bhikkhave muttā sabbapāsehi ye dibbā ye ca mānusā. carath bhikkhave cārikaṃ bahujaahitāya bahujanasukhāya lokānukamoāy atthāya hitāya sukhāya devamanussānaṃ. mā ekenadve agamitth. desethabhikkhave dhammam ādikalyāṇaṃ majjhekalyāṇaṃ pariyosānakalyāṇaṃ sātthaṃ savyañjanaṃ kealaparipuṇṇaṃ prisddhaṃ brahmacariyaṃ pakāsetha. santi sattā apparajakkhajātikā assavnatā dhammassa parihāyanti, bhavissanti dhammassa aññātāro. ahaṃ pi bhikkhave yena ruvelā yenanānigamo ten' upasaṁkisāmi dhamdanāya 'ti."
"비구여, 나는 하늘과 인간의 모든 그물로부터 해탈했다. 비구여, 그대들도 하늘과 인간의 모든 그물로부터 해탈했다. 비구여, 여행을 떠나라. 많은 사람의 이익과 행복을 위해, 세상을 동정하고, 인간과 천신의 안락, 이익, 행복을 위해 여행을 떠나라. 두 사람이 함께 가지 마라. 비구여, 처음도 좋고, 중간도 좋고, 마지막도 좋게, 의미를 갖추고 유용하게 법을 전해라. 원만하고 청정한 수행을 전해주어라. 세상에는 평화로운 중생도 있고, 먼지와 때가 적은 사람도 있다. 그들이 법을 듣지 못하면 쇠퇴할 것이지만, 만일 그들이 법을 들으면 매우 잘 알게 될 것이다. 비구여, 나 역시 법을 전하기 위해 우루붸라 쎄나니 마을로 갈 것이다."

"벗이여, 세상에서 비구는 자심(慈心)으로 동쪽, 남쪽, 서쪽, 북쪽, 상하, 옆과 모든 곳을 빠짐없이 가득 채워 광대하고, 위대하고, 무한하고, 무원하고, 무해한 자심으로 일체세계를 가득 채운다…. 비심(悲心)..희심(喜心)..사심(捨心).."[522]

이 경에서 세존은 자비희사의 4무량심으로 온 우주를 채우라고 설한다. 『거유경鋸喩經』에서는 다음과 같이 설한다.

"비구여. 여기서 그대는 다음과 같이 배워야 한다. '나의 마음은 그것에 영향받지 않을 것이고, 악구(惡口)를 하지 않을 것이고, 자비심을 가지고, 분노 없이, 자비심으로 그 사람을 채우리라. 이 사람에게서 시작해 모든 세상을 광대하고, 위대하고, 무한하고, 무원하고, 무해한 자비심으로 채우리라.' 비구여. 이와 같이 그대는 배워야 한다."[523]

이 경에서 세존은 자수행의 중요기술로서 온 우주에 자비희사의 4무량심으로 가득 채운다. 이때 먼저 한 사람으로부터 시작해 가족으로, 마을로, 마을에서 도시로, 도시에서 온 우주로 공간적으로 점

522. MN. I, 297. "idh' āvuso bhikkhu mettāsahagatena cetasā ekaṃ disaṃ pharitvā viharati, tathā ditiyaṃ tathā tatiyaṃ tathā catutthiṃ, iti uddham-adho tiriyaṃ sabbadhi sabbattatāya sabbāvantaṃ lokaṃ mettāsahagatena cetasā vipulena mahaggatena appamāṇena averena abyābajjhena pharitvā viharati...karuṇāsahagatena...muditāsahagatena...upekhāsahagatena..."

523. MN. I, 127. "tatrāpi kho bhikkhave evaṃ sikhitabbaṃ. na c' eva no cittaṃ vipariṇataṭ bhavissati na ca pāpikaṃ vācaṃ nicchāressāma hitānukampī ca viharissāma mettacittā na dosantarā, tañ-ca puggalaṃ mettāsahagatena cetasā pharitvā viharissāma, tadārammaṇañ-ca sabbāvantaṃ lokaṃ mettāsahagatena cetasā vipulena mahaggatena appamāṇena averena abyābajjhene pharitvā viharissāmāti. evaṃ hi vo bhikkhave sikkhitabbaṃ."

차 넓혀가며 채우라고 설한다.

〈표 5.16〉 공간을 채움

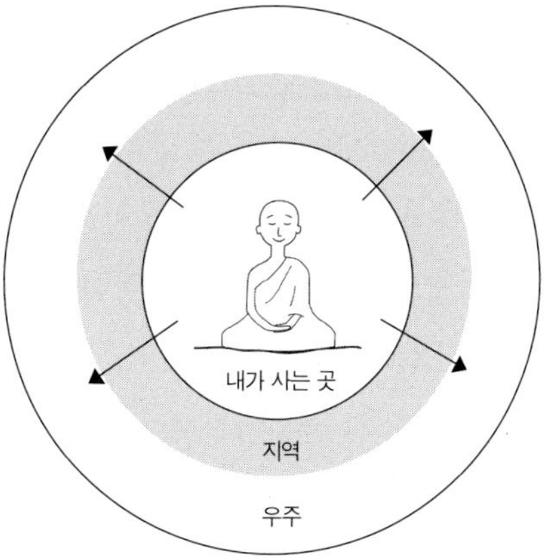

『소마읍경小馬邑經』에서는 자비희사의 4무량심을 수행하면 내적으로 고요함을 얻는다고 설한다.524) 마음공간을 따뜻한 자비희사로 가득 채우면 마음상태가 고요하고 평화로워진다. 이런 생활이

524. MN. I, 284. "evam-eva kho bhikkhave khattiyakulā ce pi agārasmā anagāriyaṃ pabbajito hoti, so ca Tathāgatappaveditaṃ dhammavinayam āgamma evaṃ mettaṃ karuṇaṃ muditam upekhaṃ bhāvetvā labhati ajjhataṃ vūpasamaṃ, ajjhataṃ vūpasamā samaṇasāmīcipaṭipadaṃ paṭipanno ti."
"비구여. 어떤 종족이라도 집을 버리고 출가해 여래가 설한 법과 율에 따라 이와 같이 자비희사를 수행하면 안으로 고요함을 얻는다. '안으로 고요함을 얻음으로써 수행자로서 올바로 사는 길을 실천한다.' 고 나는 말한다."

수행자의 길이라고 강조한다. 『결택경決擇經』에서는 마음에서 행동이 나온다고 설하고,[525] 『법구경法句經』에서는 마음이 모든 것을 선도한다고 설한다.[526] 따라서 평소에 자기마음공간에 자비심을 가득 담아두면 자비향기는 온 세상으로 퍼져나가며 세상을 따뜻하게 만든다. 이것이 자비수행의 공덕이다.

이 장의 수행기술을 정리하면 다음과 같다.

8정도 수행체계를 계정혜 3학으로 분류한다. 계는 근수행으로 완성되고, 계목을 지킴으로써 처음 출가수행하는 수행자가 올바르게 수행의 길을 갈 수 있도록 인도한다.

정은 4념처 수행과 위빳싸나 수행으로 구분한다. 4념처 수행은 다시 두 가지로 분류한다. 하나는 싸띠수행이고 다른 하나는 공수행이다. 싸띠수행은 좌념, 행념, 생활념 등의 구체적인 기술을 사용해 싸띠력과 싸마디를 향상시켜 아라한뜨의 경지를 성취한다.

공수행은 싸마디, 4무량심, 싸띠로 마음공간을 채움으로써 마음공간에 존재하는 아싸봐를 비우고 마음공간을 맑힌다.

실재를 통찰할 수 있는 안목인 혜안이 열리고 불교수행의 최고단계인 아라한뜨의 경지를 증득할 수 있다.

수행으로 맑힌 마음향기를 온 세상으로 회향해 모든 존재가 자유롭고 행복하게 살 수 있도록 자비희사의 4무량심을 보내는 것이 자수행이다. 이런 수행공덕으로 자신을 맑히고 세상을 맑히는 자양분이 된다.

---

525. AN. III, 415. 주333 참조.

526. Dhp. 1, 주652 참조.

6장
수행진보

확연무성廓然無聖

삶에 정해진 것은 없다

이 장에서는 8정도 수행체계의 수행진보와 수행단계를 살펴본다.

수행자나 수행지도자에게 수행단계는 중요하다. 수행자는 항상 자신의 수행단계가 어디인지 궁금하고, 수행지도자는 정확한 수행지도를 위해 수행자의 수행단계를 파악할 필요가 있다. 그래야 해당 단계에 필요한 적절한 수행기술을 가르치고, 수행진보를 향상시켜줄 수 있기 때문이다.

『대품大品』에서는 8정도 수행체계로 올바른 깨달음을 성취했다고 설하고,[527] 『비구경比丘經』에서는 8정도 수행체계로 청정수행을 완성하라고 강조한다.[528] 『아라한뜨경阿羅漢經』에서는 8정도 수행체계로 수행의 최고단계인 아라한뜨를 증득할 수 있다고 주장한다.[529] 이렇듯 8정도 수행체계로 수행의 완성과 수행의 최고단계에 이를 수 있다고 주장한다.

『소고음경小苦陰經』에 따르면 수행진도가 높아질 수록 나가면 마음공간을 오염시키는 아싸봐가 더 많이 제거되고,[530] 『대전모경大箭毛經』에서는 수행진도에 따라서 앎의 수준도 높아진다고 설한다.[531] 『다수경多受經』에서는 수행진도에 따라 행복감도 증가한다고 주장한다.[532] 『가루조타이경迦樓鳥陀夷經』에서는 현재 성취한 수

527. VP. I, 10. 주73 참조.
528. SN. V, 7-8. 주110 참조.
529. SN. IV, 252. 주634 참조.
530. MN. I, 91-92. 주591 참조.
531. MN. II, 22. 주590 참조.
532. MN. I, 398. 주589 참조.

행단계에 만족하지 말고, 최상목표를 위해 그것을 뛰어넘어 정진하라고 격려한다.[533]

수행단계는 수행의 최고단계에 이르는 일종의 로드맵과 같다. 수행자나 수행지도자는 반드시 알아야 하는 내용이다.

1. 수행진보의 내용과 주체

수행진보의 내용과 주체를 살펴본다.

1) 아싸봐 제거 : 수행진보의 내용

수행진보의 내용은 마음공간에 존재하는 마음오염원인 아싸봐를 제거하고, 실재를 통찰하는 명을 밝히는 과정이다. 세존은 올바른 앎 즉, 정견을 증득해야 비로소 존재속박에서 벗어나 대자유를 성취할 수 있다고 본다. 또한, 존재에 내재한 법칙을 올바르게 알

533. MN. Ⅰ, 455-456. "idh' Udāyi bhikkhu vivicc' eva kāmehi vivicca akusalehi dhammehi savitakkaṃ savicāraṃ vivekajaṃ pītisukhaṃ jhānam upasampajja viharati. idaṃ kho aham Udāyi analan-ti vadāmi, pajahathāti vadāmi, samatikkamathāti vadāmi : ko ca tassa samatikkamo...idh' Udāyi bhiikhū sabbaso nevasaññānāsaññāyatanaṃ samatikkamma saññāvedayitanirodham upasampajja viharati, ayaṃ tassa samatikkamo."
"우다인이여. 세상에서 어떤 비구는 애욕을 여의고 악하고 불선법을 떠나서, 사유를 갖추고 숙고를 갖추어, 멀리 여읨에서 생겨나는 희열과 행복으로 가득한 초선을 성취한다. 우다인이여. 이것으로 충분하지 않다고 나는 말한다. '그것을 버려라.' 고 나는 말한다. '그것을 뛰어넘어라.' 고 나는 말한다."

아야 아싸봐를 완전히 제거할 수 있다고 주장한다. 『정견경正見經』에서 다음과 같이 설한다.

"벗이여. 고귀한 제자가 이와 같이 불선을 분명히 알고, 불선뿌리를 분명히 알고, 이와 같이 선을 분명히 알고, 선의 뿌리를 분명히 알면, 그는 완전히 탐욕, 분노, '나는 있다' 고 하는 아견의 잠재의식을 제거하고, 무명을 버리고, 명을 일으키며, 지금 여기에서 괴로움의 종식을 성취한다. 이렇게 하면 고귀한 제자는 정견을 지니고, 견해가 바르게 되어, 법에 흔들리지 않는 확신을 갖추고, 정법을 성취한다."[534]

이 경에서 세존은 중생이란 모르기 때문에 무지에 휘둘리고 삶이 고통 속으로 빠져든다고 설한다. 실재를 올바르게 통찰하면, 존재에 흔들리지 않는다는 확신을 갖고 세상을 살아갈 수 있다고 강조한다.

『혁박경革縛經』에서 우리가 존재에 휘둘리는 것은 존재에 내재한 실재를 통찰하지 못하기 때문이라고 본다.[535] 무지나 무명으로 인해 존재에 인지오류를 범하고, 그 결과 잘못 행동한다는 것이 세존 생각이다.

---

534. MN. I, 47. "yato kho āvuso ariyasāvako evam akusalaṃ pajānāti evam akusalamūlaṃ pajānāti, evaṃ kusalaṃ pajānāti evaṃ kusalamūlaṃ pajānāti. so sabbaso rāgānusayaṃ pahāya paṭighānusayaṃ paṭivinodetvā asmīti diṭṭhimānānusayaṃ samūhanitvā avijjaṃ pahāya vijjam uppādetvā diṭṭhe va dhamme dukkhass' antakaro hoti. ettāvatā pi kho āvu so ariyasāvako sammādiṭṭhi hoti. ujugatā 'ssa diṭṭhi, dhamme aveccappasādeṇa samannāgato. āgato imaṃ saddhamman-ti."

535. SN. III, 150. 주152 참조.

깨달은 성인이나 일반범부나 모든 존재는, 그 존재법칙에 따라서 존재한다. 성인은 실재를 통찰하고 존재변화에 흔들리지 않고 벗어나 자유로울 수 있다. 그러나 범부는 존재변화에 따라 마음도 흔들린다. 그것은 현상실재에 무지하기 때문에 현상변화에 따라 마음도 변하면서 고통도 증가한다.

2) 혜의 성숙 : 수행진보의 주체

세존은 수행진보의 주체는 아싸봐를 제거하는 도구인 혜라고 본다. 세존은 명과 무명, 싸띠와 아싸봐 사이의 역관계를 설한다. 싸띠력과 싸마디를 키워, 아싸봐의 힘을 제거하고, 혜력을 성숙시킨다. 그 힘으로 기억정보와 결합해 있는 아싸봐를 해체하고 마음공간을 맑힌다. 그리고 아싸봐 속박에서 벗어나 해탈하는 것에 초점둔다. 『무명경無明經』에서 무명과 명의 자양분을 다음과 같이 설한다.

“무명의 자양분은 5장애(五障碍, 五蓋, pañca nīvaraṇa)이다...명에 의한 해탈의 자양분은 7각지이다. 7각지의 자양분은 4념처이다.”[536]

이 경에서는 5장애가 무명의 자양분이고, 7각지가 명의 자양분

---

536. AN. V, 113-114. “avijjaṃ p’ahaṃ bhikkhave sāhāraṃ vadāmi, no anāhāraṃ. ko cāhāro avijjāya? pañca nīvaraṇā ti ’ssa vacanīyaṃ...ko cāhāro vijjāvimuttiyā? satta bijjhaṅgā ti ’ssa vacanīyaṃ. satta p’ahaṃ bhikkhave bojjhaṅe sāhāre vadāmi, no anāhāre. ko cāhāro sattannaṃ, bojjhaṅgānaṃ? cattāro satipaṭṭhānā ti ’ssa vacanīyaṃ.”

이라고 주장한다. 4념처 수행으로 7각지를 수행하고, 무명을 제거할 수 있다고 설한다. 『누경漏經』에서도 마음공간을 오염시키는 주범인 아싸봐는 애욕아싸봐欲漏, 존재아싸봐有漏, 무명아싸봐無明漏의 3종류가 있고, 그것의 제거도구가 8정도 수행체계라고 설한다.537) 이때 수행은 무명의 자양분이 되는 아싸봐를 제거하고 명을 밝히는 도구라고 규정한다.

무명으로 인해 존재의 인지오류가 일어난다. 그런 인지오류로 인해 존재에서 즐거움을 보고, 탐욕을 일으키고 집착하고 속박되면 고통이 증가한다. 따라서 존재속박에서 벗어나기 위해서는 명의 자양분이 되는 7각지를 수행해 혜력을 성숙시켜야 무명속박으로부터 벗어나 해탈할 수 있다. 7각지는 4념처를 수행함으로써 가능하다. 『대전모경大箭毛經』에서는 다음과 같이 설한다.

"우다인이여, 나는 나의 제자에게 4념처를 수행할 수 있도록 그 길을 설한다. 우다인이여, 비구는 세상에서 탐욕과 근심을 제거하기 위해, 싸띠와 쌈빠자나를 가지고, 몸(身)을 대상으로, 몸을 따라가며 관찰해(隨身觀) 열심히 수행한다...수(受)..심(心)..법(法)..그렇게 해서 나의 많은 제자는 최상의 앎의 성취와 그 구경에 도달한다."538)

---

537. SN. IV, 256. 주182 참조.

538. MN. II, 11. "puna ca paraṃ, Udāyi, akkhāta mayā sāvakānaṃ paṭipadā, yathā paṭipannā me sāvakā cattāro satipaṭṭhāne bhāventi. idh' Udāyi, bhikkhu kāye kāyānupassī viharati, ātāpī sampajāno satimā, vineyya loke abhijjhādomanassaṃ...vedasunupassī...cittenupassī...dhammenupassī...tatra ca pana me sāvakā bahū abhiññāvosānapāramippattā viharanti."

이 경에서 4념처 수행으로 올바른 앎의 완성 즉, 최상의 앎과 그 궁극에 도달한다고 설한다.

범부가 실재를 있는 그대로를 알지 못하는 것은 명, 혜, 정견이 부족하기 때문이다. 그것들을 충분히 성숙시키지 못한 요인이 마음공간에 존재하는 아싸봐이고, 5장애가 마음공간을 덮고 있기 때문이다. 『염처경念處經』에서는 싸띠와 쌈빠자나를 가지고 수행하면 슬픔과 괴로움을 극복할 수 있고,[539] 『염신경念身經』에서는 몸을 알아차림의 대상으로 삼고 수행하면 심해탈과 혜해탈을 성취하고 아라한뜨의 경지를 증득할 수 있다고 주장한다.[540]

2. 점수법 : 수행진보의 형태

세존은 수행진보는 낮은 곳에서 높은 곳으로 나아가는 점수漸修 입장을 취한다고 주장한다. 최상의 구경지는 점진적으로 성취된다는 것이 세존의 기본관점이다. 『충산경蟲山經』에서는 다음과 같이 설한다.

"비구여. 나는 처음부터 구경지가 성취된다고 설하지 않는다. 비구여. 그

539. MN. I, 55-56. 주203 참조.

540. MN. III, 99. "āsavānaṃ khayā anāsavaṃ cetovimuttiṃ paññāvimuttiṃ diṭṭhe va dhamme sayam abhiññā sacchikatvā upasampajja viharati."
"아싸봐를 부수어 아싸봐없는 심해탈과 혜해탈을 지금 여기에서 스스로 곧바로 알고 깨달아 성취한다."

와 반대로 점차로 배우고, 수행하고, 진보해 구경지의 성취가 이루어진다."[541]

이 경에서 세존은 철저히 점수관점을 취한다. 『타경打經』에서는 계율에서 수행이란 점진적 진행이 있을 뿐이지 급작스러운 진척은 없다고 선언한다.[542] 『관경觀經』에서는 스승이 제자에게 가르칠 때는 어두운 곳에서 밝은 쪽으로, 점점 높은 수준으로 이어져야 하며, 점점 섬세한 내용을 가르쳐야 한다고 설한다.[543] 이와 같이 세존의 기본입장은 논리에 의한 점진적인 수행진보의 태도를 보인다.

1) 차제설법과 불직관설법

차제설법次第說法과 불직관설법佛直觀說法은 세존이 제자에게 수행지도할 때 즐겨 사용한 절차법이다. 『대품大品』에서는 차제설법과 불직관설법을 다음과 같이 설한다.

---

541. MN. I, 479-480. "nāhaṃ bhikkhave ādiken' eva aññārādhanaṃ vadāmi, api ca bhikkhave anupubbasikkhā anupubbakiriyā anupubbapaṭipadā aññārādhanā hoti."

542. AN. IV, 200-201. "seyyathā pi Pahārāda mahāsamuddo anupubbaninno anupubbapoṇo anupubbapabbhāro na āyataken eva papāto, evam eva kho Pahārāda imasmiṃ dhammavinaye anupubbasikkhā anupubbakiriyā anupubbapaṭipadā na āyataken' eva aññāpaṭivedho."
"빠하라다(Pahārāda)여, 예를 들어, 큰 바다는 점차로 나아가고, 점차로 기울고, 점차로 깊어지고, 갑자기 절벽을 이루지 않듯, 빠하라다여, 이와 같이 이 법과 율에는 점차로 배움, 점차로 수행, 점차로 진보가 이루어진다. 그렇지 않고 구경지의 갑작스런 통찰은 있을 수 없다."

543. MN. I, 319-320. 주431 참조.

"가까이 다가가서 자리에 앉은 선남자 야싸(Yasa)에게 세존은 차제설법을 설한다. 곧 보시, 계행, 천상의 이야기, 욕망의 위험, 무익, 오염과 욕망의 떠남(出離)에서 오는 공덕을 설한다. 세존은 선남자 야사에게 세존의 법을 따르려는 마음상태(順從心)가 돼 있고, 잘 받아들이려는 마음상태(柔軟心)가 돼 있고, 장애없는 마음상태(無碍心)가 돼 있고, 신명난 마음상태(歡喜心)가 돼 있고, 밝고 청정한 마음상태(明淨心)가 돼 있음을 안다. 그리고 불직관설법(佛直觀說法, 佛無上說法)[544]을 설한다. 즉 고, 고집, 고멸, 고멸인도를 설한다. 마치 청정해 반점없는 천이 색깔을 올바로 받아들이는 것처럼, 선남자 야사에게 그 자리에서 바로 티끌없고, 때없는 법안(法眼)이 생긴다. 무엇이든 생겨나는 것(生法)은 모두 소멸하는 것(滅法)이다."[545]

이 경은 세존이 미가다야에서 5비구에게 최초로 수행을 지도할 때 설한 것이다. 이후 여러 경전에 정형화돼 등장하는 것을 볼 수 있다.

---

544. 전재성(2005), 668. sāmukkaṁsika는 고양된, 뛰어난, 칭찬하는, 압축된, 간략한 등의 의미가 있다. 압축을 직관으로 확장해 해석해도 의미가 통한다. 불최상설법(佛最上說法)으로 번역해도 되고, 선법문으로 의역해도 뜻은 통한다. 여기서는 직관으로 번역한다.

545. VP. Ⅰ, 15-16. "ekamantaṃ nisinnassa kho Yasassa kulaputtassa bhagavā anupubbikathaṃ kathesi seyyath' idaṃ: dānakathaṃ sīlakathaṃ saggakathaṃ kāmānam ādīnavam okāraṃ saṁkilesaṃ nekkhamme ānisaṁsaṃ pakāsesi. yadā bhagavā āññāsi Yasaṃ kulaputtaṃ kallacittaṃ muducittaṃ vinīvaraṇacittaṃ udaggacittaṃ pasannacittaṃ, atha yā Buddhānaṃ sāmukkaṁsikā dhammadesanā taṃ pakāsesi, dukkhaṃ samudayaṃ nirodhaṃ maggaṃ. seyyathāpi nāma suddhaṃ va ttham apagatakāḷakaṃ sammad eva rajanaṃ paṭigaṇheyya, evam eva Yasassa kulaputtassa tasmiṃ yeva āsane virajaṃ vītamalaṃ dhammacakkhum udapādi yaṃ kiñci samudayadhammaṃ sabbaṃ taṃ nirodhadhamman ti."

차제설법이란 수행을 직접 설명하기보다는 그 사람이 흥미를 느낄만한 주제나 비유를 활용해 대화하다가 서서히 마음을 열도록 하는 수행법이다. 이때 받아들일 준비가 돼 있을 때, 수행의 중심주제인 괴로움으로부터의 해탈과 그 구체적 기술인 4성제와 8정도 수행체계를 설하는 것이 효과적이라고 본다. 아마도 이런 관점은 비단 불교수행뿐만 아니라 심리상담이나 비즈니스 분야에서도 적용될 수 있다.

이미 불교나 수행을 이해하고 수행하러 온 사람에게는 굳이 차제가 필요치 않다. 세존이 활동하던 당시에도 입문자를 위해 처음 수행지도할 때를 제외하고, 직계제자에게는 초보절차를 생략하고 곧바로 높은 단계의 수행을 지도한다. 이것이 불직관설법이다. 불직관설법의 내용은 고집멸도의 4성제를 제거하고 괴로움을 벗어나 올바른 깨달음을 증득하는 것이다. 후대로 이어지면서 불립차제不立次第로 발전한 것으로 보인다.

2) 차제설법으로 혜력의 향상

세존이 제자에게 수행을 지도할 때, 제자의 수행단계에 따라서 적절한 수단을 사용해 지도하는 것을 볼 수 있다. 이것을 『산수목건련경算數目犍連經』에서는 다음과 같이 설한다.

"브라흐마나여, 세존이 설한 법과 율에도 점차로 배움, 수행, 진보를 시설하는 것이 가능하다. 예를 들어 준마를 얻으면 현명한 조련사는 먼저 말에게 재갈을 물리고 훈련시킨다. 이와 같이 여래가 사람을 얻으면, 먼저 오라 비구(善來比丘)여, 모름지기 설해진 계를 지켜라. 행동규범을 완성하라. 사소한 잘못에서 두려움을 보고 학습계율을 받아 배우라고 길들인다."[546]

이 경에서는 처음으로 수행하는 사람은 학습계목을 정하고, 그것을 지키는 것에서부터 시작해야 한다고 강조한다. 그리고 점차 감각의 문을 지키는 단계로 확장해 지도한다. 이어서 해당 단계가 어느 정도 익숙해지면 공양의 절제단계로 나아간다. 그리고 수행자가 수행에 더욱 매진할 수 있도록 격려하는 것이 필요하다. 『발타화리경跋陀和利經』에서는 준마를 길들여 양마로 만드는 것처럼 초보 수행자를 길들여야 한다고 설하고,[547] 『염신경念身經』에서는 수행으로 재가생활에 젖어있던 기억이나 욕구를 버리도록 유도해야 한다고 강조한다.[548] 『조어지경調御地經』에서는 야생 코끼리를 조

546. MN. III, 2. "sakka, brāhmaṇa, imasmiṃ dhammavinaye anupubbasikkhā anupubbakiriyā anupubbapaṭipadā paññāpetuṃ. seyyathāpi, brāhmaṇa, dakkho assadamako bhadram assājānīyaṃ labhitvā paṭhamen' eva mukhādhāne kāraṇaṃ karoti, atha uttariṃ kāraṇaṃ karoti : -evam eva kho, brāhmaṇa, Tathāgato purisadammaṃ labhitvā paṭhamam evaṃ vineti: ehi tvaṃ, bhikkhu, sīlavā hohi, pātimokkhasaṁvarasaṃ vuto viharāhi ācāragocarasampanno, aṇumattesu vajjesu bhayadassāvī samādāya sikkhasu sikkhāpadesūti."

547. MN. I, 446. 주444 참조.

548. MN. III, 89. "tassa evam appamattassa ātāpino pahitattassa viharato ye te gehasitā sarasaṁkappā te pahīyanti, tesam pahanā ajjhattam eva cittaṃ santiṭṭhati sannisīdati sannisīdati samādhiyati. evaṃ pi, bhikkhave, bhikhhu kāyagataṃ satiṃ bhāveti."
"그는 이와 같이 방일하지 않고, 열중하며, 단호하게 수행한다. 그래서 재가생활에 뿌리를 둔 기억과 의도를 버린다. 그것을 버림으로써 마음을 내적으로 안정되게 하고, 고요하게 하고, 하나가 되게 하고, 집중시킨다. 비구여, 이와 같이 비구는 몸에 대한 싸띠수행을 한다."

련하듯이 길들여야 한다고 다음과 같이 설한다.

“악기베사나여, 마치 코끼리 조련사가 숲속습관을 제거하고, 숲속의 기억과 생각을 없애버리고, 숲속의 근심, 피곤, 고뇌를 제거하고, 마을에서 즐기며, 사람에게 맞는 습관을 길들이기 위해 땅 위에 큰 기둥을 박고 숲속의 코끼리의 그 목을 붙잡아 맨다. 이와 같이 4념처는 재가생활의 습관을 제거하고, 재가생활의 기억과 생각을 없애버리고, 재가생활의 근심과 피곤과 고뇌를 제거하고, 바른길을 얻게 하고, 열반을 실현하기 위해, 고귀한 제자의 마음을 붙잡아 맨다.”[549]

이 경에서 야생 코끼리를 길들일 때는 기둥에 매어두고 길들이듯이, 처음 출가해 수행할 때는 세속에서의 기억이나 습관을 제거하고 수행생활에 익숙해질 수 있도록 4념처라는 수행법에 묶어둔다. 『산수목건련경算數目犍連經』에서는 학습계목으로 행동을 길들이라고 설한다.[550] 이와 같이 행하다 보면 서서히 수행생활에 익숙해

549. MN. III, 136. “seyyathāpi, Aggivessana, hatthimako mahantaṃ thambhaṃ paṭhaviyaṃ nikhaṇitvā āraññak assa nāgassa gīvāya upanibandhati āraññakānañ c’ eva sīlānam abhinimmadanāya āraññakānañ c’ eva saṁkappānam abhinimmadanāya āraññakānaṅ c’ eva darathakilamathapariḷāhānam abhinimmadanāya gāmante abhiramāpanāya manussakantesu sīlesu samādapanāya,-evam eva kho, Aggivessana, ariyasāvakassa ime cattāro satipaṭṭhānā cetaso upanibandhanā honti gehasitānañ c’ eva sīlānam abhinimmadanāya gehasitānañ c’ eva saṁkappānam abhinimmadanāya gehasitānañ c’ eva darathakilamathapariḷāhānam abhinimmadanāya ñāyassa adhigamāya nibbānassa sacchikiriyāya.”

550. MN. III, 2. 주484 참조.

지고 길들여지게 돼 훌륭한 수행자로 성장하게 된다고 본다.

『대품大品』에서는 세존이 처음 미가다야에서 야사에게 수행지도할 때, 그들이 수행을 몰랐기 때문에 차제설법을 하면서 수행으로 유도한다. 그러나 그들이 수행을 잘 알게 되자, 곧바로 불최상설법인 8정도 수행체계의 4념처 수행만으로 충분하다고 보았다.[551]

세존은 4념처 수행에서 싸띠와 쌈빠자나의 겸수로 수행하면 어떤 다른 도구를 사용하지 않고 수행의 최고단계인 아라한뜨의 경지를 성취할 수 있다고 주장한다. 이것은 마음구성인자의 이해가 선행되면, 싸마타 등의 보조적인 수행도구를 사용하지 않고 곧바로 수행에 집중할 수 있기 때문이다.[552]

---

551. VP. I, 15-16. 주545 참조.

552. 정준영(2018), 248.「순수위빠사나의 정학실천 비교연구」,『佛教學報』第83輯, 불교문화연구원. "마하시 위빠사나 수행(Mahasi Vipassanā bhāvanā)[이하 MV]과 쉐우민 위빠사나 수행(Shewoomin Vipassanā bhāvanā)[이하 SV]는 1940년대 후반에서 2000년대 사이 미얀마에서 만들어졌다. 초기경전과『위숫디막가』라고 하는 상좌부불교의 전통문헌에 근간하지만, 구체적인 수행방법과 운영시스템은 창시자가 개발한 새로운 수행법이다. 이들은 모두 사마타(samatha, 止) 수행과 병행을 거부하고, 순수하게 위빠사나만으로 궁극적인 목표(涅槃)를 성취할 수 있다고 보기 때문에 순수 위빠사나라고 부른다. 따라서 수행의 시작에서부터 몰입이나 선정(jhāna)의 성취없이 지혜를 계발한다. 미얀마의 순수 위빠사나는 초기경전보다는『위숫디막가』와 주석서를 통해 역사적 전통성을 확립한다."라고 하면서 순수 위빠사나 수행을 분석한다.

김재성(2002), 256.「순관(純觀, suddha-vipassana)에 대하여」,『불교학연구』 제4호, 불교학연구회. "선정(禪定)의 준비과정 없이 바로 위빠사나를 닦는 수행법을『청정도론(清淨道論』등의 주석문헌에서는 순관(純觀, suddha-vipassanā) 또는 건관(乾觀, sukkha-vipassanā)이라고 한다. 순관 또는 건관이라는 용어는 초기 경전에서는 나오지 않으며,『청정도론(清淨道論』을 위시로 한 팔리주석문헌에서 처음으로 등장한다." 고 하며 순관은 세존이 창안한 수행개념

『성구경聖求經』에 따르면 세존도 아라한뜨의 경지를 성취하기 전에는 무소유처와 비상비비상처의 경지에 이르는 사마타 수행을 한다.[553] 『대제경大諦經』에 따르면 싸띠수행으로 최상의 깨달음을 증득한다.[554] 『대품大品』에서는 미가다야에서 5비구에게 최초로 수행지도할 때는, 8정도 수행체계의 4념처 수행에 기초해 싸띠와 쌈빠자나 기술을 사용해 수행의 최고단계로 나아갈 수 있다고 설한다.[555] 따라서 예외적인 경우를 제외하고는, 항상 8정도 수행체계

이 아니라고 규정한다.

553. MN. I, 165-166. "iti kho bhikkhave Āḷāro Kālāmo ācariyo me samāno antevāsiṃ maṃ samāna—attano samasamaṃ ṭhapesi uḷārāya ca maṃ pūjāya pūjesi. tassa mayhaṃ bhikkhave etad-ahosi: nāyaṃ dhammo nibbidāya na virāgāya na nirodhāya na upasamāya na abhiññāya na sambodhāya na nibbānāya saṁvattati, yāvad-eva ākiñcaññāyatanūpapattiyā ti. so kho ahaṃ bhikkhave taṃ dhammam analaṅkaritvā tasmā dhammā nibbijjāpakkamiṃ...iti kho bhikkhave Uddako Rāmaputto sabracārī me samāno ācariyaṭṭhāne ca maṃ ṭhapesi uḷārāya ca maṁ pūjāya pūjesi. tassa mayhaṃ bhikkhave etad-ahosi: nāyaṃ dhammo nibbidāya na virāgāya na nirodhāya na upasamāya na abhiññāya na sambodhāya na nibbānāya saṁvattati, yāvad-eva nevasaññānāsaññāyatanūpapattiyā ti. so kho ahaṃ bhikkhave taṃ dhammam analaṅkaritvā tasmā dhammā nibbijjāpakkamiṃ."
"비구여. 그러나 그때 나에게 무소유처의 세계에 머무는 한, '그의 법은 탐욕을 싫어해서 떠남, 욕망의 사라짐, 소멸, 적정, 지혜, 올바른 깨달음, 열반으로 이끌지 못한다.' 라는 이와 같은 생각이 떠올랐다. 비구여. 그래서 나는 그의 법에 만족하지 않고, 그 법을 싫어해서 그곳을 떠났다...비구여. 그러나 그때 나에게 비상비비상처의 세계에 머무는 한, '그의 법은 싫어해 떠남, 사라짐, 소멸, 적정, 지혜, 올바른 깨달음, 열반으로 이끌지 못한다.' 라는 이와 같은 생각이 떠올랐다. 비구여. 그래서 나는 그의 법에 만족하지 않고, 그 법을 싫어해서 그곳을 떠났다."

554. MN. I, 242-243. 주84 참조.

555. VP. I, 10. 주73 참조.

의 4념처 수행을 하라고 제자에게 가르친다.

3. 수행진보의 특성

수행이 진보할 때는 다양한 양상을 띤다. 일반적으로 수행단계가 일정한 속도와 수준으로 포물선 형태의 상승곡선을 그리며 진행될 것으로 여기기 쉽다. 이와 달리 〈표 6.1〉에서 볼 수 있듯이, 수행자가 느끼는 수행진보는 계단처럼 단계를 띠며, 전개되는 경향이 있다. 양이 형성되면 질로 전환된다. 그렇지만 그 양의 성숙과정은 정체되거나 향상되는 것을 감지하기가 쉽지 않다. 그래서 많은 수행자가 답답해한다. 그러나 양이 충분히 차면 급격하게 질로 전환되는 것을 볼 수 있다. 이때 수행자는 몸과 마음에 여러 가지 현상이 일어나고 혼란스럽게 느끼기도 한다. 그러나 발생하는 하나하나의 현상을 인내심을 가지고 알아차림하면서 수행진보가 이루어진다. 이때 눈 밝은 수행지도자로부터 수행지도받으면 수월하고 올바르게 수행진도가 나아가서 최종목적지에 도달할 수 있다.

1) 수행진보의 양상

수행진보는 정해진 단계와 절차를 거치면서 진행된다. 그러나 모든 단계가 규칙적이고 정량적으로 나아가지는 않는다. 수행자의 수준에 따라 어떤 단계는 짧은 순간 지나가기도 하고, 다른 단계는 천천히 통과하기도 한다. 어떤 단계는 강하게 나타나기도 하고 다른 단계에서는 약하게 나타나기도 한다. 이렇듯 수행진보는 끊김없이 일련의 흐름으로 이어진다. 수행진보는 포물선을 그리며 나아가기보다 오히려 계단식으로 나아가는 경향이 많다.

(1) 계단식 진보

『무상경無常經』에서는 4과四果를 차례로 성취하는 것을 다음과 같이 설한다.

"비구여, 참으로 일체형성(一切行)을 무상하다고 여기므로, 차제에 입각한 이해를 갖출 것이라고 한다면 그것은 이유가 된다. 차제에 입각한 이해를 갖춤으로 올바름에 의해 결정된 것이라고 한다면 그것은 이유가 된다. 올바름에 의해 결정된 것이므로 쏘따빳띠의 경지(須陀洹果, sotāpattiphala)를 실현할 것이라고 한다면 그것은 이유가 된다. 쏘따빳띠의 경지를 실현하므로 싸까다가미의 경지(斯多含果, sakadāgāmiphala)를 실현한다는 것은 가능하다. 싸까다가미의 경지를 실현하므로 아나가민의 경지(阿那含果, anāgāminphala)를 실현한다는 것은 가능하다. 아나가민의 경지를 실현하므로 아라핫뜨의 경지(阿羅漢果, arahattaphala)를 실현한다는 것은 가능하다."[556]

이 경에서도 알 수 있듯이 수행의 각 단계는 생략되는 것없이 반드시 모든 단계를 거친다. 각 단계를 압축해 나아갈 수 있지만 생

---

556. AN. III, 442. "so vata bhikkhave bhikkhu sabbasaṅkhāram aniccato samanupassanto anulomikāya khantiyā samannāgato bhavissatī ti ṭhānam etaṃ vijjati. anulomikāya khantiyā samannāgato sammattaniyāmam okkamissatī ti ṭhānam etaṃ vijjati. sammattaniyāmam okkamamāno sotāpattiphalaṃ vā sakadāgāmiphalaṃ vā anāgāmiphalaṃ vā arahattaṃ vā sacchikarissatī ti ṭhānam etaṃ vijjatī ti."

략하고 갈 수 없다는 것이 세존의 기본입장이다. 『농부경農夫經』에서는 수행은 점진적으로 진도가 나아간다고 농사에 비유를 들며 설명한다.557)

557. AN. I, 239-240. "“tiṇ’ imāni bhikkhave kassakassa gahapatissa accāyikāni karaṇīyāni katamāni tīṇi? idha bhikkhave kassako gahapati sīghasīghaṃ khettaṃ sukaṭṭhaṃ karoti sumatikataṃ sīghasīghaṃ khettaṃ sukaṭṭhaṃ karitvā sumatikataṃ sīghasīghaṃ pi bījāni patiṭṭhāpeti, sīghasīghaṃ bījāni patiṭṭhāpetvā sīghasīghaṃ udakam abhineti pi apaneti pi. imāni kho bhikkhave tīṇi kassakassa gahapatissa accāyikāni karaṇīyāni. tassa kho taṃ bhikkhave kassakassa gahapatissa n’ atthi sā iddhi vā ānubhāvo vā ajj’ eva me dhaññāni jāyantu sv’ eva gabbhiniyo hontu uttarass’ eva paccantū ti. atha kho bhikkhave hoti so samayo yaṃ tassa kassakassa gahapatissa tāni dhaññāni utupariṇāmini jāyanti pi gabbhinī pi honti paccanti pi. evam eva kho bhikkhave tīṇ’ imāni bhikkhussa accāyikāni karaṇīyāni. katamāni tīṇi? adhisīlasikkhāsamādānaṃ, adhicittasikkhāsamādānaṃ, adhipaññāsikkhāsamādānaṃ, imāni kho bhikkhave tīṇi bhikkhussa accāyikāni karaṇīyāni. tassa kho taṃ bhikkhave bhikkhuno n’ atthi sā iddhi vā ānubhāvo vā ajj’ eva me anupādāya āsavehi cittaṃ vimuccatu sve vā uttarass’ evā ti. atha kho bhikkhave hoti so samayo yaṃ tassa bhikkhuno adhisīlaṃ pi sikkhato adhicittaṃ pi sikkhato adhipaññāṃ pi sikkhato anupādāya āsavehi cittaṃ vimuccati. tasmāt iha bhikkave evaṃ sikkhatabbaṃ-tibbo no chando bhavissati adhisīlasikkhāsamādāne...pe...tibbo no chando bhavissati adhipaññāsikkhāsamādāne ti. evaṃ hi vo bhikkhave sikkhitabban ti.”
“비구여, 이와 같은 3가지는 농부인 장자가 특별히 해야 하는 일이다. 3가지란 무엇인가? 비구여, 이 세상에 농부인 장자가 아주 빠르게 밭을 잘 갈고 고르게 만든다. 아주 빠르게 밭을 잘 갈고 고르게 만든 뒤에 서둘러 씨앗을 뿌린다. 아주 빠르게 씨앗을 뿌리고 나서 빠르게 물을 대거나 빼낸다. 비구여, 이와 같은 3가지는 농부인 장자가 특별히 해야 할 일이다. 비구여, 그 농부인 장자에게 오늘 씨앗이 싹트게 하고, 내일 열매가 맺게 하고, 모래 열매가 익도록 할 수 있는 신통력은 없다. 비구여, 그 경우 단지 시간이 경과하면서 씨앗이 싹트고 열매가 익는다. 비구여, 이와 같이 3가지가 비구가 특별히 해야 할 일이다. 3

『우다이경』에서 강조하는 것은 스승이 제자에게 수행을 지도할 때 차제, 논리, 연민 등의 마음을 가지고 지도하겠다는 자세를 가져야 한다고 설한다.[558] 『관경觀經』에서는 스승이 낮은데서 높은 곳으로, 거친데서 섬세한 곳으로 점진적으로 가르쳐야 한다고 주장한다.[559] 그래야 수행진도가 효과적으로 나아갈 수 있기 때문이다.

수행진도가 나가는 매 단계마다 해당 단계에 적합한 수행기술이 제시된다. 이를 잘 활용해야 효율적으로 수행진보를 기대할 수 있다. 『대반열반경大般涅槃經』에서는 다음과 같이 설한다.

"세존이시여, 현세의 아라한뜨, 정자각, 세존도 혜를 약화하는 5장애를 버리고, 4념처에 마음을 잘 정립하고, 7각지를 여실하게 수행해, 무상정자각

가지란 무엇인가? 보다 높은 계학(戒學), 심학(心學), 혜학(慧學)의 수지(受持)이다. 비구여, 이와 같이 3가지가 비구가 특별히 해야 할 일이다. 비구여, 그 비구에게 오늘이나 내일이나 모레 집착없이 아싸봐에서 심해탈이 되도록 할 수 있는 신통력은 없다. 비구여, 그 경우 단지 시간이 경과하면서 보다 높은 계학, 심학, 혜학의 수지이다. 그런 뒤에 그 비구가 집착없이 아싸봐로부터 심해탈하는 것이다. 그럼으로 비구여, 이와 같이 배워야 한다. 우리는 보다 높은 계학, 심학, 혜학의 강력한 의욕을 일으켜야 한다. 비구여, 이와 같이 그대들은 배워야 한다."

558. AN. Ⅲ, 184. "Anupubbikathaṃ kathessāmī ti paresaṃ dhammo desetabbo, pariyāyadassāvī kathaṃ kathessāmī ti paresaṃ dhammo desetabbo, anuddayataṃ paṭicca kathaṃ kathessāmī ti paresaṃ dhammo desetabbo, na āmisantaro kathaṃ kathessāmī ti paresaṃ dhammo desetabbo, attānañ ca parañ ca anupahacca kathaṃ kathessāmī ti paresaṃ dhammo desetabbo."
"아난다여, '나는 차제, 이론, 연민을 가지고 설법하겠다.' 라고 다른 사람에게 법을 설해야 한다. '나는 재물을 위하지 않고, 자신과 타인을 해치지 않고 설법하겠다.' 라고 다른 사람에게 법을 설해야 한다."

559. MN. Ⅰ, 319-320. 주431 참조.

(無上正自覺, anuttara sammā sambodhi)을 곧바로 정확히 깨달았다."[560]

이 경에서 알 수 있듯이 4념처 수행으로 7각지를 성취하고, 더 진보해 수행의 최종목표인 아라한뜨의 경지를 증득할 수 있다고 설한다.

〈표 6.1〉 수행진도와 수행기술

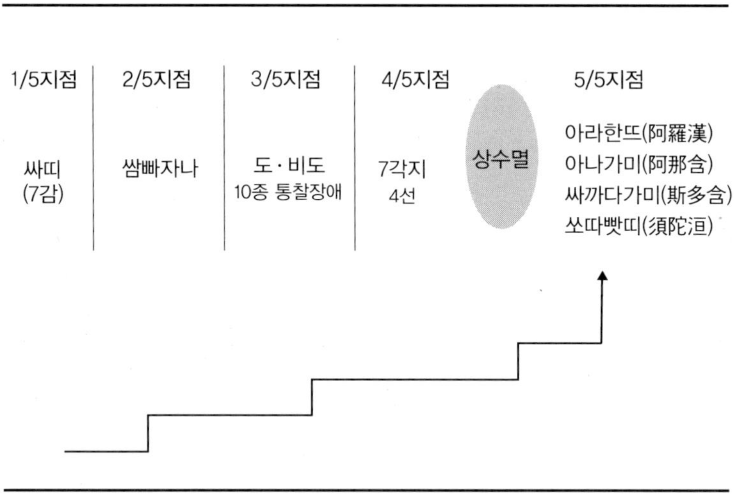
1/5지점
싸띠
(7감)
2/5지점
쌈빠자나
3/5지점
도·비도
10종 통찰장애
4/5지점
7각지
4선
상수멸
5/5지점
아라한뜨(阿羅漢)
아나가미(阿那含)
싸까다가미(斯多含)
쏘따빳띠(須陀洹)

560. DN. II, 83. "Bhagavā pi bhante etarahi arahaṃ sammā-sambuddho pañca nīvaraṇe pahāya cetaso upakkilese paññāya dubbalīkaraṇe catusu satipaṭṭhānesu supatiṭṭhita-citto satta bojjhaṅge yathābhūtaṃ bhāvetvā anuttaraṃ sammā-sambodhim abhisambuddho ti."

8정도 수행체계에서 수행할 때는 4념처로 시작한다. 4념처 수행은 먼저 알아차림 기능인 싸띠와 원인을 통찰하는 쌈빠자나를 가지고 수행한다. 이때 쌈빠자나보다 싸띠를 먼저 수행한다. 싸띠력과 싸마디가 어느 정도 향상되면 쌈빠자나 수행을 시작한다. 싸띠와 쌈빠자나 겸수로 수행진보가 상수멸에 이르는 3/5지점에 도달하면 이때부터 7각지를 수행한다. 7각지 수행도 싸띠와 쌈빠자나의 겸수에 기초한다. 이때 7각지는 수행하는 것이 아니라 수행이 저절로 되어진다. 수행이 이 단계에 도달하면 싸띠력과 싸마디가 힘을 쓰지 않아도 저절로 이루어진다.

이 단계에서 7각지 가운데 택법지擇法支가 잘 돼야 커다란 수행진보를 기대할 수 있다. 7각지가 이루어지는 단계에서 5장애가 본격적으로 제거되기 시작한다. 『맛지마니까야』에서 5장애를 설하는 경은 〈표 6.2〉와 같다.

〈표 6.2〉 5장애 등장 경

NO	경 명
4	『포외경(怖畏經, *Bhayabheravasutta*)』
10	『염처경(念處經, *Satipaṭṭhānasutta*)』
27	『소상적유경(小象跡喩經, *Cūḷahatthipadopamasutta*)』
38	『대파애경(大破愛經, *Mahātaṇhāsaṅkhayasutta*)』
39	『대마읍경(大馬邑經, *Mahāssapurasutta*)』
51	『굴경(窟經, *Kandarakasutta*)』
60	『근본정경(根本定經, *Apaṇṇakasutta*)』
64	『대전유경(大箭喩經, *Mahāmāluṅkyaputtasutta*)』

NO	경 명
68	『나라까파나경(那羅伽波寧經, *Naḷakapānasutta*)』
76	『임경(林經, *Sandakasutta*)』
79	『소전모경(小箭毛經, *Cūḷasakuludāyisutta*)』
94	『고따무카경(*Ghoṭamukhasutta*)』
99	『앵무경(鸚鵡經, *Subhasutta*)』
101	『천연경(天淵經, *Devadahasutta*)』
107	『산수목건련경(算數目犍連經, *Gaṇakamoggallānasutta*)』
108	『구묵목건련경(瞿默目犍連經, *Gopakamoggallānasutta*)』
112	『육정경(六淨經, *Chabbisodhanasutta*)』
125	『조어지경(調御地經, *Dantabhūmisutta*)』

〈표 6.2〉에서 알 수 있듯이 『맛지마니까야』 152경 가운데 18경에서 5장애를 설한다. 특히, 5장애를 제거하는 수행단계는 초선 직전으로 이 단계에서는 7각지 수행이 이루어지는 단계이다. 이 단계부터는 수행을 억지로 하는 것이 아니라 저절로 이루어져야 4선을 지나 상수멸의 단계로 나아갈 수 있다.

초선에서 사유와 숙고를 이야기하지만, 만일 이 단계가 찰나처럼 지나간다면 사유나 숙고의 분석이 의미없다. 이와 달리 3선이나 4선 단계에서 수행진보가 나아가지 못하고 오래 머물게 되면, 고요함은 필연적으로 무기공無記空으로 빠져들기 쉽다. 이렇듯 수행의 각 단계마다 다양한 양상으로 나타나기 때문에 수행자의 주관판단보다 경험이 풍부하고 높은 수행단계를 체험한 눈 밝은 수행지도

자로부터 지도받는 것이 현명하다.

『성구경聖求經』에서 설하듯이, 수행자는 출가할 때 세운 목표인 청정수행의 성취를 위해 노력해야 한다.[561] 그러기 위해서는 올바른 이론과 유효한 기술을 사용해야 소정목표를 성취할 수 있다. 그리고 무엇보다도 올바르게 수행을 지도할 눈 밝은 스승의 수행지도가 필수적이다. 수행진도가 순조롭게 나아갈 수 있도록 하되, 마치 머리에 붙은 불을 끄듯이 용맹정진으로 임해야 한다고 설한다.

『가루조타이경迦樓鳥陀夷經』에서는 현재 성취한 수행단계에 만족하지 말고, 최상목표를 위해 그것을 뛰어넘어 정진하라고 강조한다.[562] 『파계제삼족성자경婆雞帝三族姓者經』에서는 수행수준이 높아져야 그 아래 단계에서의 즐거움에서 벗어날 수 있다고 설한다.[563]

---

561. MN. I, 171-172. "mā bhikkhave Tathāgataṃ nāmena ca āvusovādena ca samudācarittha. arahaṃ bhikkhave Tathāgato sammāsambuddho. odahatha bhikkhave sotaṃ, amatam-adhigataṃ, aham-anusāsāmi, ahaṃ dhammaṃ desemi, yathānusiṭṭhaṃ thatā paṭipajjamānā nacirass' eva yass' atthāya kulaputtā samma-d-eva agārasmā anagāriyaṃ pabbajanti tad-anuttaraṃ brahmacariyapariyosānaṃ diṭṭhe va dhamme sayam abhiññā sacchikatvā upasampajja viharissathāti."
"비구여. 여래를 부를 때, 벗이라고 부르지 마라. 비구여. 여래는 아라한뜨, 정자각이다. 비구여. 귀를 기울여라. 감로법이 성취됐다. 내가 가르치겠다. 내가 법을 설할 것이다. 내가 가르친 대로 그대로 실천하면, 머지않아 훌륭한 가문의 자제로써 집없는 곳으로 출가한 그 목적인 위없는 청정수행의 완성을 지금 여기에서 스스로 알고 깨닫고 성취하게 될 것이다."

562. MN. I, 455-456. 주533 참조.

563. MN. I, 463-464. "atha kho Bhagavato etad-ahosi: yan-nūnāhaṃ te va kulaputte puccheyyan-ti. atha kho Bhagavā āyasmantam Anuruddham āmantesi:

kacci temhe Anuruddhā abhiratā brahmacariye ti. -taggha mayaṃ bhante abhiratā brahmacariye ti. -sādhu sādhu Anuruddhā. etaṃ kho Anuruddhā tumhākaṃ paṭirūpaṃ kulaputtānaṃ saddhā agārasmā anagāriyaṃ pabbajitānaṃ yaṃ temhe abhirameyyātha brahmacariye. yena tumhe Anuruddhā bhadrena yobbanena samannāgatā paṭhamena vayasā susukāḷakesā kāme paribhuñjeyyātha, tena tumhe Anuruddhā bhadrena yobbanena samannāgatā paṭhamena vayasā susukāḷakesā agārasmā anagāriyaṃ pabbajitā. te kho pana tumhe Anuruddhā n' eva rājābhinītā agārasmā anagāriyaṃ pabbajitā, na corābhinitā agarasmā anagāriyaṃ pabbajitā, na iṇaṭṭā...na bhayatta...na ājīvikāpakatā agārasmā anagāriyaṃ pabbajitā : api ca kho 'mhi otiṇṇo jātiyā jarāya maraṇena sokehi paridevehi dukkhehi domanassehi upāyāsehi, dukkhotiṇṇo dukkhapareto, app-eva nāma imassa kevalassa dukkhakkhandhassa antakiriyā paññāyethāti, nanu tumhe Anuruddhā evaṃ saddhā agārasmā anagāriyaṃ pabbajitā ti. -evam-bhante. -evaṃ pabbajitena ca pana Anuruddhā kulaputtena kim-assa karaṇīyaṃ: vivekaṃ Anuruddhā kāmehi vivekaṃ akusalehi dhammehi pītisukhaṃ nādhigacchati aññaṃ vā tato santataraṃ, tassa abhijjhā pi cittaṃ pariyādāya tiṭṭhati, byāpādo pi cittaṃ pariyādāya tiṭṭhati, thīnamiddham-pi cittaṃ pariyādāya tiṭṭhati, uddhaccakkuccam-pi cittaṃ pariyādāya tiṭṭhati, vicikicchā pi cittaṃ pariyādāya tiṭṭhati, arati pi cittaṃ pariyādāya tiṭṭhati, tandī pi cittaṃ pariyādāya tiṭṭhati. vivekaṃ Anuruddhā kāmehi vivekaṃ akusalehi dhammehi pītisukhaṃ nādhigacchati aññaṃ vā tato santataraṃ. vivekaṃ Anuruddhā kāmehi vivekaṃ akusalehi dhammehi pītisukhaṃ nādhigacchati aññañ-ca tato santataraṃ, tassa abhijjhā pi cittaṃ na pariyādāya tiṭṭhati, byāpādo pi cittaṃ na pariyādāya tiṭṭhati, thīnamiddham-pi cittaṃ na pariyādāya tiṭṭhati, uddhaccakkuccam-pi cittaṃ na pariyādāya tiṭṭhati, vicikicchā pi cittaṃ na pariyādāya tiṭṭhati, arati pi cittaṃ na pariyādāya tiṭṭhati, tandī pi cittaṃ na pariyādāya tiṭṭhati. vivekaṃ Anuruddhā kāmehi vivekaṃ akusalehi dhammehi pītisukhaṃ adhigacchati aññañca tato santataraṃ."

"아누룻다여, 이와 같이 출가한 훌륭한 가문의 아들이라면 어떻게 해야 하는가? 그가 애욕을 여의고, 악하고 불선법을 떠나더라도, 기쁨과 즐거움을 얻지 못하거나 또한 그보다 더욱 평화로운 것을 얻지 못하면, 탐욕, 분노, 해태와 혼침, 도거와 악작, 의심, 불쾌, 근태가 마음을 사로잡는다. 아누룻다여, 그는 애욕을 여의고 악하고 불선법을 떠나더라도, 기쁨과 즐거움을 얻지 못하거나, 그보다 더욱 평화로운 것을 얻지 못하기 때문이다. 아누룻다여, 애욕을 여의고 악하고 불

『진인경眞人經』에서 설하는 것처럼, 수행의 각 단계는 실체가 있는 것이 아니라 단지 경험만 존재할 뿐이다.564) 이런 관점은 『아기봐차구다경雅氣婆蹉衢多經』에서 세상 사람은 세존을 5온으로 묘사하려고 하지만 여래에게 그 5온은 이미 끊어졌다고 설하는 것과 같은 맥락으로 보인다.565) 『장과경長瓜經』에서 세존은 세상에서 쓰는 말에 집착하지 않고 세상에서 쓰는 말을 사용한다고 설한다.566) 이런 관점은 일관되게 모든 존재는 고정된 것이 아니고, 조건 속에서 연기적으로 결합하고, 조건이 변하면 끊임없이 변화발전한다는 세존의 철학이다.

따라서 수행을 해서 수행진보를 향상시키려고 노력은 하되, 자

선법을 떠나서, 기쁨과 즐거움을 얻거나, 그보다 더욱 평화로운 것을 얻는다면, 탐욕, 분노, 해태와 혼침, 도거와 악작, 의심, 불쾌, 권태가 마음을 사로잡지 않는다. 아누룻다여, 그는 애욕을 여의고, 악하고 불선법의 것을 떠나서, 기쁨과 즐거움을 얻거나 또한 평화로운 것을 얻기 때문이다."

564. MN. III, 42-43. "sappuriso ca kho, bhikkhave, iti patisaṁcikkhati: paṭhamajjhānasamāpattiyā pi kho atammayatā vuttā Bhagavatā : yena yena hi maññanti tato taṃ hoti aññathā ti. so atammayataṃ yeva antaraṃ karitvā tāya paṭhammajhānasamāpattiyā n' eva attān' ukkaṁseti na paraṃ vambheti. ayaṃ pi, bhikkhave, sappurisadhammo."
"비구여, '진인은 초선성취는 어떻게 생각하던지 간에 법과는 다른 것이므로 세존께서는 거기에 실체성 없다고 말했다.' 라고 성찰한다. 그래서 실체성 없는 것을 먼저 설정해, 그 초선성취 때문에 자신을 칭찬하지도 않고 남을 비난하지도 않는다. 비구여, 이것이 진인성품이다.

565. MN. I, 487. "evam eva kho Vaccha yena rūpena Tathāgataṃ paññā payamāno paññāpeyya taṃ rūpaṃ Tathāgatassa pahīnaṃ...vedanā...saññа... viññāṇa..."
"밧차(Vaccha)여. 이와 마찬가지로 사람은 색으로 여래를 묘사하려고 하지만 여래에게 그 색은 끊어졌다...수...상...행...식"

566. MN. I, 500. 주495 참조.

신이 성취한 수행단계는 본래 실체가 없는 것이므로 자신의 수행단계에 집착해서는 안된다고 강조한다. 아무리 좋은 것이라도 집착하고 머물면 정체하고 퇴보한다.

(2) 몸으로 체험함

수행의 매 단계마다 수행자의 몸과 마음에 나타나는 현상을 보고 수행진도를 판단할 수 있다. 수행진도는 마음으로 인식할 수도 있지만, 대부분은 몸으로 체험해 알게 된다. 『신우경身友經』에서는 수행진도를 다음과 같이 설한다.

"벗이여, 세상에 비구가 애욕을 여의고, 악하고 불선법의 상태를 떠난 뒤, 사유와 숙고를 갖추고, 멀리 여읨에서 생겨나는 기쁨과 즐거움을 갖춘 초선에 든다. 그는 그 경지의 확장 정도에 따라, 그 경지를 몸으로 체험할 뿐만 아니라 혜로도 분명히 안다. 세존께서는 이런 관점에서 그 특정관점에서 그분을 양면해탈자(兩面解脫者)라고 말한다."[567]

이 경에서 수행진도가 향상되는 단계마다 그 경지를 몸으로 체험해 알게 되며, 그것을 혜로써 통찰할 수 있다고 설한다. 혜 역시 사유로도 가능하지만, 혜의 성숙을 몸으로 체험할 수 있다고 설한다. 『충산경蟲山經』에서는 양면해탈자를 다음과 같이 설한다.

---

567. AN. IV, 453. "idhāvuso bhikkhu vivicc' eva kāmehi...paṭhamaṃ jhānam upasampajja viharati, yathā yathā ca tad āyatanaṃ thatā thatā naṃ kāyena phassitvā viharati, paññāya ca naṃ pajānāti. ettāvatā pi kho āvuso ubhatobhāgavimutto vutto Bhagavatā pariyāyena..."

"비구여. 양면해탈자란 어떠한 것인가? 비구여. 여기 어떤 사람이 색을 뛰어넘고 색에서 벗어나, 고요한 해탈을 자신의 몸으로 체험하고, 혜로써 보아 모든 아싸봐를 부수면, 비구여, 이 사람을 양면해탈자라고 부른다."[568)]

이 경에서 양면해탈자는 고요한 해탈을 자신의 몸으로 최상진리를 성취하고 혜로써 통찰해 안다고 규정한다. 그러나 혜해탈자慧解脫者는 몸으로 체험하지 못하지만, 혜로써 깨우친 자라고 설한다.[569)] 신증자身證者는 몸으로 고요한 해탈을 체험하지만, 혜로써 아싸봐의 일부를 부순 자로 규정한다.[570)] 『장과경長瓜經』에서 강조

568. MN. I, 477. "katamo ca bhikkhave puggalo ubhatobhāgavimutto: idha bhikkhave ekacco puggalo ye te santā vimokhā atikkamma rūpe āruppā te kāyena phassitvā viharati, paññāya c' assa disvā āsavā parikkhīṇā honti. ayaṃ vuccati bhikkhave puggalo ubhatobhāgavimutto."

569. MN. I, 477-478. "katamo ca bhikkhave puggalo paññāvimutto: idha bhikkhave ekacco puggalo ye te santā vimokhā atikkamma rūpe āruppā te na kāyena phassitvā viharati, paññāya c' assa disvā āsavā parikkhīṇā honti. ayaṃ vuccati bhikkhave puggalo paññāvimutto."
"비구여, 혜해탈자(慧解脫者, paññāvimutti)는 어떠한 사람인가? 비구여, 여기 어떤 사람이 색을 뛰어넘고 색에서 벗어나 고요한 해탈을 자신의 몸으로 체험하지는 않았으나, 혜로써 보아 모든 아싸봐를 부수면, 비구여, 이 사람을 혜해탈자라고 한다."

570. MN. I, 478. "katamo ca bhikkhave puggalo kāyasakkhī: idha bhikkhave ekacco puggalo ye te santā vimokhā atikkamma rūpe āruppā te kāyena phassitvā viharati, paññāya c' assa disvā ekacce āsavā parikkhīṇā honti. ayaṃ vuccati bhikkhave puggalo kāyasakkhī."
"비구여, 신증자(身證者, kāyasakkhi)자란 어떠한 사람인가? 비구여, 여기 어떤 사람이 색을 뛰어넘고, 색에서 벗어나 고요한 해탈을 자신의 몸으로 체험하고 혜로서 보아 아싸봐의 일부를 부수면, 이 사람을 신증자라고 부른다."

하듯이 진리는 반드시 몸으로 체험해 깨우친다고 강조한다.571) 『법장엄경法莊嚴經』에서는 수행자의 피부색이나 태도를 보고 수행 진도를 미루어 짐작할 수 있다고 설한다.572) 『염신경念身經』에서는

---

571. MN. II, 173. "yato naṃ samannesamāno visuddhaṃ mohaniyehi dhammehi samanupassati, atha tamhi saddhaṃ niveseti, saddhājāto upasaṁkamanto payirūpāsati, payirūpāsanto sotam odahati, ohitasoto dhammaṃ suṇāti, sutvā dhammaṃ dhāreti, dhāritānaṃ dhammānam attham upaparikkhati, attham upaparikkhato dhammā nijjhānaṃ khamanti, dhammanijjhānakhantiyā sati chando jāyati, chandajāto ussahati, ussahitvā tūleti, tūlayitvā padahati, pahitatto samāno kāyena c' eva paramasaccaṃ sacchikaroti, paññāya ca tam ativijjha passati. ettāvatā kho, Bhāradvāja, saccānubodho hoti, ettāvatā saccam anubujjhati, ettāvatā ca mayaṃ saccānubodhaṃ paññāpema, na tveva saccānupatti hotīti."
"그는 그를 조사해 어리석음의 상태에서 벗어나 청정한 것을 알았으므로, 그에게 믿음이 확립되고, 믿음이 확립되면 섬기게 되고, 섬기면 존중하게 되고, 존중하면 청문하게 되고, 청문하게 되면 법을 배우게 되고, 배우게 되면 법에 대한 싸띠가 생겨나게 되고, 싸띠가 생겨나면 법의 의미를 고찰하게 되고, 의미를 고찰하게 되면 법의 성찰을 수용하고, 법의 성찰을 수용하게 되면 의욕이 생겨나고, 의욕이 생겨나게 되면 노력하고, 노력하게 되면 깊이 관찰하고, 깊이 관찰하게 되면 정근하고, 정근하게 되면 몸으로 최상진리를 깨닫게 된다. 그리고 마침내 지혜로써 꿰뚫어 본다. 바라드봐자(Bhāradvāja)여, 이렇게 해서 진리의 깨달음이 있게 되고, 이렇게 진리를 깨닫는다. 이렇게 진리를 깨닫는다고 나는 말한다. 그러나 이것만으로는 진리를 궁극적으로 성취한 것은 아니다."

572. MN. II, 121. "puna ca parāhaṃ bhante, ārāmena ārāmam uyyānena uyyānam anucaṅkamāni anuvicarāni. so 'haṃ tattha passāmi eke samaṇabrāhmaṇe kise lūkhe dubbaṇṇe uppaṇḍuppaṇukajāte dhamanisanthatagatte na viya maññe cakkhuṃ bandhante janassa dassanāya. tassa mayhaṃ, bhante, evaṃ hoti: addhā ime āyasmanto anabhiratā vā brahmacariyaṃ caranti, atthi vā tesaṃ kiñci pāpaṃ kammaṃ kataṃ paṭicchannaṃ, tathā ime āyasmanto kisā lūkhā dubbaṇṇā uppaḍuppaṇḍukajātā dhamanisanthatagattā, na viya maññe cakkhuṃ bandhanti janassa dassanāyāti. tyāham upasaṁkamitvā evaṃ vadāmi:-kin nu kho tumhe āyasmante kisā lūkhā dubbaṇṇā uppaḍuppaṇḍuka-

몸을 대상으로 삼고 수행해 아라한뜨의 경지를 증득하고, 몸으로 심해탈을 추구한다고 강조한다.[573)]

일반적으로 수행은 마음운동이라고 생각하기 쉽다. 그러나 수행

---

jātā dhamanisanthatagattā, na viya maññe cakkhuṃ bandhatha janassa dassanāyāti. te evam āhaṁsu: bandhukarogo no mahārājāti. idha panāhaṃ, bhante, bhikkhū passāmi haṭṭhapahaṭṭhe udaggudagge abhiratarūpe pīṇitindriye appossukke pannalome paradavutte migabhūtena cetasā viharante. tassa mayhaṃ, bhante, evaṃ hoti: addhā ime āyasmato tassa Bhagavato sāsane uḷāraṃ pubbenāparaṃ visesaṃ sañjānanti, thatā ime āyasmanto haṭṭhapahaṭṭhā udaggudaggā abhiratarūpā pīṇitindriyā appossukkā pannalomā paradavuttā migabhūtena cetasā viharantāti. ayaṃ pi kho me, bhante, Bhagavati dhammanvayo hoti: sammāsambuddho bhagavā, svākkhāto bhagavatā dhammo, supaṭipanno bhagavato sāvakasaṁgho ti."

"세존이시여, 나는 공원에서 공원으로, 정원에서 정원으로 산책하며 돌아다녔다. 나는 그곳에서 어떤 싸마나나 브라흐마나가 수척하고, 누추하고, 추악하고, 노르스름하고, 혈관이 불거져 나와 생각건대 차마 다시 눈뜨고 볼 수 없다. 세존이시여, 그것에 대해 나는 '이 존자는 분명히 청정수행을 영위하지 않거나 어떠한 악업을 지으며 감추고 있다. 이 존자는 수척하고, 누추하고, 추악하고, 노르스름하고, 혈관이 불거져 나와 생각하건대 차마 다시 눈뜨고 볼 수가 없다. 그것은 무슨 까닭입니까?' 라고 물었다. 그들은 '대왕이시여, 우리는 황달입니다.' 라고 대답했다. 세존이시여, 그런데 여기에서 비구는 미소짓고, 즐거워하고, 참으로 기뻐하고, 감관이 청정하고, 평안하고, 두려움없고, 다른 사람이 주는 것으로 살고, 사슴처럼 평화로운 마음으로 지내는 것을 보니, '세존의 법 안에서 차츰차츰 이루어지는 수행의 뛰어난 특징을 깨닫고 있다.' 라고 생각한다. 그래서 나는 '세존은 올바로 원만히 깨달은 님이다.' 라고 이와 같이 진실에 입각해 추론한다."

573. MN. III, 97-99. "evam eva kho, bhikkhave, yassa kassaci kāyagatā sati bhāvitā bahulīkatā, so yassa abhiññāsacchikaraṇīyassa dhammassa cittam abhininnāmeti abhiññāsacchikiriyāya, tatra tatr' eva sakkhibhayataṃ pāpuṇāti sati sati-āyatane...āsavānaṃ khayā anāsavaṃ cetovimuttiṃ paññāvimuttiṃ diṭṭhe va dhamme sayam abhiññā sacchikatvā upasampajja viharati."

"비구여, 누구든지 몸에 대한 싸띠를 수행하고 익히면, 그 때 올바른 앎에 의해

은 몸을 대상으로 마음근육인 싸띠력과 싸띠집중의 힘인 싸마디를 강화하고, 실재를 통찰하는 혜력을 키워야 한다는 것이 세존의 기본생각이다.

(3) 4가지 수행진보의 양상

4가지 수행진보의 양상을 살펴본다. 『행도경行道經』에서는 4가지 수행진보의 양상을 다음과 같이 설한다.

"비구여, 이와 같은 4가지 행도(行道)가 있다. 4가지란 무엇인가? 비구여, ① 느리면서 최상의 앎을 수반하는 힘든 행도, ② 빠르면서 최상의 앎을 수반하는 힘든 행도, ③ 느리면서 최상의 앎을 수반하는 쉬운 행도, ④ 빠르면서 최상의 앎을 수반하는 쉬운 행도이다."[574]

이 경에서 4가지 수행진보의 양상을 설한다. 그 가운데 어떤 것이 최선이라고 할 수는 없다. 수행자는 각자의 근기에 따라 각자 선호하는 양상이 다를 수 있기 때문이다.

『목련경目蓮經』에서는 마하목갈라나는 빠르면서 힘든 행도를 수

깨달아지는 상태를 곧바로 알아 깨닫기 위해 마음을 기울이면, 그 때마다 각각의 감각영역에서 깨달음을 경험할 수 있는 능력을 얻는다...아싸봐를 부수어 아싸봐없는 심해탈과 혜해탈을 지금 여기에서 스스로 곧바로 알고 깨달아 성취한다."

574. AN. II, 149. "catasso imā bhikkhave paṭipadā. katamā catasso? ① dukkhā paṭipadā dandhābhiññā, ② dukkhā paṭipadā khippabhiiññā, ③ sukhā paṭipadā dandhābhiññā, ④ sukkhā paṭipadā khippābhiññā."
번호는 임의로 붙임.

행했고,575) 『사리불경舍利弗經』에서 싸리뿟다는 빠르면서 쉬운 행도를 수행했다고 설한다.576)

(4) 4가지 수행자의 유형

수행자의 성품을 살펴본다. 수행지도하는 스승이 특별기질이 있을 수 있고, 수행에 임하는 제자 또한 특정기질이 있을 수 있다. 스승과 제자기질이 비슷하면 좋지만 그렇지 않을 때는 스승과 제자간에 세심한 주의가 필요하다.

사람성격은 사회구조와 더불어 세상을 살아가는데 중요요소이다.577) 사람의 기질 혹은 성품은 선천적으로 타고나는 것도 있고 후천적으로 형성되는 것도 있다. 『소수법경小授法經』에서 세존은 3가지 성격유형을 다음과 같이 설한다.

"비구여. 세상에는 어떤 사람은 선천적으로 탐, 진, 치를 강하게 타고난

---

575. AN. II, 155. "imāsaṃ kho āvuso catassannaṃ paṭipadānaṃ yāyaṃ paṭipadā dukkhā khippābhiññā, imaṃ me paṭipadam āgamma anupādāya āsavehi cittaṃ vimuttan ti."
"벗이여, 이런 4가지 행도 가운데, 나는 빠르면서 곧바른 앎을 수반하는 힘든 행도로 무집착의 아싸봐에서 심해탈했다."

576. AN. II, 155. "imāsaṃ kho āvuso catassannaṃ paṭipadānaṃ yāyaṃ paṭipadā sukhā khippābhiññā, imaṃ me paṭipadam āgamma anupādāya āsavehi cittaṃ vimuttan ti."
"벗이여, 이런 4가지 행도 가운데, 나는 빠르면서 곧바른 앎을 수반하는 쉬운 행도로 무집착의 아싸봐에서 심해탈했다."

577. C.S.Hall·G. Lindzey 저, 이상노 · 이관용 역(1997), 7. 『性格의 理論』, 서울 : 중앙 적성출판사. "성격이란 사람이 세상을 살아가는 기술"로 정의한다.

사람이 있다. 그는 언제나 탐, 진, 치에서 오는 괴로움과 근심을 경험한다."[578]

이 경에서는 사람성품은 선천적으로 탐진치를 타고나는 것이라고 설한다. 선천적으로 탐진치를 강하게 태어나는 사람도 있고 약하게 타고나는 사람도 있다.

『구계경拘戒經』에서는 존재란 행위의 상속자라고 설하는 것처럼 행동을 중시하고,[579] 행위에 의해 모든 것이 정해진다고 보았다. 그렇기 때문에 선천적으로 타고난 기질도 중요하지만, 후천적으로 형성되는 성격도 주목한다. 수행은 선천적으로 타고난 기질에 기초해 후천적으로 형성된 성격을 변화시키는 도구이다.

『삼매성취경三昧成就經』에서는 선정수행자의 4가지 유형을 다음과 같이 설한다.

"① 비구여, 세상에 선정수행자는 싸마디에서 집중은 잘 하지만, 성취는 잘 하지 못한다. ② 비구여, 세상에 선정수행자는 싸마디에서 성취는 잘 하지만, 집중은 잘 하지 못한다. ③ 비구여, 세상에 선정수행자는 싸마디에서 집중도 잘 하지 못하고, 성취도 잘 하지 못한다. ④ 비구여, 세상에 선정수행자는 싸마디에서 집중도 잘 하고, 성취도 잘 한다. 비구여, 그 가운데 싸마디에서 집중도 잘 하고 성취도 잘 하는 자가 선정수행하는 4종류 가운데 가장 존경스러운

---

578. MN. I, 308. "idha bhikkhave ekacco pakatiyā tibharāgajātiko hoti. so abhikkhaṇaṃ rāgajaṃ dukkhaṃ domanassaṃ paṭisaṁvedeti : pakatiyā tibbadosajātiko hoti, so abhikkhaṇaṃ dosajaṃ dukkhaṃ domanassaṃ paṭisaṁvedeti : pakatiya tibbamohajātiko hoti, so abhikkhaṇaṃ mohajaṃ dukkhaṃ domanassaṃ paṭisaṁvedeti."

579. MN. I, 390. 주332 참조.

자이고, 훌륭한 자이고, 뛰어난 자고, 탁월한 자이고, 고귀한 자이다."580)

이 경에서는 노력하는 것도 중요하지만, 그에 못지않게 수행진도가 향상되는 것도 중요하다고 강조한다. 수행진보가 이루어질 때는 그 진행양상이 사람마다 각각 다를 수 있다. 어떤 사람은 열심히 정진하지만 수행진도가 잘 나가지 않기도 하고, 어떤 사람은 수행도 열심히 하고 수행진도도 잘 나가는 사람도 있다. 누구나 수행도 열심히 하고 진도도 잘 나가는 것을 선호한다. 그러나 그것이 모든 사람에게 가능한 것은 아니다. 『굴경窟經』에서는 4종류의 수행자를 다음과 같이 설한다.

"뺏싸(Pessa)여, 그렇다. 사람은 복잡하지만, 동물은 단순하다. 뺏싸여, 세상에는 4종류의 사람이 있다. 어떠한 것이 4종류인가. ① 뺏싸여, 세상에서 어떤 사람은 자신을 괴롭히고, 자신을 괴롭히는 수행을 한다. ② 뺏싸여, 세상에서 어떤 사람은 다른 사람을 괴롭히고, 다른 사람을 괴롭히는 수행을 한다. ③ 뺏싸여, 세상에서 어떤 사람은 자신을 괴롭히고, 자신을 괴롭히는 수행을 하

580. SN. III, 263-264. "cattāro me bhikkhave jhāyī. katame cattāro. ① idha bhikkhave ekacco jhāyī samādhismiṃ samādhikusalo hoti na samādhismiṃ samāpattikusalo. ② idha pana bhikkhave ekacco jhāyī samādhismiṃ samāpattikusalo hoti, na samādhismiṃ samādhikusalo. ③ idha pana bhikkhave ekacco jhāyī neva samādhismiṃ samādhikusalo hoti na samādhismiṃ samāpattikusalo. ④ idha pana ekacco jhāyī samādhismiṃ samādhikusalo ca hoti samādhismiṃ samāpattikusalo ca. tatra bhikkhave yvāyaṃ jhāyī samādhismiṃ samādhikusalo ca samādhismiṃ samāpattikusalo ca, ayam imesaṃ catunnaṃ jhāyinam aggo ca seṭṭho ca mokkho ca uttamo ca pavaro ca."
번호는 임의로 붙임.

고, 다른 사람을 괴롭히고 다른 사람을 괴롭히는 수행을 한다. ④ 빽싸여, 세상에서 어떤 사람은 자신을 괴롭히지 않고 자신을 괴롭히지 않는 수행을 하고, 다른 사람을 괴롭히지 않고 다른 삶을 괴롭히지 않는 수행을 한다. 그는 자신을 괴롭히지 않고 다른 사람을 괴롭히지도 않아서 지금 여기서 탐욕없고, 열반(寂靜)에 들어 청량한 행복을 경험하고, 아라한뜨로서 스스로 지낸다."[581]

누구나 이 경에서 설하는 4종류의 수행자 가운데 다른 사람을 괴롭히지 않고, 자신도 괴롭히지 않는 수행을 해서 아싸봐를 제거하고 아라한뜨의 경지를 증득하기를 원한다. 그러나 모든 수행자에게 쉽지 않은 것도 현실이다.

스승과 제자의 성품이 같다면 수행진도에 도움될 수 있지만, 그렇지 않으면 서로에게 방해될 수 있다. 이 때문에 스승과 제자가 서로의 성품을 잘 살펴 수행을 지도하고 지도받을 수 있어야 출가수행의 최종목표인 청정수행의 완성과 최상의 앎, 올바른 깨달음,

581. MN. I, 340-341. "evam-etaṃ Pessa, evam-etaṃ Pessa, gahanaṃ h' etaṃ Pessa yadidaṃ manussā, uttānakaṃ h' etaṃ Pessa yadidaṃ pasavo. cattāro 'me Pessa puggalā santo saṁvijjamānā lokasmiṃ, katame cattāro: ① idha Pessa ekacco puggalo attantapo hoti attaparitāpanānuyogam-anuyutto, ② idha pana Pessa ekacco puggalo parantapo hoti paraparitāpanānuyogam-anuyutto. ③ idha Pessa ekacco puggalo attantapo ca hoti attaparitāpanānuyogam-anuyutto parantapo ca paraparitāpanānuyogam-anuyutto, ④ idha pana Pessa ekacco puggalo n' ev' attantapo hoti nāttaparitāpanānuyogam-anuyutto na parantapo na paraparitāpanānuyogam-anuyutto, so anattantapo aparantapo diṭṭhe va dhamme nicchāto nibbuto sītibhūto sukhapaṭisaṁvedī brahmabhūtena attanā viharati. imesaṃ Pessa catunnaṃ puggalānaṃ katamo te puggalo cittam ārādhetīti."
번호는 임의로 붙임.

열반을 증득할 수 있다.

2) 싸띠, 싸마디, 정진의 균형

수행할 때는 몸과 마음의 균형뿐만 아니라 싸띠와 싸마디의 균형도 필요하고, 수행단계와 노력의 균형도 중요하다. 이런 요소들이 적절히 균형을 이루고, 부족한 것을 보완하고, 지나친 것을 자제할 때 수행진도가 순조롭게 진보하고, 출가할 때 세운 자기목표를 달성할 수 있다. 『소나경蘇那經』에서는 비파소리를 비유로 들며 다음과 같이 설한다.

"쏘나(Soṇa)여, 그대가 비파의 현을 너무 당기지도 않고 너무 느슨하게 하지도 않으면, 그때 그대의 비파가 온전한 소리를 내거나 사용하기 적당한가? 그렇습니다. 이와 같이 쏘나여, 너무 지나치게 열심히 정진하면 흥분으로 이끌어진다. 너무 느슨하게 정진하면 나태로 이끌어진다. 그러므로 쏘나여, 그대는 정진을 조화롭게 확립하고, 능력을 조화롭게 수호하고, 거기서 수행의 진보양상을 파악하라."582)

이 경에서 정진의 균형과 조화의 중요성을 지적한다. 수행할 때는 자기수준에 맞게 정진해야 수행진도에 도움된다. 자기수준을 넘

582. AN. III, 375, " yadā pana te Soṇa vīṇāya tantiyo na accāyatā honti na atisithilā same guṇe patiṭṭhitā, api nu te vīṇā tasmiṃ samaye saravatī vā hoti kammaññā vā ti? 'evaṃ bhante.' 'evaṃ eva kho Soṇa accāraddhaviriyam uddhaccāya saṁvattati, atilīnaviriyaṃ kosajjāya saṁvattati. tasmā ti ha tvaṃ Soṇa viriyasamatam adhiṭṭhaha indriyānañ ca samataṃ paṭivijjha tattha ca nimittaṃ gaṇhāhī' ti."

어 지나치게 정진하면 도리어 수행진보에 방해될 수 있기 때문에 항상 자신의 현재 수준에 알맞도록 해야 한다. 『금색경金色經』에서는 수행이 올바른 방향으로 나아가기 위해서는 삼매, 분발(의욕), 평정의 3요소가 균형이루어야 한다는 것을 다음과 같이 설한다.

"비구여, 더욱 높은 심수행하는 비구가 오로지 삼매상(三昧相)에만 정신활동을 일으키면 그의 마음은 나태로 이끌어질 수 있다. 비구여, 더욱 높은 심수행하는 비구가 오로지 분발상(奮發相)에만 정신활동을 일으키면 그의 마음은 흥분으로 이끌어질 수 있다. 비구여, 보다 높은 심수행하는 비구가 오로지 평정상(平靜相)에만 정신활동을 일으키면 그의 마음은 아싸봐를 제거 할 수 있도록 올바르게 싸마디에 들지 못한다. 비구여, 그러나 보다 높은 심수행하는 비구가 때때로 삼매상, 분발상, 평정상에 정신활동을 일으키면, 그의 마음은 유연하고, 다루기 쉽고, 빛나고, 부서지기 어렵게 돼 아싸봐를 제거 할 수 있도록 올바르게 싸마디에 든다."[583]

이 경에서 세존은, 수행자의 정진력이 강하고 싸마디가 약하면 산만해지기 쉽고, 싸마디가 좋은데 정진력이 약하면 혼침에 빠지기 쉽다고 본다. 고요한 마음상태만을 추구하면 싸마디가 느슨해진다고 한다. 이 3요소가 적절하게 균형이루어야 수행진보가 기대

583. AN. Ⅰ, 236-237. "sace bhikkhave adhicittamanuyutto bhikkhu ekantaṃ samādhinimittaṃ yeva manasikareyya ṭhānaṃ taṃ cittaṃ kosajjāya saṁvatteyya. sace bhikkhave adhicittamanuyutto bhikkhu ekantaṃ paggāhanimittaṃ yeva manasikareyya ṭhānaṃ taṃ cittaṃ uddhaccāya saṁvatteyya. sace bhikkhave adhicittamanuyutto bhikkhunekantaṃ samādhinimittaṃ yeva manasikareyya ṭhānaṃ taṃ cittaṃ kosajjāya saṁvatteyya."

된다. 이때 싸마디와 정진력이 핵심요소이다.

『대제경大諦經』에서는 신수행身修行과 심수행心修行을 병행해야 한다고 설하고,[584] 『대마읍경大馬邑經』에서는 좌념과 행념의 겸수를 설한다.[585] 『이심경二尋經』에서는 수행자가 지나치게 사유하면 몸

584. MN. I, 239-240. "kathañ-ca Aggivessana bhāvitakāyo ca hoti bhāvitacitto ca: idha Aggivessana sutavato ariyasāvakassa uppajjati sukhā vedanā, so sukhāya vedanāya phuṭṭho samāno no sukhasārāgī hoti na sukhasārīgitam āpajjati, tassa sā sukhā vedanā nirujjhanti, sukhāya vedanāya nirodhā uppajjati dukkhā vedanā, so dukkhāya vedanāya phuṭṭho samāno na socati na kilamati na paridevati, na urattāḷiṃ kandati, na sammoham āpajjati. tassa kho esā Aggivessana uppannā pi sukhā vedanā cittaṃ na pariyādāya tiṭṭhati bhāvitattā kāyassa. uppannā pi dukkhā vedanā cittaṃ na pariyādāya tiṭṭhati bhāvitattā cittassa. yassa kassaci Aggivessana evam ubhatopakkham uppannā pi sukhā vedanā cittaṃ na pariyādāya tiṭṭhati bhāvitattā kāyassa, uppannā pi dukkhā vedanā cittaṃ na pariyādāya tiṭṭhati bhāvitattā cittassa, evaṃ kho Aggivessana bhāvitakāyo ca hoti bhāvitacitto cāti. evaṃ pasanno ahaṃ bhoto Gotamassa: bhavaṃ hi Gotamo bhāvitakāyo ca bhāvitacitto cāti."
"악기베사나여. 어떠한 것이 몸수행이고 마음수행인가? 세상에서 법을 배운 고귀한 제자는 즐거운 느낌이 생겨나면 그는 즐거운 느낌을 접촉해 즐거운 느낌에 애착하지 않으며 즐거운 느낌이 지속하기를 애착하지 않는다. 그런데 그에게 즐거운 느낌이 소멸한다. 즐거운 느낌이 소멸하면 괴로운 느낌이 생겨난다. 그는 괴로운 느낌에 접촉해도 슬퍼하지 않고 우울해 하지 않고, 비탄해 하지 않고, 가슴을 치며 통곡하지 않으며, 어리석음에 떨어지지 않는다. 악기베사나여. 몸수행을 하는 까닭에 이미 생겨난 괴로운 느낌이 그의 마음을 사로잡지 않으며, 마음수행을 하는 까닭에 이미 생겨난 괴로운 느낌이 그의 몸을 사로잡지 않는다. 악기베사나여. 어떠한 사람이라도 이와 같이 양쪽으로, 몸수행을 하는 까닭에 이미 생겨난 즐거운 느낌이 그의 마음을 사로잡지 않으며, 마음수행을 한 까닭에 이미 생겨난 괴로운 느낌이 그의 몸을 사로잡지 않는 것이다. 악기베사나여. 이와 같은 것이 몸수행이고 마음수행이다."

585. MN. I, 273-274. 주396 참조.

이 피곤해지고 마음이 혼란스러워지고 오히려 싸마디에서 멀어진다는 것을 주의시킨다. 이 때문에 세존은 수행자에게 먼저 마음을 제어하고 나서 싸마디에 들어야 한다고 설한다.[586]

3) 4선단계의 초월

세존은 4선단계의 수준을 초월해 최상행복인 아라한뜨의 경지를 성취해야 한다고 주장한다. 『폐기경廢棄經』에서는 다음과 같이 설한다.

"초선...2선...3선...4선...공무변처..식무변처..무소유처..비상비비상처를 폐기수행(廢棄修行)을 한다고 생각할 수 있다. 그러나 쭌다(Cunda)여. 성인의 율에서는 이것은 폐기수행이라고 하지 않고 적정수행(寂靜修行)이라고 부른다...쭌다여. 그대는 폐기수행을 해야 한다. '타인이 거칠더라도 우리는 거칠지 않을 것이다.' 라고 폐기수행을 해야 한다... '타인이 탐욕을 내더라도 우리는 탐욕을 내지않을 것이다.' 라고 폐기수행을 해야 한다...쭌다여. 예를 들어 거친 길

586. MN. I, 116. "rattindivañ-ce pi naṃ bhikkhave anuvitakkeyyam anuvicāreyyaṃ n' eva tatonidānaṃ bhayaṃ samanupassāmi. api ca kho me aticiram anivitakkayato anuvicārayato kāyo kilameyya, kāye kilante cittam ūhaññeyya, ūhate citte ārācittaṃ samādhimhā ti. so kho ahaṃ bhikkhave ajjhattam-eva cittaṃ saṇṭhapemi sannisādemi ekodikaromi samādahāmi, taṁkissa hetu: mā me cittm ūhanīti."
"비구여. 내가 하루 밤낮이라도 그런 것을 사유하고 숙고하면 두려움이 없어지는 것을 본다. 그러나 과도하게 사유하고 숙고하면 나의 몸이 피로해진다. 몸이 피로해지면 마음이 혼란해지고, 마음이 혼란해지면 마음이 싸마디에서 멀어진다. 이와 같이 나는 안으로 마음을 확립하고 제어하고 통일해 싸마디에 든다. 그것은 무슨 까닭인가? 나의 마음이 혼란해서는 안되기 때문이다."

이 있다면 그것을 피함으로써 다른 평탄한 길을 발견한다."587)

이 경에서는 4선정四禪定인 초선에서 4선, 혹은 8선정八禪定인 공무변처에서 비상비비상처까지를 '지금 여기서 행복한 삶'을 추구하는 것이라고 규정한다. 그리고 8정도 수행체계에서는 청정수행은 지금 여기에서 행복한 삶에 머무는 것이 아니라, 그것을 뛰어넘어 '아싸봐를 폐기하는 것'이라고 정의한다. 세존이 가리킨 것은 마음상태를 고요하게 하면 지금 당장은 평화로울지 몰라도 새로운 자극이 발생하면 평화로웠던 마음상태가 다시 요동친다고 본다. 따라서 세존은 최상의 깨달음을 성취하고 존재에 내재한 실재를 통찰해야 비로소 마음공간에 존재하는 아싸봐를 제거할 수 있고, 그 속박으로부터 해탈할 수 있다고 주장한다.

결국 4선정이나 8선정의 수행목적은 몸과 마음에 존재하는 아싸봐를 없애는 수행이 아니다. 단지 마음상태를 고요하게 하는 것이라고 규정한다. 세존의 기본생각은 원인을 통찰하고 제거할 때, 그 원인으로부터 파생된 결과를 제거할 수 있다고 본다. 따라서 마

587. MN. I, 40-43. "paṭhamaṃ jhānaṃ...dutiyaṃ jhānaṃ...tatiyaṃ jhānaṃ...catutthaṃ jhānaṃ...ākāsānañcāyatanaṃ...viññāṇañcāyatanaṃ...ākiñcaññāyatanaṃ...nevasaññānāsaññāyatanam upasampajja vihareyya : tassa evam-esa assa: sallekhena vihārāmīti. na kho pan' ete Cunda ariyassa vinaye sallekhā vuccanti, santā ete vihārā ariyāssa vinaye vuccanti...idha kho pana vo Cunda sallekho karaṇīyo: pare vihiṁsakā bhavissanti, mayam-ettha avihiṁsakā bhavissāmāti sallekho karaṇīyo...pare abhijjhālū bhavissati, maya-ettha anabhijjhālū bhavissāmāti sallekho karaṇīyo...seyyathā pi Cunda visamo maggo, tassāssa añño samo maggo parikkamanāya."

음상태를 고요히 하고 적정하게 유지한다고 해서 몸과 마음공간에 존재하는 삶의 흔적이나 지나온 경험인 아싸봐가 제거되고 없어지는 것이 아니다. 아싸봐는 구체적인 수행으로 기억정보와의 결합을 해체할 수 있다. 기억정보와 단단히 결합해 있는 아싸봐를 해체하는 도구가 혜이다. 혜는 싸띠로 성숙하고, 싸띠는 4념처 수행으로 향상된다. 4념처 수행은 8정도 수행체계에서 완성된다.

4) 아라한뜨의 경지 : 청정수행의 완성

세존이 증득한 최상의 깨달음인 아라한뜨의 경지를 살펴본다. 세존은 감각접촉으로 생기는 즐거움이나 4선에서의 고요한 즐거움보다 더 수준 높은 즐거움은 바로 상수멸에 들어간 후 경험하는 맑은 행복이라고 본다. 『소전모경小箭毛經』에서는 보다 더 높은 행복감을 성취한다는 것은 수행진도가 나가는 단계에 따라 행복지수도 높아진다고 주장한다.[588] 수행자가 세존을 모시고 수행하는 것은 행복감보다 뛰어나고 보다 탁월한 것을 위해 청정수행하는 것이라

---

588. MN. II, 37-39. "kittāvatā pan' assa, bhante, ekantasukho loko sacchikato hotīti? idh', Udāyi, bhiikhu sukhassa ca pahānā...catutthajjhānam upasampajja viharati. yāvatā devatā ekantasukhaṃ lokam uppannā, tāhi devatāhi saddhiṃ santiṭṭhati sallapati sākacchaṃ samāpajjati. ettāvatā khvāssa, Udāyi, ekantasukho loko sacchikato hoti. etassa nūna, bhante, ekantasukhassa lokassa sacchikiriyā hetu bhikkhū Bhagavati brahmacariyaṃ carantīti? na kho, Udāyi, etassa ekantasukhassa lokassa sacchikiriyā hetu bhikkhū mayi brahmacariyaṃ caranti. atthi kho, Udāyi, aññe va dhammā uttaritarā ca paṇītatarā ca yesaṃ sacchikiriyā hetu bhikkhū mayi brahmacariyaṃ caranti...so evaṁ samāhite citte parisuddhe pariyodāte anaṅgaṇe vigatūpakkilese mudubhūte kammaniye ṭhite ānejjappatte

고 설한다. 『다수경多受經』에서는 다음과 같이 설한다.

āsavānaṁ khayañāṇāya cittam abhininnāmeti. so idaṁ dukkha ti yathābhūtaṃ pajānāti, ayaṃ dukkhasamudayo ti yathābhūtaṃ pajānāti, ayaṃ dukkhanirodho ti yathābhūtaṃ pajānāti, ayaṃ dukkhanirodhagāminī paṭipadā ti yathābhūtaṃ pajānāti : ime āsavā ti yathābhūtaṃ pajānāti : ayam āsavasamudayo ti yathābhūtaṃ pajānāti, ayam āsavanirodho ti yathābhūtaṃ pajānāti, ayam āsavanirodhagāminī paṭipadā ti yathābhūtaṃṃ pajānāti. tassa evaṃ jānato evaṃ passato kāmāsavā pi cittaṃ vimuccati, bhavāsavā pi cittaṃ vimuccati, avijjāsavā pi cittaṃ vimuccati : vimuttasminṃ vimuttam iti ñāṇaṃ hoti : khīṇājāti, vusitaṃ brahmacariyaṃ, kataṃ karañīyaṃ, nāparam itthattāyāti pajānāti. ayaṃ kho, Udāyi, dhammo uttaritaro ca paṇītataro ca, yyassa sacchikiriyā hetu bhikkhū mayi brahmacariyaṃ carantīti.".

"세존이시여, 어떠한 상태이어야 완전히 행복한 세계가 실현됩니까? 우다인이여,...4선을 성취한다. 그는 이런 완전히 행복한 세계에서 생겨나는 천신과 함께 지내며 그들과 대화하고 그들과 이야기한다. 우다인이여, 이런 상태에서 완전한 행복한 세계가 실현되는 것이다. 세존이시여, 지금 비구는 이런 완전히 행복한 세계를 실현하기 위해 세존에 의지해 청정수행을 영위합니까? 우다인이여, 지금 비구는 이런 완전히 행복한 세계를 실현하기 위해 세존에 의지해 청정수행을 영위하는 것이 아니다. 우다인이여, 보다 탁월하고 보다 우월한 다른 것이 있는데, 그것을 성취하기 위해 비구는 나에게 의지해 청정수행을 한다...이와 같이 마음이 통일돼 청정하고, 순결하고, 때묻지 않고, 오염되지 않고, 유연하고, 유능하고, 확립되고, 흔들림없게 되자, 그 비구는 마음을 아싸봐 소멸의 앎으로 향한다. 그는 '이것이 고, 고의 발생, 고의 소멸, 고의 소멸에 이르는 길이다.' 라고 있는 그대로 안다. '이것이 아싸봐(漏), 아싸봐 발생(漏集), 아싸봐 소멸(漏滅), 아싸봐 소멸에 이르는 길(漏滅引道)이다.' 라고 있는 그대로 안다. 이와 같이 알고 보았을 때, 그 비구는 애욕아싸봐, 존재아싸봐, 무명아싸봐에서 심해탈한다. 해탈하면 그에게 '나는 해탈했다.' 라는 앎이 생겨난다. 그 비구는 '태어남은 부서지고 청정수행은 이루어졌다. 해야 할 일은 다해 마치고, 더 이상 윤회하는 일은 없다.' 라고 분명히 안다. 우다인이여, 이것이 보다 탁월하고, 보다 우월한 다른 것이다. 그것을 성취하기 위해 비구는 나에게 의지해 청정수행을 한다."

"아난다여. 이런 5종욕(五種欲)으로 인해 즐거움과 만족이 생겨난다. 이것이 욕락이다. 아난다여. 만약 어떤 사람이 '그것이 중생이 경험하는 최상의 즐거움과 만족이다.' 라고 말한다면, 나는 그것을 인정하지 않는다. 그것은 무슨 까닭인가? 아난다여. 그런 즐거움보다 훨씬 아름답고 더 뛰어난 다른 즐거움이 있기 때문이다. 아난다여. 어떠한 것이 그런 즐거움보다 훨씬 아름답고 더 뛰어난 다른 즐거움인가? 아난다여. 세상에서 어떤 비구는 욕망에서 벗어나고 불선법을 떠나, 사유를 갖추고, 숙고를 갖춘, 욕망에서 멀리 벗어남으로 인해 생겨나는 기쁨과 즐거움으로 가득한 초선을 성취한다...2선...3선...4선...아난다여. 이것이 그 즐거움보다 훨씬 아름답고 뛰어난 다른 즐거움이다."589)

이 경에서 세존은 상수멸에 들어 열반을 체험한 후의 법열이 최상행복이다. 그리고 이보다 더 좋은 느낌은 없다고 설한다. 수행단계가 높아짐에 따라 더욱 질 높은 행복감을 누릴 수 있다는 것이 세존의 기본생각이다.

『대전모경大箭毛經』에서는 수행진도가 높아질수록 이해수준도 높아진다고 설한다. 그리고 궁극적인 앎, 최상의 앎은 수행의 최고

---

589. MN. I, 398. "yaṃ kho Ānanda ime pañca kāmaguṇe paṭicca uppajjati sukhaṃ somanassam idaṃ vuccati kāmasukhaṃ. yo kho Ānanda evaṃ vedeyya: etaparamaṃ sattā sukhaṃ somanassaṃ paṭisaṁvedentīti, idam-assa nānujānāmi, taṃ kissa hetu: atth' Ānanda etamhā sukhā aññaṃ sukham abhikkantatarañ-ca paṇītatarañ-ca. katamañ-c' Ānanda etamhā sukhā aññaṃ sukham abhikkantatarañ-ca paṇītatarañ-ca: idh' Ānanda bhikkhu vivicc' eva kāmehi vivicca akusalehi dhammehi savitakkaṃ savicāraṃ vivekajaṃ pītisukhaṃ paṭhamaṃ jhānam upasampajja viharati. idaṃ kho Ānanda etamhā sukhā aññaṃ sukham abhikkantatarañ-ca paṇītatarañ-ca."

단계인 아라한뜨의 단계에서 성취된다고 설한다.590) 따라서 수준이 높아지고 깊어지는 수행진도에 따라 감각쾌락의 태도가 다를 수 있다는 것을 보여준다.

그것은 바로 수행으로 4선을 지나 상수멸에 들고 아라한뜨의 경지를 성취하고 최상행복인 열반을 체험하고, 마음공간에 존재하는 아싸봐를 제거하고, 무명을 타파하고, 최상의 앎을 성취하고, 올바른 깨달음을 증득해, 존재에 내재한 실재인 3법인을 통찰한다.

『소고음경小苦陰經』에서는 수행진도가 향상돼야 아싸봐에서 벗어날 수 있다고 강조하고,591) 5욕락과 같이 감각접촉을 통해 행복감

590. MN. II, 22. "evam eva kho, Udāyi, akkhātā mayā sāvakānaṃ paṭipadā, yathā paṭipannā me sāvakā āsavānaṃ khayā anāsavaṃ cetovimuttiṃ paññāvimuttiṃ diṭṭhe va dhamme sayam abhiññā sacchikatvā upasampajja viharanti. tatra ca pana me sāvakā bahū abhiññāvosānapāramippattā viharanti. ayaṃ kho, pañcamo dhammo, yena mama sāvakā sakkaronti garūkaronti mānenti pūjenti sakkatvā garūkatvā upanissāya viharanti."
"우다인이여, 나는 나의 제자에게 길을 설했다. 그 길을 실천하는 대로 나의 제자는 아싸봐를 부수고, 아싸봐없이 심해탈과 혜해탈을 지금 여기에서 스스로 곧바로 알고 깨달아 성취한다. 이렇게 해서 나의 많은 제자는 곧바로 앎의 궁극을 완성한다. 우다인이여, 이것이 제자가 나를 존중하고 존경하고, 공경하고, 경외하며, 나를 존경하고 공경해서 나에게 의지하는 5번째 조건이다."

591. MN. I, 91-92. "dīgharattāhaṃ bhante Bhagavatā evaṃ dhammaṃ desitam ājānāmi: lobho cittassa upakkileso, doso cittassa upakkileso, moho cittassa upakkileso ti. evaṃ cāhaṃ bhante Bhagavatā dhammaṃ desitam ājānāmi: lobho cittassa upakki, leso, doso cittassa upakkileso, moho cittassa upakkileso ti, atha ca pana me ekadā lobhadhammā pi cittaṃ pariyādāya tiṭṭhanti, dosadhammā pi cittaṁ pariyādāya tiṭṭhanti, mohadhammā pi cittaṃ pariyādāya tiṭṭhanti. tassa mayhaṃ bhante evaṃ hoti: ko su nāma me dhammo ajjhattam appahīno yena me ekadā lobhadhammā pi cittaṃ pariyādāya tiṭṭhanti, dosad-

hammā pi cittaṃ pariyādāya tiṭṭhanti, moha dhammā pi cittaṁ pariyādāya tiṭṭhanti.

so eva kho Mahānāma dhammo ajjhatam appahīno yena te ekadā lobhadhammā pi cittaṃ pariyādāya tiṭṭhanti, dosadhammā pi cittaṃ pariyādāya tiṭṭhanti, mohadhammā pi cittaṁ pariyādāya tiṭṭhanti. so ca hi te Mahānāma dhammo ajjhattaṃ pahīno abhavissa, na tvam agāram ajjhāvaseyyāsi, na kāme paribhuñjeyyāsi. yasmā ca kho te Mahānāma so eva dhammo ajjhattam appahīno, tasmā tvam agāram ajjhāvasasi, kāme paribhuñjasi.

appassādā kāmā bahudukkhā bahupāyāsā, ādīnavo ettha bhiyyo ti iti ce pi Mahānāma ariyasāvakassa yathābhūtaṃ sammappaññāya sudiṭṭhaṃ hoti so ca aññatr' eva kāmehi aññatra akusalehi dhammehi pītisukhaṃ nādhigacchati aññaṃ vā tato santataram, atha kho so n' eva tāva āvaṭṭī kāmesu hoti. yato ca kho Mahānāma ariyasāvakassa: appassādā kāmā bahudukkhā bahupāyāsā, ādīnavo ettha bhiyyo ti evaṃ -etaṃ yathābhūtaṃ sammappaññāya sudiṭṭhaṃ hoti, so ca aññatr' eva kāmehi aññtra akusalehi dhammehi pītisukham adhigacchati aññañ-ca tato santataram, atha kho so anāvaṭṭī kāmesu hoti.

Mayhaṃ-pi kho Mahānāma pubbe va sambodhā anabhisambuddhassa bodhisattass' eva sato: appassādā kāmā bahudukkhā bahupāyāsā, ādīnavo ettha bhiyyo ti evam-etaṃ yathābhūtaṃ sammappaññāya sudiṭṭham ahosi, so ca aññatr' eva kāmehi aññatra akusalehi dhammehi pītisukhaṃ nājjhagamam aññaṃ vā tato santataram, atha khvāhaṃ n' eva tāva anāvaṭṭī kāmesu paccaññāsiṃ, yato ca kho me Mahānāma: appassādā kāmā bahudukkhā bahupāyāsā, ādīnavo ettha bhiyyo ti evam-etaṃ yathābhūtaṃ sammappaññāya sudiṭṭham ahosi, so ca aññatr' eva kāmehi aññatra akusalehi dhammehi pītisukham ajjhagamam aññañ-ca tato santataram, athāham anāvaṭṭī kāmesu paccaññāsiṃ."

"세존이시여. 저는 '오랜 세월 세존께서 이와 같이 탐, 진, 치의 마음이 오염이다.' 라고 법을 설하는 것을 안다. 세존이시여. 저도 세존께서 설한 법을 이와 같이 '탐, 진, 치도 마음오염이다.' 라고 안다. 그러나 저에게 마음을 유혹하는 탐, 진, 치가 있다. 세존이시여. 그 때 저에게 이와 같이 안으로 아직 버리지 못한 어떤 상태가 있어서 '나에게 탐, 진, 치라는 것이 마음을 유혹하게 되는가?' 라는 생각이 떠올랐다.

마하나마여. 안으로 그대가 아직 버리지 못한 상태가 있다. 그 때문에 그대에게 탐, 진, 치라는 것이 마음을 유혹한다. 마하나마여. 안으로 그대가 이미 버린 상태라면, 그대는 세속에 있지않고 애욕을 즐기지 않게 될 것이다. 그러므로 마을 누리지 않고, 수행으로 마음공간에 존재하는 아싸봐를 제거한다고 설한다. 그러면 큰 짐을 내려놓는 것처럼 가볍고 맑은 청량감을 느낀다. 그것이 최상행복인 열반이다. 이런 행복감은 접촉하지 않고도 느낄 수 있는 질 높은 행복이다. 실재를 몰라서 답답하던 것이 아라한뜨의 상수멸에 들면서 무명이 제거되고 명의 상태가 된다. 그러면 실재를 있는 그대로 통찰할 수 있는 올바른 깨달음을 증득하면서 알게 되는 앎의 즐거움, 바로 이 법열이야말로 맑은 행복감이

하나마여. 그대가 안으로 그 상태를 버리지 않으면, 그대는 세속에 있는 것이고, 애욕을 즐기게 될 것이다.

마하나마여. 만약에 고귀한 제자가 이와 같이 '애욕에는 만족은 적고 고통은 많고 고뇌가 많아서 위험이 더욱 많다.' 라고 있는 그대로 올바른 지혜로써 잘 살펴보아 애욕을 떠나서 악하고 불선법이 아닌 기쁨과 행복에 도달하지 못하고, 그보다 더 평온한 다른 것에 도달하지 못하는 한, 그는 여전히 애욕의 유혹을 받는다.

마하나마여. 만약에 고귀한 제자가 이와 같이 '애욕에는 만족은 적고 고통이 많고 고뇌가 많아서, 위험이 더욱 많다.' 라고 있는 그대로 올바른 지혜로써 잘 살펴보아, 애욕과 악하고 불선법이 아닌 기쁨과 행복에 도달하고, 그보다 더 평온한 다른 것에 도달해야, 그는 더 이상 애욕의 유혹을 받지 않는다.

마하나마여. 내가 아직 올바른 깨달음을 이루기 전에 깨닫지 못한 보살이었을 때에, 이와 같이 '애욕에는 만족은 적고 고통이 많고 고뇌가 많아서, 위험이 더욱 많다.' 라고 있는 그대로 올바른 지혜로써 잘 살펴보아, 애욕과 불건전한 상태가 아닌 기쁨과 행복에 도달하지 않고, 그보다 더 평온한 다른 것에 도달하지 않는 한, '나는 여전히 애욕의 유혹을 받는다.' 는 것을 알았다.

마하나마여. 내가 아직 올바른 깨달음을 이루기 전에 깨닫지 못한 보살이었을 때에, 이와 같이 '애욕에는 만족은 적고 고통이 많고 고뇌가 많아서, 위험이 더욱 많다.' 라고 있는 그대로 올바른 지혜로써 잘 살펴보아, 애욕과 악하고 불선법이 아닌 기쁨과 행복에 도달하고, 또는 그보다 더 평온한 다른 것에 도달하자, 나는 더 이상 '애욕의 유혹을 받지 않는다.' 는 것을 알았다."

다. 이것을 세존은 정각락正覺樂이라고 표현한다. 그것은 마음공간에 존재하는 아싸봐를 제거함으로써 무지에 매이고, 무지에 지배당하던 것을 명으로 전환함으로써 진리를 깨닫게 됨으로써 경험하는 행복이다. 이것이 무명을 타파하는 것이다.

무지를 극복해 명과 정견을 성취함으로써 무명에서 벗어난 해탈락解脫樂은 참으로 큰 행복이다. 그 행복을 누리는 순간이 『대품大品』에서 설한 보리수 아래서 깨달음을 증득한 후 해탈락을 누렸다고 설한 바로 그 내용이다.[592]

감각느낌으로부터의 해탈과 무지로부터의 해탈을 가능케 하고 실현해 주는 도구가 바로 중도인 8정도 수행체계이다.

4. 수행진행의 과정[593]

수행진행의 각 단계마다 마음오염원인 아싸봐를 제거하고, 고집멸도 4성제를 통찰하는 기능인 혜가 성숙하고 그 단계에 적합한 자유로움과 행복감을 체험한다.

수행자가 도달한 수준만큼 아싸봐가 해체되고, 혜는 성숙하며, 행복감은 다양한 형태로 나타난다. 수행자는 현상에 속지 말고 실재를 있는 그대로 보려고 노력해야 한다.

---

592. VP. Ⅰ, 1. 주2 참조.

593. Buddhapāla(2014), 이 장은 논문에는 없다. 그러나 수행진보를 설명하기 위해 필요한 부분이라 『BUDDHA 수행법』, 831~865에서 인용해 싣는다.

상수멸에 이르지 못한 사람의 수행단계 구분은 의미없다. 거기서 거기이다. 약간 앞서거나 뒤서는 것일뿐 수행은 진보하기도 하고 퇴보하기도 한다.

수행하는 도중 매 순간마다 실재인 3법인을 체험하지만 알아차림 기능인 싸띠력이 약하면 수행자가 체험한 것을 스스로 자각하지 못한다.

고집멸도 4성제의 통찰기능인 혜력이 성숙하는 각 단계마다 존재에 드러난 고유특성인 4대와 존재에 내재한 실재인 3법인을 몇 가지 특정현상으로 자각할 수 있다. 그것을 통해 수행자가 도달한 혜력의 크기와 수행단계를 알 수 있다. 수행진도가 향상되는 것은 고통지수가 감소하고 자유와 행복 지수가 증가함을 의미한다. 세존은 행복을 다음 3단계로 구분한다.

〈표 6.3〉 행복단계

기쁨단계 (喜, pīti)	기쁨이나 환희심으로 번역한다. 기분 좋게 약간 들뜸을 동반한 행복감이다. 행복감 중에서 첫 단계다. 상수멸 2/5 단계에서 나타난다.
행복단계 (樂, sukha)	즐거움이나 청량감으로 번역한다. 더울 때 땀 흘리고 시원한 냉수 한 잔 마시는 기분으로 착 가라앉으면서 상쾌한 청량감을 동반한 행복감이다. 행복감 중에서 두 번째 단계다. 상수멸 3/5~4/5 단계에서 나타난다.
열반단계 (涅槃, nibbāna)	맑음으로 번역한다. 아무 자극없는 가운데 맑음이 흐른다. 세존은 이것을 행복 중에서 최고로 꼽았다. 상수멸에 들어 열반을 체험하면서 나타난다.

1) 수행진행

수행이 진행됨에 따라 수행향상을 위해 각 단계에서 사용할 도구와 다음단계를 위해 성숙시켜야 할 도구가 있다.

(1) 3가지 요소

수행진보에 영향미치는 3가지 요소가 있다. 첫째, 마음근육이자 알아차림 기능인 싸띠念. 둘째, 싸띠집중 기능인 싸마디三昧. 셋째, 균형기능인 정진精進이다.

마음근육이자 알아차림 기능인 싸띠는 상수멸로 가는 길을 인도하고, 싸띠집중 기능인 싸마디는 추진력이고, 정진은 싸띠와 싸마디의 균형기능이다.

마음근육이자 알아차림 기능인 싸띠는 맑음이 특징이고, 싸띠집중 기능인 싸마디는 고요함이 특징이다. 싸띠가 싸마디보다 강하면 마음상태는 맑지만 산만함이 있고, 싸마디가 싸띠보다 강하면 마음상태는 고요한데 흐림이 있다.

마음근육이자 알아차림 기능인 싸띠가 약한 상태에서 정진이 지나치면 싸띠가 인식대상에 집중하지 못하고 튕겨나가 산만해진다. 싸띠집중 기능인 싸마디가 약한 상태에서 노력이 지나치면 몸이 고달프다.

수행할 때 잘 되는 요소를 줄이는 것보다는 부족한 것을 강화하는 것이 핵심이다. 세존은 수행자에게 두드러지게 드러난 것은 장점으로 보았다.

수행이 진행될 때 대개 싸띠집중 기능인 싸마디가 앞선다. 이때 마음근육이자 알아차림 기능인 싸띠가 싸마디에 따라붙어야 이 둘이 균형잡힌다. 반대로 싸마디가 싸띠를 앞서기도 한다. 이때 싸마디가 싸띠에 따라붙어야 한다. 그래야 균형잡힌다. 싸띠와 싸마디의 균형잡는 기술이 이름붙이고 알아차림하는 것이다.

마음근육이자 알아차림 기능인 싸띠, 싸띠집중 기능인 싸마디, 균형기능인 정진이 균형을 이뤄야 수행이 진보한다. 이 3가지가 적절히 균형이룰 때 상수멸에 들어 마음오염원인 아싸봐의 뿌리를 제거하고 열반락을 증득할 수 있다.

(2) 수행단계의 강화도구

알아차림과 정확함이 불교수행의 기본이다. 수행진행의 각 단계마다 중점으로 훈련해야 하는 요소가 있다. 그것이 해당 단계에서 수행을 선도한다.

수행초기는 마음근육이자 알아차림 기능인 싸띠念를 깨어나게 하고 인식대상을 겨냥하는 정확도를 강화하는 것이 효과있다. 마음거울에 맺힌 상을 가능한 한 모두 다 알아차림하려고 노력해야 한다. 이때 이름붙이고 알아차림하는 것이 요령이다.

수행진보가 상수멸 2/5지점道非道智見淸淨, maggāmagga ñāṇadassana visuddhi을 지나면 인식대상을 놓치지 않고 따라붙는 싸띠집중 기능인 싸마디三昧를 강화하는 것이 효과있다. 이때 알아차림 대상(기준점)을 끈질기게 따라붙으려고 노력해야 한다. 그 기술이 이름붙이기다.

수행진보가 상수멸 2/5~4/5지점行道智見淸淨, paṭipadā ñāṇadassana visuddhi 사이는 마음근육이자 알아차림 기능인 싸띠, 싸띠집중 기능인 싸마디, 균형기능인 정진, 이 3가지 가운데 부족한 것을 집중해 강화해야 한다. 이때 이름붙이고 알아차림하는 것이 기술이다.

수행진보가 상수멸 4/5지점부터는 싸띠의 순발력과 유연성을 키우는데 중점두고 수행해야 한다. 이때 이름붙이기가 핵심이다.

이 정도로 수행이 향상되면 마음근육이자 알아차림 기능인 싸띠, 싸띠집중 기능인 싸마디, 균형기능인 정진이 상당히 깨어나고 균형잡혀 있기 때문에 마음거울에 맺힌 상을 정확하게 알아차림하고 즉시, 기준점인 호흡으로 되돌아오는 유연성과 순발력을 키우는 것이 중요하다.

수행진보가 상수멸 4/5지점을 지나면 좌념이나 행념뿐만 아니라 일상생활에서 하는 생활념을 소홀히 하면 안된다. 보고, 듣고, 냄새 맡고, 맛보고, 접촉하고, 걷고, 서고, 앉고, 눕는 모든 일상생활에서 알아차림하는 싸띠와 행동하기 전에 일어나는 의도를 알아차림하는 기능인 쌈빠자나를 철저히 훈련해야 더 높은 단계로 수행이 진보한다.

수행진보가 순조롭게 이루어져 초선에 도달하면 인식대상을 놓치지 않으려고 노력하는 싸띠집중 기능인 싸마디를 키워야 한다. 그 힘으로 수행이 2선으로 진보한다.

2선에 도달하면 마음근육이자 알아차림 기능인 싸띠와 의도 알아차림 기능인 쌈빠자나를 향상시켜 해야 한다. 그 힘으로 수행이 3선으로 진보한다.

마음근육이자 알아차림 기능인 싸띠, 싸띠집중 기능인 싸마디, 의도 알아차림 기능인 쌈빠자나가 균형을 이루면, 4선을 지나 상수멸로 들어간다.

수행진보는 각 단계가 순차로 비슷한 시간이나 강도로 전개되지 않는다. 어떤 단계는 통과하는데 몇 달이 걸리는가 하면, 어떤 단계는 1~2분 혹은, 10~20분 사이에 훅하고 지나간다.

분명한 것은 어떤 경우라도 수행단계를 생략하고 지나가지 않는다. 모든 단계를 분명히 거치지만 수행자의 싸띠와 혜의 수준에 따라 압축해 올라갈 수 있다.

〈표 6.4〉 수행진행 단계

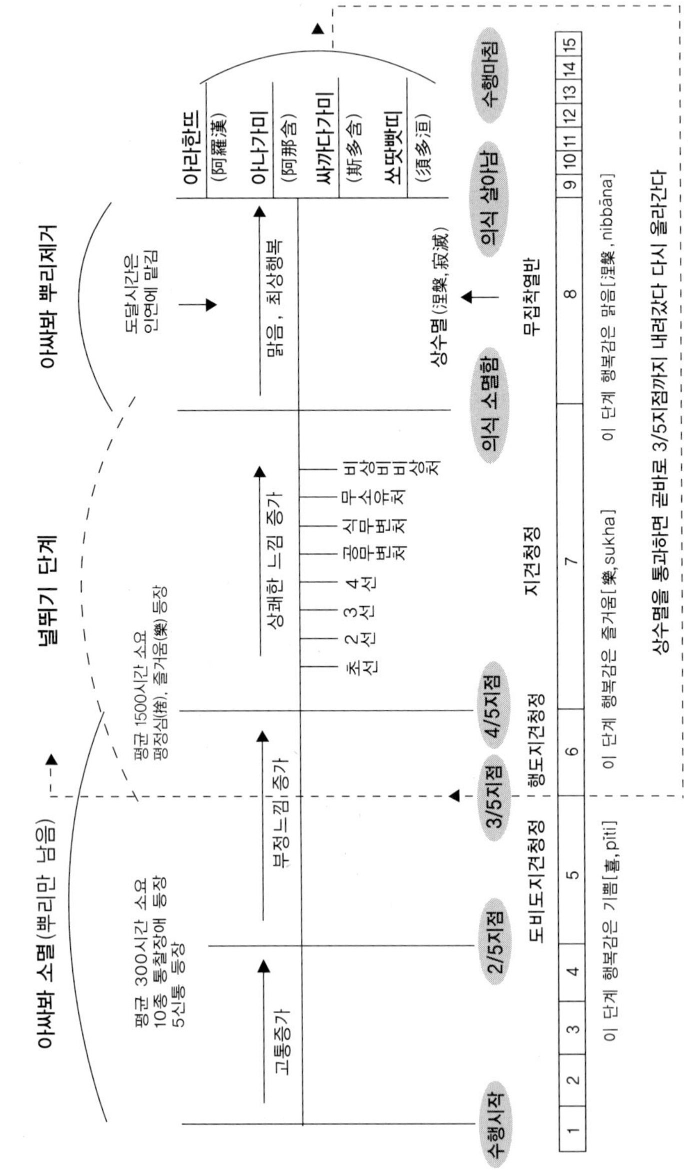

혜의 성숙(慧解脫 悟) = 아싸봐의 소멸(心解脫 修), 일반적으로 혜의 성숙은 돈(頓), 아싸봐의 소멸은 점(漸)의 형태를 띔.

수행진행은 수행자의 근기, 태도, 의지가 영향미침

Buddhapāla(2014), 836 표41 수행진행 도표를 수정했다.

2) 범부단계

수행할 때 몸과 마음의 적응과정이 필요하다. 그것은 수행자에게 있어 일종의 통과의식과 같다. 이것을 옛 어른들은 몸 조복받는 시기라고 한다.

자유로움이나 청정함과 거리가 먼 생활을 한 사람은 그 기간만큼 적응과정에서 어느 정도 어려움이 나타난다. 점차 수행이 익숙해지면 고통이 감소하고 행복감이 증가한다. 학습과 재학습 사이에 몸과 마음에 상당한 아픔이 있을 수 있다.

처음 수행해 상수멸에 이르기까지 몸과 마음에 몇 가지 현상이 나타난다.

수행초기는 수행에 적응하고 아싸봐의 제거과정 중에 몸과 마음에서 고통이 집중해 일어날 수 있다. 수행진도가 나가면서 몸과 마음에 쌓인 거친 아싸봐를 제거하고 기쁨과 혜가 생긴다. 이때 간간히 우울증 비슷한 현상이 올 수 있다. 이것은 욕망과 분노의 금단현상이다.

이 과정을 통과하면 부정느낌이 집중해 나타난다. 그 다음에는 상쾌함과 즐거움이 집중해 나타나고, 더 진도나가면 상수멸에 들어 열반락을 체험할 수 있다.

이런 과정은 반드시 거치지만 수행자의 근기, 마음근육이자 알아차림 기능인 싸띠, 싸띠집중 기능인 싸마디, 의도 알아차림 기능인 쌈빠자나, 4성제 통찰기능인 혜의 크기에 따라 어떤 과정은 빠르거나 느리게, 어떤 과정은 강하거나 약하게 체험하기 때문에 개별현상이나 수행단계에 집착할 필요없다.

(1) 수행초기

처음 수행할 때는 마음근육이자 알아차림 기능인 싸띠, 싸띠집중 기능인 싸마디, 의도 알아차림 기능인 쌈빠자나, 4성제 통찰기능인 혜 등의 힘이 약하다.

존재가 마음거울에 상을 맺고 그것을 알아차림하는 싸띠가 약하기 때문에 수행초기 이 기능을 강화하기 위해 노력해야 한다. 이 단계에서는 싸띠의 정확함이 수행을 선도한다.

스트레스를 받거나 기억무게가 늘어나 마음오염원인 아싸봐가 증가하면 신경망은 아싸봐의 에너지를 흡수해 수축되고 경직된다. 수행으로 아싸봐를 제거하면 기억정보가 흡수한 에너지(마음오염원)가 해체되면서 수축되고 경직된 신경망이 이완되고 유연해진다.

이때 흡수한 에너지를 뿜어내는데 수행자의 싸띠와 혜의 수준에 따라 해체되는 에너지를 다양하게 인식한다. 이 단계에서 아싸봐의 해체는 열기와 통증을 일으키며 전개된다.

경직되고 수축된 신경망이 이완될 때는 두 힘이 부딪친다. 이때 수행자는 통증을 느낀다. 통증은 수행자의 싸띠와 혜의 수준에 따라 다양하게 나타나는데 현상에 속지 않아야 한다. 이 단계에서 아싸봐의 해체와 몸과 마음에서 느끼는 행복감은 열기와 통증으로 나타난다.

이 단계에서 몸과 마음에 나타나는 현상은 다음과 같다. 수행초기에는 고통이 많지 않지만 마음근육이자 알아차림 기능인 싸띠가 깨어나면서 고통이 서서히 증가한다. 아픔, 가려움, 쑤심, 진동, 메스꺼움, 설사, 흔들림, 경련, 열감 등 몸에 고통이 많이 나타나기도 한다.

고통이 일어날 때 그것을 알아차림하지 못하면 분노나 짜증이 일어난다. 그 때문에 마음이 동요하고 우울함과 슬픔이 일어난다. 수행자는 몸에 박혀있는 가시를 뽑아내듯 고통을 극복하기 위해 그것과 싸우거나 피하려 하지 말고 단지 고통실재를 통찰하려고 노력해야 한다.

무엇보다 먼저 고통에 대해 의연한 태도를 가져야 한다. 인내가 열반으로 인도한다는 말을 명심하고 수행도중에 일어나는 고통 때문에 힘들 것이라고 미리 걱정하거나 두려워해서는 안된다. 무엇보다 고통 때문에 수행을 포기하는 것은 안타깝고 어리석은 일이다. 그런 일이 일어나지 않도록 노력해야 한다.

고통이 통증이나 짜증을 수반하는데 그것이 고통실재이다. 그러므로 수행자는 통증과 싸우거나 언짢아 하고 피할 것이 아니라 단지 고통실재를 통찰하려고 노력해야 한다.

고통이 커질 때 몸과 마음이 긴장된다. 이때 먼저 몸과 마음의 긴장을 풀고 이완해야 한다. 그리고 나서 마음근육이자 알아차림 기능인 싸띠를 고통이 있는 위치에 갖다놓고 통증강도와 변화과정을 놓치지 않고 알아차림해야 한다. 이때 통증변화에 따라 적절히 이름붙이고 알아차림하는 것이 기술이다.

통증을 알아차림할 때는 견딜 수 있는데까지 참고 기준점인 들숨과 날숨을 알아차림해야 한다. 아픔으로 더 이상 기준점을 알아차림할 수 없을 때는 한두 번 통증을 알아차림하고 다시 기준점으로 되돌아가야 한다.

통증이 더 심해 기준점을 알아차림할 수 없을 때는 5~10분 정도 통증을 알아차림해도 된다. 그러나 30분 이상 통증을 알아차림하는 것은 수행진보에 도움되지 않는다.

통증도 알아차림 대상이지만, 그 속성상 통증과 싸우거나 제거하려 하기 때문에 수행진보를 방해한다. 어떤 현상이라도 수행자는 그런 현상과 어울려 놀거나 싸우지 말고, 단지 통증실재를 통찰하려고 노력해야 한다.

어떤 수행자는 몸에 통증이 현저하게 증가하는 것을 경험하면 수행이 잘못됐다고 판단하고 당황해 한다. 그러나 이 단계에서 몸에 통증이 많이 나타나는 것은 싸띠와 혜의 성숙, 수행진보로 인해 몸과 마음에 쌓인 마음오염원인 아싸봐의 해체과정에서 일시적으로 나타나는 것이다. 이것은 수행자라면 반드시 거쳐야 하는 과정이다. 이것은 마음의 정화과정에서 몸이 먼저 정화되기 때문이다.

마음근육이자 알아차림 기능인 싸띠가 성숙되는 것만큼 고통도 증가할 수 있다. 계속된 노력으로 고통이 서서히 감소하고 통증이 약간 풀리기도 한다.

가능하면 참을 수 있는데까지 참고 기준점인 호흡을 알아차림하는 것이 수행진보에 도움된다. 할 수 있으면 몸을 움직이지 말고, 그대로 앉아 있으면서 기준점을 알아차림하는 것이 요령이다. 참을성없이 저림, 피곤함, 통증 때문에 자세를 자주 바꾸면, 마음근육이자 알아차림 기능인 싸띠는 약해지고 수행은 퇴보한다.

생체리듬이 안정됨으로써 몸에 있던 에너지 뭉침이나 고질병 등이 드러나 통증이 증가하기도 한다. 평소 생체리듬이 높게 형성되기 때문에 몸에 있는 에너지 뭉침 등을 감지하기 쉽지 않다.

수행으로 생체리듬이 안정되면 몸에 있던 에너지 뭉침 등을 감지하기 때문에 통증이 더 크게 느껴진다. 큰 에너지 뭉침은 전문가로부터 도움받는 것이 좋다. 그러나 가벼운 에너지 뭉침은 수행으로 마음근육이자 알아차림 기능인 싸띠 힘이 향상되면 자연스럽게 해소된다.

수행초기 갑자기 잠이 쏟아지기도 하고 뚜렷하지 않은 많은 생각이 떠오르기도 한다. 이것은 수행을 잘못한 것이 아니다. 수행진보로 거친 아싸봐나 마음표면에 떠있던 생각거품 등이 한꺼번에 빠져나가면서 나타나는 일시적 현상이다. 3~5일 정도 지나면 마음이 서서히 명료해지고 생각도 줄어들고 잠도 없어진다.

이 단계에서 몸과 마음에 다음과 같은 현상이 나타난다. 기준점인 호흡이 없는 것 같으나 손을 대보면 호흡의 움직임을 느낄 수 있다.

기준점인 호흡이 크게 일어났다 짧게 사라지기도 하고, 크게 사라졌다 짧게 일어나기도 한다. 들숨만 있고 날숨은 못 느끼기도 하고, 날숨만 있고 들숨은 못 느끼기도 한다. 호흡이 깊숙이 사라지거나 크게 일어나 잠깐 멈추기도 한다. 호흡이 2~3단계로 계단을 지으며 움직이기도 한다.

기준점인 호흡이 빨라지거나 느려지기도 하고, 망상 때문에 알아차림을 방해받기도 한다. 마음근육이자 알아차림 기능인 싸띠가 호흡에 푹푹 꽂히기도 하고, 공이 벽에서 튕겨 나오듯 탄력있기도 한다.

몸이 앞뒤로 흔들리고 허리가 앞뒤로 젖혀지기도 하고 몸이 진동해 놀라는 수 있다. 손과 발이 뒤틀리거나 경련이 일어나기도 하고, 종종 강도가 다른 다양한 아픔을 느끼기도 한다.

때로는 송곳이나 가시에 찔린 것 같은 통증이 오기도 한다. 환영이 많이 나타나기도 하지만 몇 차례 알아차림으로 사라진다. 모든 실재가 3법인이라는 것을 어렴풋이 체험으로 안다.

(2) 상수멸 2/5지점

이 단계道非道智見淸淨, 歡喜地, 乾慧智에서 몸과 마음에 느끼는 행복감은 기쁨歡喜, pīti으로 나타난다.

이 단계에서 마음근육이자 알아차림 기능인 싸띠가 깨어나면 수행자의 몸과 마음에 기쁨, 혜, 자비심 등이 집중해 일어난다.

이때 발생한 기쁨은 자극이 강해 마음근육이자 알아차림 기능인 싸띠를 그곳에 구속한다. 그런 현상을 즐기다 보면 상수멸로 가는 길을 잃기 쉽다. 현상에 속지 말고 기쁨실재를 알아차림하려고 노력해야 한다.

기쁨실재가 즐거움이고, 슬픔실재가 괴로움이고, 아픔실재가 아픔이다. 수행자는 존재에서 실재를 알아차림하려고 노력해야 한다. 현상을 따라가면 모든 것을 놓친다.

이 단계에 이르면 마음근육이자 알아차림 기능인 싸띠는 어느 정도 깨어나지만, 싸띠집중 기능인 싸마디가 약해 자극이 조금만 강해도 싸띠는 새로운 현상으로 옮겨간다. 이때는 싸띠집중 기능인 싸마디를 강화하는 것이 요령이다. 이 단계에서 싸띠의 정확함이 수행진보를 선도한다.

기준점인 호흡의 움직임을 알아차림하는데 크게 방해하지 않으면, 새로운 현상이 나타나도 기준점인 호흡의 움직임을 계속 알아차림해야 한다. 새로 나타난 현상이 기준점인 호흡의 움직임 알아차림을 방해하면, 방해현상을 알아차림한 후 즉시, 기준점인 호흡의 움직임 알아차림으로 되돌아와야 한다. 그렇게 해야 수행진보를 기대할 수 있다.

4성제 통찰기능인 혜가 성숙하고 몸과 마음에 쌓인 거친 아싸봐를 제거하면, 몸에 나타난 고통이 서서히 또는 급격히 소멸하고 기쁨이 일어난다. 이때 일어난 기쁨은 약간 들뜬 기운이 있거나, 설사가 나거나, 멀미할 때처럼 어지럽기도 하는 등 몇 가지 현상을 수반한다.

이 단계에 도달하면 작은 행복감이 집중해 나타남과 동시에 작은 분발심이나 작은 혜 등 10종 통찰장애가 나타나기 시작한다.[594] 6신통六神通, cha abhiññā 가운데 5신통이 나타나기 시작한다.

이때 나타난 10종 통찰장애나 5신통 등은 수행진도가 향상돼 나타난 현상이지만, 그 속성상 자극이 강해 마음근육이자 알아차림 기능인 싸띠를 그곳에 구속시킨다. 싸띠가 그 구속에서 빠져나오

---

594. 10종 통찰장애는 수행진도가 나가면 나타나는 현상이다. 그러나 자극이 강한 관계로 알아차림 기능인 싸띠의 힘이 약하면, 그 현상에 속박되기 때문에 수행장애라고 한다. 10종 통찰장애는 다음과 같다.

① 발광(發光, obasa)
② 기쁨(歡喜, pīti)
③ 평온(輕安, 安穩, passaddhi)
④ 행복(樂, sukha)
⑤ 믿음(信, saddha)
⑥ 분발(奮發, 勇猛精進, paggha)
⑦ 몰입(沒入, udatatthana)
⑧ 평등(捨, 平等, upekha)
⑨ 지식(智, ñāṇa)
⑩ 만족(滿足, 希求, 忘, nikanti)

지 못하면 수행은 크게 방해받는다. 그 구속으로부터 빠져나오는 기술이 기준점인 호흡의 움직임으로 되돌아오는 것이다. 이때 이름붙이고 빠져나오는 것이 효과적이다.

이 단계에 나타나는 현상에 매몰되고 해당 현상에 집착하면 수행이 퇴보하고 비도非道, 邪道, amagga로 빠진다. 현상을 따라가지 말고 기준점인 호흡의 움직임에 머물면, 마음근육이자 알아차림 기능인 싸띠가 향상되고 상수멸로 나아갈 수 있다.

이 단계에 도달하면 몸과 마음이 경쾌하고 편안해진다. 몸과 마음에 경쾌함, 행복함, 고요함, 평온함 등 좋은 경험을 한다. 이전에는 1시간 좌념하는 동안 두세 번 자세를 움직여야 했던 사람도 자세를 바꾸지 않고 두세 시간 거뜬히 좌념할 수 있다.

이 단계에 도달하면 마음근육이자 알아차림 기능인 싸띠가 충분히 깨어있으므로 이전에는 싸띠가 인식대상을 좇아다녔지만, 이제는 인식대상이 싸띠에 와서 꽂히기 때문에 알아차림하기가 쉬워진다.

이 단계에서 마음근육이자 알아차림 기능인 싸띠는 예리해져 있고, 느슨하거나 강하지 않고, 경직되지도 않는다. 노력은 조화롭고 굳건하며 수행은 깊어져 기쁨, 행복함, 평화로움을 경험할 수 있다. 이런 느낌도 알아차림해야 한다. 이런 경험은 수행도중에 반드시 경험하는 통과과정이기 때문에 꾸준히 노력하면 빨리 극복할 수 있다.

이 단계에서 수행자는 몸과 마음에 편안함을 즐기고 그런 느낌에 머물러 있고 싶어한다. 그것은 기쁨 속에 탐욕이 존재하기 때문이다. 이 탐욕을 제거하기 위해 고통실재를 통찰한 것처럼 기쁨실재를 통찰할 때까지 알아차림해야 한다. 기쁨실재가 즐거움이다.

이와 같은 좋은 경험을 하면 수행자는 이 기쁨이 수행의 최종단계인 상수멸에 들어 열반을 체험해 경험하는 행복감으로 착각할 수 있다. 만일 수행자가 기쁨을 열반으로 착각하고 이를 즐기면 더 이상 수행진보를 기대할 수 없다.

이는 수행자가 스스로 도달한 경험에 집착하기 때문이다. 만일 수행자가 이런 상태를 열반이라고 붙들고 있으면 잘못된 길非道로 접어든다. 수행자는 이런 잘못된 길을 버리고 어떤 현상이라도 수행과정에서 만난 즐거움 가운데 하나라 생각하고, 그것은 진정한 즐거움이 아니며, 단지 조건지어진 현상이라고 알아차림하고, 올바른 길正道로 나아가야 한다.

수행자는 어떤 현상을 만나더라도 그것을 있는 그대로 알아차림하고 기준점인 호흡의 움직임으로 되돌아가야 한다. 그래야 수행이 진보한다.

이 단계에서 몸과 마음에 다음과 같은 현상이 나타난다. 기준점인 호흡의 움직임이 아주 빠르게 진행된다. 조그만 충격이나 움직임도 몸 전체로 퍼져나가는 것을 느낄 수 있다.

간혹 자기 수행진보에 만족한 나머지 수행을 일시 중단하고 마음을 느슨히 갖기도 한다. 그러나 여기서 멈추지 말고 기준점 알아차림을 계속해야 수행이 진보한다.

기준점인 호흡의 움직임이 여러 단계로 이뤄지거나 가끔씩 사라지기도 하고, 시작과 끝을 분명히 알아차림하기도 한다. 앉아있을 때는 깊은 잠에 빠진 것처럼 몸이 앞뒤로 굽어지기도 하고 환영이 보이기도 한다. 환영이 보일 때 '봄' 하고 알아차림하면 곧바로 사라진다. 온몸에 쑤시는 듯한 느낌이나 가려움이 연속해 짧게 나타나기도 한다.

밝은 빛이 나타나고, 기쁨으로 소름이 끼치고 눈물이 흐르고 전신에 묘한 전율과 들뜸이 일어나고, 현기증이나 구토가 나기도 한다. 몸과 마음이 평온하고, 상쾌해지고, 무기력함과 나태함이 없고, 힘이 솟기도 한다.

때로는 자기의 경험과 느낌을 다른 사람에게 전달하고 싶거나, 현상을 즐기려는 묘한 집착이 일어나기도 한다. 수행자는 몸과 마음에 일어난 환희심을 감지하고, 그 현상을 다시 한 번 경험하고 싶어한다. 그러면 수행은 퇴보한다. 수행자는 현상이 발생하는 대로 있는 그대로 알아차림만 해야 한다.

(3) 상수멸 3/5지점

이 단계에서 몸과 마음에 느끼는 행복감은 불쾌감不樂, asukha으로 나타난다.

현상은 부정이지만 실재는 즐거움이다. 마음근육이자 알아차림 기능인 싸띠가 성숙하고 몸과 마음에 쌓인 아싸봐가 소멸하는 것이 부정현상으로 나타난다.

이 단계에서 싸띠집중 기능인 싸마디의 특징이 두드러지게 나타난다. 수행하면서 마음근육이자 알아차림 기능인 싸띠와 싸띠집중 기능인 싸마디가 균형있게 성숙하지만, 이 단계에 이르면 싸마디가 싸띠보다 더 발달하는 경향이 있다. 그 결과 싸마디의 특징인 고요함, 답답함, 흐림이 함께 나타난다.

이때 수행자는 마음근육이자 알아차림 기능인 싸띠를 향상시키기 위해, 인식대상에 이름붙이고 끈질기게 알아차림해야 한다. 그러면 싸띠가 점차 진보하고 서서히 맑음이 찾아온다. 이 단계에서 싸띠가 수행을 선도한다.

이 단계에서 수행자는 의지할 것이 아무것도 없다는 것을 통찰하고, 몸뿐만 아니라 마음까지 나약해지기도 한다. 우울한 생각에 사로잡히고, 인식대상이나 삶이 유치하고 역겹다고 생각하기도 한다.

몸과 마음에 혐오감을 느끼지만 이런 느낌도 계속 알아차림해야 한다. 간간이 이런 현상으로부터 벗어나기 바라는 간절한 마음이 일어나기도 한다. 여러 가지 고통이 나타나지만, 그것은 몸에 축적된 에너지 뭉침의 해체과정에서 일어나는 일시현상이다.

현상을 알아차림해도 수행자는 스스로 잘 하고 있다고 여기지 않고, 인식대상과 마음근육이자 알아차림 기능인 싸띠가 충분히 밀착해 있지 않다고 생각한다. 스스로 알아차림에 만족하지 못하기 때문에 자세를 자주 바꾼다.

좌념할 때는 앉아서 하는 좌념보다 서서 하는 행념이 효과있다고 생각하고 일어나 행념을 한다. 행념할 때는 좌념이 필요하다고 생각하고 행념을 중지하고 좌념을 한다. 앉은 후에는 몸의 자세를 자주 바꾸고, 수행장소를 다른 곳으로 옮기기도 한다. 어떤 자세를 취해도 한 자세로 오래 있지 못하고 불편해 한다.

이것은 수행자가 실재를 알 수 있을 정도로 마음근육이자 알아차림 기능인 싸띠가 예리해졌지만, 싸띠력이 약간 부족해 나타나는 일시현상이다. 실제로는 수행을 잘 하고 있지만, 수행자 스스로가 그렇게 생각하고 있지 않을 뿐이다. 이것은 수행자의 욕심이다. 수행진보의 기대감이 지나치게 크기 때문에 나타나는 현상이다.

이런 상태를 극복하기 위해 한 자리에 머물고, 한 자세를 유지하려고 노력해야 한다. 그렇게 하면 마음근육이자 알아차림 기능인 싸띠가 점차 살아나고 마음이 맑아지고 산만함은 사라진다.

이 단계에서 몸과 마음에 다음과 같은 현상이 나타난다. 기준점인 호흡의 움직임이 빠르게 전개되거나 일시적으로 멈추기도 한다. 어떤 수행자는 기준점인 호흡의 움직임이 2~4일 동안 멈추기도 한다. 이때는 행념이 도움된다.

제1 기준점인 호흡의 움직임이 없어지면 즉시, 제2 기준점인 '앉음-닿음' 을 알아차림해야 한다. 제 1기준점인 호흡의 움직임을 다시 감지하면 즉시, 제1 기준점인 호흡의 움직임으로 옮겨 그 움직임을 따라가며 이름붙이고 알아차림해야 한다. 항상 제1 기준점인 호흡의 움직임 알아차림이 가장 중요하다.

존재의 '발생-지속-소멸'이 분명히 보이기도 하고, 때로는 희미하게 없어지기도 한다. 발생과 소멸이 너무 빠르게 일어날 때 눈앞에 안개가 낀 것처럼 뿌옇게 보이기도 한다. 모든 것이 안개처럼 희미하고 불분명하게 보인다.

사물이 흔들리는 것처럼 보이기도 한다. 하늘을 쳐다보면 공기가 진동하는 것 같다. 현상이 갑자기 끊어졌다 다시 나타나기도 한다. 이런 현상은 연속해 일어난 것인데, 이 단계에서 마음근육이자 알아차림 기능인 싸띠의 힘이 부족하기 때문에 그렇게 보인다.

여러 가지 인식대상이 아득히 먼 곳에 있는 것처럼 느껴진다. 온몸이 따뜻해지고 태양열을 받는 듯 덥고 건조하게 느끼고, 그물에 덮인 것처럼 답답하게 느끼기도 한다.

걸을 때나 서있을 때 발이나 팔에 신경통같은 아픔을 느끼기도 한다. 온몸이 간지럽고, 개미나 작은 벌레가 물어뜯거나, 얼굴이나 목으로 기어오르는 것 같기도 한다. 온몸이 가시에 찔린 것 같고, 여러 가지 다른 불쾌감이 일어나지만, 두세 번 알아차림으로 사라지기도 한다. 졸리거나 무기력함을 느끼기도 하고, 몸이 뻣뻣하고 알아차림이 흐려지는 것 같지만 청각기능은 작용한다. 인식대상을 보고 놀라기도 하고 순간, 두려움을 느끼기도 한다. 공포심을 알아차리지만 그것 때문에 겁내지는 않는다.

때로는 모든 것이 싫증나고 추해보이기도 한다. 기쁨도 즐거움도 없어지고 게을러진 것 같으나, 사물에 대한 알아차림은 분명하다. 허전하고 슬퍼지거나 이전에 경험하지 못했던 강한 지루함을 느끼기도 한다.

마음에 즐거운 것은 찾아볼 수 없고 모든 것이 혐오스럽고 즐길만한 것은 아무것도 없다고 여겨진다. 외로움, 슬픔, 냉담함을 느끼거나 친척이나 친구를 생각하며 울기도 하고, 부정적이고 예민한 감정을 경험하기도 한다.

이 단계에서 마음근육이자 알아차림 기능인 싸띠의 힘으로 몸과 마음 깊은 곳에 박혀있던 묵은 아싸봐가 녹아 나온다. 그것이 마음 밖으로 날아갈 때, 몸과 마음에 부정흔적을 많이 남기는데 주의해야 한다. 현상은 부정이지만 실재는 맑음이다.

다른 사람은 땀 냄새만 난다는데도, 자신은 몸에 심한 악취가 난다고 느낀다. 어떤 존재를 보아도 좋지 않은 모습만 보이고 부정생각이 일어난다. 이때는 인식대상에 어떤 반응도 하지 말고, 단지 알아차림만 하고, 기준점인 호흡의 움직임으로 되돌아와야 한다.

참을성이 없어지고 일상행동을 잘 알아차림하지 못하기도 한다. 불안하고 지루해하거나, 수행을 포기하고 집으로 돌아가기 위해 물건을 챙기기도 한다. 그래서 옛 어른들은 이 단계를 보따리싸는 단계라고 한다.

인식대상 알아차림이 너무 쉽게 이뤄지기 때문에 도리어 알아차림하려는 노력이 느슨해진다. 이런 느슨함과 무기력함을 극복하기 위해 기준점인 호흡의 움직임에 이름붙이고 끈질기게 알아차림해야 한다.

아무것도 영원한 것이 없고, 모든 것은 조건지어져 있으며, 존재는 '발생-지속-사라짐' 만 있다는 것을 분명히 자각한다. 이와 같은 현상 가운데 몇 가지를 체험하면서 수행이 진보한다.

어떤 수행자는 이전에 갖고있던 명예욕이나 재산의 욕망과 애착을 버린다. 집착이 사라지고 인식대상 구속에서 자유로워지려는 강렬한 열망이 솟아나기도 한다.

옛 어른들은 이 단계를 널뛰기 단계라고 했다. 이 단계부터 상수멸에 도달하는 것은 수행자의 혜의 수준에 따라 한 번에 도약하기도 하고 여러 번에 나눠 진행되기도 한다.

꼭 필요한 몇 가지만 체험하고 상수멸에 드는 것이 복많은 수행자이다. 그렇지 않고 보고 듣는 것마다 일일이 걸려 넘어지면, 길을 잃기 쉽고 수행목적을 달성하기 힘들다.

(4) 상수멸 4/5지점

이 단계 행도지견청정行道智見淸淨에 도달한 수행자는 몸과 마음으로 느끼는 행복감이 즐거움樂, sukha으로 나타난다.

마음근육이자 알아차림 기능인 싸띠와 싸띠집중 기능인 싸마디가 균형을 잘 이루고 몸과 마음이 평화롭다. 수행자에 따라 이런 상태가 짧게 지나갈 수 있고, 오랫동안 지속될 수 있다.

이런 상태가 상당히 오랫동안 지속될 때는, 수행자는 그 상태를 즐기기 때문에 알아차림이 느슨해지기도 한다. 수행자는 마음근육이자 알아차림 기능인 싸띠가 약화되지 않도록 세심한 주의를 기울여야 한다.

끊임없이 이름붙이고 알아차림하는 것이 싸띠가 끊어지지 않고 약해지지 않게 하는 요령이다. 싸띠가 상수멸의 문을 여는 핵심도구이기 때문이다.

이 단계에서 마음근육이자 알아차림 기능인 싸띠가 확연히 깨어 있기 때문에 싸띠의 정확함, 순발력, 유연성을 키우도록 노력해야 한다. 그것이 이 단계에서 수행을 선도하기 때문이다. 싸띠의 정확도에 따라 상수멸과 열반의 수준을 결정한다.

이 단계에 도달한 수행자는 일상생활에서 두렵고 걱정스런 인식대상을 마주쳐도 동요하지 않고, 기쁘고 즐거운 인식대상을 만나도 흔들리지 않고, 존재를 있는 그대로 알아차림할 수 있다. 모든 존재가 조건에 따라 개별요소의 결합으로 이뤄진 것이고, 조건지어진 것은 끊임없이 변한다는 것을 이해한다.

이 단계에서 편견, 선입관, 가치관이 엷어지고, 존재를 있는 그대로 보는 혜가 열린다.

마음은 맑아지고 현상을 분명히 알아차림할 수 있다. 알아차림은 별다른 노력없이 잘 되고, 몸에서 어떤 느낌이 일어나도 알아차림할 수 있다.

오랜 시간 수행해도 피로하지 않는다. 고통감에서 자유로워져 있기 때문에 어떤 자세를 취해도 오랫동안 유지할 수 있다. 두서너 시간 좌념해도 불편하거나 피로를 느끼지않고 계속 할 수 있다. 가끔 몸 전체에 알아차려야 할 인식대상이 너무 많거나 적어지는 것을 발견한다.

이 단계에서 수행자는 특별노력을 기울이거나 느슨해져도 안 된다. 걱정, 즐거움, 집착, 기대감 때문에 알아차림이 느슨해지고 퇴보한 것 같고, 때로는 수행목표가 가까이 와 있는 듯 해 큰 노력을 기울이지만, 그것이 도리어 수행을 퇴보시킬 수 있다.

마음근육이자 알아차림 기능인 싸띠가 느슨해도 안되지만, 특별한 노력을 추가해도 안된다. 거문고 줄처럼 균형을 잘 이뤄야 한다. 계속 그렇게 수행하면 머지않아 수행의 최종목표인 상수멸에 들어 열반을 체험할 수 있다.

이전에 어느 단계에서 마음근육이자 알아차림 기능인 싸띠를 충분히 성숙시키지 않았다면, 수행은 더 이상 진보하지 못하고 그것이 충분히 성숙하지 못한 단계까지 퇴보한다. 그곳에서 다시 싸띠를 성숙시켜 수행을 향상시켜야 한다. 그러나 이때는 시간이 많이 걸리지 않는다. 어떤 수행자는 이런 과정을 계속 반복하기도 한다.

마음근육이자 알아차림 기능인 싸띠가 상수멸에 들어갈 만큼 성숙하지 못한 때는 수행이 진보와 퇴보를 반복하지만 실망하면 안 된다. 지금 상수멸의 문턱에 와 있기 때문에 싸띠가 향상되는 순간 곧바로 상수멸과 열반을 성취할 수 있다.

이 단계에서 마음근육이자 알아차림 기능인 싸띠가 무르익어 예리하고 강하며 명료해질 때, 3법인 가운데 어느 하나를 알아차림하는 것이 더욱 명확해진다.

이 단계에서 몸과 마음에 다음과 같은 현상이 나타난다. 기준점인 호흡의 움직임이 분명히 알아차림된다. 마음근육이자 알아차림 기능인 싸띠가 인식대상을 분명히 알아차림할 수 있다. 어떤 인식대상을 접하고도 놀라거나 기뻐하지 않고 그것을 알아차림하고 평온하게 반응한다.

인식대상에서 상당히 자유로워져 있다. 자기수행에 만족하고 수행시간을 잊을 정도로 열심히 정진한다. 몸에 있던 여러 가지 고통과 질병으로부터 상당히 자유롭다. 류머티즘 계통 신경질환이 상당히 호전된다고 알려져 있다.

몸과 마음이 위로 뜬 것 같고 어떤 때는 몸의 형체가 모두 사라지고 알아차림하는 싸띠만 남기도 한다. 수행자는 몸의 내부에 미세한 물방울로 목욕한 것 같은 상쾌함을 느끼기도 한다. 이런 평온함, 만족함, 상쾌함에 머물러서는 안된다. 이런 현상도 알아차림해야 한다.

이 단계에서 수행자 근기, 성질, 성격이 나타난다. 자기근기에 적합한 수행기술이나 알아차림 대상(기준점)을 선택해 수행하면 수행진보에 효과있다. 이것이 7각지 가운데 택법지擇法支이다.

이 단계에서 초선, 2선, 3선, 4선을 거쳐 곧바로 상수멸에 들어 열반을 체험한다.

초선은 어느 정도 사유작용이 있고 기쁨喜, Pīti이 일어난다. 2선은 사유작용이 멈추고 기쁨이 있는 상태에서 즐거움樂, Sukha이 일어나 함께 공존한다. 3선은 기쁨은 가라앉고 즐거움만 남는다. 4선은 즐거움도 가라앉고 마음에 평정捨, Upekha만 남는다.

수행이 진보해 상수멸 4/5지점을 지나면, 좌념이나 행념뿐만 아니라 일상생활에서 알아차림하는 생활념을 소홀히 하면 안된다.

보고, 듣고, 냄새맡고, 맛보고, 접촉하고, 걷고, 서고, 앉고, 눕는 등 모든 일상생활에서 마음근육이자 알아차림 기능인 싸띠와 의도 알아차림 기능인 쌈빠자나를 철저히 훈련해야 더 높은 단계로 수행진보를 기대할 수 있다.

수행이 순조롭게 진보해 초선에 도달하면 인식대상을 놓치지 않으려고 노력하는 싸띠집중력三昧力을 키워야 한다. 그 힘으로 수행이 2선으로 진보한다.

2선에 도달하면 마음근육이자 알아차림 기능인 싸띠念와 의도 알아차림 기능인 쌈빠자나知를 키워야 한다. 그 힘으로 수행이 3선으로 진보한다.

마음근육이자 알아차림 기능인 싸띠, 싸띠집중 기능인 싸마디, 의도 알아차림 기능인 쌈빠자나가 적절히 균형이루면 4선을 지나 상수멸에 들어 열반을 체험할 수 있다.

수행진보는 각 단계가 순차로 비슷한 시간이나 강도로 전개되지 않는다. 어떤 단계는 통과하는데 몇 달이 걸리는가 하면, 어떤 단계는 1~2분 혹은 10~20분 사이에 빠르게 지나가기도 한다.

4선 통과시간은 사람마다 다르다. 알아차림의 크기에 따라 현상도 다르게 나타난다. 어떤 사람은 초선단계에 막혀 오랜 시간 소비하고, 어떤 수행자는 2선, 3선, 4선에 정체돼 많은 시간 낑낑대기도 한다. 어떤 수행자는 한두 시간 만에 각 단계를 통과하기도 하고 알아차림이 성성한 사람은 각 단계를 몇 분 만에 통과하기도 한다.

무엇보다 명심해야 할 것은 4선의 각 단계는 마음에서 일어난 현상이지만 대부분 몸에서 현상으로 나타난다. 그 현상을 보면 수행이 어떻게 전개되는지 알 수 있다. 초선, 2선, 3선, 4선에 도달하면, 해당 단계에 접어들었다는 표시가 분명히 몸에 현상으로 나타난다.

수행진보가 많이 나간 수행자 가운데 수행진보가 정체해 있을 때나, 몸이 아파 병원에 가도 특별증상이 발견되지 않는 수행자는 4선 가운데 어느 한 단계에 막힌 경우가 많다. 잘 살필 일이다.

4선과 상수멸 사이를 더 세분해 공무변처空無邊處, ākāsānañcāyatana, 식무변처識無邊處, viññāṇañcāyatana, 무소유처無所有處, ākiñcaññāyatana, 비상비비상처非想非非想處, nevasaññānāsaññāyatana로 구분하기도 한다.

이런 구분은 별 의미없다. 서울에서 부산까지 고속도로 나들목을 '부산-대구-대전-서울' 로 설명하거나, 대전에서 서울까지의 구간을 더 세분해 설명하는 정도 차이만 있다. 말이나 형식에 휘둘리지 않는 안목이 필요하다.

공무변처는 인식대상을 알아차림하는 순간 그 형체가 사라지는 단계다. 식무변처는 마음거울에 맺힌 심상을 알아차림하는 순간 그 심상이 사라지는 단계다. 무소유처는 인식대상이든 마음거울에 맺힌 상이든 모든 것이 알아차림하는 순간 사라지는 단계이다. 알아차림하는 순간 모든 것이 사라지는 단계에 접어들면 알아차림이 끊어진 것도 깨어있는 것도 아닌 상태에 접어든다. 이것이 비상비비상처이다. 이런 것은 힌두교 수행자가 싸마타 수행에서 이미지를 가지고 수행할 때 나타나는 현상이다.

이 단계를 지나서 상수멸에 들어 열반을 체험한다. 모든 것이 순식간에 전개된다. 수행단계를 세밀하게 나누기는 했으나, 전개될 때는 순간적으로 압축돼 진행되는 것을 볼 수 있다.

3) 성인단계

세존은 성인聖人을 4단계로 나누다. 이것을 다시 향向과 과果의 8단계四向四果로 세분한다.

해당 단계에서 아싸봐를 뿌리뽑기 시작하면 향向 단계, 해당 단계에서 제거해야 할 아싸봐를 제거하면 과果 단계라고 한다. 4성제 통찰기능인 혜에는 차이없고 아싸봐를 어느 정도 제거했느냐와 공덕은 차이날 수 있다.

이 단계에서 마음거울에 맺힌 상과 마음근육이자 알아차림 기능인 싸띠가 함께 사라지면서 상수멸에 들어간다. 순서상으로는 인식대상이 먼저 사라지고, 그것을 알아차림하는 싸띠가 뒤따라 사라지면서 상수멸에 들어간다. 각 단계의 상수멸에 진입하면 알아차림이 끊어지고, 마음숙면 상태에 빠진다. 다시 상수멸에서 나오면 알아차림이 되살아 난다.

상수멸을 빠져나오는 순간 마음근육이자 알아차림 기능인 싸띠는 3/5지점으로 내려간다. 거기서 다시 힘을 키워 올라온다. 이때는 빠르게 올라오기도 하고, 오랫동안 특정단계에 머물기도 한다. 어떤 수행자는 욕심이 앞서 다시는 상수멸에 들지 못하기도 한다.

상수멸의 상태가 길게 혹은 짧게 지나가기도 한다. 처음 체험하는 사람은 순식간에 지나가기도 한다. 그래서 자신이 체험하고도 잘 모르기도 한다. 어떤 사람은 몇 분에서 수십 분, 몇 시간 이상 지속될 수 있다.

상수멸에 들 때 초선, 2선, 3선, 4선을 거쳐 곧바로 든다. 그러나 이 과정을 통과하면서 어떤 단계는 오랫동안 머물기도 하고 어떤 단계는 빠르게 지나가기도 한다.

4선에서 쏘따빳띠 상수멸, 싸까다가미 상수멸, 아나가미 상수멸, 아라한뜨 상수멸로 들어간다.

한 단계씩 순차로 올라가기도 하고, 각 단계를 한 번씩 체험하고 나서는, 그 다음부터 자유롭게 특정단계에 들기도 한다.

마음근육이자 알아차림 기능인 싸띠가 얼마나 성성하게 깨어있느냐에 따라 상수멸과 열반의 수준을 결정한다.

(1) 쏘따빳띠 상수멸

쏘따빳띠 단계에서 몸과 마음으로 느끼는 행복감은 열반으로 나타난다.

이것을 세존은 최상행복이라고 한다. 이것은 지극히 맑고 선명해 진수무향眞水無香처럼, 자극없는 가운데 맑은 행복감이 흐른다. 여기서는 열반의 행복감을 '맑음' 으로 정의한다. 『마건리경 摩建提經』에서 세존은 최상행복 즉, '극락' 으로 표현한다.[595]

이 단계에서 수행자는 실재인 3법인을 체험하고, 체험한 것을 스스로 알아차림하며 상수멸에 들어 열반을 체험하고 나온다.

상수멸에 접어들 무렵에는 기준점인 호흡의 움직임이 보통 때보다 3~4배 이상 빠르게 움직이기도 한다. 마음근육이자 알아차림 기능인 싸띠의 힘이 강하고, 알아차림이 저절로 진행된다. 이와 같

595. MN. I, 508. 주193 참조.

이 빠르게 알아차림이 진행되다, 마지막으로 알아차림이 끊어지면서 상수멸에 들어간다.

이때 뭔가에 빨려 들어가듯 '물컹 쑥~' 하고 들어간다. 마치 어두운 밤길을 가다 구덩이에 떨어지는 것 같다. 그 순간 알아차림이 끊어지고 상수멸에 들어간다.

마음근육이자 알아차림 기능인 싸띠가 아주 짧은 사이 인식대상 배율을 크게 높이면, 인식대상은 존재하지만 너무 확장되고 미세해 인지할 수 없는 것과 같은 상태가 된다. 순간으로 인식대상을 확대하면 그것에 빨려 들어가는 것처럼 느낀다. 마치 SF영화에서 뭔가에 빨려 들어가는 것처럼 쑥하고 빠져든다.

3법인을 체험하면서 상수멸에 들고, 상수멸에서 나올 때도 3법인을 체험하면서 나온다. 3법인의 체험수준으로 상수멸의 단계와 혜의 수준이 결정된다.

이 단계에서 마음근육이자 알아차림 기능인 싸띠가 분명히 깨어 있지만, 인식대상을 자각하지 못한다. 이것은 알아차림 대상(기준점)이 없어진 것이 아니라, 인식대상을 입자수준으로 인식하기 때문에 싸띠채널에 걸리지 않기 때문이다. 싸띠수준이 후퇴해 일상차원으로 되돌아오면 인식대상을 다시 알아차림할 수 있다.

상수멸에 든 시간은 짧게는 1~2분 길게는 몇 시간이 되기도 한다. 어느 정도 오랫동안 상수멸에 머물 것인가는 싸마디가 결정하고 상수멸에 들어가는 것은 싸띠력이 결정한다. 얼마나 오랫동안 상수멸에 머물렀나 보다, 어느 단계, 얼마나 높은 단계의 상수멸을 체험했느냐가 더 중요하다.

상수멸을 체험하고, 상수멸에서 나오는 순간, 알아차림이 너무 선명해 그 전 과정을 분명하고 세밀히 알 수 있다. 상수멸을 체험한 사람은, 이 순간을 정확하고 분명하게 설명할 수 있다. 전 과정을 역으로 조사해 알 수 있다. 이것이 회광반조廻光返照이다. 처음 상수멸에 들어갈 때는 자신도 잘 모를 수 있다. 그러나 자주 드나들다 보면 세밀하게 알게 된다.

상수멸을 통과하고 알아차림이 되살아올 때 아주 밝은 불빛을 보기도 하고, 아싸봐의 뿌리가 뽑히면서 상당한 아픔과 열감을 수반하기도 한다. 이런 느낌이 서서히 수그러들면서 존재를 고요하고 분명히 알아차림할 수 있다.

상수멸에 들어 열반을 체험한 직후, 마음근육이자 알아차림 기능인 싸띠가 현저히 약화해 상수멸 3/5지점까지 떨어졌다, 서서히 또는 아주 빠르게 향상된다. 이때 수행자는 알아차림이 느슨해지고 수행이 퇴보한 것처럼 느낄 수 있다.

상수멸에 들어 열반을 체험한 수행자는 몸과 마음에 일대혁신이 일어난 것을 스스로 느낀다. 수행자는 청량감과 평온함을 얻고 마음에 행복감이 솟아오른다.

때로는 들뜨기도 하고, 얼떨떨하기도 하고, 간혹 웃음이나 자비심이 많아지기도 한다. 상수멸에 들어 열반을 체험한 직후는 인식대상을 분명히 알아차림하지 못할 수 있다. 하지만 이런 경험은 며칠 지나면 서서히 없어지고, 다시 선명히 알아차림할 수 있다.

어떤 수행자는 상수멸에 들어 열반을 체험한 후, 천근이나 되는 짐을 벗은 것처럼 편안하고 자유로움을 느껴 더 이상 수행을 계속하지 않으려고 한다.

이 단계 상수멸에 들어 열반을 체험하며 10종 아싸봐 가운데 ①~

③번 아싸봐가 현저히 약화하거나 뿌리뽑히기 시작한다.

〈표 6.5〉 아싸봐의 해체 1

① **유신견** (**有身見**, sakkāyadiṭṭhi)	윤회주체가 있다는 견해, 윤회를 믿는 것
② **계금취** (**戒禁取**, sīlabbataparāmasā)	신을 믿는 종교에서 동물을 죽여 신께 공양 올리는 계를 믿고 따르는 것, 신을 믿는 것
③ **의심** (**疑**, vicikicchā)	올바른 사실을 믿지않고 의심하는 것

눈 밝은 선지식善友, 善知識, kalyāṇa mitta을 만나면 수월하고 효과 있게 더 높은 상수멸 단계로 나아갈 수 있다. 그렇지 않으면 오랜 세월이 걸릴 수도 있다.

최초의 성인단계인 쏘따빳띠를 성취했을 때가 마음근육이자 알아차림 기능인 싸띠힘이 가장 성성할 때이다.

이 단계에 도달한 수행자는 수행을 늦추지 말고 더욱 용맹정진해서 더 높은 상수멸에 들어 열반을 체험할 수 있도록 노력해야 한다. 눈 밝은 스승明眼宗師, cakku vijja satthar을 만나면 한 달 정도면 모든 것을 끝낼 수 있다.

실제로 여기서부터 수행지도자의 역할이 필요하다. 가는 길은 하나이다. 인연이 지중하고 복이 많아 눈 밝은 스승을 만나면 수월하게 성취할 수 있다. 그렇지 않으면 많은 시간이 걸릴 수 있다.

도고마성道高魔盛이라고 한다. 수행이 잘 될 때 조심해야 한다. 수행이 크게 진보해 상수멸과 열반을 성취하면, 그것을 송두리째 날려버릴 정도의 방해현상이 나타나기도 한다.

이때 알아차림, 보시, 인욕으로 그런 방해물을 순조롭게 극복해야 한다. 그러면 다음 단계로 나아갈 수 있다. 그렇지 않고 방해현상에 걸려 넘어지면 수행은 더 이상 진보하지 않는다.

결국 복과 인연의 문제다. 수행이 잘 될 때 그만큼 방해현상도 크게 나타나지만, 복을 쌓으며 방해물을 슬기롭게 극복할 수 있고, 좋은 인연만나 수행향상을 이룰 수 있다. 오직 수행자의 몫이다.

(2) 상수멸의 다시 체험

상수멸과 열반을 성취한 수행자가 이 상태를 다시 한 번 체험하기 원하면, 수행목표를 상수멸을 향해 고정해 놓고 알아차림해야 한다.

몇 번이라도 반복해 같은 단계 상수멸에 들어 열반을 체험할 수 있다. 싸띠력이 향상되면 다음 단계의 상수멸에 들어 열반을 거듭 체험할 수 있다.

상수멸이 지속하는 동안 가끔씩 알아차림이 깨어나는 순간이 생길 때가 있지만, 서너 번 알아차림으로 다시 상수멸 단계로 되돌아온다. 상수멸 단계가 계속되는 동안 마음은 숙면상태에 머문다.

간혹 수행도중에 소름끼침, 하품, 전율, 떨림, 눈물흐름 현상을 경험하고, 알아차림이 느슨해지기도 한다. 어떤 수행자는 여러 번 기회를 놓친 다음 상수멸의 단계를 다시 체험하기도 한다. 알아차림이 약하면 상수멸의 단계에 다시 들어가는 것이 지연되거나, 오랫동안 들지 못할 수도 있다.

(3) 싸까다가미 상수멸

수행자가 첫 번째 성스러운 단계인 쏘따빳띠 상수멸을 성취했으면, 보다 높은 단계이며 두 번째 성스러운 단계인 싸까다가미 상수멸을 성취하기 위해 용맹정진해야 한다. 수행할 때 다음과 같이 큰 서원을 세우고 해야 한다.

'이 시간 동안 이미 체험한 쏘따빳띠 상수멸을 반복하지 않고, 지금까지 경험하지 않았던 보다 높은 혜를 성취할 수 있기를'

이런 큰 결심을 한 후 보다 높은 상수멸을 성취하기 위해 평상시처럼 기준점인 호흡의 움직임을 알아차림해야 한다. 4성제 통찰기능인 혜가 성숙하고 존재에 대한 분명한 알아차림이 이뤄지면, 보다 높은 단계인 싸까다가미 상수멸에 들어 열반을 체험할 수 있다.

수행진보도 없고, 알아차림이 성숙하지 못하면, 다음 단계로 나아가는데 많은 시간이 걸릴 수 있다. 그러나 큰 수행진보가 있고 알아차림이 성숙하면, 찰나지간에 보다 높은 경지로 나아갈 수 있다.

이 단계의 상수멸에 들어 열반을 체험하면서 10종 아싸봐 가운데 ④~⑤번 아싸봐가 현저히 약화되거나 뿌리뽑히기 시작한다.

〈표 6.6〉 아싸봐의 해체 2

④ **애욕** (愛欲, kāmarāga)	애욕
⑤ **분노** (忿怒, 有對, paṭigha)	분노나 적의

눈 밝은 선지식을 만나면 수월하고 효과있게 더 높은 상수멸로 나아갈 수 있다. 오직 수행자의 복과 인연에 달린 문제이다.

(4) 아나가미 상수멸

수행자가 두 번째 성스러운 단계인 싸까다가미 상수멸을 성취했으면, 보다 깊은 단계이며 세 번째 성스러운 단계인 아나가미 상수멸을 성취하기 위해 용맹정진해야 한다. 수행할 때 다음과 같이 큰 서원을 세우고 해야 한다.

'이 시간 동안 이미 체험한 싸까다가미 상수멸을 반복하지 않고 지금까지 경험하지 않았던 보다 깊은 혜를 성취할 수 있기를'

이런 큰 결심을 한 후 보다 깊은 상수멸을 성취하기 위해 평상시처럼 기준점인 호흡의 움직임을 알아차림해야 한다. 4성제 통찰기능인 혜가 성숙하고, 존재의 분명한 알아차림이 이뤄지면, 보다 깊은 단계인 아나가미 상수멸에 들어 열반을 체험할 수 있다.

수행진보도 없고, 알아차림이 성숙하지 못하면, 다음 단계로 나아가는데 많은 시간이 걸릴 수 있다. 그러나 큰 수행진보가 있고 알아차림이 성숙하면, 눈 깜빡할 사이에 보다 깊은 경지로 나아갈 수 있다.

이 단계의 상수멸에 들어 열반을 체험하며 10종 아싸봐 가운데 ①~⑤번 아싸봐가 다시 한 번 현저히 약화되거나 뿌리뽑히기 시작한다.

눈 밝은 선지식을 만나면 수월하고 효과있게 더 높은 상수멸로 나아갈 수 있다. 오직 수행자의 복과 인연에 달린 문제이다.

(5) 아라한뜨 상수멸

수행자가 세 번째 성스러운 단계인 아나가미 상수멸을 성취했으면, 보다 높고 깊은 세존의 법 가운데 최고단계이자 네 번째 성스런 단계인 아라한뜨 상수멸을 성취하기 위해 용맹정진해야 한다. 수행할 때 다음과 같이 큰 서원을 세우고 해야 한다.

'이 시간 동안 이미 체험한 아나가미 상수멸을 반복하지 않고, 지금까지 경험하지 않았던 보다 높고 깊은 세존의 법 가운데 최상의 혜를 성취할 수 있기를'

이런 큰 결심을 한 후 보다 높고 깊은 상수멸을 성취하기 위해 평상시처럼 기준점인 호흡의 움직임을 알아차림해야 한다. 4성제 통찰기능인 혜가 성숙하고 존재의 분명한 알아차림이 이뤄지면, 최상단계인 아라한뜨 상수멸에 들어 열반을 체험할 수 있다.

이 단계의 상수멸에 들어 열반을 체험하고 10종 아싸봐가 전부

뿌리뽑히고 무명뿌리도 뽑히고 마음이 맑아진다. 편견, 선입관, 가치관 등 앎에 구조조정이 일어난다. 그러면 아라한뜨 즉, 붓다가 된다. 대자유와 최상행복을 누린다.

〈표 6.7〉 아싸봐의 해체 3

⑥ **색탐** **(色貪, 再生,** rūparāga)	색계(色界, 이 땅)에 태어나기 바라는 것
⑦ **무색탐** **(無色貪, 生天,** arūparāga)	무색계(無色界, 천상)에 태어나기 바라는 것
⑧ **자만** **(自慢,** māna)	자만심
⑨ **도거악작** **(掉擧惡作,** uddhaccakukkucca)	들뜸과 거친 행동
⑩ **무명** **(無明,** avijjā)	편견, 선입관, 가치관에 기초해 존재를 이해하는 것. 존재를 있는 그대로 보지 않고 주관으로 해석하는 것

5. 수행단계의 성취

수행진보에 따라 수행자가 증득하는 수행단계를 살펴본다. 『맛지마니까야』에서 수행단계를 설하는 경은 〈표6.8〉과 같다.

〈표 6.8〉 수행단계 등장 경

NO.	경명	붓다			범부단계																							성인단계(상수멸)				
					1	2	3	4	5	6	7	8	9	10	11	12	13	14		15	16	17	18	19	20	21	22	23 24	25 26	27 28	29	30
					발심		수행시작			수행과정				4선				8선					신족통					쏘따빠나 지견청정	싸까다가미	아나가미	아라한뜨 누진통	회향
		발심	출현	설법	청법	확신 발심	출가	계청정	심청정	견청정	의청정	도비도지견청정	도지견청정	초선	2선	3선	4선	4무량심	공무변처	식무변처	무소유처	비상비비상처	숙명통	천안통	타심통	천이통	신족통	향 과	향 과	향 과	향 과	
1	『본리경本理經(*Mūlapariyasutta*)』																		○	○	○	○										
4	『포외경怖畏經(*Bhayabheravasutta*)』													○	○	○	○						○	○							○/게송	
6	『원경願經(*Ākhaṅkheyyasutta*)』																						*○	*○	*○	*○	*○	○	○	○	○	
8	『폐기경廢棄經(*Sallekhasutta*)』													○	○	○	○		○	○	○	○										
12	『대사자후경大獅子吼經(*Mahāsīhanādasutta*)』																						○	○							○	
13	『대고음경大苦陰經(*Mahādukkhakkhadhasutta*)』													○	○	○	○															
19	『이심경二尋經(*Dvedhāvitakkhasutta*)』													○	○	○	○						○	○							○	
22	『사유경蛇喩經(*Alagaddūpamasutta*)』																											○	○	○	○	
24	『칠거경七車經(*Rathavinītasutta*)』										○	○	○															*○				
25	『엽사경獵師經(*Nivāpavasutta*)』													○	○	○	○		○	○	○	○						○				
26	『성구경聖求經(*Ariyapariyesanāsutta*)』	○																			*○	*○									○	
														○	○	○	○		○	○	○	○						○				
27	『소상적유경小象跡喩經(*Cūlahatthipadopamasutta*)』		*○	○	○	○	○	○		○	○			○	○	○	○						○	○							○/게송	
30	『소목핵경小木核經(*Cūlasāropamasutta*)』					○	○	○				*○	○	○	○	○	○											○				
31	『소사라림경小沙羅林經(*Cūlagosiṅgasutta*)』												○	○	○	○	○		○	○	○	○									○	
34	『소목우자경小牧牛者經(*Cūlagopālakasutta*)』																											○	○	○	○	
36	『대제경大諦經(*Mahāsaccakasutta*)』					○	○														○	○										
														○	○	○	○						○	○							○/*게송	○
38	『대파애경大破愛經(*Mahātaṇhāsaṅkhayasutta*)』		○	○	○	○	○	○		○				○	○	○	○														○	
39	『대마읍경大馬邑經(*Mahāssapurasutta*)』							○		○	○			○	○	○	○						○	○							○/게송	
51	『굴경窟經(*Kandarakasutta*)』		○	○	○	○	○	○		○	○			○	○	○	○						○	○							○	

52	『팔성경八城經(Aṭṭhakanāgarasutta)』													○	○	○	○	○	○	○	○											
53	『학인경學人經(Sekhasutta)』						○			○			○	○	○	○																
54	『포다리경哺多利經(Potaliyasutta)』						○															○	○							○	
59	『다수경多受經(Bahuvedanīyasutta)』												○	○	○	○		○	○	○	○						○				
60	『근본정경根本定經(Apaṇṇakasutta)』		○	○	○	○	○	○		○				○	○	○	○						○	○							○	
64	『대전유경大箭喩經(Mahāmālunkyaputtasutta)』													○	○	○	○		○	○	○	○									○	
65	『발타화리경跋陀和利經(Baddālisutta)』						○							○	○	○	○						○	○							○	
66	『가루조타이경迦樓烏陀夷經(Laṭukikopamasutta)』													○	○	○	○		○	○	○	○						○				
69	『구니사경瞿尼師經(Gulissānisutta)』						○			○																						
73	『대왜차구다경大婆蹉衢多經(Mahāvacchagottasutta)』																													○	○	
76	『임경林經(Sandakasutta)』		○	○	○	○	○	○		○				○	○	○	○		○	○											○/계송	
77	『대전모경大箭毛經(Mahāsakuludāyisutta)』													○	○	○	○						○	○	○	○	○				○	
78	『오지물주경五支物主經(Samaṇamaṇḍikāsutta)』													○	○																	
79	『소전모경小箭毛經													○	○	○	○															
	(Cūḷasakuludāyisutta)』		○	○	○	○	○	○		○				○	○	○	○						○	○							○/계송	
85	『보리왕자경菩提王子經(Bodhirājakumārasutta)』													○	○	○	○						○	○							○	
94	『고따무카경(Ghoṭamukhasutta)』		○	○	○	○	○	○		○				○	○	○	○						○	○							○	
100	『상가라봐경(Saṅgāravasutta)』					○	○							○	○	○	○				○	○	○	○							○/*계송	
101	『천연경天淵經(Devadahasutta)』		○	○	○	○	○	○		○				○	○	○	○						○	○							○/계송	
107	『산수목건련경算數目犍連經 (Gaṇakamoggallānasutta)』						○		○					○	○	○	○															
108	『구묵목건련경瞿默目犍連經 (Gopakamoggallānasutta)』													○	○	○	○															
111	『차제경次第經(Anupadasutta)』													○	○	○	○		○	○	○	○						○				
112	『육정경六淨經(Chabbisodhanasutta)』					○	○	○		○				○	○	○	○														○/계송	
113	『진인경眞人經(Sappurisasutta)』													○	○	○	○		○	○	○	○						○				
119	『염신경念身經(Kāyagatāsatisutta)』									○				○	○	○	○						○	○	○	○	○				○	
121	『소공경小空經(Cūḷasuññatasutta)』																		○	○	○	○										
122	『대공경大空經(Mahāsuññatasutta)』													○	○	○	○															
125	『조어지경調御地經(Dantabhūmisutta)』		○	○	○	○	○	○		○	*○			○	○	○	○						○	○							○/*계송	
138	『설분별경說分別經(Uddesavibhaṅgasutta)』													○	○	○	○															
139	『무쟁분별경無諍分別經(Araṇavibhaṅgasutta)』													○	○	○	○															
141	『진리분별경眞理分別經(Saccavibhaṅgasutta)』													○	○	○	○															

표〈6.8〉에서 알 수 있듯이, 『맛지마니까야』 152경 가운데 49경에서 수행단계를 설한다. 수행단계는 수행자에게 중요의미가 있다. 『신우경身友經』에서는 수행진도에 따라 그것을 몸으로 체험할 뿐만 아니라 혜로도 분명히 안다고 주장한다.[596]

〈표 6.8〉에서도 알 수 있듯이 수행단계는 범부에서 성인에 이르기까지 여러 단계로 설정돼 있다.

세존은 상수멸에 든 성인과 상수멸에 들지 못한 일반범부로 구분한다. 그리고 상수멸의 경지를 증득하지 못한 수행자는 모두 같은 단계이기 때문에 큰 의미없다고 본다.

어떤 경에서는 상수멸에 들기 전의 범부단계와 상수멸에 든 이후의 성인단계로 구분한다. 어떤 경에서는 상수멸에 들기 전의 범부단계를 세분해 설하고, 성인단계는 한 단계로 설한다. 어떤 경에서는 상수멸에 든 이후의 성인단계를 세분해 설하고, 상수멸에 들기 전의 범부단계는 한 단계로 설한다.

『본리경本理經』에서는 범부와 성인의 두 단계로 구분한다.[597] 성구경聖求經』에서도 수행단계를 9단계로 나눈다. 범부는 8단계로 세분해 설하고, 성인은 한 단계로 구분한다.[598] 『칠거경七車經』에서는

---

596. AN. IV, 453. 주567 참조.

597. MN. I, 1. "idha bhikkhave assutavā puthujjano ariyānam adassāvī ariyadhammassa akovido ariyadhamme avinīto sappurisānam adassāvī sappurisadhammassa akovido sappurisadhamme avinīto."
"비구여, 세상의 무지한 범부는 성인을 인정하지 않고, 성인의 법을 모르고, 성인의 법을 배우지 않는다. 진인을 인정하지 않고, 진인의 법을 모르고, 진인의 법을 배우지 않는다."

598. MN. I, 174-175. "① evam-eva kho bhikkhave bhikkhu vivicc' eva kāmehi vivicca akusalehi dhammehi savitakkaṃ savicāraṃ vivekajaṃ pītisukhaṃ paṭhamaṃ jhānam upasampajja viharati. ayaṃ vuccati bhikkhave bhikkhu: andhamakāsi Māraṃ, apadaṃ vadhitvā Māracakkhum adassanaṃ gato pāpimato.

② puna ca paraṃ bhikkhave bhikkhu vitakkavicārānaṃ vūpasamā ajjhattaṃ sampasādanaṃ cetaso ekodibhāvam avitakkam avicāraṃ samādhijaṃ pītisukhaṃ dutiyaṃ jhānam upasampajja viharati. ayaṃ vuccati bhikkhave bhikkhu: andhamakāsi Māraṃ, apadaṃ vadhitvā Māracakkhum adassanaṃ gato pāpimato.

③ puna ca paraṃ bhikkhave bhikkhu pītiyā ca virāgā upekhako ca viharati sato ca sampajāno, sukhañ-ca kāyena paṭisaṁvedeti yan-tam ariyā ācikkhanti: upekhako satimā sukhavihārī ti tatiyaṃ jhānam upasampajja viharati. ayaṃ vuccati bhikkhave bhikkhu: andhamakāsi Māraṃ, apadaṃ vadhitvā Māracakkhum adassanaṃ gato pāpimato.

④ puna ca paraṃ bhikkhave bhikkhu sukhassa ca pahānā dukkhassa ca pahānā pubbe va somanassadomanassānam atthagamā adukkham asukham upekhāsatipārisuddhiṃ catutthaṃ jhānam upasampajja viharati. ayaṃ vuccati bhikkhave bhikkhu: andhamakāsi Māraṃ, apadaṃ vadhitvā Māracakkhum adassanaṃ gato pāpimato.

⑤ puna ca paraṃ bhikkhave bhikkhu sabbaso rūpasaññānaṃ samatikkamā paṭighasaññānam atthagamā nānattasaññānam amanasikārā anato ākāso ti ākāsānañcāyatanam upasampajja viharati. ayaṃ vuccati bhikkhave bhikkhu: andhamakāsi Māraṃ, apadaṃ vadhitvā Māracakkhum adassanaṃ gato pāpimato.

⑥ puna ca paraṃ bhikkhave bhikkhu sabbaso ākāsānañcāyatanam samatikkamā ananta viññāṇan-ti viññāṇañcāyatanam upasampajja viharati. ayaṃ vuccati bhikkhave bhikkhu: andhamakāsi Māraṃ, apadaṃ vadhitvā Māracakkhum adassanaṃ gato pāpimato.

⑦ puna ca paraṃ bhikkhave bhikkhu sabbaso viññāṇañcāyatanaṃ samatikkama na-tthi kiñcīti ākiñcaññāyatanam upasampajja viharati. ayaṃ vuccati bhikkhave bhikkhu: andhamakāsi Māraṃ, apadaṃ vadhitvā Māracakkhum adassanaṃ gato pāpimato.

⑧ puna ca paraṃ bhikkhave bhikkhu sabbaso ākiñcaññāyatanaṃ samatikkama nevasaññānāsaññāyatanam upasampajja viharati. ayaṃ vuccati bhikkhave bhikkhu: andhamakāsi Māraṃ, apadaṃ vadhitvā Māracakkhum adassanaṃ gato pāpimato.

⑨ puna ca paraṃ bhikkhave bhikkhu sabbaso nevasaññānāsaññāyatanaṃ samatikkama saññāvedayitanirodham upasampajja viharati. paññāya c' assa disvā āsavā parikkhīṇā honti. ayaṃ vuccati bhikkhave bhikkhu: andhamakāsi Māraṃ, apadaṃ vadhitvā Māracakkhum adassanaṃ gato pāpimato, tiṇṇo loke visattikaṃ.

so vissattho gacchati vissattho tiṭṭhati vissattho nisīdati vissattho seyyaṃ kappeti, taṃ kissa hetu: anāpāthagato bhikkhave pāpimato ti."

"① 비구여. 세상에 어떤 비구는 욕망을 여의고, 불선법을 떠나, 사유와, 숙고를 갖춘, 탐욕으로부터 멀리 떠남에서 생겨나는 기쁨과 즐거움으로 가득한 초선을 성취한다. 그 비구를 두고 악마를 눈 멀게 만들었으니, '악마의 눈을 뽑아, 악마가 볼 수 없게 만드는 자' 라고 한다.

② 비구여. 다시 그 비구가 사유와 숙고가 멈춘 뒤, 내적인 평온과 마음통일을 이루고, 사유와, 숙고를 뛰어넘어, 싸마디에서 생겨나는 기쁨과 즐거움으로 가득한 2선을 성취한다. 그 비구를 두고 악마를 눈 멀게 만들었으니, '악마의 눈을 뽑아, 악마가 볼 수 없게 만드는 자' 라고 한다.

③ 비구여. 다시 그 비구가 기쁨이 사라진 뒤, 싸띠와 쌈빠자나를 가지고 평정하게 지내고, 몸에서 즐거움을 경험하고, 성인이 말하는 평정하고 싸띠있는 즐거움에 머무는 3선을 성취한다. 그 비구를 두고 악마를 눈 멀게 만들었으니, '악마의 눈을 뽑아, 악마가 볼 수 없게 만드는 자' 라고 한다.

④ 비구여. 다시 그 비구가 즐거움과 괴로움이 사라지고, 이전의 만족과 불만도 소멸한 뒤, 괴로움을 뛰어넘고, 즐거움도 뛰어넘어, 평정하고, 싸띠있는 청정한 4선을 성취한다. 그 비구를 두고 악마를 눈 멀게 만들었으니, '악마의 눈을 뽑아, 악마가 볼 수 없게 만드는 자' 라고 한다.

⑤ 비구여. 다시 그 비구가 자신이 원하는 대로 완전히 색지각을 뛰어넘고, 분노지각이 사라진 뒤에, 다양성의 지각에 마음작용을 기울이지 않음으로써, '공간이 무한하다.' 라는 공무변처(空無邊處)를 성취한다. 그 비구를 두고 악마를 눈 멀게 만들었으니, '악마의 눈을 뽑아, 악마가 볼 수 없게 만드는 자' 라고 한다.

⑥ 비구여. 다시 그 비구가 자신이 원하는 대로 완전히 공무변처를 뛰어넘어 '의식이 무한하다.' 라는 식무변처(識無邊處)를 성취한다. 그 비구를 두고 악마를 눈 멀게 만들었으니, '악마의 눈을 뽑아, 악마가 볼 수 없게 만드는 자' 라고 한다.

⑦ 비구여. 다시 그 비구가 자신이 원하는 대로 식무변처를 완전히 뛰어넘어, '아무 것도 없다.' 는 무소유처(無所有處)를 성취한다. 그 비구를 두고 악마를 눈

수행단계를 7단계로 설한다.599) 청정도론을 비롯해 오늘날 위빳싸나 수행처에서 즐겨 인용하는 7단계설의 원형이다. 성인단계는 하나로 설하고, 범부단계는 6단계로 세분해 설한다. 여기서 만나니뿟따는 싸리뿟따와의 대화에서 성인단계를 말한다. 그리고 자신이 세

멀게 만들었으니, '악마의 눈을 뽑아, 악마가 볼 수 없게 만드는 자' 라고 한다.

⑧ 비구여. 다시 그 비구가 자신이 원하는 대로 무소유처를 완전히 뛰어넘어, 비상비비상처(非想非非想處)를 성취한다. 그 비구를 두고 악마를 눈멀게 만들었으니, '악마의 눈을 뽑아, 악마가 볼 수 없게 만드는 자' 라고 한다.

⑨ 비구여. 다시 그 비구가 자신이 원하는 대로 완전히 비상비비상처를 뛰어넘어, 상수멸(想受滅)을 성취한다. 그리고 그는 혜로써 보아 아싸봐를 소멸시킨다. 그 비구를 두고 악마를 눈 멀게 만들었으니, '악마의 눈을 뽑아, 악마가 볼 수 없게 만드는 자' 라고 한다.

비구여, 그는 안심해 가고(行), 서고(住), 앉고(坐), 눕는다(臥). 그 까닭은 무엇인가? 그가 악마를 벗어났기 때문이다."

번호는 임의로 붙임.

599. MN. I, 149-150. "evam-eva kho āvuso ① sīlavisuddhi yāvad-eva cittavisuddhatthā, ② cittavisuddhi yāvad-eva diṭṭhivisuddhatthā, ③ diṭṭhivisuddhi yāvad-eva kaṅkhāvitaraṇavisuddhatthā, ④ kaṅkhāvitaraṇavisuddhi yāvad-eva maggāmaggañāṇadassanavisuddhatthā, ⑤ maggāmaggañāṇadassanavisuddhi yāvad-eva paṭipadāñāṇadassanavisuddhatthā, ⑥ paṭipadāñāṇadassanavisuddhi yāvad-eva ñāṇadassanavisuddhatthā, ⑦ ñāṇadassanavisuddhi yāvad-eva anupādā parinibbānatthā, anupādā parinibbānatthaṃ kho āvuso Bhagavati brahmacariyaṃ vussatīti."

"벗이여. 이와 같이 ① 계청정(戒淸淨)을 함으로써 심청정(心淸淨)에 이르고, ② 심청정을 함으로써 견청정(見淸淨)에 이르고, ③ 견청정을 함으로써 의청정(疑淸淨)에 이르고, ④ 의청정을 함으로써 도비도지견청정(道非道智見淸淨)에 이르고, ⑤ 도비도지견청정을 함으로써 행도지견청정(行道智見淸淨)에 이르고, ⑥ 행도지견청정을 함으로써 지견청정(智見淸淨)에 이르고, ⑦ 지견청정을 함으로써 무착반열반(無着槃涅槃)에 들 수 있다. 벗이여. 무착반열반을 성취하기 위해 세존을 따라 청정수행을 영위한다."

번호는 임의로 붙임.

존을 따라서 수행하는 최종목적은 집착없이 완전한 열반을 성취하기 위한 것이라고 주장한다.

『인경人經』에서는 수행단계를 9단계로 설한다. 이 경에서는 범부의 단계와 성인의 두 단계로 나눈다. 범부단계는 한 단계로 구분하고 성인단계는 4쌍8배四雙八輩의 4단계 8관문으로 세분해 설한다.600)

상수멸의 각 단계는 들어가는 문이 각각 다르다. 각 단계의 문마다 각기 다른 표시가 돼 있어, 해당 상수멸을 경험한 것을 알 수 있다. 그러나 세존부터 역대 조사들까지 경전이나 자료에서 수행자가 해당 단계에 도달했다는 것만 알릴뿐, 어떤 상수멸을 경험했는지는 드러내지 않는다. 그것은 아마도 유사성인을 경계하려는 방편으로 사료된다. 따라서 어떤 수행자가 특정한 상수멸에 들었다고 주장할 때, 그것이 의심스러우면, 경험이 풍부하고, 높은 상수멸을 증득한 수행자가 확인한다. 그것이 법거량이다.

이와 같이 많은 경에서 수행단계를 상세하고 구체적으로 설한

---

600. AN. Ⅳ, 372. "nava yime bhikkhave puggalā santo saṁvijjamānā lokasmin. katame nava? ⑨ arahā, ⑧ arahattāya paṭipanno, ⑦ anāgāmī, ⑥ anāgāmiphalasacchikiriyāya paṭipanno, ⑤ sakadāgāmi, ④ sakadāgāmiphalasacchikiriyāya paṭipanno, ③ sotāpanno, ② sotāpattiphalasacchikiriyāya paṭipanno, ① puthujjano."
"비구여. 세상에는 이와 같은 9종류의 선인(善人)이 있다. 9종류란 무엇인가? ⑨ 아라한뜨(阿羅漢), ⑧ 아라한뜨향(阿羅漢向), ⑦ 아나가미(阿那含), ⑥ 아나가미향(阿那含向), ⑤ 싸까다가민(斯多含), ④ 싸까따가미향(斯多含向), ③ 쏘따빤냐(須陀洹), ② 쏘따빳띠향(須陀洹向), ① 범부(凡夫)이다."
번호는 임의로 붙임.

다. 이것은 수행을 직접 담당하는 수행자의 관심사항이기도 했을 것이다. 오직 스승의 안내만으로 수행의 최고단계이자 마지막 관문인 아라한뜨의 경지까지 혼자서 가야 하는 수행자로서는, 가는 도중 행여 길을 잃지 않았는지 하는 염려의 산물이기도 하다.

『맛지마니까야』에서 설한 대표적인 수행단계와 히라카와 아키라의 『인도불교의 역사 상』에서 정리한 대승부 경전 즉, 『반야경般若經』과 『십지경十地經』의 수행단계를 비교한다.[601)]

601. 히라카와 아키라 저, 이호근 옮김(1994), 325-329. 『인도불교의 역사 上』, 서울 : 민족사.

〈표 6.9〉 수행단계 비교[602]

단계			붓다 구분			대승부 구분			현대구분
			2단계	8단계	9단계	5단계	10단계		
			(본리경)	(칠거경)	(인경)	(금강경)	(반야경)	(십지경)	
15	성인(聖人)	아라한뜨과(阿羅漢果) 불(佛) 세존(世尊) 여래(如來)	성인(聖人)	성인(聖人)	아라한뜨과	불안(佛眼) 혜안(慧眼)	불지(佛地) 보살지(菩薩地) 벽지불지(辟支佛地)	법운지(法雲地) 선혜지(善慧地) 부동지(不動地)	아라한뜨과 불 벽지불 연각 독각
14		아라한뜨향 阿羅漢向)			아라한뜨향		이작지(已作地)	원행지(遠行地)	아라한뜨향
13		아나가미과(阿那含果)			아나가미과	법안(法眼)	이욕지(離欲地)	현전지(現前地)	아나가미과
12		아나가미향(阿那含向)			아나가미향				아나가미향
11		싸까다가미과(斯多含果)			싸까다가미과		박지(薄地)	난승지(難勝地)	싸까다가미과
10		싸까다가미향(斯多含向)			싸까다가미향				싸까다가미향
9		쏘따빳띠과(須陀洹果)			쏘따빳띠과		견지(見地)	염지(焰地)	쏘따빳띠과
8		쏘따빳띠향(須陀洹向)			쏘따빳띠향		8인지(八人地)	명지(明地)	쏘따빳띠향
7	범부(凡夫)	지견청정(智見淸淨)	범부(凡夫)	지견청정(智見淸淨)	범부(凡夫)	혜안(慧眼)	성지(性地)	이구지(離垢地)	성숙 적응 평등 반조 해탈 혐오감 앎 괴로움 앎 두려움 앎
6		행도지견청정(行島智見淸淨)		행도지견청정(行道智見淸淨) 비상비비상처 무소유처 식무변처 공무변처 4선 3선 2선 초선					
5		도비도지견청정(道非道智見淸淨)		도비도지견청정(道非道智見淸淨)		천안(天眼)	건혜지(乾慧地)	환희지(歡喜地)	현상 앎
4		도의청정(度疑淸淨)		도의청정(度疑淸淨)		육안(肉眼)			생멸구분
3		견청정(見淸淨)		견청정(見淸淨)					실재구분
2		심청정(心淸淨)		심청정(心淸淨)					인과구분
1		계청정(戒淸淨)		계청정(戒淸淨)					색심구분

6. 상수멸의 성취

수행의 최고단계인 상수멸의 단계를 살펴본다. 상수멸은 쏘따빳띠須陀洹, sotāpatti, 싸까다가미斯多含, sakadāgāmi, 아나가미阿那含, anāgāmi, 아라한뜨阿羅漢, arahant의 4단계가 있다. 그 가운데 아라한뜨 단계의 상수멸이 최고단계의 상수멸이다. 상수멸이 등장하는 경은 〈표 6.8〉에서 알 수 있듯이, 『맛지마니까야』 152경 가운데 36경이다. 이 가운데 4과四果가 모두 다 등장하는 경은 3경이다.

『사유경蛇喩經』에서는 성인단계를 4단계로, 범부단계는 1단계로 구분해 설한다.[603] 각 단계에서 아싸봐의 뿌리가 뽑혀나가는 것을 자세히 설한다. 이것은 각각의 상수멸 단계가 있는데, 10가지 아싸

---

602. Buddhapāla(2014), 883 『BUDDHA 수행법』, 김해 : SATI PRESS.

603. MN. I, 141-142. "① evaṃ svākkhāto bhikkhave mayā dhammo, uttano vivaṭo pakasito chinnapilotiko : evaṃ svākkhāte bhikkhave mayā dhamme, uttāne vivaṭe pakasite chinnapilotike, ye te bhikkhū arahanto khīṇāsavā vusitavanto katakaraṇīyā ohitabhārā anuppattasadatthā parikkhīṇabhasaṁyojanā samma-d-aññā vimuttā, vaṭṭaṃ tesaṁ na-tthi paññāpanāya.

② evaṃ svākkhāto bhikkhave mayā dhammo, uttano vivaṭo pakasito chinnapilotiko : evaṃ svākkhāte bhikkhave mayā dhamme, uttāne vivaṭe pakasite chinnapilotike, tesaṃ bhikkhūnaṃ pañc' orambhāgiyāni pahīnāni sabbe te opapātikā tattha parinibbāyino anāvattidhammā tasmā lokā.

③ evaṃ svākkhāto bhikkhave mayā dhammo, uttano vivaṭo pakasito chinnapilotiko : evaṃ svākkhāte bhikkhave mayā dhamme, uttāne vivaṭe pakasite chinnapilotike, tesaṃ bhikkhūnaṃ tīṇi saṁyojanāni pahīnāni rāgadosamohā tanubhūtā sabbe te sakadāgāmino, sakid-eva imaṃ lokam āgantvā dukkhass' antaṃ karissanti.

④ evaṃ svākkhāto bhikkhave mayā dhammo, uttano vivaṭo pakasito chinnapilotiko : evaṃ svākkhāte bhikkhave mayā dhamme, uttāne vivaṭe pakasite

봐十漏 가운데 각 단계에서 뽑혀나가는 아싸봐의 종류를 구체적으로 설명한다. 『결박경結縛經』에서도 10가지 아싸봐를 설한다.[604)]

---

chinnapilotike, tesaṃ bhikkhūnaṃ tīṇi saṁyojanāni pahīnāni sabbe te sotāpannā avinipātadhammā niyatā sambodhiparāyanā.

⑤ evaṃ svākkhāto bhikkhave mayā dhammo, uttano vivaṭo pakasito chinnapilatiko : evaṃ svākkhāte bhikkhave mayā dhamme, uttāne vivaṭe pakasite chinnapilotike, ye te bhikkhū dhammānusārino saddhānusārino sabbe te sambodhiparāyanā."

① "비구여. 이와 같이 내가 잘 설한 법은 분명하고, 열려있고, 확실하고, 위선없다. 비구여, 이와 같이 분명하고, 열려있고, 확실하고, 위선없는 나의 법 안에서, 만약 비구가 아싸봐를 제거하고(漏盡者), 수행을 완성하고(修行圓滿), 해야 할 일을 다해 마치고(圓滿成就), 짐을 내려놓고, 최고선을 실현하고, 결박을 끊고, 올바른 최상의 앎으로 해탈하고(正勝智解脫), 아라한뜨가 되면, 그들에게 윤회는 시설되지 않는다.

② 비구여. 이와 같이 내가 잘 설한 법은 분명하고, 열려있고, 확실하고, 위선없다. 비구여. 분명하고, 열려있고, 확실하고, 위선없는 나의 법 안에서, 만약 비구가 5하분결(五下分結)을 제거하고, 천상에 화생유정(化生有情) 하고, 거기서 열반에 들어 불환자(不還者)가 된다.

③ 비구여. 이와 같이 내가 잘 설한 법은 분명하고, 열려있고, 확실하고, 위선없다. 비구여, 분명하고, 열려있고, 확실하고, 위선없는 나의 법 안에서, 만약 비구가 3결박을 끊고(斷三結), 탐, 진, 치를 약화시키고, 싸까다가미(斯多含)가 되고, 이 세상에 한 번 돌아와서 모든 괴로움을 제거하고, 일래자(一來者)가 된다.

④ 비구여. 이와 같이 내가 잘 설한 법은 분명하고, 열려있고, 확실하고, 위선없다. 비구여. 분명하고, 열려있고, 확실하고, 위선없는 나의 법 안에서, 만약 비구가 3결을 끊는다면(斷三結), 쏘따빤나(須陀洹)로서, 그들은 더 이상 타락하지 않고(不墮惡趣), 반드시 올바른 깨달음(正覺)을 향한다.

⑤ 비구여. 이와 같이 내가 잘 설한 법은 분명하고, 열려있고, 확실하고, 위선없다. 비구여. 분명하고, 열려있고, 확실하고, 위선없는 나의 법 안에서, 만약 비구가 법을 따라 실천하고(隨法行), 믿음을 따라 실천한다면(隨信行), 그들은 모두 반드시 올바른 깨달음으로 향한다."

번호는 임의로 붙임.

1) 4단계의 상수멸

상수멸은 4단계가 있다. 쏘따빳띠, 싸까다가미, 아나가미, 아라한뜨의 단계이다. 상수멸의 각 단계에서 해당 단계에 적합한 아싸봐의 뿌리가 뽑혀나간다. 더 높은 상수멸의 단계를 체험할수록 행복감이나 앎의 수준도 높아진다. 『소목우자경小牧牛者經』에서는 쏘따빳띠 단계에서 제거되는 아싸봐를 다음과 같이 설한다.

"비구여, 이와 같이 비구가 3가지 결박을 끊고 쏘따빳띠에 든 님으로서, 더이상 타락하지 않고 반드시 구경의 완전한 깨달음으로 향한다면, 이들도 악마흐름을 가로질러 안전하게 저 언덕으로 건넌다."605)

---

604. AN. V, 17. "dasa yimāni bhikkhave saṁyojanāni. katamāni dasa? pañc' orambhāgiyāni saṁyojanāmi panc' uddhambhāgiyāni saṃyojanāni. katamāni pañc' orambhāgiyāni saṁyojanāmi? ① sakkāyadiḍḍhi ② vicikicchā ③ sīlabhataparāmāso ④ kāmacchando ⑤ vyāpādo. imāni pañc' orambhāgiyāni saṁyojanāmi. katamāni pañc' uddhambhāgiyāni saṁyojanāni? ⑥ rūparāgo ⑦ arūparāgo ⑧ māno ⑨ uddhaccam avijjā. imāni pañc' dhambhāgiyāni saṁyojanāni. imāni kho bhikkhave dasa saṁyojanānī ti."
"비구여, 이와 같은 10가지 결박이 있다. 10가지란 무엇인가? 비구여, 5하분결(五下分結)과 5상분결(五上分結)이 있다. 비구여, 5하분결이란 무엇인가? 비구여, ① 유신견(有身見), ② 의심(疑心), ③ 계금취(戒禁取), ④ 애욕(愛欲), ⑤ 유대(有對)이다. 비구여, 5상분결이란 무엇인가? ⑥ 색탐(色貪), ⑦ 무색탐(無色貪), ⑧ 자만(自慢), ⑨ 도거(掉擧), ⑩ 무명(無明)이다.
번호는 임의로 붙임.

605. MN. I, 226. "evam-eva kho bhikkhave ye te bhikhhū tiṇṇaṃ saṁyojanānaṃ parikkhayā sotāpannā avinipātadhammā niyatā sambodhiparāyanā te pi tiriyaṃ Mārassa sotaṃ chetvā sotthinā pāraṃ gamissanti."

이 경에서 상수멸의 첫 번째인 쏘따빳띠의 단계에서 끊어지는 아싸봐가 유신견有身見, 의심疑心, 계금취戒禁取의 3가지라고 설한다.두 번째 단계인 싸까다가미의 단계에서 끊어지는 아싸봐는 쏘따빳띠 단계에서의 3가지에 더해 탐진치가 엷어진다고 설한다.[606)]

세 번째 단계인 아나가미의 단계에서 끊어지는 아싸봐는 쏘따빳띠와 싸까다가미 단계에서 끊어지고 엷어진 5종류의 아싸봐 즉, 5하분결五下分結이 다시 한 번 더 엷어진다고 설한다.[607)]

수행의 마지막 단계이자 최고단계인 아라한뜨의 단계에서는 무명아싸봐無明漏를 포함해 모든 아싸봐가 끊어진다고 설한다.[608)]

---

606. MN. I, 226. "evam-eva kho bhikkhave ye te bhikkhū tiṇṇaṃ saṁyojanāṃ parikkhayā rāgadosamohānaṃ tanuttā sakadāgāmino sakid-eva kho imaṃ lokam āgantvā dukkhass' antaṃ karissanti, te pi tiriyaṃ Mārassa sotaṃ chetvā sotthinā pāraṃ gamissanti."
"비구여, 이와 같이 비구가 3가지 결박을 끊고, 탐욕과 성냄과 어리석음이 엷어져 싸까다가미로써 한 번 이 세상에 돌아와 괴로움을 종식하면, 이들도 악마흐름을 가로질러 안전하게 저 언덕으로 건넌다."

607. MN. I, 226. "evam-eva kho bhikkhave ye te bhikkhū pañcannam orambhāgiyānaṃ saṁyojanānaṃ parikkhayā opapātikā tatthaparinibbāyino anāvattidhammā tasmā lokā, te pi tiriyaṃ Mārassa sotaṃ chetvā sotthinā pāraṃ gamissanti."
"비구여, 이와 같이 비구가 5하분결의 결박을 끊고, 홀연히 태어나는 자로서, 그 곳에서 태어나 완전한 열반에 들어 돌아오지 않으면, 이들도 악마흐름을 가로질러 안전하게 저 언덕으로 건넌다."

608. MN. I, 226. "evam-eva kho bhikkhave ye te bhikkhū arahanto khīṇāsavā vusitavanto katakaraṇīyā ohitabhārā anuppattasadatthā parikkhīṇabhavasaṁyojanā samma-d-aññā vimuttā, te pi tiriyaṁ Mārassa sotaṁ chetvā sotthinā pāraṃ gatā." "비구여, 이와 같이 비구가 아라한뜨이며, 모든 아싸봐를 끊은

『결박경結縛經』에서는 5하분결과 5상분결五上分結을 설한다. 5하분결은 윤회주체가 있다는 유신견, 세존정법을 의심하는 의심, 잘못된 계율을 따르는 계금취, 탐욕, 분노 등이다. 5상분결은 물질탐욕인 색탐色貪, 비물질 탐욕인 무색탐無色貪, 교만驕慢, 들뜸掉擧, 무명無明이다.609)

상수멸에 들어야 비로소 기억정보와 결합해 있는 아싸봐의 뿌리를 제거할 수 있다. 세존은 상수멸에 들기 전 즉, 4선단계 이전 상수멸의 3/5~4/5 지점에 이르러서 7각지를 수행할 단계에 도달한다. 그러면 기억정보의 표면에 결합해 있는 아싸봐는 끊어지지만, 기억정보에 깊이 박혀있는 뿌리가 남아있다. 그 뿌리는 상수멸에 들면서 뽑힌다. 기억정보에 뿌리가 박힌 강도는 아싸봐의 종류에 따라 각각 다르다. 그렇기 때문에 깊게 박힌 뿌리를 뽑아내고 해체하기 위해서는 마음압력 즉, 싸마디가 더 높은 상태의 상수멸을 성취해야 가능해진다.

수행자가 상수멸에 들려고 하는 이유가 바로 이것이다. 상수멸에 들지 않은 상태에서도 아싸봐는 기억정보로부터 분리해체된다. 그러나 기억정보에 깊이 박혀있는 뿌리가 뽑혀 나오지 않기 때문에 조금만 방심하면 다시 자라나서 마음공간을 오염시킨다. 따라서 수행자는 아싸봐의 뿌리를 뽑아내기 위해 상수멸에 들려고 노

자이며, 수행을 이룬자이며, 해야 할 일을 다해 마친 자이며, 짐을 내려놓은 자이며, 목표에 도달한 자이며, 결박을 끊은 자이며, 올바른 지혜로 해탈한 자라면, 이들도 악마흐름을 가로질러 안전하게 저 언덕으로 건넌다."

609. AN. V, 17. 주604 참조.

력한다. 가장 높은 상수멸인 아라한뜨의 상수멸에 들어야 모든 괴로움의 뿌리이자 아싸봐를 창조하는 근원인 무명아싸봐가 뽑히고 명이 열리면서 올바른 깨달음을 성취하기 때문이다.

이렇게 해서 수행진도가 나아가고 상수멸의 수준이 높아지면서 기억정보와 결합한 아싸봐의 뿌리도 더 많이 뽑혀나간다. 세존은 수행의 최종단계의 마음오염원인 무명아싸봐를 뿌리뽑기 위해, 무명의 자양분인 5장애를 걷어내는 수행으로 이어져야 하고 최종적으로 이것을 제거해야 한다고 주장한다.

〈표 6.10〉 상수멸의 단계와 아싸봐의 해체

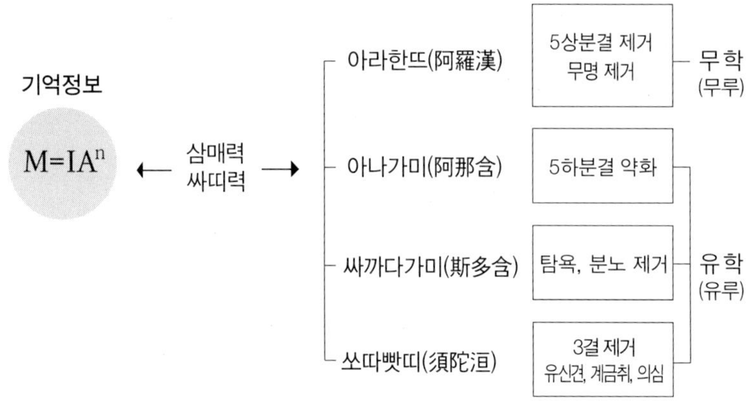

상수멸의 단계는 다시 유학단계와 무학단계로 나눈다. 아라한뜨의 경지를 성취하면 고집멸도의 4성제를 통찰하고 더 배울 것이 없

는 무학단계이다. 이 단계에서 인지오류를 범하는 주범인 무명아싸봐가 모두 뽑혀나가고 제거된 상태이기 때문에 무루無漏라고 한다. 아라한뜨의 단계이다. 아라한뜨 미만의 쏘따빳띠, 싸까다가미, 아나가미의 단계를 유학단계라고 한다. 이 유학단계에서는 5하분결의 뿌리가 뽑히기 시작하고 엷어진다. 아싸봐의 뿌리가 남아있기 때문에 유루有漏라고 한다.

『대봐차구다경大婆嗟衢多經』에서는 비구, 비구니, 우바새, 우바이 등이 아라한뜨을 포함해 4과를 성취한 수행자가 헤아릴 수 없이 많다고 설한다.[610] 『다대경多大經』에서는 여자는 아라한뜨가 될 수 없다고 설하는 모순을 나타낸다.[611] 그러나 이런 현상은 후대로 오면서 여자는 성불할 수 없다는 여인불성불론女人不成佛論이 『니까야』에 삽입된 것으로 사료된다.

---

610. MN. I, 490. "na kho Vaccha ekaṃ yeva sataṃ na dve satāni na tīṇi satāni na cattāri satāni na pañca satāni, atha kho bhiyyo va yā bbhikkhuniyo mama sāvikā āsavānaṃ khayā anāsavaṃ cetovimuttiṃ paññāvimuttṃ diṭṭhe va dhamme sayaṃ abhiññā sacchikatvā upasampajja viharatīti."
"밧차(Vaccha)여. 나의 제자로서 모든 아싸봐를 끊고, 아싸봐없이, 심해탈과 혜해탈을 현세에서 스스로 곧바로 알고, 깨닫고 성취한 비구니는 100명이 아니고, 200명이 아니고, 300명이 아니고, 400명이 아니고, 500명이 아니고, 그보다 훨씬 많다."

611. MN. III, 65."aṭṭhānam etam anavakāso yam iti arahaṃ assa Sammāsambud-dho , n' etaṃ ṭhānaṃ vijjatīti pajānāti : ṭhānañ ca kho etaṃ vijjati yam puriso arahaṃ assa Sammāsambuddho, ṭhānam etaṃ vijjatīti pajānāti."
"그는 이와 같이 '여인이 아라한뜨, 정자각이 되는 것은 타당하지 않고 있을 수 없다. 그것은 불가능하다.' 라고 분명히 안다. 그는 '남자가 아라한뜨, 정자각이 되는 것은 있을 수 있다. 그럴 가능성이 있다.' 라고 분명히 안다."

2) 상수멸의 인가게송

세존은 제자의 수행을 수시로 점검하고, 제자가 상수멸에 들면 어느 단계에 들었는지 점검해 인가게송을 읊어준다. 인가게송은 크게 유학의 인가게송과 무학 즉, 아라한뜨의 인가게송으로 나눈다.

먼저 유학의 인가게송을 살펴보면, 『대품大品』에서 세존이 미가다야에서 최초로 수행지도할 때 5비구 가운데 꼰따냐가 유학단계의 상수멸을 성취한다. 그러자 다음과 같은 인가게송을 설한다.

"새로이 법을 설할 때 존자 꼰다냐에게 순수하고 때묻지 않은 법안(法眼)이 생겨났다. 무엇이든 생법(生法)은 멸법(滅法)이다."612)

이 경에서 설한 유학의 인가게송은 이후 여러 경전에서 정형화돼 나타난다. 5비구가 모두 아라한뜨 즉, 무학의 상수멸을 증득하자 다음과 같이 인가게송을 설한다.

"태어남은 부서졌고, 청정수행은 이루어졌고, 해야 할 일은 다해 마쳤다. 더 이상 윤회하지 않는다고 분명히 안다...세존께서 이와 같이 말하자, 5비구는 세존의 말에 환희하고 기뻐한다. 그리고 이런 설법이 행해지는 동안 5비구의 마음이 집착없이 아싸봐에서 해탈한다. 이로써 세상에 6명의 아라한뜨가 생겼다."613)

---

612. VP. I, 11. "ima smiñ ca pana veyyākaraṇasmiṃ bhaññamāne āyasmato Koṇḍaññassa virajaṃ vītamalaṃ dhammacakkam udapādi yaṃ kiñci samudayadhammaṃ sabbaṃ taṃ nirodhadhamman ti."

613. VP. I, 14. "khīṇā jāti, vusitaṃ brahmacariyaṃ, kataṃ karaṇīyaṃ, nāparam it-

이 경에서 알 수 있듯이, 무학 즉, 아라한뜨의 인가게송도 『맛지마니까야』에 정형화돼 20회 등장한다.[614] 이 게송과 더불어 『굴경窟經』에서 설하는 것과 같이 욕망아싸봐, 존재아싸봐, 무명아싸봐로부터 해탈하고, 해탈지견하고 나서 게송이 이어지기도 한다.[615] 『원경願經』에서는 심해탈과 혜해탈만 등장한다.[616]

---

thattāyā 'ti pajānātīti. idam avoca bhagavā, attamanā pañcavaggiyā bhikkhū bhagavato bhāsitam abhinandanti. imasmiñ ca pana veyyākaraṇasmiṃ bhaññamāne pañcavaggiyānaṃ bhikkhūnam anupādāya āsavehi cittāṇi vimucciṃsu. tena kho pana samayena cha loke arahanto honti."

614. 『맛지마니까야』에 등장하는 인가게송이다. 숫자는 경에 붙인 번호이다. 4, 7, 27, 35, 36, 39, 51, 60, 65, 76, 79, 82, 85, 94, 100, 101, 112, 125, 147, 148 등의 20개 경이다.

615. MN. I, 348. "tassa evaṃ jānatoevaṃ passato kāmāsavā pi cittaṃ vimuccati, bhavāsavā pi cittaṃ vimuccati, avijjāsavā pi cittaṃ vimuccati, vimuttasmiṃ vimuttam iti ñāṇaṃ hoti : khīṇā jāti, vusitaṃ brahmacariyaṃ, kataṃ karaṇīyaṃ nāparam itthattāyāti pajānāti."
"이와 같이 알고 보았을 때, 그는 애욕아싸봐, 존재아싸봐, 무명아싸봐에서 심해탈했다. 해탈하면 해탈했다는 앎이 생겨난다. 그는 태어남은 부서지고, 청정수행은 이루어졌다. 해야 할 일은 다해 마치고, 더 이상 윤회하는 일은 없다고 분명히 안다."

616. MN. I, 35-36. "Ākaṅkheyya ce bhikkhave bhikkhu: āsavānaṃ khayā anāsavaṃ cetovimuttiṃ paññāvimuttiṃ diṭṭhe va dhamme sayam abhiññāya sacchikatvā upasampajja vihareyyan ti, sīla ev' assa paripūrakārī ajjhattaṃ cetosamatha anuyutto anirākatajjhāno vipassanāya samannāgato brūhetā suññāgārānaṃ."
"만약 비구가 '나는 아싸봐를 부수어 아싸봐없이 심해탈과 혜해탈을 지금 여기에서 스스로 증득하고 깨달아 성취하길 바란다.' 라고 한다면, 그는 계행을 원만히 하고, 안으로 마음멈춤을 유지하고, 선정을 경시하지 않고, 통찰을 갖추어 한가한 곳에 지내야 한다."

3) 세존의 오도송

『대품大品』에 따르면 세존이 보리수 아래서 최상의 깨달음을 증득하고 난 후 7일 뒤,[617] 그 깨달음의 느낌을 게송으로 읊는다. 그것이 세존의 오도송이다. 오도송은 초야, 중야, 후야의 3번에 걸쳐서 이어진다. 오도송을 읊기 전에 12연기를 역관逆觀과 순관順觀을 한 후에 게송을 읊는다. 초야에 읊은 게송은 다음과 같다.

"열심히 노력한 수행자에게 진실로 법이 드러나고 모든 의심이 사라졌다. 그것은 괴로움(苦)이 일어나는 법(生法)을 분명히 깨달았기 때문이다."[618]

초야에 읊은 게송에서 모든 고통을 일으키는 원인인 생법生法을 통찰했다고 설한다. 이어서 중야에 읊은 게송은 다음과 같다.

"열심히 노력한 수행자에게 진실로 법이 드러나고 모든 의심이 사라졌다. 그것은 괴로움(苦)이 소멸하는 법(滅法)을 분명히 깨달았기 때문이다."[619]

중야에 읊은 게송에서 조건지어진 것은 반드시 소멸하는 법 즉, 멸법滅法을 통찰했다고 설한다. 이어서 후야에 설한 게송은 다음과 같다.

617. VP. I, 1. 주2 참조.
618. VP. I, 2. "yadā have pātubhavanti dhammā ātāpino jhāyato brāhmaṇassa, ath' assa kañkhā vapayanti sabbā yato pajānāti sahetudhamman ti."
619. VP. I, 2. "yadā have pātubhavanti dhammā ātāpino jhāyato brāhmaṇassa, ath' assa kañkhā vapayanti sabbā yato khayaṃ paccayānam avedīti."

"열심히 노력한 수행자에게 진실로 법이 드러나고 모든 의심이 사라졌다. 하늘에 태양이 떠오르면 구름이 걷히듯, 아라한뜨를 증득하고, 모든 고통과 아싸봐를 부수었다."620)

후야에 읊은 게송에서 태양이 떠오르면 어둠이 사라지는 것처럼, 아라한뜨의 상수멸을 성취하고 마음공간이 맑아지자 실재가 있는 그대로 보였다고 설한다. 『법구경法句經』에서 일반적으로 알려진 세존의 오도송을 다음과 같이 설한다.

"오랜 세월 윤회하면서 얼마나 힘든 삶을 살아왔던가? 이 몸을 만드는 목수(木手, 神, gahakāra)를 찾아 다녔지만, 끝내 찾지 못하고 오랫동안 괴로운 삶을 살았다. 아 집을 짓는 자(渴愛, taṇhā)여, 나는 이제 그대를 보았노라, 너는 이제 더 이상 집을 짓지 못하리라. 이제 모든 서까래(流漏, phāsukā)는 부서졌고, 대들보(無知, gahakaraka)는 산산이 조각났으며, 나의 마음은 열반에 이르렀고, 모든 갈애를 파괴하고 아라한뜨를 성취했다."621)

이 게송이 세존의 오도송이다. 이 게송에서 세존은 깨닫기 전에는 신과 같은 주재자나 윤회설 등을 믿었지만, 깨닫고 나서 보니 그것이 존재하지 않는다는 것을 알게 됐다고 선언한다.

---

620. VP. I, 2. "yadā have pātubhavanti dhammā ātāpino jhāyato brāhmaṇassa, vidhūpayaṃ tiṭṭhati Mārasenaṃ suriyo 'va obhāsayam antalikkhan ti"

621. Dhp. 43-44. "anekajātisaṁsāraṃ sandhāvissam anibbisaṃ gahakārakaṃ gavesanto, dukkhā jāti punappunaṃ. gahakāraka diṭṭho si puna gehaṃ na kāhasi, sabbā ete phāsukā bhaggā gahakūṭaṃ visaṁkhitaṁ, visaṁkhāragataṃ cittaṃ taṇhānaṃ khayam ajjhagā."

이것은 존재론의 윤회설이 아니라 인식론의 윤회설을 설하는 것이다. 『마건리경摩建提經』에서 설하는 열반이 최상극락이라거나,[622] 『치혜지경痴慧地經』에서는 마음에 들지 않는 것이 지옥이라고 설하는 것에서 알 수 있듯이,[623] 극락이나 지옥은 물리적으로 존재하기보다 오히려 인식적으로 존재한다고 보는 견해이다.

4) 상수멸의 상태

상수멸의 상태를 살펴본다. 수행진도가 순조롭게 나아가 최고단계에 도달하면, 얼마간의 시간 동안 마치 잠을 자듯 의식이 끊어졌다가 되살아나는 현상을 경험한다. 이 상태를 상수멸이라고 한다. 『소문답경小問答經』에서 상수멸에 들어가고 나올 때의 순간을 다음과 같이 설한다.

---

622. MN. Ⅰ, 508. 주193 참조.

623. MN. Ⅲ, 165. "sa kho so bhikkhu bālo kāyena duccaritaṃ caritvā vācāya duccaritaṃ caritva manasā caritvā kāyassa bhedā paraṃ maraṇā apāyaṃ duggatiṃ vinipātaṃ nirayam uppajjati. yaṃ kho taṃ, bhikkhave, sammā vadamāno vadeyya: ekan taṃ aniṭṭham: ekantam akantam ekantam amanāpan ti nirayam eva etaṃ sammā vadamāno vadeyya: ekan tam aniṭṭham ekan tam akantam ekantam amanāpan ti. yāvañcidaṃ, bhikkhave, upamā pi na sukarā yāva dukkhā nirayā ti."
"비구여, 그 어리석은 사람은 몸(身), 말(口), 마음(意)으로 악행을 해서 몸이 파괴되고 죽은 후에 괴로운 곳, 나쁜 곳, 타락한 곳, 지옥에 태어난다. 비구여, 끝까지 원하지 않고, 좋아하지 않고, 마음에 들지 않는 것을 올바로 말한다면, 이와 같이 끝까지 원하지 않고, 좋아하지 않고, 마음에 들지 않는 것이 지옥이라고 올바로 말해야 한다. 비구여, 어떠한 비유로도 지옥고통이 어떠한 가를 설명하기 쉽지 않다."

"위싸카, 존귀한 여인이여. 상수멸을 성취하는 비구는 어느 것이 제일 먼저 소멸합니까? 몸(身)입니까? 말(口)입니까? 의식(意)입니까? 담마딘나, 벗이여. 위싸카여. 상수멸을 성취하는 비구에게 먼저 말이 소멸하고, 그 후에 몸이 사라지고, 마지막으로 의식이 사라진다. 위싸카. 존귀한 여인이여. 상수멸에서 나오는 비구에게 어느 것이 제일 먼저 생겨납니까? 몸입니까?, 말입니까?, 의식입니까? 담마딘나. 벗이여. 위싸카여. 상수멸에서 나오는 비구에게 먼저 의식이 생겨나고, 그 후에 몸이 생겨나고, 마지막으로 말이 생겨난다."624)

이 경에서는 상수멸에 들어갈 때는 먼저 몸이 사라지고, 그와 동시에 그 몸을 알아차림하는 기능인 싸띠도 함께 사라진다. 그리고 상수멸에서 나올 때 즉, 깨어날 때는 반대로 알아차림 기능인 싸띠가 먼저 깨어난다. 그러고 나서 순차적으로 몸을 알아차림하기 시작한다.625)

---

624. MN. Ⅰ, 301-302. "saññavedayitanirodhaṃ samāpajjantassa pan' ayye bhikkhuno katame dhammā paṭhamaṃ nirujjhanti, yadi vā kāyasaṅkhāro yadi vā vacīsaṅkhāro yadi vā cittasaṅkhāro ti. -saññavedayitanirodhaṃ samāpajjantassa kho āvuso Visākha bhikkhuno paṭhamaṃ nirujjhati vacīsaṅkhāro, tato kāyasaṅkhāro, tato cittasaṅkhāro ti...saññavedayitanirodhasamāpattiyā vuṭṭhahantassa pan' ayye bhikkhuno katame dhammā paṭhamaṃ uppajjanti, yadi vā kāyasaṅkhāro yadi vā vacīsaṅkhāro yadi vā cittasaṅkhāro ti. -saññavedayitanirodhasamāpattiyā vuṭṭhahantassa kho āvuso Visākha bhikkhuno paṭhamaṃ uppajjati cittasaṅkhāro, tato kāyasaṅkhāro, tato vacīsaṅkhāro ti."

625. 여기서 언어형성에 대해 말하는데, 이것은 아마도 대상을 알아차림하고 그곳으로 싸띠를 집중할 때, 그냥 주시하기보다 이름붙이면서 주시하는 것이 효과적이란 의미로 사료된다. 훈련할 때 이름붙이기를 하면서 수행하는데, 상수멸에 들 정도로 수행진도가 나가면 집중대상이 아주 빠르게 움직인다. 이때는 이름붙일 수 없을 정도로 복잡하고 빠르게 움직이는 것을 볼 수 있다. 이 단계에 도

특히 쏘따빳띠 단계의 상수멸에 들어갈 때는, 예를 들어 인식대상을 0.1초 정도의 아주 짧은 시간에 수 천 배로 확장하면 마치 SF 영화를 보는 것처럼 뭔가에 쑥 빨려 들어가는 것을 경험한다. 그리고 동시에 의식 즉, 알아차림하는 싸띠가 끊어진다. 어느 정도 시간이 지나 싸띠력과 싸마디가 약화되면 의식 즉, 알아차림하는 싸띠가 다시 살아난다.

〈표 6.11〉 상수멸에 들고나는 과정[626)]

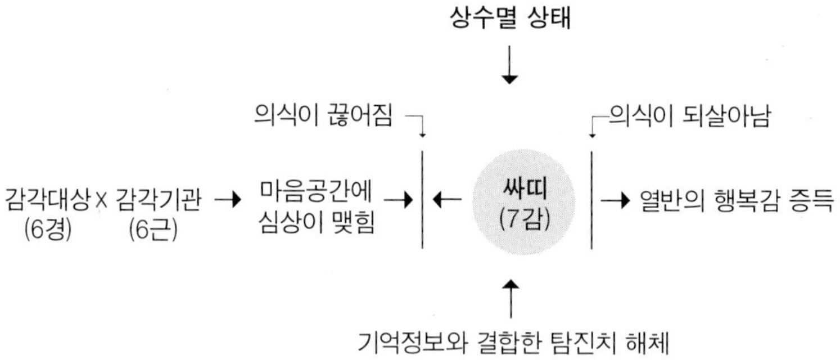

달하면 이름을 안 붙이는 것이 아니라 못 붙이게 된다. 상수멸에서 나올 때도 마찬가지이다. 아주 찰나지간이 지나면 인식대상을 알아차림하면서 서서히 이름붙일 수 있게 된다. 이 상태를 묘사하는 것인지는 알 수 없지만 다른 경전에서는 찾아볼 수 없다.

626. Buddhapāla(2008), 386. 표32 '마음숙면 상태' 로 돼 있다.

상수멸에 들어 있을 때는 의식이 완전히 끊어진다. 『BUDDHA 수행법』에서 붓다빠라는 의식이 끊어지는 현상을 다음과 같이 6가지 형태로 구분해 설명한다.

"① 죽었을 때이다. 이때는 몸의 체온이 식는다. 그리고 자세가 무너진다. ② 알아차림 기능인 싸띠가 약화돼 대상을 놓쳤을 때이다. 대개의 경우 잠이 들었을 때이다. 이때도 몸의 자세가 무너진다. ③ 기쁨喜, pāti으로 들떠서 인식대상을 놓쳤을 때이다. 이때는 흥분상태에 빠져있기 때문에 횡설수설한다. 이때도 몸의 자세가 무너진다. ④ 고요함安穩, passaddhi으로 대상을 놓쳤을 때이다. 너무 고요해 대상이 없는 것처럼 느껴진다. 비상비비상처와 유사하다. 상수멸에 든 것처럼 착각하기 쉽다. 그러나 진행과정을 설명하지 못한다. 몸의 자세가 똑바르다. ⑤ 싸마디三昧, 定, samādhi로 의식이 끊어진 상태이다. 이때는 알아차림 기능인 싸띠가 인식대상으로 강하게 밀착할 때 즉, 싸띠집중三昧이 이루어질 때이다. 이때는 몸의 자세도 똑바르고 몸에 힘도 생긴다. 단지 상수멸에 들고 남을 설명할 수가 없다.

⑥ 상수멸에 든 때이다. 이때는 인식대상도 있고, 그것을 알아차림하는 싸띠도 분명히 기능한다. 그러나 싸띠가 고도로 활성화된 상태에서 인식대상을 극도로 확장하기 때문에 인식대상을 인지할 수 없다. 인지하지 못하는 것이 아니라 인식대상과 그것을 알아차림하는 싸띠가 하나되어 대상에서 무아 · 무상 · 고의 3법인을 몸과 마음으로 체험한다. 이때는 몸의 자세도 똑바르다. 최고로 높아진 마음압력으로 기억정보와 결합해 있던 아싸봐의 뿌리가 기억정보

에서 뽑혀져 나오면서 제거된다. 상수멸에 들어가고 나오는 전 과정을 상세히 설명할 수 있다.627)

싸띠와 싸마디의 힘이 약화되면 상수멸의 단계에서 다시 나온다. 『대라후라경大羅睺羅經』에서는 상수멸에 들어갈 때는 끝까지 들숨과 날숨을 놓치지 않고 알아차림해야 한다고 설한다. 즉, 싸띠와 싸마디의 힘이 좋아야 들어갈 수 있다는 의미이다.628)

상수멸에 들어서 마음압력 즉, 싸마디가 향상된 상태에서, 그 힘으로 기억정보와 결합해 있던 아싸봐를 해체한다. 기억정보와 결합한 아싸봐가 해체되면 기억정보의 무게감이 현저히 줄어든다. 그 결과 마음의 무게감 또한 감소한다. 이때 느끼는 법열을 열반의 행복감 즉, 열반락涅槃樂이라고 한다. 이는 상수멸에 들고 난 후에 느끼는 절정의 행복감이다. 『열반경涅槃經』에서는 상수멸에 들어 탐진치의 불꽃이 꺼진 상태가 바로 열반의 행복이라고 설한다.

"벗이여, 비상비비상처를 뛰어넘어 상수멸에 든다. 혜로 보아 그에게 모든 아싸봐가 부서진다. 벗이여, 그런 이유로 실로 열반은 즐거움으로 자각될 수

627. Buddhapāla(2008), 387. 마음숙면으로 설명한다.

628. MN. I, 426. "evaṃ bhāvitā kho Rāhula ānāpānasati evaṃ bahulīkatā mahapphalā hoti mahānisaṁsā. evaṃ bhāvitāya kho Rāhula ānāpānasatiyā evaṃ bahulīkatāya ye pi te carimakā assāsapassāsā te pi viditā va nirujjhanti no aviditā ti."
"라후라여. 이렇게 들숨과 날숨을 싸띠수행하고, 이렇게 반복하면 커다란 과보와 공덕이 있다. 라후라여, 이렇게 들숨과 날숨을 싸띠수행하고, 이렇게 반복하면, 심지어 마지막 들숨과 날숨이 사라질 때에도 알아차려지는 것이고 모른 채 사라지는 것이 아니다."

있다."[629]

이 경에서 상수멸에 들고 아싸봐를 제거하고 난 후, 그 가볍고 맑은 느낌을 최상행복인 열반이라고 정의한다. 최상단계인 아라한뜨의 상수멸에 들었을 때의 열반을 최상행복이라고 한다.

상수멸에 들었을 때 주목할 만한 신체적인 특징은 마치 죽은 사람이나 깊은 숙면에 빠진 사람처럼 몸이 움직이지 않고, 처음 자세를 그대로 유지한다. 『대문답경大問答經』에서는 다음과 같이 설한다.

"마하꼿티따(Mahākoṭṭhita), 벗이여. 죽어서 목숨이 다한 자와 상수멸을 성취한 비구가 있다. 이들 사이에 어떠한 차이가 있는가? 싸리뿟따, 벗이여. 죽어서 목숨이 다한 자에게는 몸, 말, 의식의 형성이 소멸해 고요해지고, 생명력이 다하고, 체열이 소모되고, 감각기관이 완전히 파괴된다. 상수멸을 성취한 비구에게도 몸, 말, 의식의 형성이 소멸해 고요해지지만, 생명력이 다하지 않고, 체열이 다 소모되지 않고, 감각기관은 아주 청정해진다. 벗이여. 죽어서 목숨이 다한 자와 상수멸의 소멸을 성취한 비구가 있다. 이들 사이에는 이런 차이가 있다."[630]

---

629. AN. Ⅳ, 418. "puna ca param āvuso bhikkhū sabbaso nevasaññānāsaññāyatanaṃ samatikkamma saññāvadayitanirodham upasampajja viharati, paññāya c'assa disvā āsavā parikkhīṇā honti. iminā pi kho etam āvuso pariyāyena veditabbaṃ yathāsukhaṃ nibbānaṃ."

630. MN. Ⅰ, 296. "yvāyam āvuso mato kālakato yo cāyaṃ bhikkhu saññāvedayitanirodhaṃ samāpanno, imesaṃ kiṃ nānākaraṇan-ti. yvāyam āvuso mato kālakato, tassa kāyasaṅkhārā niruddhā paṭippassaddhā, vacīsaṅkhārā niruddhā paṭippassaddhā, cittasaṅkhārā niruddhā paṭippassaddhā, āyu parikkhīno, usmā vūpasantā, indriyāni viparibhinnāni : yo cāyaṃ bhikkhu saññāvedayitanirodhaṃ samāpanno, tassa pi kāyasaṅkhārā niruddhā paṭippassaddhā, vacīsaṅkhārā niruddhā paṭippassaddhā, cittasaṅkhārā niruddhā paṭippassad-

이 경에서는 일반적으로 죽은 사람은 생명력이 다해 식은 상태이지만, 상수멸에 든 사람은 마치 죽은 사람처럼 보이지만 생명력이 살아있고 체열 역시 정상인과 같은 상태라고 설한다. 단지 상수멸에 들 때 그 자세로 움직이지 않고 죽은 것처럼 보일 뿐이다. 『항마경降魔經』에 따르면 상수멸에 든 수행자의 상태를 몰라 죽은 사람이라고 착각해 화장했다고 기술한다.631)

---

dhā, āyu aparikkhīno, usmā avūpasantā, indriyāni vippasannāni. yvāyam āvuso mato kālakato yo cāyaṃ bhikkhu saññāvedayitanirodhaṃ samāpanno, idaṃ tesaṃ nānākaraṇan-ti."

631. MN. I, 333-334. "āyasmā pana Pāpima Sañjīvo araññagato pi rukkhamūlagato pi suññāgāragato pi appakasiren' eva saññāvedayitanirodhaṃ samāpajjati. bhūtapubbaṃ Pāpima āyasmā Sañjīvo aññatarasmiṃ rukkhamūle saññāvedayitanirodhaṃ samāpanno nisinno hoti. addasāsuṃ kho Pāpima gopālakā pasupālakā kassakā pathāvino āyasmantaṃ Sañjīvam aññatarasmiṃ rukkhamūle saññāvedayitanirodhaṃ samāpanno nisinno, disvāna nesam etad-ahosi: acchariyaṃ vata bho, abbhutaṃ vata bho, ayaṃ samaṇo nisinnako va kālakato, handa naṃ dahāmāti. atha kho Pāpima gopālakā pasupālakā kassakā pathāvino tiṇañ-ca kaṭṭhañ-ca gomayañ-ca saṅkaḍḍhitvā āyasmato Sañjīvassa kāye upacinitvā aggiṃ datvā pakkamiṁsu. atha kho Pāpima āyasmā Sañjīvo tassā rattiyāaccayena tāya samāpattiyā vuṭṭhahitvā cīvarāni papphoṭetvā puppanhasamayaṃ nivāsetvā pattacīvaram ādāya gāmaṃ piṇḍāya carantaṃ, disvāna nesam etad-ahosi: acchariyaṃ vata bho, abbhutaṃ vata bho, ayaṃ samaṇo nisinnako va kālakato, svāyaṃ patisañjīvo ti. iminā kho etaṃ Pāpima pariyāyena āyasmato Sañjīvassa Sañjīvo Sañjīvo t' eva samaññā udapādi."
"빠삐만(Pāpima)이여, 존자 싼지봐(Sañjīva)는 숲속, 나무 밑, 한가한 곳으로 가서 어려움없이 상수멸에 들곤 했다. 빠삐만이여, 예전에 존자 싼지봐는 나무 밑으로 가서 상수멸에 들어 앉아 있었다. 빠삐만이여, 소치는 사람, 가축을 기르는 사람, 밭을 가는 사람, 여행하는 사람이 나무 밑에서 상수멸에 들어 앉아 있는 싼지봐를 보고 나서 그들은 생각했다. 벗이여, 참으로 놀라운 일이다. 벗이여, 예전에 없던 일이다. 이 비구는 앉아서 죽었다. 자 그를 화장하자. 그래서 빠이 장의 수행단계를 정리하면 다음과 같다.

세존은 수행진도가 점진적으로 나아가는 점수법이라고 규정한다. 각각의 단계는 압축해 나아갈 수 있지만 생략하고 나아갈 수 없다.

다른 사람에게 수행지도할 때는 처음에는 차제설법을 설하고, 상대방이 수행을 받아들이려는 마음상태가 되면, 고집멸도의 불직관 설법을 하며 수행지도해야 한다.

수행진도가 나아갈 때는 사유로도 알 수 있지만 몸으로 체험해서 알게 된다. 수행진도의 양상은 몸이 힘들지만 수행진도가 빠르거나 늦기도 하고, 몸은 편안한데 수행진도가 빠르거나 늦기도 한다. 그리고 싸띠, 싸마디, 정진, 의도가 적절히 균형이루어야 수행진도가 순조롭게 나아간다.

수행단계는 성인과 범부의 2단계로 나눈다. 어떤 경우는 성인단계를 한 단계로 나누고 범부단계를 세분하거나, 범부단계는 한 단계로 처리하고 성인단계를 세분해 설하기도 한다.

수행의 최고단계인 아라한뜨의 상수멸의 단계에 도달해야 수행

삐만이여, 그들 소치는 사람, 가축을 기르는 사람, 밭을 가는 사람, 여행하는 사람은 풀과 나무와 쇠똥을 주워모아 존자 싼지봐의 몸 위에 불을 댕기고 그곳을 떠났다. 빠삐만이여, 그리고 그날 밤이 지나자 존자 싼지봐는 싸마디에서 일어나 가사를 털고 아침 일찍 옷을 입고 발우와 가사를 들고 마을로 탁발하러 들어갔다. 빠삐만이여, 그들 소치는 사람, 가축을 기르는 사람, 밭을 가는 사람, 여행하는 사람은 존자 싼지봐가 탁발하러 다니는 것을 보고 그들은 이와 같이 벗이여, 참으로 놀라운 일이다. 벗이여, 예전에 없었던 일이다. 이 비구는 앉아서 죽었는데, 다시 살아나다니! 라고 생각했다. 빠삐만이여, 그런 이유로 존자 싼지봐에게 싼지봐라는 이름이 생겨났다."

자로서의 해야 할 일을 다해 마친다. 이때 비로소 짐을 내려놓고, 최상행복을 누릴 수 있다. 이렇게 해서 최고단계의 수행을 성취하면 그 공덕을 중생에게 회향한다. 중생이 자유롭고 행복하게 살 수 있도록 회향함으로써 비로소 청정수행이 완성된다.

7장

수행활용

수행은

삶의 오아시스이다

이 장에서는 수행활용을 살펴본다. 수행원리를 올바르게 이해하고 수행기술을 정확하게 익혀야 수행을 현실의 삶에 유용하게 활용할 수 있다.

마음을 대상으로 하는 수행은 그 고유목적인 깨달음을 넘어서 다양한 분야에서 다차원으로 활용된다.[632]

수행자가 수행목표인 청정수행을 완성하고, 마음오염원인 아싸봐를 제거하고, 아라한뜨 경지를 증득하고, 최상의 앎을 성취하고, 올바른 깨달음을 이루고, 최상행복인 열반을 체험하는 수행과정에서 알게 된 마음과 수행의 많은 지식들 가운데 어떤 것들은 삶에 유용하게 활용할 수 있도록 대중에게 제공된다.

수행과 명상 분야에서 사용되는 대부분의 이론과 기술은 불교수행에 기반둔다. 불교수행의 뿌리이자 근원인 세존이 창안한 8정도 수행체계의 이론과 기술을 제공해 학문발전과 더불어 삶의 유용한 도구로 활용한다.

1. 수행의 사용가치

수행의 사용가치를 살펴본다. 『옹경甕經』에서는 8정도 수행체계를 마음받침대라고 비유하며 다음과 같이 설한다.

---

632. 미산(2018), 2-7. 「마음챙김 다차원적 해석」, 대한명상의학회 추계학술대회. 최근 서구학자의 명상관련 논문을 대학과 분야별로 흐름을 알기 쉽게 정리한다. 대부분 논문이 수행자체를 다루기보다 수행을 활용하는데 초점둔다.

> “비구여, 예를 들어 옹기에 지지대가 없으면 넘어지기 쉽고, 지지대가 있으면 넘어지기 어렵다. 비구여, 이와 같이 마음에도 지지대가 없으면 넘어지기 쉽고 지지대가 있으면 넘어지기 어렵다. 비구여, 마음의 지지대란 무엇인가? 그것은 성팔지도이다. 그것은 다음과 같다. 정견, 정사, 정어, 정업, 정명, 정정진, 정념, 정정이다.”633)

이 경에서 알 수 있듯이 세존은 형체도 없고, 유동적인 마음은 지지대없이 그냥 두면 넘어지기 쉽고 다루기 까다롭다. 그러나 8정도와 같은 수행의 틀로 고정하면 다루기 쉽고 수행진보에도 도움된다고 본다.

『아라한뜨경阿羅漢經』에서는 8정도로 수행의 현실목표인 아라한뜨의 경지阿羅漢果를 증득할 수 있다고 설한다.634) 『정견경正見經』에서는 8정도 수행으로 아싸봐를 제거해 무명을 타파하고, 명을 일으키며, 지금 여기에서 괴로움의 소멸을 이루고, 정견을 증득하고, 법

---

633. SN. V, 20-21. “seyyathāpi bhikkhave kumbho anādhāro suppavattiyo hoti sādhāro duppavattiyo hoti, evam eva kho bhikkhave cittam anādhāram suppavattiyam hoti, sādhāram duppavattiyam hoti. ko ca bhikkhave cittassa ādhāro. ayam eva ariyo aṭṭhaṅgiko maggo, seyyathīdaṃ, sammādiṭṭhi sammāsaṅkappo sammāvācā sammākammanto sammāājīvo sammāvāyāmo sammāsati sammāsamādhi.”

634. SN. IV, 252. “ayam eva kho āvuso ariyo aṭṭhaṅgiko maggo etassa arahattassa sacchikiriyāya, seyyathīdam, sammādiṭṭhi sammāsaṅkappo sammāvācā sammākammanto sammāājīvo sammāvāyāmo sammāsati sammāsamādhi. ayam kho āvuso maggo ayam paṭipadā etassa arahattassa sacchikiriyāyāti.”
“벗이여, 아라한뜨의 경지를 실현하기 위한 이와 같은 성팔지도가 있다. 그것은 정견, 정사, 정어, 정업, 정명, 정정진, 정념, 정정이다. 벗이여, 아라한뜨의 경지를 실현하기 위한 이런 길, 이런 도구가 있다.”

에 흔들리지 않는 확신을 가지고, 정법을 성취할 수 있다고 주장한다.635) 그리고 4성제를 올바로 알지 못하게 하는 원인인 무명을 제거하는 길이 8정도라고 설한다.636) 『대품大品』에서는 괴로움을 일으키는 주요원인인 갈애제거의 도구가 8정도라고 설한다.637) 『애경愛經』에서는 8정도가 갈애를 제거하는 도구라고 하고,638) 『취경

635. MN. I, 47. "yato kho āvuso ariyasāvako evam akusalaṃ pajānāti evam akusalamūlaṃ pajānāti, evaṃ kusalaṃ pajānāti evaṃ kusalamūlaṃ pajānāti. so sabbaso rāgānusayaṃ pahāya paṭighānusayaṃ paṭivinodetvā asmīti diṭṭhimānānusayaṃ samūhanitvā avijjaṃ pahāya vijjam uppādetvā diṭṭhe va dhamme dukkhass' antakaro hoti. ettāvatā pi kho āvuso ariyasāvako sammādiṭṭhi hoti. ujugatā 'ssa diṭṭhi, dhamme aveccappasādeṇa samannāgato. āgato imaṃ saddhamman-ti."
"벗이여. 고귀한 제자(聖聲聞)가 이와 같이 불선법과 불선법의 뿌리, 선법과 선법의 뿌리를 분명히 알면, 그는 탐욕의 잠재의식, 분노의 잠재의식, 내가 있다는 잠재의식을 제거하고, 무명을 버리고 명을 일으키며, 지금 여기에서 괴로움의 끝을 성취한다. 이렇게 하면 고귀한 제자는 정견을 지니고, 견해가 바르게 되어, 법에 대한 무너지지 않는 확신을 갖고, 정법을 성취한다."

636. MN. I, 54. "yaṃ kho āvuso dukkhe aññāṇaṃ dukkhasamudaye aññāṇaṃ dukkhanirodhe aññāṇaṃ dukkhanirodhagāminī-paṭipadāya aññāṇaṃ, ayaṃ vuccat' āvuso avijjā. āsavasamudayā avijjāsamudayo, āsavanirodhā avijjānirodho, ayam-eva ariyo aṭṭhaṅgiko maggo avijjānirodhagāminī-paṭipadā."
"벗이여. 고, 고집, 고멸, 고멸인도를 알지 못하는 것이다. 이것이 무명이다. 아싸봐가 생겨나므로 무명이 생겨나고, 아싸봐가 소멸함으로 무명이 소멸한다. 무명의 소멸에 이르는 길이 성팔지도이다."

637. VP. I, 10. 주30 참조.

638. SN. IV, 257. tisso imā āvuso taṇhā, kāmataṇhā bhavataṇhā vibhavataṇhā, imā kho āvuso taṇhāti...ayam eva kho āvuso ariyo aṭṭhaṅgiko maggo etāsaṃ taṇhānaṃ pariññāya, seyyathīdaṃ, sammādiṭṭhi sammāsaṅkappo sammāvācā sammākammanto sammāājīvo sammāvāyāmo sammāsati sammāsamādhi."
"벗이여, 이와 같은 3가지 갈애가 있다. 욕망갈애(欲愛), 존재갈애(有愛), 비존

取經』에서는 8정도가 집착의 제거도구라고 주장한다.[639] 『열반경涅槃經』에서는 8정도가 최상행복인 열반으로 인도하는 도구라고 다음과 같이 설한다.

"벗이여, 싸리뿟따여, 열반이라고 하는데 열반이란 무엇인가? 벗이여, 탐, 진, 치가 소멸되면, 그것을 열반이라고 한다...벗이여, 그 열반을 실현하는 성팔지도가 있다. 정견, 정사, 정어, 정업, 정명, 정정진, 정념, 정정이다."[640]

이 경에서 아싸봐가 소멸하는 것이 열반이라고 정의하고, 그 열반의 증득도구가 8정도라고 주장한다.

이렇듯 수행이란 스승의 지혜와 경험에 의존해 최상의 깨달음으

재갈애(非有愛)이다...그러면 벗이여, 그 갈애를 버리기 위한 성팔지도가 있다. 그것은 다음과 같다. 정견, 정사, 정어, 정업, 정명, 정정진, 정념, 정정이다."

639. SN. Ⅳ, 258. "cattārimāni āvuso upādānāni, kāmupādānaṃ diṭṭhupādānaṃ sīlabbatupādānam attavādupādānaṃ, imāni kho āvuso cattāri upādānānīti...ayam eva kho āvuso ariyo aṭṭhaṅgiko maggo etāsaṃ upādānānaṃ pahānāya, seyyathīdaṃ, sammādiṭṭhi sammāsaṅkappo sammāvācā sammākammanto sammāājīvo sammāvāyāmo sammāsati sammāsamādhi."
"벗이여, 이와 같은 4가지 집착이 있다. 욕망집착(欲取), 견해집착(見取), 규범과 금기의 집착(戒禁取), 자아집착(我取) 등이다...그러면 벗이여, 그 집착을 버리기 위한 성팔지도가 있다. 그것은 다음과 같다. 정견, 정사, 정어, 정업, 정명, 정정진, 정념, 정정이다."

640. SN. Ⅳ, 251-252. "nibbānaṃ nibbānanti āvuso Sāriputta vuccati, katamaṃ nu kho āvuso nibbānanti. yo kho āvuso rāgakkhayo dosakkhayo mohakkhayo idaṃ vuccati nibbānanti...ayam eva kho āvuso ariyo aṭṭhaṅgiko maggo etassa nibbānassa sacchikiriyāya, seyyathīdaṃ, sammādiṭṭhi sammāsaṅkappo sammāvācā sammākammanto sammāājīvo sammāvāyāmo sammāsati sammāsamādhi."

로 혼자가는 고독한 길이다. 혼자서도 갈 수 있지만 좋은 스승과 좋은 도반과 함께 갈 수 있다면, 출가수행의 목표지점에 도달할 수 있는 성공확률이 훨씬 높아진다. 그래서 눈 밝은 스승과 좋은 도반의 필요성이 강조된다. 『선우경善友經』에서도 좋은 도반이란 수행의 절반이 아니라 전부라고 설한 이유이다.641)

『대목우자경大牧牛者經』에서는 길을 아는 것은 8정도를 아는 것이라고 설한다.642) 『최상신경最上信經』에서는 조건지어진 유위법有爲法이나 조건지어지지 않은 무위법無爲法에 관한 한, 8정도가 최상이라고 주장한다.643) 『폐기경廢棄經』에서는 8사도를 버리고 8정도를 수행하는 것이 상층존재의 인도도구라고 설한다.644)

---

641. SN. I, 87-88. 주99 참조.

642. MN. I, 224. kathañ-ca bhikkhave bhikkhu vīthiṃ jānāti. idha bhikkhave bhikkhu ariyam aṭṭhaṅgikaṃ maggaṃ yathābhūtaṃ pajānāti. evam kho bhikkhave bhikkhu vīthiṃ jānāti."
"비구여. 어떠한 것이 세상에서 비구가 길을 아는 것인가? 비구여. 세상에서 비구가 성팔지도를 있는 그대로 아는 것이다. 비구여. 이런 것이 바로 비구가 길을 아는 것이다."

643. AN. II, 34. "yāvatā bhikkhave dhammā saṅkhatā ariyo aṭṭhaṅgiko maggo tesam aggam akkhāyati. ye bhikkhave ariye aṭṭhaṅgike magge pasannā agge te pasannā agge kho pana pasannānam aggo vipāko hoti."
"유위법이나 무위법에 관한 한, 이른 바 성팔지도가 그것들 가운데 최상이라고 불린다. 비구여, 성팔지도의 맑은 믿음을 가진 자가 맑은 믿음을 가진 자들 가운데 최상이고, 맑은 믿음을 지닌 자들 가운데 최상과보를 낳는다."

644. MN. I, 44. "micchādiṭṭhissa p. sammādiṭṭhi h.p..micchāsaṅkappssa p. sammāsaṅkappo h. p..micchāvācassa p. sammāvācā h. p..micchākammantassa p. sammākammanto h.p..micchāājīvassa p. sammāājīvo h.p..micchāvāyāmassa

이상을 살펴보면 8정도 수행체계는 마음을 지지하는 받침대이고, 깨달음을 증득하고 아라한뜨의 성취도구이고, 마음오염원인 아싸봐를 제거하고 명과 정견의 획득도구이고, 무명을 제거해 4성제의 통찰도구이고, 괴로움을 일으키는 원인인 갈애와 집착의 제거도구이고, 최상행복인 열반의 인도도구이다.

---

p. sammāvāyāmo h.p..micchāsatissa p. sammāsati h.p..micchāsamādhissa p. sammāsamādhi h.p...seyyathā pi Cunda ye keci akusalā dhammā sabbe te adhobhāvaṅgamanīyā. ye keci kusalā dhammā sabbe te uparibhāvaṅgamanīyā. evam-eva kho Cunda."

"사견을 가진 사람은 정견을 지니는 것이 그를 상층존재로 이끈다. 사사를 지닌 사람은 정사를 지니는 것이 그를 상층존재로 이끈다. 사어를 지닌 사람은 정어를 지니는 것이 그를 상층존재로 이끈다. 사업을 지닌 사람은 정업을 지니는 것이 그를 상층존재로 이끈다. 사명을 지닌 사람은 정명을 지니는 것이 그를 상층존재로 이끈다. 사정진을 지닌 사람은 정정진을 지니는 것이 그를 상층존재로 이끈다. 사념을 지닌 사람은 정념을 지니는 것이 그를 상층존재로 이끈다. 사정을 지닌 사람은 정정을 지니는 것이 그를 상층존재로 이끈다."

〈표 7.1〉 수행의 사용가치

본질의 수행		
수행목적	수행과정	수행결과
① 깨달음	붓다가 도달한 경지를 성취함	앎의 성숙
	삶의 해답 찾기	행복한 삶 평화로운 삶
	삶의 방향 정함	
	삶의 거품 제거	
	삶의 갈증 해소	
② 삶의 주인공	자존감있는 삶	당당한 삶
③ 존재를 대하는 태도	자신을 대하는 태도	건강한 삶
	타인이나 사회를 대하는 태도	
	자연을 대하는 태도	
④ 자기성찰	자신과 마주보기	성숙한 삶
	자기분석과 자기교정	
⑤ 마음관리	마음근육 탄력성 강화	활기찬 삶 자유로운 삶 여유로운 삶
	마음에너지 보충	
	마음오염원 제거	
	뇌와 마음의 휴식	
	스트레스없는 삶	
⑥ 삶의 활용	인지과학, 의료복지, 심리상담, 웰니스, 경영, 교육, 예술, 스포츠 등 마음과 관련된 다양한 분야에서 보조도구로 활용.	유용한 삶
⑦ 사회참여	마음생태운동과 같은 시민운동	아름다운 삶
	수행의 취미활동	

2. 수행발전

세존에 의해 보리수 아래서 불교수행이 창안된다. 그 후 수행은 사람들의 필요에 의해 인도대륙을 넘어 전 세계로 확산된다. 해당 사회의 자연조건과 문화수준에 따라 수행은 다차원으로 발전한다.

세존이 창안한 수행은 인류가 등장한 이래 마음다루는 분야의 최상이론과 최고기술로 평가받는다.

어떤 기술은 그 기술이 발명되는 순간 그것이 해당 분야의 완성기술이 되기도 한다. 가령 칼이나 가위와 같은 도구는 그것이 발명된 이래 그 분야의 가장 완벽한 기술이 된다. 어떤 기술은 그것이 창안된 순간 그 분야의 최고기술이 되기도 한다. 처음 발명된 이래 그보다 더 우수한 기술이 나오지 않는다.

세존이 창안한 불교수행이 그렇다. BCE 531년 음력 4월 보름 붓다가야 보리수 아래 금강보좌 위에 앉아 세존에 의해 불교수행이 창안된다. 불교수행은 그것이 만들어지는 순간 수행분야의 가장 완성도 높은 도구이자 최고기술이 된다. 세존은 자신이 만든 수행의 이론과 기술을 『8정도 수행체계』라고 한다. 따라서 8정도 수행체계는 불교수행의 기준이 되고, 수행분야의 표준이 된다. 그 이후 만들어진 불교수행의 모든 것은 그것을 모방하거나 새롭게 해석한 것이다.

세존이 창안한 수행의 발전과정을 정리하면 〈표 7.2〉와 같다.

〈표 7.2〉 수행 버전

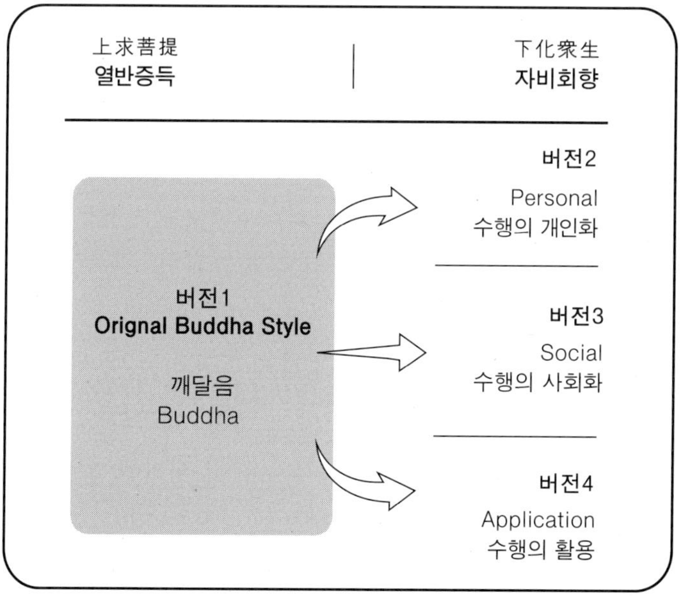

오늘날 불교수행은 크게 4가지 범주로 진행된다. 각각의 범주와 수행목적에 따라 사용개념이나 수행강도 등이 각각 다르다. 따라서 용어선택이나 수행강도 등을 정할 때 세심한 주의가 필요하다.

세존이 창안한 불교수행의 버전1은 불교수행의 본질적인 것으로 진리의 깨달음 즉, 붓다를 이루는 것이다. 이것이 불교수행의 기준이 되고, 수행분야 기술표준이 된다.

버전2는 불교수행의 이론과 기술로 자신의 삶을 성숙시키고, 자신이 직면한 문제를 해결하거나 해결관점을 획득하는 수행의 개인화이다.

버전3은 불교수행의 이론과 기술로 사회공동체 문제의 해결도구로 사용하는 수행의 사회화이다.

버전4는 수행자가 깨달음 증득과정에서 발견한 삶이나 마음관리의 이론과 기술을 전문분야에 유용하게 활용하는 것이다.[645)]

세존이 창안한 불교수행은 8정도 수행체계에 기초하고, 8정도 수행체계는 불교수행의 표준이고 기준이 된다.

8정도는 계정혜戒定慧의 3학三學으로 분류한다. 계戒는 근수행, 정定은 4념처四念處 수행에 기초해 싸띠수행, 위빳싸나 수행, 공수행, 4대수행四大修行이 더해져 마음공간에 존재하는 아싸봐를 제거하기 때문에 심수행心修行이라고 한다. 수행의 결과물인 혜는 탐진치 3독인 마음오염원이 마음공간에서 완전히 제거된 줄을 알기 때문에 혜해탈慧解脫이라고 한다. 수행으로 나오는 맑은 향기는 4무량심四無量心 수행 혹은, 자수행慈修行을 통해 세상에 회향한다.

이렇듯 8정도 수행체계 안에서 다양한 수행기술이 연계돼 있다. 수행을 다루는 대부분의 것은 4념처나 위빳싸나 혹은, 간화선看話禪이나 염불선念佛禪을 다룬다.

---

645. 옛말에 처음에는 기술을 배우고 익혀 자기문제를 해결한다. 그 다음으로는 그 기술로 천하를 휘저으며 뽐낸다. 마지막으로는 자신이 익힌 기술을 중생의 삶으로 회향한다. 깨달음을 추구하는 수행자도 새겨둘 교훈이다. 『폐기경廢棄經』에 따르면 "쭌다여, '자신을 제어하지 않고, 수행하지 않고, 완전히 소멸시키지 않은 사람이 다른 사람을 제어하고, 수행시키고, 완전히 소멸시킬 것이다.' 라고 하는 것은 불가능하다. 쭌다여, '자신을 제어하고, 수행하고, 완전히 소멸시킨 사람만이 참으로 다른 사람을 제어하고, 수행하고, 완전히 소멸시킬 것이다.' 하고 하는 것은 가능하다." 중생을 제도하고, 세상을 구제하고 싶다면 먼저 수행으로 깨달음을 증득하고 부처를 이루어라.

내용은 분명 4념처 수행을 다루기 때문에 '싸띠 혹은 쌈빠자나' 수행이라고 해야 함에도 국내외를 막론하고 대부분은 '위빳싸나' 수행이라고 설명한다. 물론 위빳싸나 수행이 싸띠수행에 기초하지만, 기술이 다르게 사용되는 차이를 구분하지 못하고 간과한 것으로 보인다.

따라서 이 책에서는 8정도 수행체계를 중심으로 근수행, 싸띠수행, 위빳싸나 수행, 공수행, 심수행, 자수행, 4대수행, 4무량심 수행 등을 체계화하는데 그 주된 목적이 있다.

1) 인지과학과 마음산업

마음을 연구하는 학문과 마음을 활용하는 산업 등의 분야에 불교수행의 이론, 기술을 제공한다. 이로써 학문의 발전과 더불어 삶에의 유용한 도구를 제공한다.

마음상태는 마음다루는 심리학이나 수행뿐만 아니라 물질다루는 과학분야는 말할 것도 없고, 의료, 복지, 교육, 경영, 산업, 예술, 스포츠 등 다양한 분야에서 생산성 향상에 중요역할을 한다. 이는 삶의 과정에서 직면하는 불편한 마음상태나 스트레스가 삶의 질을 저하시킬 뿐만 아니라, 생산성도 떨어뜨리고 만병의 근원으로 지목되기 때문이다. 많은 사람이 스트레스에서 벗어나 건강하고 활기찬 마음상태를 유지하기 위해 수행을 적극 도입해 활용하는 이유이다.

마음을 과학화하기 위해서는 먼저 감각기관을 7감차원으로 이해해야 한다. 그 토대 위에 마음화학반응, 마음물리특성, 기억무게, 마음무게, 스트레스 등을 올바르게 이해하고 논리적으로 설명할 수 있다. 그래야 마음공학에 기초한 마음산업과 마음운동으로 확장할 수 있기 때문이다.

2) 수행과 명상

오늘날 시대정신이라고 해도 과언이 아닐 정도로 마음건강의 중요성이 대두된다. 마음건강은 이미 발생해 전문가의 도움이 필요한 것도 있고, 건강한 사람이 더 건강하게 살 수 있도록 해 주는 예방의학의 측면도 있다. 수행이나 명상은 예방의학의 측면이 더 주목된다.646)

『질병경疾病經』에서 세존은 몸의 병과 마음의 병 특히, 마음의 병을 치료하기 위해 수행으로 아라한뜨의 경지를 증득하는 것이 필요하다고 설한다.647) 이런 세존관점을 의료계에서도 인지하고 적극적 활용한다.

수행 혹은 명상은 건강한 사람이 더 건강하게 살 수 있게 하는 예방의학의 측면이 크다. 그러나 오늘날 명상으로 알려진 일련의 프로그램 등은 전문가의 도움을 필요로 하는 정신의학이나 심리상담

---

646. 이화영 외 27인(2022). 『명상과 의학』, 서울 : 학지사. 대한명상의학회에서는 이 책을 발간하고 의료계를 중심으로 다양한 분야의 명상활용을 정리한다.

647. AN. Ⅱ, 142-143. "dve 'me bhikkhave rogā. katame dve. kāyiko ca rogo cetasiko ca rogo. dissanti bhikkhave sattā kāyikena rogena ekam pi vassam ārogyaṃ paṭijānamānā...te bhikkhave sattā dullabhālokasmiṃ ye cetasikena rogena muhuttam pi ārogyaṃ paṭijānanti aññatra khīṇāsavehi."
"비구여, 이와 같이 두 가지 질병이 있다. 두 가지란 무엇인가? 몸의 질병과 마음의 질병이다. 비구여, 몸의 질병에 관한 한, 1년 동안 건강하게 지내기도 한다. 그러나 비구여, 세상에서 마음의 병에 관한 한, 잠시라도 건강하게 지내는 중생은 아싸봐를 부순 아라한뜨를 제외하고는 참으로 만나기 어렵다."

분야에서 보조도구로 사용함으로써, 깨달음 즉, 삶의 과정에서 직면하는 문제를 해결하는 관점으로 활용돼 수행본래의 사용가치를 협소하게 사용하는 측면도 있다.

수행과 명상의 개념을 구분해 이해할 필요가 있다. 『소전모경小箭毛經』에서 세존은 '지금 여기' 에서 몸과 마음의 평화로움을 추구하는 것은 초선初禪에서 4선四禪까지이고, 세존이 제자들에게 수행지도하는 것은 4선을 뛰어넘어 그들이 아라한뜨에 들어 최상진리를 깨달게 하기 위한 것이라고 규정한다. 이 경에서 세존은 4선 단계까지의 수행과 아라한뜨의 단계까지의 수행을 구분한다. 이 책에서는 4선단계까지의 수행을 명상, 명상을 포함해 쏘따빳띠須陀洹이상단계를 수행이라고 구분한다.

명상이 자기행복이나 마음상태의 편안함만을 주목한다면, 수행은 명상을 포함한 광의개념으로 삶을 다루며, 삶의 과정에서 직면하는 문제의 해결관점을 찾아내고, 행복으로 가는 길에 최대의 방해요소인 괴로움의 실재를 통찰하고, 괴로움으로부터 벗어나, 괴로움없는 최상행복을 추구하는 수행의 시작단계에서 아라한뜨를 이루고 깨달음이라는 최고단계에 이르는 전 과정을 포괄하는 용어이다.

수행의 최고단계인 아라한뜨에 도달하기 위한 수행과정에서 발견된 특정한 마음관리기술만을 특화해 '지금 여기' 에서의 '평화로운 마음상태' 혹은 '행복한 삶' 을 추구하는 것이 오늘날 일반적으로 사용하는 '명상' 이다. 세존은 여기서 머물러서는 안되고, 삶의 문제를 해결할 수 있는 최상의 앎을 성취하고, 올바른 깨달음을 증득하는 것이 수행의 최종목표라고 주장한다. '아라한뜨의 경지에 드는 것, 최상의 앎을 깨달는 것, 삶의 문제를 해결하거나, 해결관점을 획득하고, 최상행복의 상태를 누리는 것' 을 수행이라고 정의한다.

〈표 7.3〉 명상과 수행의 구분

명상	수행
마음의 평화로움	알아차림 / 깨달음 / 맑은 삶
대증요법	원인통찰
이완성	탄력성
밀착기술	타격기술

세존이 창안한 수행은 직접 삶의 문제를 다룬다. 사람이 사람답게 살 수 있는 길, 보다 맑고 질 높은 행복한 삶을 추구할 뿐만 아니라, 자신이 직면한 문제의 해결관점을 찾아내고, 다양한 분야에서 융합이나 보조도구로 활용한다.

일반적으로 수행이란 명칭은 불교에서 즐겨 사용하고, 명상은 일반인이 선호한다. 수행은 현상에 내재한 실재를 통찰하는데 초점두고, 명상은 현상을 주목하는 대증요법의 입장을 취한다. 수행은 삶의 문제를 다루며 삶의 과정에서 발생하는 괴로움의 원인을 깨닫고, 그 원인을 제거함으로써 괴로움을 해소하는데 초점둔다. 명상은 현재의 고통스런 현실을 주목하고 현상을 변화시키려고 노력한다. 수행은 비영리적이고 공익측면을 고수하고, 명상은 교환가치를 주목하고 상품화하는데 익숙하다.

오늘날 일반대중이 소비하는 명상은 동양에서 창안된 수행을 미국에서 수입하고, 미국식으로 가공해 명상이라고 이름붙인 것이 대부분이다. 미국식 자본주의가 타국으로 전파될 때, 그 맨 앞에 햄버거, 코카콜라, 청바지, 크리스트교가 있었다. 80년대 들어오면서 미국의 제국주의가 신자유주의로 포장돼 전파될 때 불교에서 가져간 수행을 명상, 특히 'mindfulness'[648] 로 포장하고 고급문화로 상징조작해 전 세계로 확산시킨다.

오늘날 서구에서 불교에 기반한 두 가지 명상흐름이 있다. 하나는 수행자체의 본래가치를 중시하는 것이다. 다른 하나는 수행을 활용하는데 초점둔다. 수행자체의 본래가치를 주목하는 사람은 전통적인 수행을 중시하고, 수행활용 면을 중시하는 사람은 세속주의란 이름으로 수행의 교환가치 즉, 상품성을 강조한다.[649] 그러나

---

648. Ronald Purse(2019). 『McMindfulness』에서 미국을 중심으로 한 서구에서 불교수행이 어떻게 자본주의화 돼 전통적인 수행을 배신하는지를 비판적으로 다룬다. 영어 'mindfulness'로 번역되는 원어는 인도 고대어, 특히 불교언어인 Pāli어 'sati' 이다. 한글로는 '알아차림' 으로 번역한다. 정신의학이나 심리상담 분야에서 '마음챙김' 등 다양한 용어를 사용하지만 원래의 뜻에는 충분하지 않은 느낌이다. 이럴 때는 그냥 원어를 사용하는 것이 좋다. 그래서 여기서는 '싸띠' 라고 음사한다.

649. 장은화(2021), 231-251. 「서양의 명상열풍과 맥도날드식 마음챙김」, 『불교평론』 85호, 불교평론. 오늘날 미국에서 전개되는 명상문화의 두 가지 흐름 즉, 수행자체의 본래가치를 중시하는 것과 수행을 활용하는 것을 분석한다.

수행자체의 본래가치를 중시하는 것은 두 가지 흐름이 있다. 전자는 틱낫한(Thich Nhat Hanh)이 설립한 '마음챙김 공동체' 인데, 마음챙김을 통한 사회참여와 일상생활 중의 윤리와 수행을 강조한다. 후자는 게리 스나이더(Gary Snyder), 존애너 메이시(Joanna Macy), 로버트 에이킨(Robert Aitken)이 출범시킨 불교평화단(Buddhist Peace Fellowship)을 중심으로 불교의 정체성을 지키며 사회변혁의 열정적인 헌신, 개인의 영적 성장의 전념, 높은 수준의

『까씨바라드봐자경』에서 세존은 "나는 시를 읊은 대가를 받지 않는다."고 강조한다. 수행을 교환가치로 사용하는 사람은 마음에 새기고 조심할 일이다.650)

흔히 예일Yale 갱스터라고 한다. 다른 사회에서 창안된 문화를 미국으로 도입하고, 그 문화가 발생한 역사, 사회, 문화의 배경을 제거한다. 그 가운데 자신들이 필요로 하는 특정요소만을 특화하고 포장한다. 그것을 교환가치가 있는 문화 콘텐츠로 포장해 판매하는데 뛰어나다는 것을 빗댄 용어이다. 예일대학교를 중심으로 미국의 인문학자가 즐겨 한다고 해서 예일 갱스터란 이름이 생긴 것이다.

오늘날 많은 대중이 즐겨 사용하는 명상도 마찬가지이다. 거의 대부분의 명상은 불교수행에서 기원한다. 그런데 불교수행은 삶의 문제에 내재한 원인을 주목하는데 비해, 미국에서 도입하고 변용

자아비판 등과 같은 1960년대 시대정신의 정수를 바탕으로 개인과 사회의 변화를 추진한 것을 다룬다.

수행을 활용하는데 초점을 둔 것은 존 카밧진(Jon Kabat-Zinn)에 의해 창안된 MBSR(Mindfulness-based stress reduction)을 중심으로 한 자본주의와 결탁해 상업화된 명상의 흐름에 대한 분석이다. 이들은 불교의 정체성을 버리고 세속적이고 비종파적인 마음챙김 명상을 주도한다. 이들은 세속주의란 상징조작으로 명상산업에 참여해 명상을 표준화하고 명상을 상품화시키는데 적극적이다.

650. Stn. 14. "gāthābhigitaṃ me abhojaneyyaṃ, sampassataṃ brāhmaṇa n' esa dhammo, gāthābhigītaṃ panudanti buddhā, dhamme satī brāhmaṇa vuttir esā."

"나는 게송을 읊은 대가를 받지 않는다. 브라흐마나여, 그것은 바로 보는 이에게는 옳지 않다. 게송을 읊은 대가를 깨달은 이는 물리치니, 브라흐마나여, 이치를 따른다면, 그것이 청정행이다."

시킨 명상은 드러난 현상을 주목하는 대증요법을 선호한다. 불교 수행은 삶의 과정에서 발생하는 고통원인을 발견하고 제거하는데 주목한다. 그러나 명상은 불편한 마음상태를 가라앉히고 평화롭게만 하려고 노력한다.

3) 시민운동의 이론과 기술

수행으로 시민운동의 이론과 기술을 제공해 인류의 자유와 진보에 기여한다.

일반적으로 수행은 개인문제를 주목하기 때문에 사회문제를 해결하는데 적합하지 않다고 생각하기 쉽다. 그러나 세존의 생각은 달랐다. 『싼가라봐경』에서 다음과 같이 설한다.

"존자 고따마여, 이런저런 가문출신의 사람은 집에서 출가해 오로지 자신만을 위해 수행하고, 자신만을 평안하게 하고, 자신을 해탈시킨다. 그러므로 그는 한 사람에게만 공덕이 되는 업 즉, 출가작법을 만들어 낸다...세존이 나타나 그가 이와 같이 말한다. 오라, 이것이 길이고, 이것이 도구인데, 그것에 따라 나는 청정수행의 궁극의 뜻을 스스로 분명히 알고 깨달아 이제 알린다. '오라, 이것이 길이고, 이것이 도구이다. 그것에 따라 그대들도 청정수행의 뜻을 스스로 분명히 알고 깨달아 성취하라.' 이와 같이 스승이 법을 설하고 다른 자가 그 취지를 따른다. 그런데 그런 사람이 수백, 수천, 수만 명이나 된다. 브라흐마나여, 어떻게 생각하는가? 그렇다면, 이것은 한 사람에게만 공덕이 되는 작법인가? 많은 사람에게 공덕이 되는 작법인가? 존자 고따마여, 그렇다면 그것은 많은 사람에게 공덕이 되는 출가작법이다."651)

---

651. AN. I, 168-169. "yo panāyaṃ bho Gotama yassa vā tassa vā kulā agārasmā

이 경에서는 수행은 개인문제만을 해결할 뿐만 아니라 사회공동체에도 도움되는 것이라고 규정한다. 욕망과 이기심, 분노와 적대감, 편견과 선입관 등의 마음오염원이 개인의 마음 속에만 머물면 개인차원에서 그치지만, 그것이 표출될 때는 폭력이나 불평등, 전쟁이나 집단 광기 등으로 나타나 인류를 파멸로 이끌어 사회문제로 대두된다.

삶에 영향미치는 것은 법이나 제도와 같은 것도 있고, 그런 구조 속에서 생활하는 사람의 태도도 있다. 구조는 개인에게 지속적이고 광범위하게 영향미친다. 그런 구조 속에서 생활하는 사람의 태도도 삶에 미치는 영향이 적지 않다. 반드시 어느 요소가 먼저이고 절대적이라고 할 수 없다.652)

---

anagāriyaṃ pabbajito ekaṃ attānaṃ dameti ekam attānaṃ sameti ekam attānaṃ parinibbāpeti. evam asāyam ekasārīrikaṃ puññapaṭipadaṃ paṭipanno hoti yadidaṃ pabbajjādhikaraṇan ti...evam āha-ethāyaṃ maggo ayaṃ paṭipadā yathā paṭipanno aham anuttaraṃ brahmacariyogadhaṃ sayam abhiññā sacchikatvā pavedemi. etha tumhe pi thatā pa paṭipajjatha yathā paṭipannā tumhe pi anuttaraṃ brahmacariyogadhaṃ sayam abhiññā sacchikatvā upasampajja viharissathā ti. iti ayaṃ c' eva satthā dhammaṃ deseti pare ca tathattāya paṭipajjanti. tāni kho pana honti anekāni pi satāni anekāni pi sahassāni anekāni pi satasahassāni. taṃ kiṃ maññasi brāhmaṇa? iccāyam evaṃ sante ekasārīrikā vā puññapaṭipadā hoti anekasārīrikā vā yadidaṃ pabbajjādhikaraṇan ti. iccāyaṃ pi bho Gotama evaṃ sante anekasārīrikā puññapaṭipadā hoti yadidaṃ pabbajjādhikaraṇan ti."

652. 유물론자는 존재가 의식을 선도한다고 생각하고, 불교수행자는 의식이 존재를 선도한다고 생각한다. 『대전모경(大箭毛經)』에서 세존은 몸에서 의식이 나왔다고 주장한다. (MN. II, 17. 주225 참조.) 그러나 『법구경(法句經)』에서는 마음이 모든 것을 선도한다고 설한다. Dhp. 1. "manopubbaṅgamā dhammā,

핵심적인 문제는 관계와 상황 속에서 반드시 해결해야 한다. 그리고 우선적으로 해결할 것을 먼저 해결하는 것이 중요하다. 이때 자신이 가장 잘 할 수 있는 것을 하면서, 다른 전문가와 연대해 자신과 세상을 변화시키는 것이 필요하다. 사람이 사람답게 살 수 있는 사회공동체를 만드는 것은 같은 시대를 살아가는 사람의 공통된 사회적 의무이다.

오늘날 기후위기를 비롯한 심각한 환경문제는 자원을 상품가치로 보는 자본주의나 정치적 헤게모니의 획득도구로 보는 사회주의의 등장으로 발생한다. 그린피스Greenpease를 비롯해 많은 시민운동 단체는 자연환경의 건강성을 주목하고 생태운동을 한다.

욕망이나 분노 혹은 특정한 가치관에 기초한 편견이나 잘못된 지식 등 마음환경의 문제는, 사람이 다른 존재를 접하고 그 정보를 가공하고 반응하는 과정에서 발생한다. 세존이 창안한 수행은 마

---

manoseṭṭhā manomayā, manasā ce paduṭṭhena, bhāsati vā karoti vā, tato naṃ dukkhamanveti, cakkaṃ va vahato padaṃ. 마음이 존재를 앞서고, 마음이 존재의 최상이고, 존재는 마음에 의해 이루어진다. 만약 사람이 오염된 마음으로 말하고 행동하면, 괴로움이 그를 따른다. 마치 수레바퀴가 황소발굽을 따르듯이." 이것은 의식의 발생과정과 의식이 삶에 미치는 영향을 구분해 이해한 것으로 보인다. 발생순서에서의 선후와, 영향관계에서의 경중은 구분해야 한다. 어떤 것이 옳으냐 그르냐의 문제와 그것이 우리에게 이익되느냐 아니냐의 문제는 별개이다. 자신에게 이익되기 때문에 추종하는 것을 당파성이라고 한다. 자기파에 이익되기 때문에 선택하고 주장한다. 마르크스는 사회구조를 변화시키는 것을 중시하고, 세존은 개인인식과 삶의 태도를 주목한다. 그렇다고 해서 마르크스가 의식상태의 중요성을 경시하거나 세존이 물질이나 사회구조의 필요성을 간과한 것은 아니다. 단지 그들은 자신이 잘 할 수 있는 분야에서, 그 순간 가장 필요하다고 생각된 것을 우선으로 실천한 것이다.

음환경의 중요성을 주목하고 사회현실에 적극 참여해 수행으로 마음생태운동을 한다.

법이나 제도와 같은 외적 불평등은 단기적, 현실적, 구체적인 참여활동으로 올바르게 교정할 수 있다. 그러나 불평등한 법이나 제도는 그것을 누리는 계층이 스스로 바로잡으려고 하지 않는다. 그것이 잘못되었고, 부당하다고 느낀 사람의 노력으로 변화시켜야 한다.

욕망과 같은 내적 불평등을 낮추는 것은 법이나 제도와 같은 외적 불평등을 해소하는 일과 밀접히 연결돼 있지만, 다른 과정이기도 하다. 내적 불평등을 해소하는 것은 장기적, 근원적, 본질적으로 욕망, 분노, 편견 등의 아싸봐를 제거하고 행동을 절제하는 것이 핵심이다.

법이나 제도는 자신이 가진 관념에 따라 만든다. 그런 법이나 제도를 변화시키기 위해서는, 그것을 만든 주체의 관념을 변화시키는 것이 필수이다.

내적, 외적 불평등과 폭력을 제거하고 평등, 평화, 공존 지수를 높이기 위해서는 법이나 제도를 변화시키는 것도 필요하고, 거기에 더해 수행이나 교육으로 마음공간을 맑히고, 앎이나 가치관을 변화시키고 구조조정하는 것이 중요하다. 더 나아가 철학이나 문화의 변화로 필수이다.

3. 수행의 핵심도구

체계 즉, 시스템은 여러가지 구성요소를 논리적으로 배치해 효율성을 높이는 것이다. 기술은 도구다루는 능력이다. 도구를 효율적으로 잘 다루어 생산성을 높이기 위해 많은 훈련이 필요하다. 훈련은 반드시 몸으로 익혀야 한다. 세존은 수행도구를 37개 즉, 37보리분법으로 정형화한다. 그 가운데 8개의 요소를 중시하는데 그것이 8정도이다. 이 8개의 수행도구를 논리적으로 체계화해 수행의 효율성을 높인 것이 『8정도 수행체계』이다. 이 8정도 수행체계에서 핵심도구인 싸띠와 쌈빠자나 특히, 알아차림 기능인 싸띠를 능수능란하게 다루는 능력을 향상시키는 과정이 수행이다. 세존이 창안하고 완성한 8정도 수행체계는 동서고금을 통해 인류의 삶에 큰 영향을 끼친다.

세존관점은 분명하다. 누구나 자유롭고 행복하게 사는 것이다. 그러기 위해서는 존재와 삶에 대한 올바른 앎이 필수라고 보았다. 존재의 올바른 이해없이 행동하는 것은, 존재변화에 따라 삶이 얽히고, 고통 속으로 빠져들 수 있기 때문이다.

수행자는 존재에 드러난 특성인 지수화풍의 4대와 존재에 내재한 규칙성인 무상 · 무아 · 고의 3법인을 있는 그대로 통찰해야 한다. 이를 위해서는 먼저 존재를 객관화시키고, 있는 그대로 보려는 노력이 필요하다. 그러기 위해서는 마음공간을 오염시키고 흐리게 하는 마음오염원인 아싸봐의 제거가 필수이다. 이 아싸봐의 제거과정이 수행이다.

마음공간에 등장한 아싸봐 즉, 심상의 힘에 휘둘리지 않기 위해서는 알아차림 기능인 싸띠력과 싸띠집중 기능인 싸마디가 좋아야 한다. 마음근육의 탄력성을 키우는 과정 역시 수행이다.

세존이 출가수행하게 된 중요목적 가운데 하나가 질 높은 행복을 누리는 것이었다. 5감을 통해 감각대상을 접촉하며 누리는 느낌도 행복이지만, 그것은 탁하고 오염되고 질 낮은 행복이다. 그런 행복은 소비할수록 갈증만 더해진다. 따라서, 질 높은 행복은 5감을 통해 외부대상의 접촉이 아니라, 마음공간에 존재하는 기억정보와 결합한 마음오염원인 아싸봐를 제거하는 것이다. 이로써 아싸봐의 속박으로부터 벗어나고, 맑은 마음상태를 유지하고, 실재를 통찰함으로써 맑은 행복을 누릴 수 있다.[653]

세존은 갈애나 욕망 등 마음상태에 지배당하는 것보다 자신이 그 대상을 지배할 때 자존감이 높아진다고 보았다. 그러기 위해 실재를 있는 그대로 통찰할 수 있는 혜안이 필수적이다.

세존은 앎의 수준이 높아질수록 삶의 질도 높아지고, 행복감도 높아진다고 강조한다. 세존은 앎의 수준을 높이기 위해 열심히 노력할 것을 주문한다. 모든 강물이 바다로 흘러가듯이, 수행의 최종 목표인 최상행복, 맑은 행복인 열반락을 누리기 위해 열심히 정진해야 한다고 강조한다.

세존은 최상행복인 열반락에 도달하기 위해 두 가지 길이 있다고 주장한다. 하나는 마음근육의 탄력성 강화를 통한 인식대상으

653. 쾌락과 행복은 둘 다 즐거움을 추구하는 것은 동일하다. 그러나 이 둘은 다른 개념이다. 쾌락은 특별한 의미없이 오직 감각자극을 통한 즐거움을 추구하는 것이고, 행복은 자신에게 의미있는 일을 함으로써 누리는 즐거움이다. 그래서 몸과 마음이 고달파도 자신에게 가치있는 일을 할 때, 사람은 행복감을 느낀다. 행복을 찾는 사람은 먼저 자신의 삶의 의미나 가치를 찾는 것이 먼저이다. 즉, 삶의 의미를 깨달는 것이 핵심이다.

로부터 자유로움을 추구하는 것이다. 다른 하나는 마음공간을 흐리게 하는 마음오염원인 아싸봐를 제거하고 존재에 내재한 실재를 있는 그대로 통찰하는 안목인 혜안을 갖추는 것이다. 그 구체적 수행도구가 바로 8정도 수행체계라고 본 것이다.

8정도 수행체계는 세존이 최초로 창안한 수행기술이고 불교 이외에서는 찾아볼 수 없다. 따라서 8정도 수행체계는 불교만의 독창적인 것이다.

세존이 제시한 수행도구는 37보리분법이고, 그 가운데 8정도 수행체계는 불교와 수행을 배우고 익히는 계정혜의 3학으로 구분짓는다. 그것은 다시 계, 정, 혜, 해탈, 해탈지견으로 발전한다. 그리고 최상행복인 열반락을 성취할 수 있게 하는 중요한 수행도구이다.

8정도 수행체계에서 정념이 4념처 수행이다. 8정도 수행체계에서 알아차림 기능인 싸띠, 행동하기 전에 일어나는 의도를 통찰하는 쌈빠자나, 싸띠와 쌈빠자나야말로 핵심적인 수행기술이다. 그리고 37보리분법의 5력 가운데 알아차림 기능인 싸띠력과 싸띠집중 기능인 싸마디는 수행진보의 중요기술이다.

거기에 더해 7각지의 택법지는 수행진도가 중반 이후를 지나 마지막 단계로 접어들 때 필수적인 수행도구 가운데 하나이다. 택법지는 수행자가 스스로의 근기를 찾아내고, 그것에 기초해 정진할 때 수행진보를 효과있게 성취할 수 있고, 마음오염원인 아싸봐를 제거하고, 수행의 최종목표인 아라한뜨의 경지를 증득할 수 있다. 그리고 최상행복인 열반을 체험하고 청정수행을 완성할 수 있게 하는 도구이다.

〈표 7.4〉 수행도구 표

괴로움 苦	수행도구	수행체계	겸수	핵심도구 기본기술	4념처·5온	4대	3독·속박	3법인	해탈	행복감 樂
	37 보리분법	8정도	정과 동	싸띠	신·색	풍대	아싸봐	무명→명	청정	
	4념처 4정근 4신통 5근 5력 7각지 8정도	정견 정사 정어 정업 정명 정정진 정념 정정	싸띠 쌈빠자나 싸마타 위빳싸나 싸마디 좌념 행념 생활념	(7감) 알아차림	수 수 심 상 법 행 식	지 수 화	탐 진 치	무상 고 무아	혜해탈 심해탈	

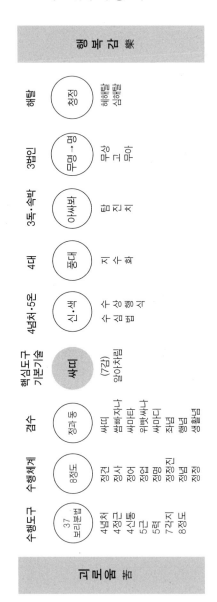

수행의 출발점은 싸띠력을 키우는데서 출발한다. 싸띠력이 어느 정도 성숙하면 행동하기 전에 일어나는 의도나 현상에 내재한 실재의 통찰기능인 쌈빠자나의 힘을 키워야 한다. 싸띠와 쌈빠자나의 겸수를 통해 수행력을 키우고, 택법지를 통해 자기근기에 맞는 수행기술을 사용해 상수멸에 들어간다. 이로써 무명을 걷어내고 명을 밝히며, 마음공간을 흐리게 하는 아싸봐를 제거하고, 아싸봐의 속박에서 벗어나 해탈하고, 궁극적으로는 열반을 증득할 수 있다.

8정도 수행체계에서 주목되는 것은 바로 마음근육 기능이자 알아차림 기능인 싸띠력을 키우는 것이다. 싸띠는 8정도 수행체계를 완성하는 핵심기술이고, 4념처 수행에서도 핵심도구이다. 이것은 세존이 직접 창안한 수행기술 체계인 37보리분법에서 빠질 수 없는 요소이며, 7불퇴법七不退法에서도 중요덕목 가운데 하나이다. 알아차림 기능인 싸띠는 8정도 수행체계를 완성하는 중요한 수행기술이다.

사람의 고통은 탐진치 3독과 같은 마음오염원인 아싸봐의 집착과 갈애, 속박으로부터 시작된다. 무명으로 인해 아싸봐가 생기고, 그 결과 존재에 갈애를 일으키고 집착한다. 무명은 존재를 나의 소유이며, 내가 원하는 만큼 영원할 것이라는 인지오류로 인해 발생한다. 따라서 존재는 고정된 실체가 없고, 다른 존재와의 관계 속에서 상호규정되는 것이고, 영원불변한 것이 아니라 항상 조건에 따라 변화무상한 것이기 때문에 존재에 탐욕을 일으키거나 집착할 만한 것이 아니라고 통찰한다. 그러면 존재속박에서 벗어날 수 있다.

〈표 7.5〉 세존의 철학관점

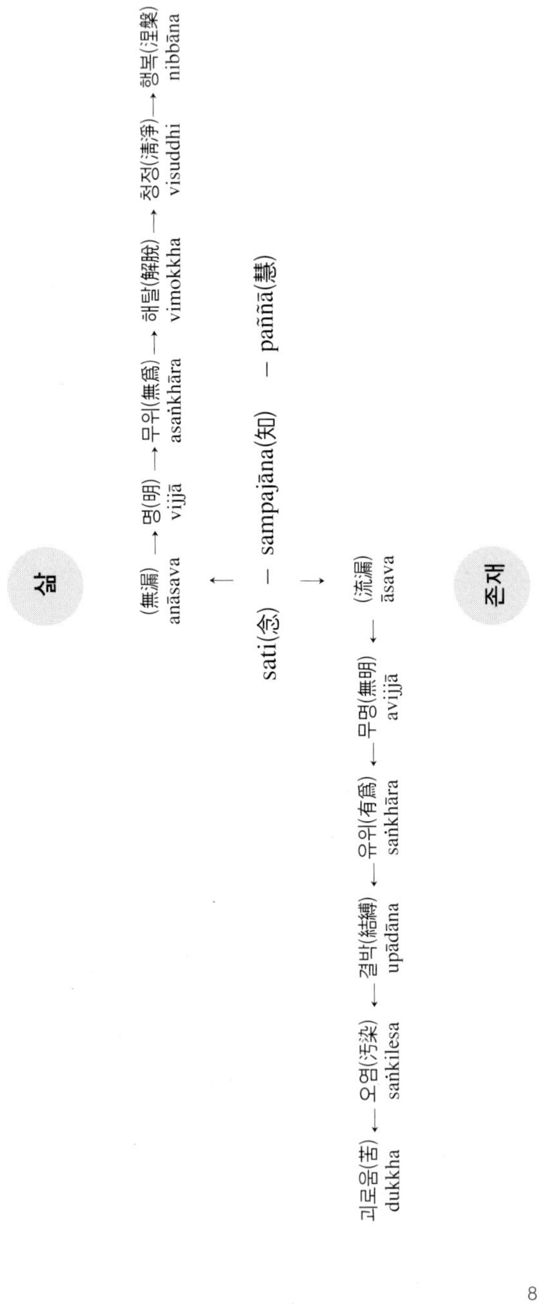

Buddhapāla가르침(2009), 221. 표30 'Buddha 가르침 기본 틀'로 돼 있다.

수행은 무명을 포함해 탐진치 3독과 같은 마음오염원인 아싸봐를 타파하고 제거하는 과정이다. 8정도 수행체계에서 행동을 절제하는 계에 기반한 근수행, 정 즉, 알아차림 기능이자 마음근육 기능인 싸띠와 실재의 통찰기능인 쌈빠자나에 기초한 4념처 수행, 싸띠수행, 위빳싸나 수행, 공수행, 4대수행 등을 함으로써 마음공간이 맑아지고 현상에 내재한 실재를 있는 그대로 통찰할 수 있는 명, 혜, 정견 등이 열린다. 그러면 모든 고통에서 벗어나 자유롭고 행복하게 살 수 있다. 그리고 자비희사 4무량심의 자수행으로 수행공덕을 중생에게 회향한다.

세존은 이들 모든 수행을 8정도 수행체계로 설명한다. 8정도 수행체계에서의 핵심이 바로 알아차림 기능인 싸띠력과 싸띠집중 기능인 싸마디의 힘 즉, 싸마디를 키워 기억정보와 결합해 있는 마음오염원인 아싸봐를 해체하고 제거하는 것이다.

존재는 존재일 뿐이다. 존재의 본질측면에서는 어떤 가치나 형식이 있을 수 없다. 그러나 현상측면에서는 말이나 가치관과 같은 특정형식을 사용하지 않고서는 단 한걸음도 옮길 수 없는 것이 현실이다. 그렇기 때문에 실제와 일치하지는 않지만 어쩔 수 없이 기준을 정하고 형식을 만들어 행동할 수밖에 없는 것 또한 현실이다. 그러므로 우리가 살아갈 때는 실재와 현실, 관계와 상황에서 적절히 조화롭게 선택하고 적용하는 것이 필요하다.

『진인경眞人經』에서 설하는 것처럼, 수행의 각 단계는 실체가 있는 것이 아니라 단지 경험만 존재할 뿐이고,[654] 『아기봐차구다경

---

654. MN. III, 42-43. 주564 참조.

雅氣婆蹉衢多經』에서 세존은 세상 사람을 5온으로 묘사하려고 하지만 여래에게 그 5온은 이미 끊어졌다고 설하는 것과 같은 맥락이다.[655)]『장과경長瓜經』에서 세존은 자신은 세상에서 쓰는 말에 집착하지 않고, 세상에서 쓰는 말을 사용한다고 주장한다.[656)]

『다수경多受經』에서 세존은 자신이 설한 법은 방편으로 설해진 것이기 때문에 이설이 있을 수 있다고 전제한다. 따라서 이설에 집착하고 고집하면 다툼이 일어나지만, 방편인 것을 받아들이고 서로의 주장을 인정하면 서로를 이해하고 화합해 수행할 수 있다고 설한다.[657)]

이렇듯 세존은 현상과 실재, 관계와 상황을 통찰하며 삶을 살았다. 그 중심에 8정도 수행체계가 있고, 4념처 수행과 싸띠수행이 있다. 이렇게 해서 수행자는 인류의 자유와 진보에 기여하며 아름다운 삶의 자양분으로 회향한다.

---

655. MN. Ⅰ, 487. 주565 참조.
656. MN. Ⅰ, 500. 주495 참조.
657. MN. Ⅰ, 398. 주19 참조.

수행은
마음속으로 떠나는 여행이다

그리고
길은 하늘에 있지 않고 마음에 있다

표 리스트

경 전

『대고음경(大苦陰經, Mahādukkhakkhadhasutta)』 241, 430
『대공경(大空經, Mahāsuññatasutta)』 241, 262, 265, 271, 327, 431
『대라후라경(大羅睺羅經, Mahārāhulovādasutta)』 97, 216, 234, 237, 297, 303, 333, 339, 454
『대마읍경(大馬邑經, Mahāssapurasutta)』 132, 223, 241, 253, 267, 285, 297, 304, 305, 307, 309, 314, 339, 340, 369, 385, 430
『대목우자경(大牧牛者經, Mahāgopālakasutta)』 40, 90, 91, 132, 234, 269, 285, 465
『대문답경(大問答經, Mahāvedallasutta)』 70, 96, 128, 129, 135, 140, 154, 165, 339, 345
『대반열반경(大般涅槃經, Mahāparinibbānasutta)』 29, 59, 73, 74, 242, 367
『대봐차구다경(大婆蹉衢多經, Mahāvacchagottasutta)』 31, 115, 227, 255, 431, 455
『대분별경(大分別經, Dhātuvibhaṅgasutta)』 91, 132, 136, 234
『대사라림경(大娑羅林經, Mahāgosiṅgasutta)』 227, 245
『대사십경(大四十經, Mahācattārīsakasutta)』 40, 42, 44, 45, 46, 47, 49, 50, 51, 52, 53, 54, 55, 56, 57, 70, 73, 74, 280
『대사자후경(大獅子吼經, Mahāsīhanādasutta)』 256, 294, 314, 315, 339, 343, 430
『대상적유경(大象跡喻經, Mahāhatthipadomasutta)』 97, 132, 136, 138, 157, 167, 173, 214, 234, 331
『대수법경(大授法經, Mahādhammasamādānasutta)』 285
『대연대변경(大緣大便經, Mahānidānasutta)』 138
『대전모경(大箭毛經, Mahāsakuludāyisutta)』 40, 134, 146, 152, 166, 241, 151, 259, 285, 314, 339, 351, 335, 390, 431, 478
『대전유경(大箭喻經, Mahāmāluṅkyaputtasutta)』 241, 369, 430
『대제경(大諦經, Mahāsaccakasutta)』 64, 66, 86, 88, 191, 241, 262, 271, 312, 314, 315, 316, 319, 342, 363, 385, 430
『대천나림경(大天捺林經, Makhādevasutta)』 339
『대파애경(大破愛經, Mahātaṇhāsaṅkhayasutta)』 121, 132, 223, 241, 285, 297, 307, 314, 369, 430
『대품(大品, Mahāvagga)』 18,41, 58, 60, 86, 117, 119, 210, 256, 345, 351, 357, 362, 363, 394, 446, 448, 463
『동원정사경(東園精寺經, Paṭhamapubbārāmasutta)』 188, 189
『마건리경(摩建提經, Māgandiyasutta)』 19, 112, 421, 450
『명경(明經, Vijjāsutta)』 174, 246
『목련경(目蓮經, Moggallanasutta)』 378
『무명경(無明經, Āvijjasutta)』 354
『무상경(無常經, Aniccasutta)』 365
『무성경(無聲經, Paṭhamāssutavāsutta)』 158
『무예경(無穢經, Anaṅgaṇasutta)』 73, 91, 240, 250

참고문헌

Aṅguttara Nikāya(1958)
Dīgha Nikāya(1966)
Saṁyutta Nikāya(1991)
Majjhima Nikāya(1979)
Vinaya Piṭaka(1969)
Dhammapada(1994)
Sutta-Nipāta(1984)
Ti Piṭaka

니까야 한글번역

전재성(2011), 『디가니까야』, 서울 : 한국빠알리성전협회.
전재성(2014), 『맛지마니까야』, 서울 : 한국빠알리성전협회.
전재성(2014), 『쌍윳다니까야』, 서울 : 한국빠알리성전협회.
전재성(2018), 『앙굿다라니까야』, 서울 : 한국빠알리성전협회.
각묵(2010), 『디가니까야』, 울산 : 초기불전연구원.
대림(2016), 『맛지마니까야』, 울산 : 초기불전연구원.

사전

RHYS DAVIDA·WILLIAM STEDE(1986), *PALI-ENGLISH DICTIONARY*, LONDON : THE PALI TEXT SOCIETY.
水野弘元(1981), 『パーリ語辭典』, 東京 : 春秋社.
전재성 편저(2005), 『빠알리어사전』, 서울 : 한국빠알리성전협회

깨달음과 수행발전

유튜브 sati school에서
이 책의 강의 동영상을 만날 수 있다.

8정도 수행체계

1판 1쇄 2023년 4월 20일
1판 발행 2023년 4월 25일

펴낸이 김영채
펴낸곳 SATI
경남 김해시 대동면 대동로269번 안길 98
www.sati.school
전 화 055-331-2841, 010-3091-5232

교 정 김남주, 설정희
디자인 천윤경

출판신고번호 제 2004-000005호

값 30,000원

ISBN 978-89-91341-00-5